D0889447

LE SYMBOLISME DU CORPS HUMAIN

« Espaces libres »

DU MÊME AUTEUR

Aux Éditions Albin Michel

Le Symbolisme du corps humain, 1991
L'Égypte intérieure ou les dix plaies de l'âme, 1991.
La Lettre, chemin de vie, 1993.
La Parole au cœur du corps, entretiens avec Jean
   Mouttapa, 1993.
Job sur le chemin de la lumière, 1994.
Alliance de feu, 2 vol., 1995.
Le Féminin de l'être. Pour en finir avec la côte d'Adam,
   1997.
Œdipe intérieur. La présence du Verbe dans le mythe grec,
   1999.
Résonances bibliques, 2001.
L'Arc et la Flèche, 2003.
L'Alliance oubliée. La Bible revisitée, avec Frédéric
   Lenoir, 2005.
Le baiser de Dieu ou L'Alliance retrouvée, 2007.

Chez d'autres éditeurs

Manifeste pour une mutation intérieure, Éditions du
   Relié, 2003.
Le Matin du septième jour, entretiens avec Edmond
   Blattchen, Alice, 2002.

*Nous sommes coupés en deux : Jonas, le prophète qui
   intègre son ombre*, Éditions du Relié, 2008

ANNICK DE SOUZENELLE

LE SYMBOLISME DU CORPS HUMAIN

Albin Michel

Albin Michel
■ *Spiritualités* ■

Collection « Espaces libres » dirigée
par Jean Mouttapa et Marc de Smedt

Édition originale :
DE L'ARBRE DE VIE AU SCHÉMA CORPOREL
© Éditions Dangles, 1974

Nouvelle édition entièrement refondue :
LE SYMBOLISME DU CORPS HUMAIN
© Éditions Dangles, 1984

Édition au format de poche :
© Éditions Albin Michel, 1991, 2000

Préface

L'homme est archétypiel.

Dans un univers où physique et métaphysique sont deux aspects d'une même réalité, où le hasard est providence, où la vie est régie par des lois, tout être vivant est nécessairement l'incarnation des archétypes qui sous-tendent la manifestation.

Toute vie est archétypielle, à commencer par l'homme. Microcosme, parfois macrocosme, unissant le ciel et la terre, il récapitule toute la création qu'il est appelé à nommer ; il contient les trois règnes, il est « créé à l'image de Dieu ».

Chaque organe, structure, fonction ou mécanisme n'est que la manifestation apparente, à un certain plan, de l'un des archétypes vitaux fondamentaux. Le couper de son archétype, c'est interdire de le comprendre.

L'homme est ainsi décrit depuis des milliers d'années dans les livres sacrés taoïstes, les Védas, la Bible, les Evangiles, le Coran... Les rites et les mythes de l'humanité rendent compte de cette vision. Un temps viendra où l'on saura — à nouveau — que la Tradition (1) est une science, est LA science. Comme Annick de Souzenelle, nous réapprendrons à lire les livres traditionnels, les langues sacrées, les symboles, les rites et les mythes, et nous nous apercevrons alors que tout était déjà dit. Il ne suffisait que de vouloir lire, sans préjugés, sans œillères, et surtout sans l'orgueil de l'homme du XXe siècle qui croit que seul, depuis que l'homme existe, il a compris.

---

1. La Tradition (et les traditions qui la manifestent) nous relie à l'arché, au Principe et aux principes, à l'Etre et à sa manifestation ; le reste n'est qu'us et coutumes.

LE SYMBOLISME DU CORPS HUMAIN

Ce livre augure d'un nouvel et archaïque rapport à l'autre et à soi : se connaître soi-même, fondamentalement, savoir qu'il est deux connaissances, du cerveau et du cœur, comprendre que le monde et les hommes témoignent tous, inéluctablement, de l'infinité des possibilités divines.

Ce livre augure aussi d'une nouvelle et antique médecine, car comment soigner si on ne sait pas de quel archétype l'organe malade est l'émergence, si on ignore les racines métaphysiques de la souffrance et de la maladie, si, coupant l'homme de sa dimension divine, « on met au même plan psychologie et ontologie » ? Comment soigner si le médecin ne sait pas qu'il doit, avant tout, relier chaque être à l'ordre du monde, à l'architecture sacrée de l'univers et de la vie, s'il ne sait pas qu'étant Son instrument, il ne peut qu'accompagner une Providence dont il ignore tout le plus souvent ?

Docteur Jean-Marc Kespi
(Président de l'Association française d'acupuncture)

Introduction

J'ignorais le titre de ce livre — et plus encore le livre lui-même — que déjà dans ma petite enfance (je le sais aujourd'hui) il plantait en moi ses racines :

— Je riais de ce que le *Petit Poucet* (1) portait le nom de mon pouce, et m'amusais à imaginer ses frères comme les doigts agiles de ma main, mais impuissants sans lui.

— Et puis il y avait *Cendrillon* (1) dont le pied fin, unique au monde, m'émerveillait.

Ce n'était que le commencement des histoires de « pied ».

Au cours dit d'« Histoire sainte », j'apprenais que c'est au talon que le serpent avait mordu notre mère Eve (2) et que, depuis, nous portions tous une inguérissable autant qu'invisible blessure au pied.

Inguérissable ? Et pourtant, le patriarche Jacob semblait plus tard prendre en main le talon de son frère — n'était-ce pas pour quelque chose ? — lui qui serait bientôt blessé par l'ange à la hanche (3). Et pourquoi, en lavant les pieds de ses apôtres, le Christ allait-il affirmer qu'il suffit que les pieds soient purifiés pour que l'Homme le soit (4) ?

Pourquoi — je l'appris par la suite — la mythologie grecque offre-t-elle à notre méditation l'histoire de tant d'êtres aux pieds blessés, enflés, déchaussés... ? Chez un autre de ses héros, Prométhée, c'est le foie qui, dévoré par un aigle pendant le jour, se reconstitue durant la nuit pour être à nouveau la pâture de l'aigle, etc. Pourquoi est-ce dans ses cheveux que se cachait en secret la source de la force

---

1. Contes de Perrault les plus populaires en France.
2. Genèse III, 15.
3. Genèse XXV, 25 et XXXII, 26.
4. Jean XIII, 10.

de Samson, juge en Israël (5) ?

Le corps était trop souvent concerné, et en des lieux bien précis, pour que je continue d'ignorer qu'il signifiait quelque chose. Mais, lorsque je demandais des explications, on me trouvait trop curieuse ; il n'y avait rien à comprendre, me disait-on ! Mes questions gênaient. Je restais perplexe mais n'osais pas encore douter du savoir de mes aînés.

Inutile de dire que les milieux chrétiens ignoraient tout de la circoncision dont le sens était ramené à une mesure d'hygiène ! Quant aux blessures rituelles, aux peintures corporelles, voire aux masques des traditions plus lointaines, il n'était pas question de soulever le voile pudique jeté sur ce-qui-ne-faisait-pas-partie-du-programme-scolaire !

Faisaient partie de ce programme les visites de musées, et je restais bouleversée devant la reconstitution des portails romans dont les sculptures me frappaient en plein cœur, comme si leurs messages atteignaient au plus sacré de mon être. Mais que signifiaient les nombreuses déformations corporelles dont il était impossible de nier qu'elles étaient voulues ?

Ici des Christ en gloire aux mains démesurément longues par rapport aux normes du corps ; genoux, ventres et hanches cernés de spirales admirables, têtes auréolées et corps tout entiers saisis dans une mandorle (Autun, Vézelay...). Là, un Christ cornu (Vaison-la-Romaine). Là encore, de petits personnages aux oreilles allongées jusqu'à terre (Vézelay), des hommes à tête de chien (idem), etc. Pourquoi ?

Que ce soit dans le cursus scolaire ou, plus tard, au cours des visites *in situ,* mes questions restaient sans réponse, ou plutôt en recevaient du genre de celle-ci : « *Vous savez, les hommes de cette époque ne savaient pas dessiner* » ! J'étais atterrée. Une sorte de colère montait en moi, qui sapait définitivement l'autorité de mes aînés.

Mais je n'avais pas pour autant de réponses et ne savais où aller en chercher. J'enfouissais alors dans mon cœur cette frustration qui rejoignit bien vite — mais sans que je sache alors qu'elles étaient de

---

5. Juges XVI, 17.

même nature — celle qui me faisait pleurer sur le non-sens insupportable de la vie. Non-sens de la vie, non-sens de la souffrance, cet absurde absolu me déchirait.

Est-ce pour la convoquer au rendez-vous du sens que je décidais d'affronter la souffrance en soignant les malades ? Un instinct sûr sans doute me guidait, car ce fut à mon tour de ne pas savoir répondre aux questions angoissées que me posaient ceux que cette souffrance taraudait dans leur corps et dans leur esprit. *« Pourquoi est-ce que ça m'arrive, Madame ? »*... Pourquoi cet ulcère de l'estomac, ce cancer des intestins, cette explosion de la rate... Pourquoi ? Pourquoi ? Je jouais maintenant le rôle d'« aîné » ou, tout au moins, de celui qui était censé savoir.

Et je ne savais pas !

Ce n'est pas à cette racine du mal que s'attaquent les sciences, et la formation de l'infirmière que j'étais (encore moins que celle du médecin) ne conduisait pas à résoudre le problème à ce niveau.

A cette époque, je ne savais intuitivement qu'une chose : une réponse de ma part (ou l'orientation même d'une recherche de réponse) aurait constitué un élément de sens qui pouvait permettre au malade de danser le jeu de cette part de vie avec la maladie qui, saisie dans le rythme de vibrations neuves et saines, avait toute chance d'être redonnée aux normes de santé. La maladie n'avait sans doute surgi que pour rectifier un « mauvais tir (6) », voire apporter un surcroît d'être.

Une réponse de ma part aurait permis au malade de se prendre en charge, de ne pas donner au médecin le pouvoir du magicien que celui-ci aime prendre pour régner et « chosifier » plus encore le malade impuissant que déjà le mal fait régresser. Une réponse pouvait normaliser ces rapports malade/médecin, que je souhaitais humains dans le sens le plus noble du mot, et qui auraient fait du malade son propre médecin des profondeurs, médecin appelant à l'aide celui de l'immédiateté des phénomènes.

Tout cela, que je savais alors intuitivement, j'en suis aujourd'hui absolument certaine ; et ce livre est né non seulement de cette certitude, mais de ce qui l'a amenée à être.

----

6. « Mal viser » est le sens d'un des mots que l'on traduit par « péché » en hébreu.

LE SYMBOLISME DU CORPS HUMAIN

Bien que d'ordre non physique, la souffrance qui me tenaillait alors — une extrême solitude — m'obligeait à ne recourir qu'à moi-même en tant que « médecin des profondeurs », puisque personne ne se présentait à moi comme semblant même comprendre l'« immédiateté du phénomène » ! Tous, autour de moi, de s'accommoder admirablement de l'« absurde » et d'organiser leur vie en fonction de la normalisation du non-sens !

J'appelais cependant à l'aide ! J'appelais la vie car, si cette dernière avait un sens, ce sens même impliquait qu'elle me le révèle. Elle me le révéla après une épreuve dont je compris par la suite qu'elle fut un test, une porte à passer. Mon honnêteté ancestrale me la fit passer. De l'autre côté de la porte, le sens m'attendait. Ce fut sur la redécouverte du christianisme, abandonné depuis longtemps dans la forme qui avait nourri mon enfance mais qui ne pouvait rassasier ma faim d'adulte, que cette porte s'ouvrit.

La dimension orthodoxe de ma Tradition dans le souffle vivifiant et transformant des symboles, dans la matière des archétypes dont ils procèdent et auxquels ils reconduisent, dans la vigueur de la verticalisation de l'être menant au Verbe, cette dimension haute et large m'emporta à sa source : la langue hébraïque. Et l'exigence de cette double et unique rencontre établit une si radicale incompatibilité entre ma vie professionnelle et celle qui commençait à couler dans mon sang, que je rompis alors radicalement aussi avec ce qui venait de constituer mon existence.

Je me tournai vers les sciences humaines naissantes, encore balbutiantes, mais qui jouèrent à ce moment-là le rôle de catalyseur des deux autres approches.

Et je vécus alors la jubilation de l'un des aspects de ce « jour UN » de la création où, soudain, « la Lumière est ».

Joie, ivresse même ! Tout était *relié*. Tout prenait un visage signifiant. Tout vivait.

Tout ! Y compris le corps.

Et je découvris le corps de l'Homme, image du « corps divin » dont la Tradition rapporte que Moïse en vit la « forme » (7), image

---

7. Nombres XII, 8.

appelée à retourner au modèle dont elle procède, dans un mariage ineffable... image dimension symbolique du corps !

La vie saisie dans le temps entre naissance et mort est donc l'histoire de ce retour : retour de « l'Homme-d'en-bas » à « l'Homme-d'en-haut », d'Adam à Elohim dit le mythe biblique. Elle est l'histoire d'un appel irrésistible à ces « noces ».

Je compris que dans cette aventure grandiose, chaque membre et chaque organe du corps ont un rôle dont la fonction physiologique immédiate est la manifestation. J'entendis le nom de chacun de ces lieux du corps résonnant du sens de sa fonction et je sus pourquoi les premières vertèbres sont dites « sacrées », pourquoi le cervelet est appelé « arbre de vie », les couches optiques « couches nuptiales », etc.

Perturbé, désorienté par rapport à cette vocation fondatrice, le corps souffre ; il parle au niveau de l'organe signifiant l'origine du trouble, et le manifestant.

Il parle, il vit ce corps ; il transmet l'exigence de croissance du noyau de l'être dont chacune de ses cellules est porteuse et dont chacune est faite pour en libérer l'énergie. Sa finalité est le « corps divin », son modèle, que Moïse a vu et dont il nous a transmis la mémoire sous le dessin de l'Arbre des Séphirot.

Un jour, ce dessin me fut présenté. Aucun de vous n'a oublié la beauté d'un film (8) dont le début racontait l'histoire d'un village qui, chaque année, réunissait ses hommes dans un concours de musique, aux pieds de la montagne. Le gagnant était alors celui dont le chant réussissait à faire chanter la montagne...

... Le chant du « corps divin » se mit à faire chanter la montagne biblique et mon corps tout entier ; mon âme ensevelie sous les non-réponses d'autrefois s'éveilla. Alors je sus pourquoi Eve était blessée aux pieds, Jacob à la hanche, Prométhée dévoré dans son foie... et le sens des blessures rituelles, et celui des peintures corporelles... Je sus aussi pourquoi meurt un enfant, « membre » du groupe malade, comme meurt le membre d'un corps qu'il faut couper car la gangrène monte... et ce cancer au foie... et cet œil qui s'éteint...

A l'écoute, je commençai d'entendre le langage du corps.

---

8. *Rencontre avec des hommes remarquables.*

LE SYMBOLISME DU CORPS HUMAIN

Lorsque je commençai d'écrire ce livre, en juillet 1970, cet Arbre des Séphirot n'était encore connu que de quelques érudits de la Qabbale.

Pour donner une assise solide à mon travail, le rendre crédible et accessible à tous les lecteurs, je me suis astreinte à faire connaître l'essentiel de cette Tradition hébraïque dans la part de son courant mystique, qui s'appuie sur l'Arbre des Séphirot, et à expliciter cet Arbre lui-même. Ces préliminaires font l'objet des quatre premiers chapitres de ce livre ; ils sont ingrats, je le sais, et j'invite le lecteur à ne pas se laisser décourager par eux, voire à les passer peut-être dans un premier temps pour revenir vers eux par la suite, car le livre leur donnera tout leur sens.

C'est à l'occasion de son édition en livre de poche que *Le Symbolisme du corps humain* m'impose cette remarque que tant de ses lecteurs m'ont faite !

A cette même occasion, j'exprime toute ma gratitude à Jean-Marie Anstet, qui a retenu ce travail il y a vingt ans alors qu'aucun préalable littéraire ne faisait autorité dans mon cheminement. Aujourd'hui, ce livre, reconnu par les Chinois, l'a été aussi par les Africains ; et ma dernière expérience est celle d'une étrange communion avec les Amérindiens...

A ce niveau, nous retrouvons en effet « la langue UNE » (9).

---

9. Genèse XI, 1.

14

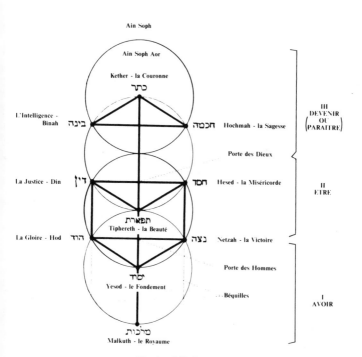

Arbre des séphiroth

15

Unités		Dizaines		Centaines	
Monde des Principes		Plan de l'Incarnation		Plan Cosmique	
א	Aleph 1	י	Yod 10	ק	Qôf 100
ב	Beith 2	כ	Kaf 20	ר	Reich 200
ג	Guimel 3	ל	Lamed 30	ש	Schin 300
ד	Daleth 4	מ	Mem 40	ת	Tav 400
ה	Hé 5	נ	Noun 50	ך	Kaf final 500
ו	Vav 6	ס	Samech 60	ם	Mem final 600
ז	Zain 7	ע	Ayin 70	ן	Noun final 700
ח	Heith 8	פ	Phé 80	ף	Phé final 800
ט	Teith 9	צ	Tsadé 90	ץ	Tsadé final 900
				א	Aleph final 1000

ALPHABET HEBRAIQUE

SA CORRESPONDANCE NUMERIQUE
SON SYMBOLISME

Puissance créatrice originelle. Force divine
« Je » divin créateur - Principe - Père

Réceptivité
« Toi » créé qui reçoit le « Je » créateur

Mouvement - Dynamisme

Matière - Résistance - Mort
Matrice
Epreuve

Souffle de l'existence
Germe de vie

Union - Fécondation
Symbole de l'Homme (créé le 6e jour)

Effacement - Mort - Rien - qui impliquent
Retour - Renaissance - Tout

Résurrection - Barrière - Ouverture
Retour - Renaissance

Perfection du créé
Achèvement féminin

Transfiguration

CHAPITRE I

Le « Mi » et le « Ma »
ou l'intérieur et l'extérieur des choses

> *« Ce qui est en bas égale ce qui est en haut*
> *et ce qui est en haut égale ce qui est en bas,*
> *pour accomplir le miracle d'une seule chose. »*
> La Table d'Émeraude

Hermès Trismégiste, Hermès le trois fois grand, scelle dans la Table d'Émeraude une clef d'or. C'est de celle-ci que nous allons nous emparer pour tenter de pénétrer le mystère qui nous semble essentiel, celui qui nous saisit alors même que nous n'essayons pas de le saisir, qui s'impose et se dérobe en même temps à notre intellect impuissant, le mystère de l'Homme.

Jusqu'à maintenant, dans notre civilisation actuelle, c'est par cet outil, l'intellect, que nous avons essayé d'appréhender le monde et ses mystères. Nous avons ainsi regardé le monde comme un enfant regarde un jouet mécanique dont il démonte tous les rouages pour en inventorier les secrets. Nous avons placé l'Homme et le Monde comme deux objets hétérogènes, comme deux entités étrangères l'une à l'autre, considérant le connaissant (l'Homme) et l'objet à connaître (le Monde) comme irréductibles l'un à l'autre. Et lorsque l'objet à connaître s'appelle « sciences humaines », nous arrivons à cette absurdité que l'Homme a étudié l'Homme sans savoir par définition de quelle panoplie il disposait pour œuvrer, pour se connaître.

LE SYMBOLISME DU CORPS HUMAIN

« *Connais-toi toi-même et tu connaîtras l'univers et les dieux* », dit encore la Sagesse Hermétique. Et cette seconde clef ne nous invite-t-elle pas à considérer d'une part l'Homme dans le Monde et, de l'autre, le Monde en l'Homme, comme l'endroit et l'envers d'une même médaille, d'une même réalité secrète, les deux aspects manifestés étant reliés ainsi par l' « intérieur » ?

L'intérieur et l'extérieur des choses n'ont ici rien de spatial, il s'agit d'abord d'une « écorce » qui appartient au domaine de la manifestation. Il s'agit ensuite d'une « pulpe » qui nous amène jusqu'au « noyau ». Nous ne pouvons appréhender ces derniers qu'en accédant à d'autres domaines, sans pour autant, nous le verrons, quitter celui qui nous est familier. Sinon, le philosophe peut se demander, comme il l'a fait, si le monde ne commence pas à la surface de sa peau... et d'errer dans l'absurde !

Reprenons nos clefs. Il est temps d'œuvrer avec une nouvelle conscience et d'apprendre à ouvrir de nouvelles portes.

Cette écorce dont nous venons de parler ne ressortit-elle pas à cet « en bas » et le noyau à cet « en haut » que le divin Hermès distingue l'un de l'autre, mais qu'il ne sépare pas ? Hermès, l'homme participant d' « en haut », distingue ; l'homme d' « en bas » **sépare** et finit par nier ce dont il s'est séparé. Resté seul sur cet « en bas », il bute contre le non-sens de sa vie qui devient inhumaine à force de n'être qu'humaine, pour autant que l'on puisse appeler « humain » ce tronçon qu'est l'écorce séparée de son noyau.

Comment retrouver l'intégrité du fruit ? Comment réintroduire ce noyau dans sa pulpe et redonner vie à cette chair sous l'écorce ? Comment faire que ce qui est « en bas » retrouve l'image de ce qui est « en haut » et le chemin qui conduit à son modèle ?

Les différents mythes de Création que l'humanité a transmis dans ses grands courants traditionnels rendent tous compte de cet « en haut » et de cet « en bas » nés d'une séparation (dans le sens de la distinction) au sein d'une unité principielle.

La tradition judéo-chrétienne, tout particulièrement, nous présente la Création comme étant surgie d'une telle distinction. Le mot hébreu formé des trois glyphes B D L, que nous traduisons par « séparer », signifie bien « distinguer » : Dieu distingue la lumière des ténèbres, le jour de la nuit, plus tard l'homme de la femme ; mais surtout, des eaux principielles *Maïm*, Il distingue « *les eaux qui sont au-dessus de l'étendue* » des « *eaux qui sont au-dessous de l'étendue* » (Genèse, I, 6-7), eaux que la tradition hébraïque appelle respectivement *Mi* et *Ma*. « Mi » et « Ma » sont reliés par l' « étendue » qui, au verset 8, est appelée *Shamaïm* שמים vulgairement traduit par « les cieux » et qui, tout en séparant le « Mi » du « Ma », contradictoirement les rassemble dans son nom autour de la lettre ש dont nous verrons qu'elle n'est pas étrangère à ce que nous appelons le « noyau » *(1)*.

Symboliquement, nous pouvons dire que le « Mi » est le monde de l'unité archétypielle non manifestée, le « Ma » celui de la multiplicité manifestée à ses différents niveaux de réalité. La racine « Mi » trouvera en grec sa correspondance dans la racine *Mu* qui préside à la formation des mots illustrant le monde des archétypes tels que μυειν, « fermer la bouche », « se taire », et μυεειν, « être initié ». Toute initiation est une introduction sur la voie qui relie le monde manifesté à celui de ses archétypes ; elle se fait dans le silence. Le mythe — μυθος, est l'histoire qui rend compte de la vie des archétypes *(2)*. Nos mots français **m**urmure, **m**uet, **m**ystère, procèdent de la même racine.

La racine « Ma » est la racine mère de tous les mots signifiant la **m**anifestation (tels que **m**atière, **m**aternel, **m**atrice, **m**ain, etc.). Chaque élément du « Ma » est l'expir de son correspondant dans le « Mi ». Celui-ci retentit sans fin sur celui-là qui en porte non seulement l'image, mais la puissance. En ce sens le « Ma », dans chacun de ses éléments, est symbole du « Mi ». Le symbole (*Syn-bolein* : lancer ensemble, unir) unit le « Ma » au « Mi ». Le *Dia-bolein* (lancer en travers, séparer) sépare les deux mondes, laissant dans l'errance celui du « Ma », privé de sa juste référence et de sa juste puissance.

Les Hébreux appellent *Elohim* « L'Homme d'en haut », *Adam* « L'Homme d'en bas ».

Cet « Homme d'en haut » est le monde du « Mi » ; Il s'exprime dans le « Ma ». A son image, Adam — « l'Homme d'en bas » — rassemble en lui la totalité du « Ma » qui contient dans son germe et dans la promesse du fruit celle du « Mi ». Dans cette perspective, l'Homme est point de rencontre de l'univers et des dieux. C'est pourquoi les sciences traditionnelles l'appellent « Microcosmos » (petit

1. Cf. chap. XVII, p. 374.
2. Cf. chap. II, p. 27.

univers) et « Microthéos » (petit dieu). Il est le point de départ de toutes les vibrations, foyer de réflexion de toutes les résonances.

« *Connais-toi toi-même et tu connaîtras l'univers et les dieux.* »
Je pense qu'aucune étude complète de l'Homme ne peut être faite en dehors de ces prémisses et que, si ces prémisses sont vraies, nous devrions trouver les traces d'un dialogue reliant entre eux l'Homme et Dieu, *Adam* et *Elohim,* le « Ma » et le « Mi ». Il me paraît impossible d'imaginer l'existence d'un langage capable de participer des deux catégories, humaine et divine, apparemment transcendantes, irréductibles l'une à l'autre. Je ne peux imaginer... Or ce langage, les dieux qui ont plus d'imagination que nous, nous le proposent : il n'est pas un seul peuple au monde qui ne le possède dans le secret de ses légendes, de ses mythes, de ses rites et de ses symboles. Jung s'écriait : « *L'Occident a perdu ses mythes !* »

Les mythes sont là, notre patrimoine sacré est immense, mais nous ne savons pas le déchiffrer, nous n'avons jamais vraiment vécu son langage, ou plus exactement nous avons rabaissé son langage au niveau de notre vécu banal au lieu de nous laisser porter par lui aux nouveaux plans de conscience auxquels il nous invite. Ce faisant, le ressentant infantile, nous l'avons éliminé de nos matériaux scientifiques. Et nous en sommes au point où, la science s'imposant à nous comme seul juste et sécurisant cadre de référence, nous avons éliminé le langage du mythe du cœur même de notre vie.

Dénutris, assoiffés, ou bien nous courons vers les pays encore capables de nous donner cette nourriture, ce langage, ou bien nous restons inanimés aux pieds de nos propres richesses, incapables de les reconnaître, offerts à toutes les maladies mentales qui ne sont que rachitisme spirituel.

Jung peut jeter son cri d'alarme ! Il est, me semble-t-il, de la plus grande urgence de redonner au conte, à la légende, au mythe, au rituel, leur place dans notre vie et de les laisser nous informer. C'est là le chemin de la Connaissance.

La science profane, comme je le disais plus haut, ne fait jamais état du connaissant. Ce dernier doit rester objectif, c'est-à-dire égal à tous les autres « objets » connaissants au niveau de leur commune possibilité expérimentale, de leur commun degré de conscience.

Le connaissant est ainsi plus ou moins intelligent, muni de plus ou moins d'outils plus ou moins perfectionnés, mais son expérience est contrôlable par tous. La connaissance donnée par de nouveaux états de conscience est, elle aussi, toujours expérimentale, mais cette expérience n'est plus commune au grand nombre ; elle n'est contrôlable que par les connaissants d'égale évolution de conscience.

Autrement dit, cette connaissance implique l'évolution du connaissant, son accession à des niveaux de conscience de plus en plus élevés. Pour ceux qui participent d'un même niveau, la connaissance est objective. Par contre, ses données sont ressenties comme subjectives par ceux qui n'ont pas « décollé » de la prison dans les catégories de laquelle notre monde du « Ma » garde notre mental captif. A ces dernières seules ressortit le dualisme objectivité/subjectivité dénonçant une connaissance qui ne tient aucunement compte de la « montée de l'échelle » ou montée de l' « étendue » — *Raqya Shamaïm*. Au haut de celle-ci, tout dualisme disparaît dans un dépassement dont j'aurai à reparler plus loin. A la limite, Dieu est objectivité absolue.

Quel que soit l'étage du « Ma » auquel le connaissant accède, les éléments de ce « Ma » ont toujours une objectivité en eux-mêmes, en tant qu'ils se réfèrent à leur archétype dans le monde du « Mi ». Privés de cette référence, ils sont « illusion », *Maya* pour les Hindous, *Abel* הבל — vanité — pour les Hébreux ; ils sont dits « subjectifs » par les sceptiques, ceux qui n'ont aucune conscience du monde du « Mi » et qui projettent sur les autres leur propre ignorance. Mais illusion est aussi l'expérience du « Mi » scindée de celle du « Ma » ! « Mi » et « Ma », bien que distingués, sont inséparables.

Précisons donc que cette qualité du connaissant à laquelle nous faisons appel est celle de son être intérieur, de son être en marche vers son « noyau » participant du monde du « Mi ». C'est avec cet être seul que nous pouvons approcher le mystère de l'Homme, autre facette du mystère divin. Je veux parler de l'être qui s'est dépouillé du « moi » habituellement cristallisé dans la culture, l'érudition ou l'éthique de son milieu extérieur, qui a renoncé à toute intelligence intellectuelle, et qui entre dans l'expérience vécue. Alors, donnant à l'objet de sa méditation toute puissance d'être, le connaissant, à un moment, est saisi par le connu, il devient l'objet médité de ce dernier. Peu à peu s'efface toute distance entre connu et connaissant.

LE SYMBOLISME DU CORPS HUMAIN

Le verbe hébreu « connaître » est celui que Moïse emploie pour rendre compte de la connaissance que prend l'homme de la femme.

La connaissance est un mariage, une union du connu et du connaissant.

« La connaissance est amour. »

CHAPITRE II

Symboles et mythes
Aspect symbolique
de la langue hébraïque

Avant de prendre, en tant que support de notre méditation, les symboles et les mythes et, tout particulièrement parmi ces derniers, les mythes relevant de notre tradition judéo-chrétienne ou puisés dans les trésors de la Grèce, il est important que je présente ces outils de travail.

Les symboles sont les éléments de notre monde sensible dont chacun est signifiant et image de son correspondant archétypiel « en haut », le signifié. Il en porte la puissance et vibre avec lui en même temps que toutes les harmoniques rencontrées de l'un à l'autre, du « Mi » au « Ma » sur le même « faisceau ».

Ce « en même temps » correspond étroitement à la loi de synchronicité dont parle Jung. Jung aborde ce sujet en s'appuyant en grande partie sur la tradition chinoise, sur le Tao. Par cette voie, il dégage la correspondance qui existe entre un archétype et la série des symboles qui lui sont liés, ce qui amène, au plan du manifesté, l'apparition de plusieurs événements convergents comme d'étranges coïncidences aux yeux de l'ignorant qui les met sur le compte du hasard.

Qu'est le hasard ? si ce n'est une réalité méconnue : celle des lois ontologiques *(1)* qui relient le monde des Archétypes à celui du manifesté.

---

1. Lois qui régissent la Création avant la chute et qui, fondamentalement, demeurent mais échappent à notre champ de conscience ordinaire.

LE SYMBOLISME DU CORPS HUMAIN

Je laisse volontairement de côté ici tous les phénomènes dits métapsychiques (ou parapsychiques) que ces lois éclairent et dont la « science » ne pourra plus longtemps nier l'existence. Combien de fois n'avons-nous pas vu surgir un même événement (grande découverte scientifique par exemple) dans plusieurs pays en même temps ? Et que dire de cette loi de séries admise par tous les statisticiens et pourtant inexplicable rationnellement ?

Sur un plan plus vaste, il me semble voir en ce moment une relation de ce genre entre :

— la réémergence de l'affirmation de la femme, déjà apparue dans les premiers temps chrétiens mais vite étouffée ;

— la découverte du monde de l'inconscient, personnel ou collectif, assez récente en science psychologique ;

— la reprise en compte de la sexualité qui, si elle n'a pas encore trouvé sa juste référence à son archétype divin, se libère au moins de ses fausses amarres ;

— et enfin, l'arrivée de l'Homme sur la Lune.

Bien sûr, chacun de ces phénomènes peut s'expliquer rationnellement, mais leur synchronicité relève d'une loi qui dépasse toutes celles du monde rationnel.

— La Femme dans l'humanité,

— l'inconscient, côté obscur de l'être sur le plan psychique,

— le complexe uro-génital sur le plan physique,

— et la Lune, planète de nuit sur le plan cosmique,

appartiennent au même « faisceau symbolique » dont l'archétype doit connaître une grande activité. Cela me permet d'inférer, m'appuyant sur une autre loi étudiée plus loin, que l'humanité est à la veille d'une nouvelle naissance.

Mais n'anticipons pas. N'anticipons pas davantage en parlant plus amplement des symboles, car nous verrons que le monde animal, par exemple, symbolise les énergies vitales (le **taureau** : la fécondité ; le **serpent** : la sagesse ; l'**aigle** : la connaissance, etc.), tandis que le monde végétal symbolise d'autres séries d'énergies (la **rose** : le retour à l'Un ; l'**acacia** : l'androgynie ; l'**amande** : l'immortalité, etc. *(2)*).

Dans toutes les traditions, la pierre est sur le même « faisceau » que l'Homme, faisceau dans lequel la tradition chrétienne interpose le

_____

2. Cf. chap. XXI.

pain, puis la chair (le Malin propose au Christ de changer les pierres en pain. Les mystères chrétiens reposent sur le changement du pain en corps du Christ). Dans un même faisceau sont aussi l'eau, le vin, le sang qui, à son tour, conduit à l'Esprit : « *Et il y en a trois, en bas, qui sont en harmonie : l'eau, le sang et l'esprit* » (I Jean, V, 8).

Prêtons cependant attention aux deux faces que peut présenter un même symbole à notre plan immédiat : le serpent, symbole de sagesse, est aussi celui du Malin ; l'eau purificatrice est aussi mouvance du monde passionnel ; le feu dit l'amour, mais aussi la haine. Nous nous familiariserons peu à peu avec cette ambiguïté. Mais à chacun de pénétrer ces symboles, leur sens, leurs harmoniques, de les laisser affleurer à sa conscience afin de se laisser recréer par eux, car tel est leur pouvoir.

Les rituels initiatiques de tous les temps et de tous les lieux ne sont qu'une « symbolothérapie » au sens vrai du mot « thérapie » : « qui remet en harmonie », discipline confiée autrefois aux seuls prêtres et initiés.

Agents de recréation sont aussi les mythes qui, lorsque nous les activons, font ressurgir en nous toute la puissance des « Arché » — $\alpha\varrho\chi\alpha\iota$ — dans leur dynamisme principiel.

Le mythe (du grec *muthos* : fable) rend compte d'une réalité supérieure intransmissible à notre mental banal sans un truchement.

Tout comme l'épure trace pour nous sur une surface plane le déploiement d'un volume, on peut dire — en extrapolant — que le mythe trace dans le monde phénoménal le déploiement du monde des « Arché ». Je ne suis pas d'accord avec les auteurs qui, ne pouvant se dégager de leur prison espace-temps, voient dans le mythe une histoire qui se serait passée à l'aube des temps. Il s'agit en réalité d'une méta-histoire *(3)*, toujours actuelle.

C'est ainsi que la Genèse biblique est un perpétuel présent même si, à partir du chapitre VI, histoire et méta-histoire se superposent au niveau d'une même narration. La critique historique, intervenant là, ne nous intéresse que très secondairement. Nous le verrons par exemple pour l'histoire du Déluge retrouvée sous des formes différentes mais selon une structure identique dans presque tous les grands courants traditionnels.

---

3. Méta-histoire : au-delà de l'histoire, c'est-à-dire réalité ontologique.

Notons d'ailleurs que l'Histoire, en tant que développement de cette méta-histoire dans le monde des phénomènes, peut être un mythe. Ce serait nous priver de l'éclairage essentiel sur notre devenir historique que de ne plus savoir lire les événements avec cette clef. L'Histoire trouve sa signification dans le Mythe qui, lui-même, se vérifie dans l'Histoire.

Nous aurons en outre l'occasion de voir dans les Évangiles, sans mettre en doute pour autant l'historicité du Christ, la couche mythique qu'ils recèlent. Ainsi, par exemple, en est-il des deux Jean, saint Jean-Baptiste et saint Jean l'Évangéliste, qui incarnent le *Janus bifrons* des Anciens et dont j'aurai à parler plus loin *(4)*.

Cela étant, il est bien certain que les premiers chapitres de la Genèse ne relèvent que du mythe, en particulier l'histoire d'Adam et Ève. Ceux-ci ne sont pas nos premiers parents dans l'ordre chronologique, mais l'Homme (homme et femme) cosmique que nous sommes tous, dans des fonctions masculines et féminines.

Le mot *Béréshit* — qui ouvre cette Genèse biblique — est intraduisible ; nous ne pouvons que le cerner au plus près, mais à chacun de nous d'aller à son noyau. Qu'il implique une notion de « principe », c'est certain, mais on ne saurait y voir en aucun cas celle de commencement, de début d'une succession temporelle. Il s'agit là du mystère principiel qui, au-delà des concepts de passé et de futur, est. Par là même, il touche le noyau vital de chaque être et trouve en lui sa résonance. Ainsi en est-il de la Genèse. Il convient maintenant de présenter un outil supplémentaire : la langue hébraïque en tant que véhicule du mythe.

En s'appuyant sur la tradition orale, le « connaissant » peut aller au cœur du mythe par le truchement d'une traduction. Mais, ne nous leurrons pas, une traduction fige le texte au niveau d'interprétation du traducteur. Pour ma part, c'est la langue sacrée elle-même qui a servi de base à ma méditation.

Cette langue, nous dit la tradition hébraïque, peut être lue sur différents registres (soixante-dix précise-t-elle). Symboliquement, ce « soixante-dix » veut dire qu'il n'y a pas de fin à notre méditation car celle-ci conduit à la contemplation de Dieu *(5)*.

---

4. Cf. chap. VI, p.81.
5. Voir : *La Lettre, chemin de vie,* chap. II.

Qu'est-ce qui fait de cette langue un tel véhicule ? Je ne ferai pas ici œuvre historique, ni sémantique, mais il me semble — d'après les nombreux travaux traitant de ce sujet — que l'hébreu reste, avec le sanscrit, une des langues les plus proches d'une source antérieure unique et inconnue. Aucune langue n'a conservé aussi intacte son empreinte originelle.

Une tradition veut que la première langue ait été donnée aux hommes par Dieu. Elle était « une », dit la Genèse (XI, 1), jusqu'à la construction de la Tour de Babel. A ce moment, elle éclate et chacune de ses étincelles-verbe forme les langues des peuples. Celle des Hébreux, vite consacrée à la vie religieuse, ne fut guère sujette aux variations profanes.

Les différents messages contenus dans un même mot *(6)*, voire une même phrase, ne s'ouvrent au connaissant que s'il laisse opérer en lui la percussion amoureuse de la Lettre-énergie et s'il accepte de mourir à ses concepts antérieurs pour ressusciter à ceux d'une toute nouvelle conscience.

Car nous portons en nous cette « source unique et inconnue ». Inconnue, parce qu'elle participe de notre être profond, terres profondes, auquel nous n'atteignons que par des naissances intérieures, nos enfantements de nous-mêmes à nous-mêmes qui vont faire l'objet de l'étude qui va suivre ; notre corps en est le programme et l'outil. Mais aussi source qui parfois jaillit dans le verbe du prophète, dans le chant du poète ou dans le langage voilé de l'inconscient.

Cette « *langue une* » que l'on peut appeler « divine » — les Hébreux faisant de l'unité un Nom divin — est celle que les apôtres, ivres de l'Esprit Saint, parlèrent le jour de la Pentecôte et qui fut comprise de tous les peuples présents ce jour-là à Jérusalem. C'était alors la fête de *Shavouoth* — fête des moissons — qui préfigurait celle des moissons des terres intérieures de l'Homme, dont l'ultime récolte est le Verbe divin Lui-même !

---

6. Je me suis permis de supprimer dans ce livre l'exposé des trois opérations traditionnelles qui permettent au Qabbaliste d'approcher un mot hébreu, exposé qui figurait au deuxième chapitre de mon premier livre : *De l'Arbre de vie au schéma corporel*. A l'époque de la parution de ce premier livre, *La Lettre, chemin de vie* (Le Courrier du Livre) n'était pas encore publiée. Aujourd'hui, ce dernier livre *(La Lettre)* apporte très amplement l'éclairage nécessaire aux opérations qui autorisent à rechercher dans les mots hébreux le message qu'ils recèlent. Le lecteur peut s'y référer.

CHAPITRE III

De l'épée à l'arbre de vie
Le bien et le mal

Comme le Verbe naît du Silence divin, comme la Lumière sort des Grandes Ténèbres, selon la même loi, au niveau de mon expérience, une parole est née, une lumière a jailli que je ne puis « *laisser sous le boisseau* » (Matthieu, V, 15). Est-il temps d'en témoigner ?

A dire vrai, je pense que tout cet ouvrage ou en témoignera ou ne sera pas. Il est certain que l'enfant prodigue connaît la faim et la solitude au désert avant d'amorcer son mouvement de retour vers la Maison du Père, vers l'Un qui l'a engendré (Luc, XV, 11-32). Ce n'est qu'au fond du gouffre, à la limite de l'absurde, au cœur du désespoir, dans cette matrice obscure, que l'Homme peut découvrir ce noyau qui germera et bientôt sera sa dimension divine. Le chemin qu'il a choisi implique ce rude enfantement.

De matrice en matrice se parachève le « Grand Œuvre ». J'ai connu une ou plusieurs de ces matrices, la douleur de plusieurs enfantements, mais de cet accouchement de moi-même je ne sais que l'immense joie de participer à la vie. Celle-ci, loin de se réduire à la fastidieuse répétition du quotidien, se définit alors comme expérience de conquête du « noyau ». La démarche est difficile, ponctuée de ténèbres et de lumières, de chutes et de victoires, mais constamment soutenue par d'invisibles guides qui se relaient d'étape en étape.

L'un des premiers « guides » qui se soit présenté a été celui-ci : le Nom divin יהוה. Du fait de ses quatre lettres, il est appelé Tétragramme. Jamais prononcé mais parfois épelé : *Yod-Hé-Vav-Hé*, ce

Nom n'était proclamé qu'une fois par an par le grand prêtre dans le secret du Saint des Saints et conformément à un mode vibratoire qui a été perdu. Nous qui n'avons plus aucune conscience de la puissance d'un nom — être vivant qui informe celui qui le prononce — nous imaginons encore moins la terreur sacrée que ce Nom inspirait aux Hébreux. Il est certain qu'un nom — en hébreu *Shem* — est, comme l'indique le terme français qui en dérive, un schéma avec toute la puissance que pourrait comporter une maquette se déployant soudain en œuvre accomplie. Nous pouvons pressentir l'intensité de la crainte qu'éprouvaient les hommes du peuple de Dieu devant la mise en vibration de la force du Nom divin révélant Dieu.

Qu'est donc ce Nom apparaissant pour la première fois au deuxième chapitre de la Genèse auprès d'*Elohim*, après que le monde ait été créé dans son Principe ? Je me posais cette question lorsque tout à coup le Tétragramme m'apparut sous ce dessin :

Quelques mois plus tard en ouvrant un jour « au hasard » le *Sepher HaZohar*, Livre de la Splendeur (livre qui, avec le *Sepher Yetsirah* — Livre de la Formation — est une sorte de « Bible des Qabbalistes »), mes yeux tombèrent sur cette phrase : « *L'Épée du Saint, béni soit-il, est formée du Tétragramme ; le Yod en est le pommeau, le Vav la lame, les deux Hé les deux tranchants* » (Zohar, III, 274b).

Cela est une autre expérience, inexprimable à qui ne l'a pas vécue : lorsque nous sommes sur la bonne voie, le fruit de notre méditation reçoit sa confirmation. Le Verbe parle, l'Esprit confirme. Le Tétragramme-Épée devint alors mon guide.

Peu à peu son visage m'apparut : dans le *Yod*, le pommeau, se dessine la tête de l'Homme, le front que touche le Chrétien lorsque, se signant, il nomme le Père. Dans le *Vav*, la lame, apparaît la colonne vertébrale formée des énergies du Père dans l'éternel engendrement du Fils. Dans les deux *Hé*, les deux tranchants, se déploient les poumons que prolongent les deux bras et les deux mains de l'Homme que l'Esprit emplit du souffle de Vie.

Le Tétragramme révèle ainsi la « structure divine » dans son essence trinitaire, et la structure trinitaire de l'Homme, son image. Il est l'archétype par excellence à partir duquel « *Dieu Se fait Homme pour que l'Homme devienne Dieu* ». Cet « axiome », exprimé pour la première fois, semble-t-il, par saint Irénée de Lyon, est confirmé par tous les Pères du premier millénaire chrétien et par ceux qui, en Orient, en sont les héritiers.

Image divine, l'Homme l'est ontologiquement *(1)*. Elle n'est atteinte par aucune des vicissitudes de son Histoire, même pas par le drame que constitue sa « chute ». Ève ne dit-elle pas en mettant au monde son premier fils (Qaïn) : « *J'ai acquis un homme de structure et de vocation divines.* » C'est tout au moins ainsi que je ressens la signification de ce את *eth* qui lie les deux mots « homme » et « יהוה », le Tétragramme. Habituellement traduit par « avec l'aide de », ce את *eth* introduit généralement un complément direct et mettrait ici en apposition le Nom divin et celui de l'homme.

Si, d'autre part, nous remarquons qu'il est constitué par la première et la dernière lettres de l'alphabet hébraïque, il indique un commencement et une fin, l'Alpha et l'Oméga... En lui la dimension christique affirme sa présence dans le tissu de la chute. L'Homme garde l'Image de l'Archétype divin. Il en a perdu le chemin de la Ressemblance, mais peut le retrouver. Tout le dynamisme eschatologique est là. Christ, nouvel Adam, dira : « *Je suis le chemin.* »

Poursuivons notre méditation sur le dessin du Tétragramme-Épée en remplaçant les quatre lettres qui le composent par leurs nombres correspondants :

---

1. « Ontologiquement » signifie « par nature ». Dans la suite du texte, je distinguerai « l'ontologie », nature première de l'Homme, de la « tunique de peau », sa seconde nature, surajoutée après la chute. Voir une explication plus ample aux chapitres III, p. 40, VI et VII p. 112.

Par ce nouveau dessin nous pouvons lire ceci : le nombre 6 symbolise l'Homme au départ de sa formation. Créé le sixième jour de la Genèse, il récapitule les 6 premiers jours de la Création. C'est en ce sens que la lettre *Vav* ו liée au 6 est la conjonction « et ».

L'Homme est conjonction.

Il relie d'une part tous les éléments du cosmos entre eux, dans leurs contradictions et leurs complémentarités respectives (les deux *Hé* ה : ה ו ה), d'autre part la terre et le ciel (l'ensemble ה ו ה et le ⁵⁻⁶⁻⁵ *Yod* י dont la valeur 10 unifie les deux *Hé*). Cette unification fait l'objet même de l'Histoire de l'Homme dont la vocation est de passer du 6 au 10 en assumant les 7, 8 et 9. Ce passage du 6 au 10 s'accomplit au fur et à mesure des mariages successifs des deux *Hé*.

Sur le plan biologique, la formation d'un enfant dans le ventre de sa mère obéit à cette même loi : au 6e mois l'enfant est formé. Mais ce qui se passe dans la matrice pendant les 7e, 8e et 9e mois symbolise la vie entière de l'enfant entre sa naissance et sa mort. C'est une étape capitale dont je parlerai dans l'étude du sang *(2)*.

Lorsque l'enfant naît, il symbolise le 10, le *Yod*, l'enfant divin qu'il est appelé à mettre au monde en lui à la fin du « 9e mois » de son histoire... ce que devrait être sa mort.

Le 7 est plénitude, rassasiement à un niveau (les deux ה se sont pleinement unis) ; il implique un retrait, une mutation dont il symbolise l'aspect négatif.

Le 8 qui le suit est une barrière-épreuve. Celui qui la passe atteint à une nouvelle « naissance, résurrection », aspect positif de la mutation.

Le 9 symbolise la perfection, l'achèvement des mondes créés.

Dans le 10, l'Homme atteint à la déification en retrouvant la source à laquelle se réintègre avec lui le cosmos entier, mondes visibles et invisibles. Mettant au monde l'enfant divin, le *Yod*, il atteint en יהוה son propre noyau et devient son NOM. Tous nos NOMS, germes de Vie dans lesquels *Elohim* souffle l'Adam (Genèse, II, 7), sont contenus en יהוה .

---

2. Cf. chap. XII, p. 230.

DE L'ÉPÉE A L'ARBRE DE VIE

De la source jusqu'au 6, pendant les six premiers jours de la Genèse, nous assistions au déploiement du Nom Divin יהוה, expir divino-humain. De l'achèvement du sixième jour dans l'Homme jusqu'à la reconquête du 10 par ce dernier, de la Genèse à l'Apocalypse, nous allons assister à l'inspir humano-divin.

Le Tétragramme-Épée, voilé à notre conscience, va courir en filigrane dans cette seconde partie du voyage. Et c'est sous le symbole de l'Arbre planté au milieu du jardin d'Éden que nous allons recevoir la lumière nécessaire à guider cette remontée de l'Homme vers Dieu.

Contemplons ce nouvel Archétype, l'Arbre sur lequel tout s'ordonne.

L'*Éden*, jardin de délices, ne peut représenter qu'un état. Cet état n'est pas immuable, les lettres nous l'indiquent : עדן 7-4-700. Entre ces deux 7, le 4 est symbole d'arrêt et de porte à passer. L'état paradisiaque de l'Homme en Éden n'est qu'une étape matricielle. Adam y accomplit ses mutations. Il est un germe qui y mûrit le *Yod*, le fruit qu'il doit devenir.

Cette « maturation » semble être assurée par le dialogue amoureux qui s'élève alors entre le Créateur et sa Création. Celle-ci pousse sa vapeur de désir vers Dieu, Père-Époux. Dieu répond en plantant l'Arbre au milieu du jardin. L'Arbre se prolonge de sa semence dans le fleuve qui sort d'Éden et va féconder les quatre mondes (*Olam-haAtsiluth*, monde des Archétypes, *Olam-haBeriah*, monde de la Création, *Olam-haYetsirah*, monde de la Formation, *Olam-haAsiah*, monde sensible).

Pilier génétique de toute la Création, l'Arbre est aussi deux Arbres : Arbre de Vie et Arbre de la Connaissance du Bien et du Mal. Tous deux plantés « *au milieu du jardin* » sont un, nous dit la Tradition. Archétype divin de toute la Création, il nous est révélé par le Tétragramme. Ses racines sont en *Yod*, son tronc dans le *Vav* ; il se manifeste dans ses fruits, les deux *Hé*. A son tour, prenant à pleines mains ces deux *Hé* qu'il est, l'Homme est appelé à remonter à sa racine, le *Yod*, l'unité dont il procède et qui sera son fruit. L'Homme ne peut manger ce fruit tant qu'il ne l'est pas devenu. D'Éden en Éden, de matrice en matrice, il s'enfantera au יהוה qu'il doit devenir.

De cette loi fondamentale, il a été prévenu par Dieu. La forme mythique de l'interdiction de manger de ce fruit traduit l'information qu'Adam a reçue concernant les structures des mondes. Désormais il en connaît les mécanismes : la punition qui suit le choix traduit l'effet de ces mécanismes ainsi déclenchés. La forme juridique du mythe nous fait aborder le problème du Bien et du Mal dans un esprit faussé au départ si nous restons prisonniers de cette forme. Essayons de pénétrer le mystère de cet arbre, notre archétype.

Les traducteurs, projetant le dualisme de leur pensée, parlent de l'Arbre de la Connaissance du bien et du mal, *Tov veRa* — טוב ורע.

Le mal planté au cœur du jardin d'Éden est donc ontologique ? Fait-il partie intégrante de la Création ?

Il est donc un des reflets divins ? Telle est la question que l'on serait fondé à se poser si l'on acceptait de telles prémisses. N'est-il pas temps de libérer le cœur des hommes de ce contresens ?

Allons plus loin : *Tov* טוב , le bien, est le mot que nous rencontrons dès le début de la Genèse et qui qualifie, au premier jour, la lumière. Il qualifiera, au niveau de chacun des autres jours, une émergence à la lumière, une perfection atteinte. Mais logiquement qui dit perfection dit accomplissement, achèvement, stabilisation, à la limite mort. Or tout arrêt exclut la perfection. Nous sommes dans une impasse.

Sortons de notre logique rationnelle. Entrons dans le « Logos » qui ne peut rendre compte du monde divin à notre conscience qu'en usant de l'antinomie : en Dieu coexistent, et l'immobilité absolue et l'absolu mouvement. Réalité essentielle que la tradition chinoise exprime dans le symbolisme de la roue dont le point central est parfaitement immobile et source de tout mouvement. C'est surtout ce que traduit la vision d'Ézéchiel (chap. I) : les Quatre Vivants accompagnant les quatre roues attelées au char divin « *allaient de leurs quatre côtés et ils ne se tournaient point dans leur marche* ».

Immobilité absolue et absolu mouvement, une seule et même réalité dont le mythe biblique rend compte en déployant l'unité primordiale de l'Arbre, le *Yod*, racine de l'Arbre, en deux termes antinomiques. Ceux-ci, loin de s'exclure ou de se faire des compromis de politesse, expriment l'un et l'autre, simultanément et totalement, leur respectif et unique dépassement.

L'Homme qui est passé du 6 au 7 a ainsi commencé de cheminer vers le monde divin en dépassant ses propres limites. Pour lui, il ne fait aucun doute qu'il ne peut entrer dans le mystère qu'en saisissant simultanément, dans leur totalité et leur juste rapport, les deux termes de l'antinomie *(3)*. En Dieu coexistent Être et non-Être. En se définissant en tant qu'Être (Exode, III, 14), déjà Dieu Se limite (c'est la *Kénosis* divine des Pères grecs, le *Tsim Tsoum* des Hébreux) et la voie de la Connaissance ne peut que dépasser cette définition en affirmant tout aussi également son contraire, le Non-Être.

Dans cette perspective, le « bien » et ce qu'il est convenu d'appeler le « mal » de l'Arbre sont un, comme les deux pôles d'une même réalité inexprimable.

ורע *VeRa*, en tant que contraire du bien, de la perfection, de la stabilisation, n'a pas le sens que nous lui donnons mais implique la réalité d'un formidable dynamisme, d'une perpétuelle mise en route vers cette perfection qui, antinomiquement, déjà est.

Le mot *Ra* רע, dans le récit biblique, se présente à nous incorporé à la conjonction « et », le *Vav*, ce qui en fait un nouveau mot *veRa* ורע. La lettre *Ayin* ע joue toujours en dialectique avec le *Aleph* א dans un rapport ténèbre-lumière, car l'Homme ne peut aller vers la lumière du *Aleph* qu'en allant à la « source » de son être, le *Ayin*. La tension entre ces deux énergies crée le puissant dynamisme de croissance de l'Arbre.

Supposons cette croissance accomplie, le *Aleph* א prend la place du *Ayin* ע au sein du mot ורע qui devient ורא. Ce dernier est alors formé des trois lettres du mot « lumière » אור *Aor*. Cela nous permet de traduire le mot ורע *veRa*, soi-disant « Mal », par « non-encore-lumière ».

La Création n'est maintenue dans son équilibre d'être vivant que dans la tension qui existe entre ces deux réalités qui, en « profondeur », n'en sont qu'une : la lumière *Tov* טוב et la non-encore-lumière *Ra* רע, la perfection et l'inachèvement, l'accompli et l'inaccompli, l'harmonie et la confusion, etc.

Toute une syntropie cosmique est là que la physique peut vérifier. Cette discipline scientifique est en train de vivre son « 7 » avec l'immense reconversion à laquelle l'oblige depuis peu la théorie de la relativité d'Einstein (un Hébreu), théorie dont le physicien O. Costa

---

3. Fondement des cours de théologie orthodoxe professés par Mgr Jean de Saint-Denys à l'institut Saint-Denys de Paris (1958-1959).

de Beauregard dit qu'on l'appellerait aujourd'hui : « *Théorie de l'Absolu que recouvrent les apparences (4).* »

Ces apparences : lumière et non-encore-lumière, perfection et non-perfection, etc., forment la dualité de la manifestation. Qui, ignorant l'unité qui les recouvre, est capable de les appréhender hors de l'opposition immédiate qu'elles expriment, de la déchirure qu'elles provoquent ?

Nul ne peut dominer l'antinomie sans être entré dans l'expérience vécue de son dépassement, si partiel soit-il, en marche vers le noyau qui en lie les pôles.

Ces deux pôles sont constitutifs de l'Adam créé « *mâle et femelle* » (Genèse, I, 27). « Mâle » — זכר *Zakhor* — est celui qui « se souvient » (c'est le même mot en hébreu) de sa réserve d'énergie נקבה *Nqévah* (« femelle »), « contenant » qui recèle la puissance du NOM. Est mâle celui qui se souvient de son féminin inaccompli et qui prend le chemin de la conquête de son NOM. Là est la vocation fondamentale de chaque Adam, homme ou femme. L'Adam et son féminin s'inscrivent dans la même dialectique que *Tov veRa*. Le féminin, notre « ombre » *(5)* à chacun, contient le secret de notre NOM.

Le fruit de l'Arbre de la Connaissance de la dualité est la connaissance de l'unité conquise, le *Yod* ', du NOM divin הוה .

Lorsque Adam mange le fruit avant de l'être devenu (avant le travail opéré sur הוה, travail d'épousailles amoureuses avec son féminin), Adam sachant au départ qu'il est deux (« *ils sont deux, nus et non confondus* » — Genèse, II, 25), entre alors dans l'illusion de l'unité acquise, illusion du *Yod* conquis : « *Voici que l'Adam est comme UN (6).* » L'illusion est totale. Croyant être UN, Adam ne peut plus le devenir.

---

4. Au cours d'une conférence privée, en 1969.
5. La « côte » est en réalité le « côté », *tsela* צלע en hébreu, et plus exactement le côté « ombre » (de la racine *tsel* צל). La lettre ע venant renforcer la connotation « ténèbre ».
6. Genèse, III, 22. La traduction : « *Voici Adam est comme un de nous* », est très contestable, « de nous » pouvant être lu « à cause de lui » (l'arbre de la connaissance). Cette remarque — et plusieurs autres qui vont suivre — seront explicitées dans une étude sur la Genèse à paraître ultérieurement.

Michel Mille : **La Tunique de peau**
« *L'Éternel Dieu fit à Adam et à sa femme des habits de peau, et il les en revêtit* »
(Genèse, III, 21).
La « peau » est en hébreu le « pas encore lumière » ; elle est l'expérience des
ténèbres qui prépare et précède la lumière (habit de noce-Toison d'Or).

La sortie d'Éden, la mise en place des « *tuniques de peau* », sont autant de mesures de protection, non de punition, pour permettre à l'Homme d'oublier, de sortir de l'illusion qui le rend désormais stérile afin que, reprenant le chemin des épousailles et de la fécondité, il reconquiert le *Yod* de הוה avec justesse.

Quelle est cette « *tunique de peau* » dont Dieu recouvre alors l'Adam (Genèse, III, 21) ? Le mot « tunique de peau » — עור *Aor* — n'est autre que le mot *veRa*, non-lumière, dont les lettres ont été permutées. Nous voyons combien le « non-lumière » — ורע *veRa* — et la « tunique de peau » — עור *Aor* — sont liés l'un à l'autre par la même puissance ! Autrement dit, l'Homme est identifié au « non-lumière ».

Prononcé *Iver*, ce même mot עור signifie « aveugle ». Coupé du *Yod* qui lui est retiré puisqu'il est l'objet même de son illusion, l'Homme identifié à הוה est aveugle. Il ne connaît plus sa réalité profonde. Il ne sait plus nommer les énergies dont il est tissé, les animaux qu'il est dans ses structures ontologiques. Il est alors réduit à nouveau à la confusion avec son féminin, avec son potentiel énergétique qui, au départ, est animal.

Sa « peau » est son opacité à toute réelle conscience. Les deux ה de l'Archétype הוה, privés du *Yod* qui les relie par la racine, sont dans l'errance. Les énergies de l'Homme sont dans l'errance. Elles seront disciplinées à l'intérieur de chacun par des lois morales ou des observances strictes en attendant d'être à nouveau régies par le *Yod*.

Au niveau de l'humanité, le *Vav* ו — l'Homme, conjonction des pôles contraires, rapport d'amour, devient rapport de forces, et le plus fort écrase le plus faible. Les lois civiques, sociales, internationales juguleront cette anarchie en attendant que le *Yod* redonne le sens de toute chose.

L'homme inséré existentiellement dans le monde animal, revêtu de sa peau, privé de la conscience de son pôle « lumière », n'est qu'existant (*ex-est* : hors de l'être) et va vers la mort. Réouvert à cette conscience, en marche vers ce pôle, vers la conquête de la tunique de lumière, il entre dans son ÊTRE et va vers la vie.

Ce processus de mort est donc prêt à s'arrêter dès que, reportant son désir vers le Père qui l'a engendré, l'humanité retournera vers le *Yod*, le 10 assumant le 7. Alors elle troquera sa tunique de peau contre ce vêtement de lumière qui seul en réalité est le sien.

CHAPITRE IV

De l'Arbre de Vie
à l'Arbre des Séphiroth

Comment l'Arbre de Vie, parfaite Lumière qui doit devenir Lumière, est-il parvenu dans le champ de contemplation du mystique juif, sous la forme de l'Arbre des Séphiroth ?

Historiquement parlant, cet Arbre nous est décrit pour la première fois dans le *Sepher Yetsirah* ou *Livre de la Formation* qui avec le *Sepher haZohar* (*Livre de la Splendeur* cité plus haut), forment les deux recueils les plus importants de la doctrine ésotérique du judaïsme. Tous deux ont été conservés jusqu'à nos jours. Nous ne connaissons pas leurs auteurs, mais la tradition hébraïque rapporte qu'ils contiennent les « *mystères cachés depuis le commencement des temps, mystères transmis de Moïse à Josué, de celui-ci aux Anciens, aux Prophètes et à tous ceux qu'une même chaîne initiatique relie de ce commencement à nos jours (1)* ». Pendant de longues années, la transmission s'est faite oralement. A l'époque où le scribe Esdras rédige *la Torah*, le Collège rabbinique sait qu'un sens mystérieux de ces textes est confié à quelques initiés seuls, selon un mode de connaissance transmis de bouche à oreille. Le contenu de cette connaissance est recueilli dans la *Qabbala*, dont la racine *Qabel* signifie recevoir, contenir. Le *Qab* est une mesure de capacité (et le *Qabbah* est un sac à provisions que nous connaissons bien !). Par la suite, le mot *Qabbala* a pris la signification, non plus du contenant, mais du contenu et a désigné la Tradition elle-même.

---

1. Voir, de Léo Schaya : *L'Homme et l'Absolu* (Éditions La Barque du Soleil).

Tradition orale donc, dont les premiers écrits ne nous sont données qu'au XIIIe siècle, époque à laquelle de nombreux apports étrangers sont sans doute venus enrichir — ou ternir — les données primitives. Que pouvons-nous retenir comme authentique de ces écrits ?

Ce qu'il semble possible d'assurer, c'est que, tels qu'ils sont, ces deux livres, le *Sepher haZohar* et le *Sepher Yetsirah*, font autorité en tant que Torah orale et sont vénérés au même titre que les Saints Livres de la Torah écrite.

Si, d'autre part, nous nous plaçons sur un autre plan que celui de l'Histoire, il existe une démarche qui peut nous permettre de reconnaître l'authenticité de l'Arbre des Séphiroth. Cette démarche, je l'ai vécue. Elle me permet de témoigner de la force, de la puissance indescriptible de cette expérience.

Lorsque le prophète — qui annonce non pas l'avenir comme on le croit couramment, mais des événements d'ordre archétypiel — voit le « *ciel ouvert* » (Ézéchiel, I, 1 ; Jean, Apocalypse, IV, 1, etc.), il ne peut rendre compte de cette vision participant de la splendeur des splendeurs que selon un tracé désespérément squelettique, elliptique et sec, eu égard à ce qu'il lui a été donné de percevoir. Ce tracé est ce qui reste de sa vision, un peu comme reste entre les mains de l'enfant désespéré, ce morceau de caoutchouc qui fut un ballon brillant, léger, coloré, s'élevant dans l'air. Ce tracé peut être une simple figure géométrique. Alors, à partir d'elle, l'enfant que l'on est cherche douloureusement à reconstituer « l'objet ». Il se hisse sur la plus fine pointe de son être pour retrouver ce qui lui échappe absolument.

L'enfant met longtemps à comprendre que ce qui lui reste entre les mains est le symbole, c'est-à-dire la promesse de l'Archétype entrevu, la semence du fruit qui doit être, et que toute sa vie consiste à parcourir le chemin qui mène de la semence au fruit.

L'Arbre des Séphiroth serait-il une semence ? Nous le saurons à ses premiers fruits. Et parce que les prémices m'en paraissent justes, j'écris ce livre. Mais si elles sont justes, je sais aussi quelle redoutable puissance est contenue dans l'Arbre gardé par l'Épée à deux tranchants ; il donne la vie à qui est devenu Épée, mais la mort à qui n'entre pas dans sa « justesse ».

« *Ainsi parle le Seigneur : l'Épée, l'Épée*
Elle est aiguisée, elle est polie,

L'ARBRE DES SÉPHIROTH

C'est pour massacrer qu'elle est aiguisée,
C'est pour étinceler qu'elle est polie. »

(Ézéchiel, XXI, 14.)

Car l'humanité, et chaque Homme en particulier, doit se mesurer un jour à elle. C'est là le Jugement.

*
* *

Une *séphirah* est un récipient ; *sepher* est le « livre » qui contient la Tradition.

Les dix séphiroth de l'Arbre dont je reproduis le dessin expriment dix énergies divines, dix aspects divins, dix Archétypes qui n'entendent pas limiter le monde divin, l'enfermer dans le nombre 10, mais par ce dernier traduire et son unité absolue, et sa distinction en une diversité infinie d'aspects.

Chaque séphirah reçoit la totalité de la Lumière incréée, mais chacune d'elles l'exprime selon son propre mode.

Le tout premier aspect divin qui se fait connaître est *Kether*, la Couronne ou sommet supérieur de l'Arbre. Mais la tradition hébraïque rapporte qu'au-delà de *Kether* est *Aïn Soph Aor* qui signifie « l'infinie Lumière », puis *Aïn Soph,* « sans fin, infini » et enfin *Aïn (2)* « Rien » ou le « Point d'en haut ». Ces trois aspects divins, non inscrits dans l'Arbre, expriment l'Inconnaissable, l'Innommable qui cependant va Se faire connaître et Se laisser nommer à travers les dix Séphiroth. Toutes émanent de *Kether*, la première d'entre elles, et se déploient jusqu'en *Malkhuth*, la dernière qui les reçoit avant qu'elles ne se résorbent en *Kether*. D'après la Tradition, ce déploiement de l'unité séphirotique se fait selon une hiérarchie de trois Triades qui vont se déverser dans leur commun récipient, *Malkhuth*.

La première triade : *Kether, Ḥokhmah, Binah* (Couronne, Sagesse, Intelligence) est celle de la transcendance divine.

La deuxième triade : *Ḥesed, Din, Tiphereth* (Grâce, Justice, Beauté) exprime le plan des Principes de la Création, celui des lois.

La troisième triade : *Netsaḥ, Hod, Yesod* (Puissance, Majesté, Fondement) est Réalisation de la Création.

---

2. Ne pas confondre *Aïn* אין « rien » avec *Ayin* עין « source » ou « œil ».

Malkhuth (le Royaume) est la Création elle-même, l'immanence divine. Elle est toute réceptivité à Dieu. Dans ce sens elle est la Mère « d'en bas ».

Il m'est impossible, dans le cadre de cet ouvrage, d'approfondir sur un plan de théologie pure les mystères cachés derrière les Énergies Divines. Je n'en dirai que ce qui est indispensable à la compréhension de mon étude qui va s'étendre, elle, au plan de l'anthropologie. Mais j'en ai assez dit maintenant pour que le lecteur ne soit pas étonné de mon affirmation :

Théologie et anthropologie ne sont que les deux facettes inséparables de la même Réalité. Dans la perspective énoncée plus haut comme conséquence directe de la chute, présenter ces deux sciences comme étrangères l'une à l'autre, c'est choisir une démarche qui ne peut conduire qu'à la mort. Les saisir toutes deux dans leur rapport juste est le chemin de la Vie. C'est celui-là que je tente de prendre et, pour ce faire, il est indispensable de m'arrêter quelques instants, si courts soient-ils, au plan des Archétypes.

En *Kether* (la Couronne), Dieu reste caché dans Sa transcendance et, cependant, du Non-Être Il passe à l'Être. Il est l'Un sans second, connu de Lui Seul et contenant tous les multiples sans qu'il y ait rupture de l'Unité.

En *Ḥokhmah* (la Sagesse), Dieu Se contemple. Elle est la pensée divine qui connaît la non-manifestation. Elle est appelée « Père suprême ».

Binah (l'Intelligence) est le miroir divin qui connaît la Manifestation. Elle est appelée « Mère suprême ».

Ces trois premières séphiroth, unies sans confusion, distinctes sans séparation, sont appelées « Grande Face Divine ». Les sept suivantes, ou sept séphiroth de la construction, sont appelées « Petite Face ». Elles sont les Archétypes de la Création sur lesquels se structurent les sept jours de la Genèse. Elles comprennent deux triades inversées par rapport à la première, et *Malkhuth*.

La première Énergie qui apparaît sur la « Petite Face » est *Ḥesed*, la Miséricorde, la Grâce, l'Illumination, la vie qui se donne et ne peut se donner que dans les limites de la forme informelle exprimée par *Din* (Justice, Justesse, Rigueur).

44

L'ARBRE DES SÉPHIROTH

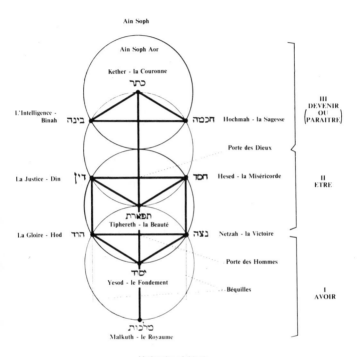

Ain

Ain Soph

Ain Soph Aor

Kether - la Couronne
כתר

L'Intelligence - Binah — בינה / חכמה — Hochmah - la Sagesse

Porte des Dieux

La Justice - Din — דין / חסד — Hesed - la Miséricorde

תפארת
Tiphereth - la Beauté

La Gloire - Hod — הוד / נצה — Netzah - la Victoire

Porte des Hommes

יסוד
Yesod - le Fondement

Béquilles

מלכות
Malkuth - le Royaume

III
DEVENIR
OU
(PARAITRE)

II
ETRE

I
AVOIR

L'arbre des séphiroth

Ḥesed (Miséricorde) est reflet de la Sagesse ; et *Din* (Rigueur) de l'Intelligence. Toutes deux se déversent en *Tiphereth* (Beauté) Cœur divin, centre de toutes les harmonies divines. En *Tiphereth*, reflet de *Kether*, s'inscrit la fécondité. L'Amour divin fécond et créateur se déploie en Rigueur et Miséricorde, antinomiquement un. Il s'exprime, au niveau de notre mental déchu, par les deux aspects séparés du dieu biblique *« lent à la colère et prompt à la miséricorde »*. Puis *Tiphereth* se déploie à son tour en *Netsaḥ* et *Hod*.

Netsaḥ, reflet de *Ḥokhmah* et *Ḥesed* (Sagesse et Miséricorde), est Puissance victorieuse, de laquelle sort *Hod* (la Gloire), Majesté divine, reflet de l'Intelligence et de la Rigueur.

Toutes deux donnent naissance à *Yesod*, le Fondement, la base, équilibre immuable en même temps qu'acte éternellement créateur. Reflet de *Kether* et *Tiphereth*, *Yesod* est la fécondité même des mondes qui sont contenus dans la dernière séphirah, *Malkhuth*, le Royaume, qui reçoit toutes les énergies divines.

Charnière entre ces Énergies et leurs émanations cosmiques, *Malkhuth* est le Grand Récipient appelé « Épouse du Roi Divin », ou encore « Vierge d'Israël » en laquelle descendent *Kether, Tiphereth* et *Yesod*. Ainsi tout vient de *Kether*, tout est reçu en *Malkhuth* et retourne en *Kether*. Tout est Un dans la richesse infinie de son déploiement. Tout est miséricordieuse diversité dans la Rigueur de l'Un.

Kether et *Malkhuth* sont encore appelés respectivement le Roi et la Reine.

Trois autres triades se dégagent de l'Arbre des Séphiroth. L'une est appelée « bras droit de Dieu ». Elle contient toutes les séphiroth de la colonne droite : Sagesse, Miséricorde, Puissance victorieuse. Elle est le bras de la Miséricorde, Archétype du masculin que complète l'Archétype du féminin ou « bras gauche de Dieu », bras de la Rigueur car il est la colonne contenant Intelligence, Rigueur et Gloire divine.

Enfin la troisième triade ou Colonne du Milieu contient Couronne, Beauté, Fondement et Royaume ; elle est colonne de l'équilibre, de l'harmonie en laquelle l'unité divine se déploie dans la dualité de la Création.

L'ARBRE DES SÉPHIROTH

Ces trois dernières triades ou colonnes ne s'imposent-elles pas d'elles-mêmes comme étant les trois axes du Tétragramme-Épée ? Les deux colonnes de côté sont les deux tranchants, les deux *Hé*. La colonne du milieu est la lame, le *Vav*. Le *Yod*, le pommeau de l'Épée, s'inscrit dans la triade supérieure de l'Arbre, nettement distinguée des autres.

L'Arbre des Séphiroth n'est-il pas ce Nom divin יהוה ou הוהי le Tétragramme, déployé dans la gamme réduite symboliquement à dix Énergies exprimant l'Unité en même temps que l'infinie diversité des Harmonies Divines ?

N'allons pas plus loin. Parler davantage de ces Énergies Divines et de leur mode de révélation, c'est emprisonner chacune d'elles dans un concept qui aussitôt la détruit. Elles ne se proposent à nous que selon un mode de connaissance dont nous avons déjà parlé et qui ne peut être vécu qu'à titre personnel. A chacun d'aller plus loin et de se laisser conduire par de nouveaux guides.

Le premier guide que j'ai rencontré m'a révélé ceci : le Tétragramme-Épée, l'Arbre de Vie, l'Arbre de la connaissance du bien et du mal, l'Arbre des Séphiroth sont Un.

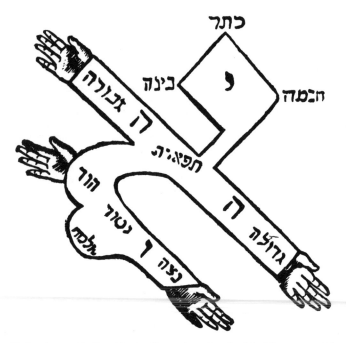

L'arbre des sephiroth est tout entier contenu dans le divin Tétragramme, lui-même tout entier contenu dans le Aleph (gravure extraite de *Œdipus Aegyptiacus*, A. Kircher, Rome, 1652).

CHAPITRE V

De l'Arbre des Séphiroth
au schéma corporel

Par contre, parler des Énergies divines, des Archétypes, considérés dans le reflet qu'ils se sont donné au niveau de notre monde sensible, cela me semble de la plus haute importance, voire de la plus grande urgence.

Dans la conscience de l'Homme actuel, tous les éléments du monde sensible, privés de leur « Arché », sont ou dans la confusion absolue ou dans la séparation absolue.

L'anarchiste a raison lorsqu'il refuse les fausses « Archés ». A la limite, il voit d'autant plus juste que le monde est appelé à réintégrer ses vraies « Archés », et qu'à ce moment-là, il sera réellement an-archique (le rêve du « Grand Soir » n'est autre que le confus pressentiment de la Jérusalem Céleste). Mais, comme ce fut le cas en Éden, notre anarchiste moderne est trop pressé : « *par impatience, l'Homme a perdu le Paradis* », disait Kafka, ce visionnaire, « *par paresse il n'y retourne pas* ». Et la paresse nous laisse dans une ignorance mortelle, nous amenant à construire de nos propres mains un labyrinthe dont il nous faut sortir. Nous étudierons ce mythe du labyrinthe, et nous verrons que c'est par la Connaissance seule — au sens non intellectuel que nous avons donné précédemment à ce terme *(1)* — que l'Homme peut en trouver l'issue.

---

1. Cf. chap. I, p. 23-24.

Chez les Tibétains, ce thème du labyrinthe a une place si importante qu'il fait l'objet de l'une des méditations de base du moine. Ce dernier trace le dessin du labyrinthe ou quelquefois le construit dans l'espace — c'est un *Mandala* — et la méditation commence : il faut chercher la porte, ou plutôt être saisi par elle. Pour nous, tel le bonze penché sur son mandala, nous interrogerons le dessin de l'Arbre afin qu'il nous saisisse et nous révèle ce qui se passe chez nous, cet « *en bas qui égale ce qui est en haut pour faire le miracle de la chose une* ».

1. Le corps de l'Homme, image du « Corps Divin »

Qu'y a-t-il de plus proche de nous, en cet « en bas », et de plus énigmatique au monde, que le corps de l'Homme ? Qu'y a-t-il de plus concret et de plus mystérieux à la fois ? De plus complexe et de plus lié dans une fondamentale unité ?

Depuis un millénaire, le monde occidental est, qu'il le veuille ou non, esclave de la forme de pensée scolastique *(2)*. Il en a hérité une vision duelle de l'Univers. Depuis Augustin d'Hippone (IVe siècle) — qui a profondément marqué la pensée occidentale de sa propre imprégnation manichéenne — on a peu à peu érigé le bien et le mal en absolu. Dans cette perspective, l'Occidental ancré dans l'idée que « *l'Homme est un animal raisonnable composé d'une âme et d'un corps (3)* » en arrive vite à identifier le mal au corps, le bien à l'âme.

N'avons-nous pas appris, de génération en génération, à mépriser le corps, voire à le maltraiter ? Notre spiritualité n'a-t-elle pas été nourrie dès notre enfance d'un dolorisme quasi insurpassable ! Ne nous a-t-on pas représenté ce qui relevait de la chair — en tant que ce mot exprime l'union des corps — comme le péché des péchés, jusqu'à faire de « l'œuvre de chair » le « péché originel » ? Notons que cette dernière expression apparaît pour la première fois sous la plume de ce même Augustin d'Hippone.

---

2. Courant de pensée dualiste et rationnelle ; il imprègne la théologie occidentale à partir du schisme de 1054 qui sépare l'Occident de l'Orient chrétiens, et la vide peu à peu de sa dimension trinitaire et de sa vigueur pneumatique.
3. Ancien catéchisme du diocèse de Paris.

Entre le corps et l'âme — avec toute la confusion qu'engendre ce dernier concept — la pensée occidentale dressait jusqu'à ces dernières années un mur de séparation inébranlable : d'un côté la ruelle fangeuse du corps pécheur, de l'autre le jardin de l'âme.

En dénonçant ce tabou, la psychologie, cette toute jeune science, a contré l'erreur, mais n'a pas pour autant introduit la vérité. Elle-même reste prisonnière de ses contradictions. Or, de même que dans l'Absolu — que symbolise le Nom divin *Yod-Hé-Vav-Hé* הוֹה — les deux *Hé* ne peuvent trouver leur juste signification que dans leur participation au *Yod* qui les unit, de même au niveau de l'Homme, reflet de l'Absolu, le soma (corps) et la psyché (âme) ne **sont** qu'en vertu de leur degré de participation à une troisième dimension de l'être. Si tel n'est pas le cas, corps et psyché ne **sont** pas, ils **existent** ; le corps, tout particulièrement, n'existe alors qu'en vue de son meilleur fonctionnement pour un meilleur rendement de l'individu dans le cadre de la survie.

Dans le premier de ces deux cas, le corps est élément d'une trilogie (Esprit-Âme-Corps) appelée à trouver l'harmonie qui permet de transmettre et de manifester le monde d'en haut, la Pure Vérité. Dans le second cas, il est seul, esclave de l'existence, et finalement écrasé par elle.

Prenons un exemple : dans le premier cas, l'Homme pratique l'art du yoga pour cultiver la synthèse harmonieuse de la trilogie et le lien (comme le mot *yoga* l'indique) de cette trilogie avec le monde d'en haut.

Dans le second cas, il fait de la gymnastique pour huiler les rouages d'une machine — son corps — qui doit le mener le plus efficacement et le plus économiquement possible.

Je n'use ici d'un langage caricatural que pour exprimer avec vigueur les options fondamentalement opposées que peut prendre l'Homme. Options selon lesquelles ou bien le corps est **vécu** — il est alors « image du corps divin » tendant à s'identifier à lui — ou bien il est **entretenu**, subissant l'identification à la banalisation extérieure. Les uns « sont leur corps », les autres « ont un corps » pour reprendre la lumineuse expression dont se sert le professeur K. von Dürckheim *(4)* dans l'analyse approfondie à laquelle il se livre sur ce thème.

---

4. K.-G. von Dürckheim : *Le Hara* (Le Courrier du Livre, Paris).

Il me semble important d'insister ici sur ce phénomène d'**identification** dont je viens de parler, simple projection de la loi ontologique d'image et de **ressemblance**.

Dans le mythe biblique, l'homme « *créé à l'image de Dieu* » vit dans l'intimité divine et est appelé à en atteindre la Ressemblance. Coupé de Dieu, l'homme vit dans l'intimité du monde sensible dont il fait l'expérience, c'est cela qui lui est désormais naturel. L'intimité du monde intérieur à lui-même, ou monde spirituel, ne lui est naturelle que dans l'accession au plan essentiel de son être, dans cette démarche vers la « Connaissance » définie plus haut *(5)*.

Que ce soit au monde extérieur ou au monde intérieur à l'Homme, l'identification de son être (corps, âme, esprit) est une réalité qui n'est plus à démontrer, mais que je rappelle. Elle est essentielle à mon étude.

2. Le monde intérieur et le monde extérieur à l'Homme

Entendons-nous bien ici sur ces concepts : « monde intérieur » et « monde extérieur », distincts l'un de l'autre et non séparés. J'ai émis précédemment *(6)* deux propositions comme base de mon travail : l'une, l'Homme dans le Cosmos ; l'autre, le Cosmos dans l'Homme.

L'Homme dans le Cosmos implique immédiatement la vie relationnelle : sensation que l'homme a dans son corps et dans sa psyché, de lui-même, des autres êtres, des événements et des choses, puis communication avec soi-même et les autres. De cette relation découle la vie de la pensée qui se manifeste par voie émotionnelle ou intellectuelle.

Je n'appelle pas ici monde intérieur ce monde de la pensée, si secrète soit-elle. La pensée est encore conditionnée par l'extérieur des choses. A la limite, ces « choses » se proposent dans toutes leurs dimensions jusqu'à celle qui en atteint le cœur même, le noyau, l'esprit. Elles entrent alors non plus en relation, mais en communication, en communion avec le « noyau » de l'être qui s'est rendu capa-

5. Cf. chap. I, p. 24.
6. Cf. chap. I, p. 20.

ble de les vivre : c'est cela qui constitue le monde intérieur de l'Homme. Le cœur du cosmos, en l'Homme, trouve son image, sa résonance. La vie de la pensée animée par cette appréhension intérieure fait partie du monde intérieur. Nous voyons que la pensée ressortit aux deux plans extérieur ou intérieur à l'Homme, selon qu'elle se nourrit des mondes psychophysiques immédiats ou du monde spirituel médiat.

Dans le premier cas, le monde spirituel n'affleure pas à la conscience, l'être spirituel dort. Et le phénomène d'identification va du corps et de la psyché au monde extérieur qui les nourrit. Chacun sait combien, sur le plan physique pur, il y a identification entre l'Homme et le lieu qu'il habite. Soit par exemple un Européen s'établissant en Chine : l'Européen acquerra peu à peu une morphologie chinoise. On note d'étonnantes acquisitions de ressemblance entre deux êtres qui vivent ensemble, fût-ce entre un homme et un animal familier.

Quant au retentissement du corps sur l'âme psychique, ou de celle-ci sur le corps, ce fait n'est plus à démontrer puisqu'il constitue l'objet même d'une nouvelle science médicale dite « psychosomatique ». D'une façon générale, nous pouvons assurer que l'enfant, tout particulièrement, se façonne corps et âme par identification directe à ses parents. D'où le rôle si grave des parents qui ne consiste pas tant à agir qu'à **être**.

Dans le second cas, le monde spirituel est vécu, l'Homme en nourrit et son âme psychique qui se spiritualise, et son corps physique qui s'identifie peu à peu à la substance même de sa nourriture. Nous n'en voulons pour preuve que les fruits concrets de l'expérience mystique : à la limite, le mystique chrétien occidental, à force de contempler le Christ souffrant et mourant sur la croix, connaît les stigmates. Il porte jusque dans son corps la marque des blessures mêmes qu'il contemple dans la personne du Christ. Ainsi en fut-il de François d'Assise, de Thérèse d'Avila ; de nos jours, de Thérèse Neumann, de Padre Pio et de bien d'autres.

De nombreux ouvrages ont analysé ce phénomène étranger aux autres traditions et plus encore inconnu de la tradition chrétienne conservée en Orient. L'objet de la contemplation de ces mystiques orientaux est l'icône du Christ glorieux, du Christ ressuscité qui a vaincu la mort et revêtu l'Homme cosmique de Son corps de Lumière. En conséquence, il n'est pas rare de rencontrer dans cet autre contexte du monde chrétien des phénomènes de transfiguration.

LE SYMBOLISME DU CORPS HUMAIN

Motovilov, disciple de Séraphin de Sarov *(7)* raconte comment son maître l'a enveloppé de la lumière qu'était devenu son corps.

A ce plan, la matière redevient énergie ; mais potentiellement, elle l'est déjà et irradie ce dont elle se nourrit. Selon le degré de participation de l'Homme à son être divin, son corps irradie à des degrés divers le Monde d'en haut. Dans cette perspective, le corps humain semble véritablement être ce qui nous est donné de plus concret pour refléter le monde divin. N'est-ce pas là sa juste motivation ?

Redoutable question !

Si ma proposition est juste, le corps humain doit répondre au « Corps » divin. Sa construction doit obéir au schéma ontologique des structures divines ; elle ne peut qu'être adéquate au dessin du Tétragramme-Épée, au dessin de l'Arbre des Séphiroth. A la vérité, je dois confesser que ce n'est pas par ce processus de pensée que je suis arrivée à cette conclusion. C'est la conclusion elle-même qui s'est imposée à moi d'emblée : contemplant l'Arbre des Séphiroth, un jour, j'y ai vu le corps de l'Homme.

Le dessin était mental (cela se passait un après-midi en pleine rue) ; j'ai été saisie si violemment que je me suis trouvée soudain devant la certitude d'être sur un chemin royal, un chemin de Vérité. La rue s'était illuminée. Je me dois cependant de préciser que cette « vision » me fut par la suite confirmée par cette même tradition Qabbaliste selon laquelle « le *Adam*, l'Homme d'en bas » (par opposition à « *Elohim*, l'Homme d'en haut ») relève, dans sa morphologie corporelle, de la structure fondamentale des Mondes dont l'Arbre des Séphiroth est l'Archétype.

Seulement, au moment où je la formulais, cette réalité ne me venait pas d'une quelconque information, mais d'une expérience personnelle.

A ce moment-là, une autre certitude s'imposa à moi avec non moins de violence : celle de pouvoir vérifier l'authenticité de l'Arbre par son adéquation au corps humain. Autrement dit, si le corps n'était pas l'Arbre des Séphiroth, ce dernier n'était rien.

Aujourd'hui, je peux assurer que l'Arbre est le schéma de la construction du Monde et que, à son image, le corps humain est le schéma de la construction de notre devenir. Le corps est à la fois notre outil, notre laboratoire et notre ouvrage pour atteindre à notre vraie stature qui est divine.

---

7. *Entretiens de Motolitov et Séraphin de Sarov* (Éditions Orthodoxes).

3. Structure du corps selon le dessin de l'Arbre des Séphiroth

A l'image de la « forme de יהוה » *(8)* que contemplait Moïse, le schéma corporel nous apparaît essentiellement constitué par trois axes verticaux : la colonne vertébrale, pilier central ou colonne du milieu, correspond au sentier *Kether-Malkhuth* qui unit la Couronne au Royaume, la tête aux pieds. Les deux côtés du corps, ou piliers latéraux, correspondent respectivement au pilier de Rigueur à gauche, de Miséricorde à droite *(9)*.

Sur ces structures verticales, trois triangles prennent appui : le triangle supérieur correspond à la tête, le premier triangle inversé correspond au complexe cardio-pulmonaire, le second triangle inversé, au plexus uro-génital (bas-ventre et pubis). Ces deux derniers triangles apparaissent comme deux têtes inversées, et nous trouvons, correspondant aux cheveux du sommet du triangle supérieur, le système pileux développé chez l'homme aux niveaux du creux épigastrique et du pubis. D'autres analogies seraient à établir. Je les envisagerai dans le courant de mon étude.

Reprenons ces différents éléments :

Dans le Schéma Divin, les deux piliers latéraux sont, nous l'avons vu, le déploiement de la dualité née de l'unité principielle. Le Divin manifeste Son Unité en Se limitant sous deux aspects contradictoires, antinomiques. L'Homme ne peut aller au Divin qu'en dépassant la contradiction. Ainsi nous apparaît Dieu : principe de l'immutabilité, immobilité absolue, en même temps que source de tout mouvement. C'est en « saisissant ensemble dans leur rapport exact ces deux aspects antinomiques » *(10)*, pour vivre l'unité qui les dépasse, que l'Homme vit l'expérience divine.

Au niveau du créé, le principe « Immobilité » se manifeste sous l'aspect structure, forme : Rigueur et Justesse de la place et de la forme de chaque élément du monde sensible. C'est le réceptacle rigoureux יר. Le féminin est essentiellement forme, réceptivité, force en attente. A ce même niveau, le principe divin « Mouvement » qui s'exprime dans le rayon fécondant de la Grâce-Miséricorde, est un

8. Nombres XII, 8.

9. Voir le retournement de droite à gauche par rapport à l'Archétype Divin, chap. VI.

10. Mgr Jean de Saint-Denys : Cours de théologie (enseigné en 1969).

dynamisme qui va pénétrer la forme et puiser en elle l'énergie nécessaire à structurer de nouveaux champs de lumière טוב. C'est le dynamisme fécondant du masculin.

Dans le Schéma Divin, le pilier central, ou colonne du Milieu, est
le Rapport Juste qui unit les pôles antinomiques. Il est la voie de l'Un
vers le Multiple. Au niveau du créé, il est la voie du multiple vers
l'Un.

Ainsi sont constituées les structures verticales du corps humain
dont l'équilibre est maintenu dans l'axe de la colonne vertébrale par
la tension qui saisit les deux pôles opposés, complémentaires et antinomiques de ses côtés droit et gauche.

Penchons-nous maintenant sur les structures horizontales. Dans
le Schéma Divin, le triangle supérieur révèle l'essence même de la
Divinité, Sa Transcendance, Son Principe, en *Kether* (la Couronne),
Ḥokhmah (la Sagesse) et *Binah* (l'Intelligence).

De même au plan corporel, la tête est le principe des plus nobles
facultés humaines. Elle symbolise en l'Homme, le Divin. Elle est donc
réceptacle du Divin. Elle en est l'image et en a la puissance. La tête a
une forme d'œuf ; elle est matrice de l'être déifié qui doit naître à la
vie divine totale, réalisée dans le retour à l'Un, dans le *Yod* du
Tétragramme-Épée (le 10 de l'échelle montant du 6 au 10).

L'iconographie hindoue révèle cet aspect dans le symbolisme de
la fleur de lotus s'épanouissant au sommet du crâne. Dans d'autres
traditions, ce sont les cornes enracinées à ce même sommet qui s'élèvent en demi-lune et expriment le même symbolisme. Celui-ci n'est
pas non plus étranger à l'iconographie chrétienne qui, de son côté,
représente des Christ en gloire cornus. Mais à ce niveau, les cornes
deviennent couronne.

Ainsi, se dessine la naissance « par en haut ». Mais c'est aussi
par cette voie (la corne d'abondance) que le Monde Divin descend en
l'Homme. A toutes les étapes, il y a rencontre du Monde d'en haut et
du monde d'en bas, du « Mi » et du « Ma ».

Le premier triangle, inversé par rapport à ce triangle supérieur,
correspond, au plan divin, à la triade *Ḥesed-Din-Tiphereth* (« Grâce-
Justice-Beauté »). Celle-ci recèle le mystère des lois, lois ontologiques
donc et libérantes. Au plan corporel, ce premier triangle inversé,
reflet de la tête, correspond au complexe cardio-pulmonaire. Il est

LE SCHÉMA CORPOREL

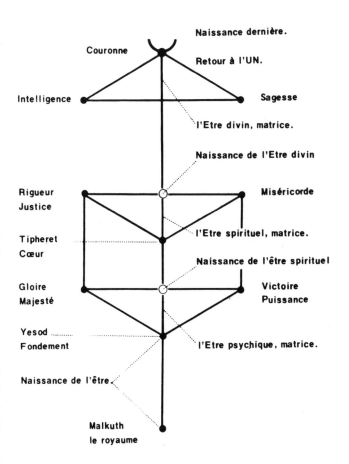

siège de l'être spirituel et matrice de l'être divin. Seul l'homme spiritualisé peut entrer dans la connaissance des lois ontologiques.

Entre ces deux triangles se dresse le cou. Lorsque le Dieu de la Bible s'irrite contre son « *peuple à la nuque raide* », il dénonce la rupture de communications entre la poitrine et la tête. *Tiphereth* (la Beauté, le cœur) ne peut plus refléter le sommet du triangle : *Kether* (la Couronne). Le cœur n'est pas amour divin créateur. Vide, il se nourrit alors du second triangle inversé, il est affectivité sentimentale, proie des passions qui le livrent à la dualité et le déchirent. Tant que le cœur se nourrit du triangle supérieur, qui est essentiellement dépassement de la dualité, il est maître de son affect. Quand il se nourrit de son affect, il en est esclave. C'est, au niveau du Tétragramme-Épée, la coupure entre le *Yod*, le Divin, et le *Vav*, l'Homme. Sans tête, incapable de devenir Dieu, l'Homme dans cette situation se recrée une fausse tête avec toutes les valeurs qu'il déifie, mais qui sont illusoires. Il lui faudra se débarrasser de ces fausses têtes, se purifier des valeurs très relatives, voire erronées, que représentent intelligences et sagesses de ces « masques ». J'étudierai ce dernier problème dans le symbolisme de la décapitation (chez Jean le Baptiste et saint Denys en particulier), symbolisme qui apparaît souvent dans les rêves.

Par contre, quand « *Dieu sort* **à la tête** *de son peuple marchant dans le désert...* » (Psaumes, LXVIII, 8), le peuple d'Israël est alors véritablement l'humanité en marche vers sa déification.

Lorsque Moïse descend pour la première fois de la montagne où il a reçu les premières Tables de la loi, il retrouve un peuple « *à la nuque raide* », qui a remplacé sa vraie tête par celle du veau d'or (Exode, XXXII). Moïse brise alors ces tables.

Le symbolisme ici est clair : Moïse retrouve un peuple involué dans le second triangle inférieur et par conséquent incapable de connaître et de vivre les lois ontologiques. Elles seront remplacées, à un octave inférieur, par les lois qui régissent encore aujourd'hui le peuple juif, symbole de l'humanité prisonnière de son erreur.

Nous les connaissons : ce sont, non seulement les lois morales, mais une codification détaillée des moindres détails de la vie usuelle, le tout symbolisant ces lois ontologiques, les signifiant. Et lorsque plus tard, le Christ invitera son peuple à passer du signifiant au signifié, de la loi à l'Archétype, Israël ne sera pas davantage prêt à le suivre. Ne nous leurrons d'ailleurs pas : bon nombre de ceux qui se disent chrétiens sont tout aussi esclaves de la loi dans son aspect moralisant et rassurant. Le christianisme n'est pas une morale, mais une redoutable libération dans l'accès à la conscience des lois ontologiques.

Le second triangle inversé (complexe uro-génital), reflet beaucoup plus lointain du triangle supérieur, est siège de l'être psychique et matrice de l'être spirituel. Il est la nuit de l'ignorance. S'il se nourrit de l'En haut, de ce Monde Divin qui Se reflète dans le premier triangle, comme nous venons de le voir, il finira par mener à terme cet être spirituel qu'il porte en gestation. S'il ne se nourrit que de l'en bas, des plaisirs sensorio-affectifs, il laissera « l'homme à la nuque raide » dans l'errance qu'impliquent les ténèbres psychosomatiques. Il ne peut alors connaître d'autre issue que la mort... La matrice ne donnera pas son fruit, ce sera une sorte d'avortement spirituel.

Notons aussi que l'enfant dans le sein maternel est enveloppé dans la nuit des eaux matricielles. Il va naître au monde physique (*Malkhuth,* le Royaume) par l'ouverture du col de l'utérus. Ce dernier n'est autre que l'homologue, en bas, du col crânien qui s'ouvre « en fleur de lotus », en haut, pour donner naissance à l'être déifié dans son retour à l'UN.

Sur ce chemin d'évolution, chemin de retour, nous remarquons trois étapes dont nous retrouvons les harmoniques au plan cosmologique :

1) A *Malkhuth*, le Royaume (ici les pieds, plan corporel concret, « sentir » physique) correspond la terre.

2) A *Yesod*, le Fondement (ici, l'organe du sexe, plan psychique) correspond la lune, astre de nuit dont le croissant est le reflet, en bas, des cornes symboliques de l'être déifié en haut (il est curieux de noter que ce même symbolisme des cornes est employé spontanément par l'humanité inconsciente et signifie alors les attributs du cocuage !).

3) A *Tiphereth*, Cœur-Beauté (ici, le plexus solaire, plan spirituel) correspond le soleil.

Notre système solaire, construit (comme tous les autres) à l'image de l'Archétype universel, a donc certainement son triangle supérieur d'où lui vient l'énergie... énergie qui est transmise à *Yesod* et *Malkhuth*, à la lune et à la terre. Or, au plan corporel, si nous nous regardons vivre, reconnaissons que ce n'est pas notre être spirituel, notre soleil, qui nourrit notre être psycho-physique, mais que ce sont nos sensations (la Terre) et nos émotions (la Lune) qui font la pluie et le beau temps au niveau de notre plexus solaire : une joie est là, le printemps arrive et notre cœur est en fête. Il pleut, il fait froid, nous avons mal physiquement ou psychiquement, nous avons le « cafard ». La joie nous étouffe, au niveau de la poitrine, mais la peine nous étreint ; l'estomac alors se contracte jusqu'au vomissement, jusqu'à la crise de foie ou l'ictère, quelquefois. L'ensemble du plexus solaire est bouleversé par l'émotion, quelle qu'elle soit, et le rythme cardiaque en témoigne.

Autrement dit, l'homme vit « à l'envers ». N'étant plus nourri d'en haut, son plexus solaire est esclave des informations reçues d'en bas. Les médecines psychiatriques et psychosomatiques sont basées sur cet état de fait. Elles n'essaient pas de « renverser la vapeur », mais de donner à des valeurs d'en bas cette force d'absolu capable de remplacer l'Absolu d'en haut. C'est ainsi que nous voyons l'École freudienne faire œuvre juste en libérant l'Homme du moralisme contraignant attaché en Occident au monde de la sexualité, mais faire œuvre plus discutable en érigeant cette dernière en parangon des plus hautes motivations humaines.

La meilleure médecine, selon notre schéma, consisterait à remettre le patient sur le chemin d'une « marche à l'endroit ». Mais une telle attitude donnerait à supposer, de la part de cette science, la reconnaissance de la réalité de ce plan spirituel de l'Homme, de cet être essentiel en lui, de sa vocation divine. Si elle rentrait dans cette perspective, il est certain que le médecin redeviendrait le prêtre qu'il était autrefois, prêtre au sens de maître et non pas d'arbitre de la morale ou de concurrent complexé du leader politique qu'il est devenu en Occident.

C'est par l'effet d'un véritable « renversement de la vapeur » qu'il aurait tout d'abord opéré en lui-même, que ce maître pourrait amener les autres à stopper leur processus d'involution et les mettre ensuite sur le chemin d'évolution. Toute autre médecine laisse l'Homme dans une impasse... ou sur un palier nécessaire pendant un temps, mais qui, de toute façon, appelle un jour un autre palier.

*
* *

LE SCHÉMA CORPOREL

Poursuivons notre étude du schéma corporel. Nous allons pouvoir en dégager un autre aspect.

De *Malkhuth* au sentier qui joint *Hod* à *Netsaḥ*, soit depuis les pieds jusqu'au niveau des hanches et des reins, se définit un premier étage. De ce sentier horizontal à celui qui, plus haut, lui est parallèle, joignant *Din* à *Ḥesed* (les épaules) dans ce quadrilatère qui constitue le tronc corporel, se définit un deuxième étage. Enfin, le triangle supérieur, la tête, forme un troisième étage.

Dans la perspective du développement de l'Homme à travers le temps, de la naissance à la mort, le premier étage est celui de l'enfance ; le deuxième, celui de l'âge adulte ; au troisième, la tête est déterminée par les nouveaux champs de conscience qui s'ouvrent au cours de ces différents âges. Elle est appelée à changer jusqu'à devenir le *Yod* du Tétragramme-Épée et à être couronnée.

Au plan du premier étage, que j'ai appelé celui de l'AVOIR, l'enfant essentiellement acquiert : il acquiert la connaissance du monde immédiat et concret qui l'entoure. Par ses sens, il l'appréhende ; puis, par le développement de son intellect qui prolonge ses sens, il l'étudie dans une plus grande profondeur, inventoriant ainsi ses éléments à travers le temps et l'espace. Il dégage les lois qui relient entre elles ces différentes valeurs peu à peu découvertes. Il acquiert sa stature corporelle qui, vers l'âge de vingt et un ans, sera stabilisée. Il acquiert peu à peu son équilibre psychique. Vient la puberté, avec son cortège de forces qui envahissent — parfois même agressent — l'enfant. Face à un tel assaut, la construction harmonieuse de ce jeune être ne pourra se poursuivre, une colonne vertébrale solide — physiologique aussi bien que psychique — ne pourra lui être constituée que si des valeurs justes et sûres l'encadrent.

Bien entendu, ne sont justes, à cet étage, que les valeurs qui prolongent (en pointillé sur le schéma), en les reflétant, les valeurs ontologiques essentielles, absolues, qui sont les structures verticales du deuxième étage. Ces dernières, l'enfant n'est pas encore capable de les découvrir, encore moins de les vivre ; elles ne peuvent être vécues que dans la participation de l'Homme à son deuxième étage, c'est-à-dire à cette dimension que j'appelle l'ÊTRE.

Les parents sont censés y avoir accédé. Ils ne sont toutefois parents que dans la mesure où ils sont réellement le prolongement des deux piliers verticaux du schéma, le masculin et le féminin, dualité dans son cheminement de retour vers l'Un duquel ontologiquement ils procèdent.

Entre le père et la mère, ce 2 en tant qu'il reflète le 1, l'enfant grandit harmonieusement. Entre les lois morales nécessaires au jeune être dont le mécanisme mental procède par choix entre ce qui fait du bien et ce qui fait du mal, le futur adulte s'achemine vers ses propres structures. Parents et morale, de même que toute valeur tenant rôle de parents ou de morale à différents niveaux — la notion d'autorité dans ses aspects civiques et religieux par exemple — apparaissent dans le schéma comme des béquilles que, très vite, l'enfant va rejeter, à moins qu'il n'en fasse définitivement ses jambes, auquel cas il ne deviendra jamais adulte.

En général, l'enfant commence à « contester » ses béquilles vers l'âge de la puberté (au niveau de *Yesod* où déjà il est directement relié par deux sentiers à *Hod* et *Netsah*, bases de ses futures structures ontologiques). Il presse ces dernières et les appelle. C'est à ce moment que les parents doivent continuer à être là, tout en sachant peu à peu s'effacer pour ne pas encombrer, voire obstruer ces deux sentiers.

Les parents qui ne savent pas « lâcher prise » sont de ceux qui resteront toute leur vie dans l'errance psychosomatique. Ils ne savent trouver leur nourriture qu'au niveau du triangle inférieur. A de rares exceptions près, les adolescents élevés dans un tel climat sont incapables d'accéder au deuxième étage. Leurs parents les enferment dans le labyrinthe qu'eux-mêmes se sont constitué, tout comme Dédale y maintint prisonnier son fils Icare *(11)*.

L'emprise des parents n'est pas la seule cause de l'enlisement des jeunes à ce niveau inférieur. Toutes formes d'hyperprotection venant renforcer l'appareillage des « béquilles » sont autant de barrages empêchant la constitution de cette colonne vertébrale, seul étai pour l'Homme lors de son passage à l'étage supérieur.

Or, ne nous leurrons pas : par toutes les sécurisations artificielles qu'elle offre, notre civilisation crée un monde d'estropiés. L'homme sur-sécurisé reste mineur. C'est un estropié qui vit dans la peur qu'une de ses béquilles ne lâche. Il se cramponne à elles, leur donne valeur et puissance de colonne vertébrale. Ce type d'homme, hélas ! courant — une minorité passe à l'étage supérieur — adopte générale-

---

11. Cf. chap. X, p. 170.

ment, pour compenser son état de dépendance, une attitude apparemment forte, elle-même soumise à une éthique dont les critères sont conventionnels par définition.

Il présente au niveau de la tête le masque du « Paraître » en place du champ matriciel où s'élaborent nouvelles intelligences et nouvelles sagesses de l'être en devenir. Ces masques sont fabriqués :
— soit des différentes fonctions auxquelles l'Homme infantile s'identifie (fonction parentale, professionnelle, politique, ecclésiale même, etc.),
— soit des attitudes compensatoires aux carences, souffrances, difficultés psychologiques,
— soit plus subtilement des idéologies auxquelles il se cramponne et se confond, des rôles qu'il joue pour se donner bonne conscience.

Mais sous aucun de ces aspects, l'Homme ne change de niveau. Il reste dans la banalisation. La conscience au sens טוב lumière ne naît pas. L'Homme reste submergé par רע.

Le deuxième étage au niveau duquel le schéma corporel invite l'Homme à monter est constitué par le quadrilatère *Hod-Netsah-Din-Hesed*. Je l'ai appelé l'étage de l'ÊTRE. Pourquoi ?
Nous verrons que c'est à son niveau que chacun accomplit sa vraie naissance, que c'est en lui qu'il élabore sa vie essentielle et que, à partir de *Tiphereth*, reflet de *Kether*, il entre dans l'expérience de son ontologie.

Au premier étage, l'Homme **existe**. Au deuxième, il **est**. Par sa forme même (quadrilatère) ce deuxième étage se définit comme un temps d'arrêt, un temps d'épreuve. Le nombre quatre est symbole de stabilisation : quatre pieds donnent son équilibre à tout solide, quatre murs sa charpente à toute maison. Au-delà de ces exemples concrets, le quatre introduit l'idée de lieu clos, secret, couvert, dans lequel celui qui séjourne vit une épreuve.

Toutes les traditions rendent compte de cette notion d'épreuve liée au nombre 4 : la mise en quarantaine répond à une loi ontologique. Chez les Égyptiens comme dans le monde judéo-chrétien, les quarante jours qui suivent la mort préparent un passage difficile à franchir.
La tradition sacrée de l'Ancienne Égypte rapporte que le Pha-

raon, quarante jours après son décès, devait se mesurer à un taureau avant d'entrer dans le séjour des dieux. Les rois de France n'étaient jamais enterrés avant le quarantième jour suivant leur mort.

Dans nos textes sacrés, le peuple hébreu marche quarante années dans le désert après sa sortie d'Égypte. Le Christ jeûne quarante jours dans le désert après son baptême. De même quarante jours de jeûne préparent le chrétien à la fête de Pâques, dont le sens étymologique est aussi « passage ». Dans ces mêmes mystères chrétiens, l'Ascension marque le quarantième jour après Pâques. Dans le ventre maternel, l'enfant mûrit durant sept quarantaines. Tous les exemples que nous pourrions multiplier sur ce thème à travers les différentes traditions rendraient compte de cette même notion de séjour-arrêt dans un lieu d'épreuve précédant un passage vécu comme une fête.

Le quadrilatère apparaît alors comme une matrice, à moins qu'il ne devienne un tombeau pour ceux qui n'ont pas la connaissance des vraies lois ou tout simplement pour ceux qui n'ont pas d'espérance.

La loi qui régit cette épreuve est inscrite dans le mot hébraïque correspondant au nombre 4. Ce mot est *Daleth* qui signifie « porte ». N'allons pas plus loin : déjà dans le nombre qui symbolise l'épreuve, la matrice, ce lieu clos d'où, semble-t-il, on ne sortira jamais, la notion de porte s'impose : toute matrice est une porte. Toute épreuve comporte sa fin qui est dépassement. Le mot hébreu *Daleth* se décompose ainsi דלת 4-30-400. La porte est construite comme une ouverture qu'encadrent deux autres 4, en quelque sorte deux piliers qui laissent passer le 30, symbole du mouvement, de la vie. Le 4 nous apparaît alors dans sa signification profonde et antinomique d'arrêt et de passage.

Malheureusement, deux tendances opposées infléchissent l'homme moyen vers des attitudes non justes. Celui qui se range dans la première catégorie, celle des résignés, des morts-vivants, ne voit en le 4 que son aspect « d'arrêt ». Cet arrêt devient pour lui la prison, la mort. La matière se fait alors réellement tombeau, ensevelissant avec l'infortuné tout son potentiel de créativité, de lumière, de joie.

Le ressortissant de la seconde catégorie, lui, ne voit au contraire que l'aspect « passage ». Refusant de donner une réalité à la présence pondérante des deux piliers, il n'envisage que le mouvement qui va le « porter au-delà » et lui ouvrir des horizons libérateurs. Je pense ici à une tendance répandue parmi les adeptes d'un hindouisme mal intégré : ne considérer ce monde formel, visible et concret — qui est bien sûr l'épreuve essentielle — que sous son aspect de *maya* (illusion).

Le 4, en l'occurrence le quadrilatère qui constitue notre deuxième étage, n'est vécu avec justesse que par ceux qui saisissent pleinement les deux pôles de l'épreuve dans leur juste rapport ; d'une part, les structures : structures physiques de notre monde, structures psychosomatiques de l'Homme en tunique de peau et structures ontologiques de son être profond ; d'autre part, le dynamisme de la vie exigeant l'accomplissement, depuis le germe jusqu'au fruit.

Entre la terre et le ciel, l'Homme est tendu comme entre les deux pôles d'un aimant. S'il vient à lâcher l'un de ces pôles, le courant ne passe plus. Dès lors l'Homme, ou se volatilise dans un faux spiritualisme, ou s'enlise dans la matière, mais il ne s'accomplit pas.

Il s'agit là d'une prise de conscience qu'il est indispensable de faire au moment de l'entrée dans le quadrilatère à l'étage de « l'ÊTRE », de la véritable incarnation, le passage à l'étage inférieur n'ayant été qu'un stade de préparation à celui-ci.

Une autre réalité, dont la langue hébraïque va nous aider à prendre conscience, nous est apportée par la grande similitude qui lie les deux mots : Porte-*Daleth* דלת et connaissance-*Daath* דעת. Une lettre, la lettre médiane, les différencie. Dans le mot « connaissance », cette lettre, *Ayin* ע, symbolise la « source » à laquelle l'Homme doit puiser ainsi que l'« œil » nouveau qu'il doit acquérir en avançant sur le chemin des épousailles. Dans le mot « porte », cette lettre, *Lamed* ל, symbolise le « guide » sur ce chemin.

Le « connaissant » passe la « porte » entre les deux lettres *Daleth* ד et *Tav* ת, dont l'union constitue le mot דת qui signifie la **loi**. S'il passe la porte sans tenir compte de la loi, sans s'être rendu conforme à elle, il est anéanti par le complexe énergétique nouveau auquel la porte donne accès ; il est foudroyé par le feu de la réalité qu'il rencontre et que ses structures ne peuvent alors supporter.

L'Homme ne peut donc passer la **Porte** que dans la **Connaissance** qui, encore une fois, n'est pas connaissance intellectuelle, mais expérience vécue.

Quitter le premier étage de l'Existence pour entrer dans l'Être, passer la Porte étroite que les traditions nomment « Porte des Hommes », c'est quitter l'ignorance pour vivre.

Qui peut passer cette porte ?

LE SYMBOLISME DU CORPS HUMAIN

L'histoire bien connue de tous, celle de *la Belle au bois dormant,* nous le dit :

Depuis cent ans une princesse dort au milieu d'un château lui-même enfoui au milieu d'une forêt qui s'épaissit de jour en jour, d'année en année, au point de devenir infranchissable, au point d'étouffer cette vie en sommeil. Avec la princesse dorment son chien, ses domestiques, le château tout entier, le jardin... Au bout de cent ans, le fils du roi voisin apprend l'existence de la belle endormie. Son cœur s'enflamme pour elle. Il décide d'aller l'éveiller.

On devine les aventures du jeune prince débroussaillant la forêt pour y pénétrer et arriver à son cœur. Au bout d'un long temps, blessé de mille blessures, le prince brûlant d'amour vient déposer sur les lèvres de la princesse le baiser qui l'éveille. Avec elle — détail de première importance — le chien s'éveille, les domestiques, la maison, le jardin se réveillent. Tout ce petit univers ouvre les yeux. Que s'est-il passé ?

La Belle qui dort est *Tiphereth*-Beauté, le soleil de l'être qui ne saurait briller avant que l'Homme n'en ait fait l'ascension. Il ne peut l'atteindre avant de s'être dépouillé de cette forêt psychique, consciente et inconsciente, qui l'envahit, l'étouffe même peu à peu. Il ne peut entreprendre cette aventure qu'après avoir pris conscience de la présence de cette Princesse, son Être essentiel, spirituel, reflet du divin, promesse du divin, germe enfoui, endormi.

Le Prince charmant qui apprend la présence de la Belle n'est autre que la **conscience informée**, capable d'orienter sur le chemin de cette aventure l'Homme éveillé au seul désir juste. Et l'Homme ne peut vivre cette aventure que sous l'impulsion de l'amour, dans une dimension de l'amour dont, malheureusement, ce mot inimaginablement galvaudé de nos jours ne peut plus rendre l'acception. Seul l'amour vrai permet au Prince de traverser les épreuves de la forêt. Lorsque le baiser est donné, c'est l'éveil de l'Être.

Notons qu'il s'agit en même temps de l'éveil du cosmos entier. Les familiers, le chien, le jardin, sont les Règnes qui tous attendent le réveil de l'Humanité pour briller de leur « vraie couleur ». Ceux qui en ont fait l'expérience peuvent en témoigner : le quotidien, le geste quotidien, vécu jusque-là dans la fadeur de la répétition, prend à cet étage un relief toujours nouveau : « *Voici je fais toutes choses nouvelles* » (Apocalypse, XXI, 5).

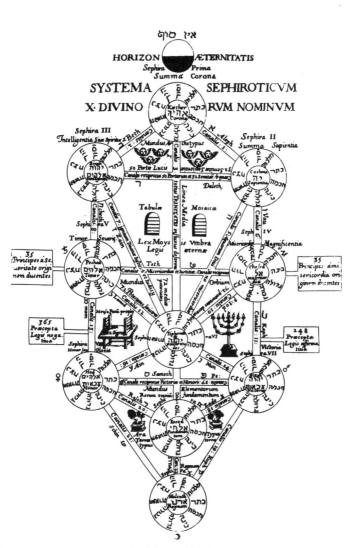

Arbre sephirotique
(Gravure extraite de *Œdipus Aegyptiacus,* Athanase Kircher, Rome, 1652).

Je n'irai pas plus loin dans l'étude de cet étage ; étude que je reprendrai plus en détail au fur et à mesure de ma progression dans ce travail. J'indique seulement qu'après avoir traversé le triangle inférieur, après avoir franchi les dix degrés correspondant à dix vertèbres (les cinq sacrées, les cinq lombaires) qu'illustrent si bien — nous le verrons — les dix plaies d'Égypte (Genèse, chap. VII, VIII, IX, X, XI), l'Homme frappe à cette Porte étroite dite « Porte des Hommes ».

Cette porte franchie, il gravit les douze degrés de ses douze vertèbres dorsales. Ce passage dans le quadrilatère — seule véritable incarnation — s'effectue dans toutes les traditions sous le signe du dodécanaire : depuis les douze mois de l'année, les douze travaux d'Hercule jusqu'à l'arrivée dans la Jérusalem Céleste ouverte sur douze portes que les douze tribus d'Israël et après elles les douze apôtres de la tradition chrétienne préfigurent.

Dans son ascension, le long de ses douze vertèbres, l'Homme laboure, arrose et cultive ses terres intérieures afin que chacune, peu à peu, donne la totalité de ses fruits. Lorsque tous les fruits sont récoltés, la moisson accomplie, l'Homme frappe à la porte supérieure du quadrilatère, appelée « Porte des dieux ».

Sept vertèbres cervicales l'accueillent. C'est le septénaire apocalyptique. Nous nous souvenons *(12)* de l'importance du nombre 7 : il symbolise une totalité donc une mort, un effacement nécessaire à la nouvelle naissance qui sera vécue en 8. L'Apocalypse de Jean s'ouvre sur les lettres aux sept Églises et se continue sur le Livre aux sept sceaux dont le septième révèle sept anges auxquels sept trompettes sont données. Lorsque la septième trompette a sonné, une femme apparaît dans les douleurs de l'enfantement.

Nous nous trouvons là face à l'ultime et mystérieuse naissance.

Au plan de la conscience, il est certain que ce passage au triangle supérieur détermine l'ouverture d'un monde nouveau dont la supraconscience revêt plus d'importance par rapport à notre état conscient que n'en revêt celui-ci par rapport à notre connu banal. Et de même qu'il arrive à ce conscient d'affleurer au niveau du connu dans la « prise de conscience » ou le rêve, de même notre supra-conscience perce en de rares et fulgurantes plongées notre connu qui appréhende

---

12. Cf. chap. III, p. 34.

ainsi parfois sa lumière en attendant d'y naître définitivement. Qui pourra nier cette possibilité de connaissance ? Qui pourra traiter de fou celui qui le vit ? Qui a le droit d'examiner dans les catégories qui relèvent du connu banal des expériences éveillées ou oniriques relevant en réalité des catégories du supra-conscient ?

Je pose là — trop rapidement, j'y reviendrai par la suite — un problème aigu en ces temps où le psychanalyste joue trop souvent les apprentis sorciers, et où le psychiatre méconnaît l'expérience divine et son corollaire, celle des ténèbres !

Entre la conscience et la supra-conscience, se situe ce que la tradition hébraïque appelle le « *Retournement des Lumières* ». Il s'agit d'un retournement mystérieux selon lequel l'Homme, qui jusqu'ici était miroir de Dieu, traverse le miroir. Son bras droit devient le bras gauche de Dieu, son bras gauche le bras droit de Dieu. L'Homme entrant dans le divin est « retourné » et l'intérieur devient l'extérieur, « *Aujourd'hui, nous voyons au moyen d'un miroir, d'une manière obscure, mais alors nous verrons face à face* » (Paul, I, Corinthiens, XIII, 12).

Ce retournement se lit aussi au niveau du corps humain, l'hémisphère cérébral droit régissant le côté gauche du corps, l'hémisphère cérébral gauche, le côté droit. Le croisement s'opère à la hauteur du bulbe rachidien où les fibres nerveuses émanées du cerveau droit se portent vers la moitié gauche de la moelle, les fibres émanées du cerveau gauche vers la moitié droite de la moelle *(13)*.

L'image plus « médiate » de ce retournement archétypiel nous est donnée par le truchement des symboles : si la tradition hébraïque nous transmet le « *Retournement des Lumières* », la tradition chrétienne le traduit aussi dans sa liturgie pontificale au cours de laquelle l'Évêque vient vers le peuple royal, le *laos* (mot grec d'où procède le mot français « laïc ») en croisant les flambeaux. Ce retournement s'effectue au niveau des Portes Royales (table de communion chez les catholiques romains), lesquelles se situent dans le plan traditionnel du temple chrétien obéissant au schéma de l'Arbre, à la hauteur de la « Porte des dieux ».

Dans la tradition égyptienne, le myste tient la croix ansée dans sa main droite. Sur les fresques que nous pouvons voir au musée du

---

13. Cf. chap. VI, p. 73 et chap. XV, p. 340.

Louvre, par exemple, et qui représentent des scènes se déroulant au-delà de la mort dans le séjour des élus, ceux-ci tiennent cette même croix de vie ansée dans leur main gauche. Une sorte d'opération miroir s'est accompli, mais celui qui a passé la « Porte des dieux » est réellement de l'autre côté du miroir.

Cette notion de retournement, insaisissable intellectuellement, ne peut être approchée que par l'image d'un gant que l'on retourne : le gant droit ne peut plus alors ganter que la main gauche. Mais l'intérieur est devenu l'extérieur...

Ce retournement s'accompagne de la traversée des hiérarchies angéliques, mondes invisibles que les vertèbres cervicales, au niveau du corps, symbolisent. Elles conduisent à l'ultime mystère.

CHAPITRE VI

Les deux côtés du corps
La colonne vertébrale

La colonne vertébrale, au niveau du corps humain, est le reflet de la colonne du milieu de l'Arbre des Séphiroth, reflet de l'Arbre de Vie, de la Lame de l'Épée.

Les deux côtés du corps sont reflets de la Colonne de Rigueur, à gauche, et de Miséricorde, à droite, reflets de la connaissance de *Tov veRa*, les deux tranchants de l'Épée.

Commençons par ce qui nous est le plus proche, le plus immédiat : cet aspect direct de la vie. La vie se manifeste à nous, comme nous l'avons vu, par opposition ou complémentarité : ténèbres et lumière, silence et parole, froid et chaleur, féminin et masculin, etc. Cette manifestation est le résultat de l'œuvre de la Création dont l'objet est essentiellement une séparation dans le sens « distinction » à partir de l'Unité primordiale. Nous avons vu aussi que cette distinction n'est qu'apparente. Elle est l'image même de la manifestation divine qui procède par antinomies : Immobilité et Source de tout mouvement, Être et Non-Être... Le Divin ne S'appréhende qu'à partir de ces contradictions saisies ensemble et dans leur juste rapport par le connaissant. Mais au niveau de notre monde sensible qui est ressenti par nous, « hommes en chute », comme séparé, déchiré entre ses aspects antinomiques, notre gauche et notre droite reflètent les aspects les plus contradictoires de notre être.

La Droite divine est présidée par la séphirah *Ḥokhmah*, la Sagesse, révélée sous le nom de « Père divin ». Elle éclaire la Colonne de Miséricorde, nom de la séphirah *Ḥesed* qui est aussi *Gadoulah*, la Grandeur. Elle correspond au niveau du corps humain à la droite ontologique et masculine ; au niveau de l'Arbre de la Connaissance, au côté *Tov* טוב, côté lumière.

C'est dans l'intensité maximale de la lumière acquise à tel niveau de son évolution, et dans la grandeur qu'elle lui confère, que l'Homme peut se faire mâle. Mais il ne peut être mâle que s'il a conscience de sa fragilité, s'il sait que sa lumière n'est que faiblesse par rapport à celle qu'il peut et doit devenir en pénétrant son ombre, son côté féminin, ténèbre, receleur d'une nouvelle information, d'une nouvelle force.

Être mâle consiste donc à se savoir faible et à se faire germe pour descendre dans une nouvelle Terre inférieure afin d'y germer une nouvelle et plus grande lumière encore.

Là est la sagesse.

« *Qu'elles sont nombreuses tes œuvres, ô Seigneur, Tu les as toutes faites avec sagesse »,* chante le psalmiste (Psaume, CIV).

A l'image de la Sagesse divine, l'Homme ne peut construire son cosmos intérieur qu'en se faisant faible et en étant plein de miséricorde, *Ḥesed*, pour la faiblesse des autres.

Il ne peut se faire faible par rapport à la nouvelle Terre vers laquelle il va que parce qu'il se sait fort de celle qu'il vient de conquérir.

Il ne peut se faire germe que parce qu'il a connu la Grandeur.

La Gauche divine est présidée par la séphirah *Binah*, Intelligence, révélée sous le nom de « Mère divine ». Elle éclaire la Colonne de Rigueur, nom de la séphirah *Din*, qui est aussi *Gebourah*, la Force.

Elle correspond au niveau du corps humain à la gauche ontologique et féminine ; au niveau de l'Arbre de la Connaissance, au côté *Ra* רע, côté non encore lumière, côté ténèbre.

C'est au creux maximal de la Ténèbre qu'est le noyau énergétique, le NOM qui participe de יהוה et qui est symbolisé par la seule lettre *Yod* י. Chacun de nos cieux intérieurs est, au niveau énergétique qui lui est propre, participation au NOM et fait de lui à ce degré précis, rigoureux.

LA COLONNE VERTÉBRALE

Le féminin est en chacun de nous, en l'Homme, la Force rigoureuse faite de tel degré de participation au NOM יהוה ; la force féminine est réceptive à la pénétration mâle et en attente de cette pénétration.

Détentrice du NOM, elle est donc et Force et Connaissance totale. Elle est Intelligence *Binah* בינה, celle qui, pénétrée, va « construire » (בנה *Banoh*) le « fils » (בן *Ben*) qui est la dimension du *Yod* י, de יהוה.

L'intelligence n'est en profondeur qu'ouverture amoureuse distribuant les énergies de יהוה au fur et à mesure que celui qui, participant de la sagesse divine, se sachant faible et ignorant, pénètre ses cieux intérieurs.

Tel est l'ordre ontologique.

Mais le drame de la chute est intervenu troublant l'ordre ontologique. Aux termes de ce drame, l'Homme est parvenu à l'illusion de l'unité acquise dans la conquête de son NOM sans avoir commencé le travail des épousailles intérieures.

Adam est désormais revêtu de « tuniques de peau », « retourné » à l'extérieur de lui-même. Nous avons vu que cette nature seconde distribue les énergies de telle sorte que la droite est devenue la gauche et que la gauche est devenue la droite.

Chez l'Homme-en-tunique-de-peau que chacun de nous est aujourd'hui, le cerveau droit correspondant à **Sagesse** envoie désormais ses informations au côté gauche du corps, et le féminin qui est ontologiquement force profonde devient miséricorde féminisée, c'est-à-dire affectivité émotionnelle.

La Gloire ontologique divine laisse place aux victoires extérieures, à la Puissance vaniteuse.

Le cerveau gauche correspondant à **Intelligence** envoie désormais ses informations au côté droit du corps, et le masculin qui est ontologiquement miséricorde parce que conscient de sa faiblesse, devient force extérieure, force physique, force de compétition, qui écrase et qui ne s'investit que dans la conquête du monde extérieur.

La Puissance ontologique laisse place à la gloire extérieure, à la conquête de la renommée (pôle extériorisé inconsciemment par rapport au pôle intérieur qui est conquête du NOM), à la vanité glorifiée.

LE SYMBOLISME DU CORPS HUMAIN

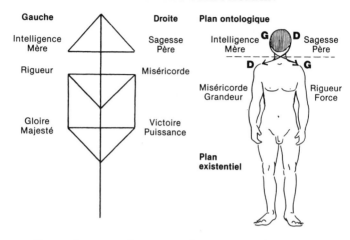

Dans cette perspective, nous — hommes en tunique de peau — confondons, à un premier niveau de conscience, le cerveau droit masculin-Sagesse qui n'a pas commencé de fonctionner, avec l'inconscient, le côté ténèbre féminin. C'est confondre l'organe masculin avec le ventre féminin. Si celui-ci n'a pas été pénétré, c'est parce que l'Homme n'a pas encore développé sa Sagesse, son organe mâle ontologique, celui qui doit pénétrer ses terres-cieux intérieurs.

Si le cerveau gauche féminin s'est développé, c'est qu'il a investi toute son Intelligence à la conquête du monde extérieur et, pour ce faire, l'a pourvu d'un faux organe mâle. Nous avons masculinisé notre intelligence qui est devenue agent de pénétration au lieu d'être pénétrée.

Nous avons hyperdéveloppé ce faux masculin avec tout son cortège de forces consacrées au monde extérieur et, niant toute faiblesse, nous avons fait vivoter la sagesse dans des catégories moralisantes, sécurisantes, la femellisant.

Mais en chacun de nous, en l'Homme, ces deux dimensions, l'une ontologique, l'autre liée à la tunique de peau, coexistent et se superposent.

Les Chinois confirment cette vision : selon leur propre Tradition, le corps énergétique est, dans sa réalité non manifestée, masculin à droite, féminin à gauche ; dans sa réalité manifestée, féminin à droite, masculin à gauche.

Ils appellent le non-manifesté ontologique le « *ciel antérieur* », et le manifesté biologique immédiat le « *ciel postérieur* ».

« Cette inversion des orientations se situe à un moment très précis : celui de la conception... le ciel antérieur est tout ce qui est avant la conception, le ciel postérieur, tout ce qui est après.

La conception est donc le lieu temporo-spatial où il y a une permutation des orientations.

... Toutefois ces deux orientations sont concomitantes parce que **la naissance est constante et permanente**, *parce qu'à chaque instant, la Vie qui se poursuit dans un individu est une vie qui renaît (1). »*

Le Christ nous dira : « *Vous êtes dans le monde mais vous n'êtes pas du monde.* » (Jean XVII, 16-18.)

Ces deux dimensions seront souvent exprimées dans les mythes par une gémellité. Les couples Qaïn-Abel, ou Jacob-Esaü en sont des symboles vivants.

Qaïn et Jacob sont homologues de l'ontologie de l'Homme. L'un, *Qaïn* קין est « nid » (*Qen* קן) du *Yod*, l'autre *Yaaqov* יעקב est « talon » (*Aqov* עקב) du *Yod*. Et nous verrons dans l'étude du pied que le talon est aussi un nid !

Abel et Esaü sont homologues de l'Homme en « tunique de peau », nature surajoutée. Ils sont tous deux identifiés au monde animal : Abel, gardien de troupeaux ; Esaü, « homme rouge » poilu, aimant la chasse, etc.

Mais pour chacun des couples, les deux hommes sont frères et désormais la nature profonde, porteuse de la déification dans le *Yod*, ne pourra s'accomplir qu'en assumant totalement la tunique animale. Le drame de Qaïn sera de tuer Abel. La grandeur de Jacob sera d'assumer Esaü dont il ne reprendra les énergies (le droit d'aînesse) que lorsqu'il sera en mesure de les accomplir ontologiquement, pour mettre au monde le Messie- יהוה .

Autrement dit, nous serons davantage Abel-Esaü pendant la première partie de notre vie, dans le premier étage de la montée de notre

---

1. Docteur Jean Schatz : *Réflexions sur la Gauche et la Droite selon la pensée énergétique chinoise* (Revue *CoÉvolution*, n° 4, 1981).

arbre, étage de l'AVOIR. A cet étage, totalement identifiés à nos énergies — le monde animal — nous ne saurons pas discerner la droite de la gauche.

« *Et moi*, dit Dieu à Jonas, plaidant pour la miséricorde envers la ville de Ninive menacée de rigueur divine par le Prophète, *et moi, je n'aurais pas pitié de Ninive la grande ville, dans laquelle il y a plus de cent vingt mille êtres humains qui ne savent distinguer leur main droite de leur main gauche, et une foule innombrable d'animaux !* » (Jonas, IV, 11.)

Les animaux sont ici les énergies de ces êtres humains encore inconscients d'elles, donc incapables de les conquérir.

Ce sont en effet les animaux décrits au sixième jour de la Genèse qui sont les énergies structurant nos terres intérieures, à chacun des niveaux mentionnés plus haut. Tant que nous sommes identifiés à eux, nous ne les connaissons pas et ne pouvons pas les conquérir.

Devenir des Hommes, passer la « Porte des Hommes », c'est commencer à discerner la droite de la gauche, et plus encore : la droite ontologique mâle de la droite existentielle *(2)* femelle, la gauche ontologique femelle de la gauche existentielle mâle.

C'est alors entrer dans le vrai sens de la « gauche » (en hébreu *Smol* שמאל qui peut être lu : שם-אל *Shem-El*, NOM d'Elohim), car la gauche féminine contient le *Yod* יהוה, Nom divin dans lequel Elohim Se cache, Se fait Germe au cœur de Sa Création. Mais il est vrai que son approche est redoutable, ce qu'indique le *sinistra* latin, si nous comprenons ce mot dans son sens spirituel.

Ce côté correspond à la colonne de gauche du Temple de Salomon, colonne appelée *Boaz* בעז, « dans ב la force עז ».

La droite est *Yamin* ימין ; elle rejoint la colonne de droite du Temple de Salomon appelée *Yakhin* יכין ; ces deux mots portent le symbole solaire du vin (*Yayin* יין). C'est l'œuvre mâle qui est source d'ivresse.

Devenir des Hommes, c'est devenir Jacob-Israël, c'est commencer de construire la colonne vertébrale dont Jacob fait alors l'expérience dans le songe de l'échelle.

« *Il voyait une échelle posée à terre, dont le sommet touchait le*

---

2. Je donne à ce mot « existentielle » son sens étymologique : « hors de l'être », l'identifiant à notre nature « en chute » — la tunique de peau.

L'Échelle de Jacob (grande nef, cathédrale de Monreale, Sicile)

ciel ; *le long de cette échelle les anges de Dieu montaient et descendaient. Au sommet se tenait* יהוה *...* » (Genèse, XXVIII, 12-13.)

« Échelle » est un mot construit sur la racine S-K-L que nous retrouvons dans toutes les invitations à l' « escalade » : « escalier », « schola », « school », « école », « squelette »...

En hébreu, le mot « échelle » *Selam* סלם (60-30-600) est ainsi construit : guidé (ל) par l'arbre de la Tradition, s'appuyant (ס) sur lui, l'Homme va vers son accomplissement (ם).

Remarquons bien que, dans le songe de Jacob, l'échelle « *était appuyée sur la terre et son sommet touchait au ciel* ». Ici, il est important pour nous de retenir que l'évolution de l'Homme, sa vie même, s'inscrit entre la terre et le ciel. L'expérience de Jacob confirme l'image des deux pôles de l'aimant cosmique entre lesquels l'Homme est la vibration même. S'il lâche l'un de ses pôles, il n'est plus, mais seulement existe, au sens étymologique du terme : il est en dehors du courant de vie.

Les anges qui montent et qui descendent sont, dans le schéma corporel, les énergies mobilisées le long de la colonne vertébrale, énergies descendantes et montantes elles aussi, qui font la force dynamisante de la rencontre de l'Homme avec le monde extérieur dans la première partie de sa vie, rencontre de l'Homme avec lui-même lorsqu'il passe la « Porte des Hommes », puis rencontre de l'Homme avec son noyau, son NOM, épousailles divines !

Telle est la force de l'ÉROS au niveau de la colonne vertébrale, celle qui unit *Kether à Malkhuth*, le Roi à la Reine *(3)*, l'Époux à l'Épouse. Depuis la chute, cette force mobilise l'Homme exclusivement à l'extérieur de lui-même et le maintient dans son premier étage, l'infantilisant.

Mais elle peut aussi obéir à nouveau à la Voix de l'Époux, retrouver le chemin de son NOM et s'élever, telle la sève de l'Arbre, vers les sommets de l'Homme. Chaque être humain joue sa vie en jouant de ses énergies ; soit qu'il fasse monter sa sève afin de « mettre son arbre à fruit », soit qu'il la dépense, dès que née, au pied de l'Arbre, dans les rejets ou les basses branches...

Si de nombreux rituels initiatiques — et je pense tout particulièrement à ceux des Chamans de la tradition hyperboréenne — comportent symboliquement la montée d'une échelle, d'autres proposent la montée de l'Arbre. Ils confirment que c'est dans la « montée de sève » que réside le sens même de la vie de l'Homme, de la mystérieuse et troublante épreuve que constitue son passage sur terre entre la naissance et la mort.

Entre deux pôles opposés, antinomiques, que sont naissance et mort, entre ces deux « matrices », la tradition chrétienne nous propose la Personne même du Christ qui est, nous révèle-t-Il Lui-même, « *la Voie, la Vie* » (Jean, XIV, 6). Plus loin, Il dit de Lui-même : « *Je*

3. Cf. chap. IV, p. 46.

suis la Porte. » S'Il n'a pas dit : « Je suis l'Arbre », Il S'est toutefois suffisamment identifié à l'Arbre de la Croix pour que nous arrachions à ce dernier son secret.

L'Arbre apparaît pour la première fois dans le mythe biblique, comme nous l'avons vu plus haut *(4)*, sous la forme de l'Arbre de Vie et Arbre de la Connaissance plantés au milieu du Jardin.

Lorsque l'Homme, au chapitre III de la Genèse, est chassé d'Éden, les Chérubins et l'Épée flamboyante gardent la porte du jardin afin que nul ne puisse venir manger le fruit de l'Arbre de Vie. Et c'est le commencement de la longue errance de l'Homme sur la terre : l'Homme est chassé de lui-même, chassé de son axe divin ; confondu à nouveau avec son féminin, il est rejeté aux pieds de l'Arbre, à la base de sa colonne vertébrale.

Les lois qui structurent la Création se trouvent alors retournées contre lui. Il en est averti par ce qu'il est convenu d'appeler la malédiction divine ; Dieu dit alors à Isha : « *Tu enfanteras dans la douleur.* »

L'expression « dans la douleur » est *Be-Etsev* בעצב. Entre les deux *Beith* ב, comme entre les deux colonnes de côté, la colonne du milieu « עץ *Ets* » signifie l'**Arbre**. Isha représente ici l'Adam dans sa fonction féminine. L'Adam coupé de la conscience du *Yod* est appelé à s'enfanter de lui-même à lui-même en accomplissant la montée de l'Arbre aux pieds duquel il est tombé.

Retrouver la conscience du *Yod* et s'enfanter à sa dimension divine reste la seule vocation de l'Homme.

Le Livre de l'Exode (chap. XIII), relatant la démarche du peuple d'Israël à travers le désert, introduit un troisième symbole signifiant la colonne vertébrale de l'humanité : la « *colonne de nuée qui guidait le peuple pendant le jour* » se faisait « *colonne de feu pour l'éclairer la nuit* ».

יהוה était cette colonne.

Dans l'obscurité de ce long désert qu'est notre passage terrestre, notre colonne vertébrale est le guide lumineux de celui qui sait voir. Elle est l'outil de celui qui sait œuvrer. Elle est le chemin de celui qui peut monter.

---

4. Cf. chap. III, p. 35.

LE SYMBOLISME DU CORPS HUMAIN

En Inde, l'épine dorsale est appelée *brahmadanda* ou « bâton de Brahma ». Le long de ce bâton s'opère la lente remontée de *Kundalini* — le serpent de feu qui ressemble fort au serpent d'airain — serpent brûlant que Moïse élève dans le désert (Nombres, XXI, 8-9), qui guérit toute plaie, donne la vie, et auquel le Christ S'identifie, disant : « *Et comme Moïse éleva le serpent dans le désert, il faut de même que le Fils de l'Homme soit élevé...* » (Jean, III, 14.)

Dans les mystères chrétiens, le Fils de Dieu descend, le Fils de l'Homme s'élève. Cette réalité est vécue dans le christianisme au plan de la Personne divine Se laissant saisir dans l'Histoire pour élever l'Homme à sa déification.

Elle est vécue dans l'hindouisme au plan de l'esprit se laissant saisir dans le corps pour amener celui-ci à ouvrir tout au long de la colonne vertébrale les *chakras* ou centres de forces. Ces forces, ainsi libérées, se déversent dans l'être afin d'amener celui-ci par degrés successifs à participer pleinement de l'Énergie divine.

Les sept principaux chakras s'élèvent de la base de la colonne vertébrale (ou chakra fondamental) au sommet de la tête (ou chakra coronal) (nous retrouvons les séphiroth « Fondement » et « Couronne »). Parmi eux, on compte le chakra ombilical, le chakra splénique, celui du cœur, celui du larynx et le chakra frontal.

Ce qui, dans les mythes, est échelle, colonne ou arbre, ce qui, dans la tradition chinoise est le Tao, la Voie, voie de réunification des contraires, est, dans la tradition chrétienne — comme nous l'avons vu plus haut — la Personne du Christ qui dit de Lui-même : « *Je suis la Voie, la Vérité et la Vie.* » (Jean, XIV, 6.)

Ce que les Chinois appellent *yin et yang*, ce que les Hébreux ou toutes autres religions nomment Énergies-Principes, sont, dans cette même tradition, des personnes vivantes, incarnant la dualité.

C'est ainsi que, dans les Évangiles, nous voyons se dessiner une fresque de personnages divers venant deux par deux entourer le Christ.

Observons tout d'abord les deux Judas dont le nom hébreu *Yéhouda* יהודה est le Nom divin lui-même, le Tétragramme auquel la lettre ד *Daleth* a été ajoutée. *Daleth*, la « Porte », correspond au nombre 4, symbole de l'arrêt, tout particulièrement ici « Porte » de l'incarnation. Ce nom de Judas, nom magnifique entre tous, signifie vraiment « incarnation de יהוה », « יהוה s'inscrit dans l'histoire ». Né de la tribu de Judas, quatrième des douze fils d'Israël, mort de la main de Judas, dernier des douze Apôtres, Christ, entre ces deux « portes » de naissance et de mort, est la Vie : la Vie transcende l'Histoire et s'y incarne.

Allons maintenant vers les deux Joseph : d'une part, Joseph, époux de la Vierge, veille sur le ventre maternel, matrice de la naissance du Dieu devenant Homme. Et d'autre part, Joseph d'Arimathie recueille le cadavre du Christ, le met au tombeau et veille sur cette matrice de mort qui se révèle être matrice de Résurrection, de renaissance, de l'Homme qui devient Dieu. Entre eux, Christ, Dieu et Homme, est parfaite unité du ciel et de la terre, leur juste rapport.

Ventre maternel et tombeau sont deux « limites » — *Soph* סוף en hébreu. Le nom de Joseph, *Yosseph* יוסף (*Yod* qui se fait limite) est celui du verbe *Yassoph* « augmenter » : il n'y aura aucune croissance sans accepter de se faire germe et de se laisser capturer le temps nécessaire dans les limites d'une structure.

Des deux côtés de la Croix, symbole de l'Arbre de Vie, sont dressées les croix de deux larrons : entre deux erreurs se dresse la Vérité. L'un des larrons s'identifie à la Miséricorde divine, l'autre à la Rigueur.

Au pied de la Croix sont Marie et Jean, archétypes du féminin et du masculin. Sur la Croix est Celui en qui n'est « *ni homme, ni femme* » (Paul, Gal., III, 28), car dans cette ultime mort Il a reconquis l'unité.

Autour du Christ transfiguré sur le mont Thabor, apparaissent Moïse et Élie. Entre la Rigueur de la Loi et le Feu du Prophétisme, Christ est la Tradition vivante.

Il est cependant deux autres personnages sur lesquels je veux m'arrêter plus longtemps, ce sont les deux Jean, Jean le Baptiste d'une part, Jean l'Évangéliste de l'autre.

Dans l'Antiquité, temps historique bien antérieur au christianisme, était vénéré le dieu Janus. Représenté sous la forme d'une tête unique offrant deux visages, l'un de vieillard, l'autre de jeune homme, il était fêté aux deux solstices du cycle de l'année. Nous en verrons par la suite la signification.

Ce Janus Bifrons symbolisait le temps : le passé par son visage de vieillard, l'avenir par celui de l'homme jeune. Le seul visage qui n'était pas et ne pouvait être représenté était celui du présent, l'insaisissable, l'immatériel, l'intemporel.

Dans la personne du Christ, l'insaisissable se laisse saisir, l'immatériel s'incarne, le présent se fait réalité, l'éternel se rend historique, l'immortel meurt et ressuscite pour réintroduire l'Homme dans sa dimension divine. Entouré de ces deux Jean, Jean le Baptiste, le « vieil homme », l'homme en « tunique de peau » (il est habillé de poil de chameau), et Jean l'Évangéliste, le devenir, celui dont le Maître parle si mystérieusement comme s'Il signifiait que celui-là déjà était accompli (Jean, XXI, 22-23), Christ est « l'instant ».

C'est au niveau du présent que l'Homme trouve son vrai visage et peut vivre sa mesure d'éternité. Dans sa dimension christique, il sort du temps tout en étant dans le temps ; l'instant est le point crucial de l'Homme. La plupart des êtres le refusent car il est ce qu'il y a de plus difficile à vivre. Lié par essence à l'éternité, le présent est porteur d'absolu.

L'Homme vit cette contradiction qui consiste à réclamer l'absolu et à le fuir. Il le réclame parce qu'il en est pétri en son essence, il le fuit parce qu'il attend que l'existence le lui apporte, parce qu'il le cherche non à l'intérieur de lui-même, mais à l'extérieur. Il l'attend du temps : soit du passé qu'alors il idéalise et dans lequel il se réfugie (c'est l'attitude de maint vieillard), soit du futur dont il espère qu'il le comblera (c'est celle du jeune homme et de beaucoup d'entre nous qui vivons toujours projetés en avant).

Lorsque l'instant en son aspect temporel lui apporte une joie, alors il réclame du temps qu'il ait valeur d'éternité : « *O temps, suspends ton vol...* », chante le poète. Ne sachant pas prendre la vraie dimension du présent, l'homme le fuit, et le fuyant il se fuit et par là même se détruit.

L'expression occidentale du christianisme des dix derniers siècles traduit dramatiquement cette expérience. Actuellement déchirée entre intégristes qui s'attachent aux habitudes d'un très relatif passé et progressistes qui entrent en compétition avec le progrès extérieur qu'inconsciemment ils déifient, cette Église quitte son axe traditionnel et se détruit. La Tradition n'est le fruit ni d'un passé, ni d'un futur, elle est ce temps prophétique qui plonge dans l'intemporel et s'incarne dans l'instant.

LA COLONNE VERTÉBRALE

Les partis politiques, qu'ils soient « de droite » (conservateurs) ou « de gauche » (progressistes eux aussi) s'appuient sur une béquille qui tend à déséquilibrer l'autre, rendant la nation « boiteuse » et ne l'acheminant nullement, dans un tel contexte, à vivre sa vie d'adulte, centrée sur sa vraie colonne vertébrale.

Revenant à notre schéma corporel ontologique, il nous est facile de lire en son côté gauche féminin, celui de la permanence, l'origine, l'antique ; en son côté droit masculin, celui du mouvement, le futur. Seule la colonne vertébrale incarnant l'instant, germe de transcendance des antinomies, est la vie et la voie qui mène l'homme ou le groupe, ou la nation, ou l'humanité même dans sa totalité, dans l'axe de son être essentiel, spirituel et divin.

L'Homme, ne vivant pas cet axe, se désinsère de la vie et se fait dévorer par le temps.

Cet aspect dévoreur du temps nous est transmis par le mythe de Chronos — central dans la vie de l'humanité. Le relater ici nous entraînerait dans une digression trop complexe. Disons seulement que, fils d'Ouranos, dieu du ciel, Chronos aidé des Titans détrône son père.

Qui est-il par rapport à lui ?

Le temps face à l'éternité. Il préside à notre naissance, notre mûrissement, notre mort. Il est la continuité, la succession, l'enchaînement, la répétition par rapport à l'éternité.

Nous voyons alors Chronos dévorer tous ses enfants : chaque instant s'annule, dévoré qu'il est par le futur immédiatement devenu lui-même passé. Est-ce à dire que tout est perdu, qu'il n'y a plus rien de commun entre Ouranos et Chronos, entre l'éternité (que les philosophes appellent aussi le non-temps) et le temps ? Le mythe continue de nous l'apprendre : Ghéa, femme de Chronos, sauve un de ses enfants, un de ces « instants » qui est Zeus : il est de dimension divine.

Chaque instant peut être sauvé, redonné à sa dimension d'éternité.

Alors Zeus réinstaure le règne d'Ouranos. Zeus, ce dieu qui est en nous, ne peut se laisser dévorer ; il combat, aidé des Cyclopes pour engloutir les Titans, forces instinctuelles, et Chronos lui-même, dans le feu des volcans. Ce feu à l'intérieur de la terre, c'est l'amour à l'intérieur de l'être : l'amour évolutif qui brûle au centre du quadrilatère (voir planche 2) et détruit tout ce qui ne ressortit pas à l'être divin.

Les Cyclopes sont ces personnages à l'œil frontal, porteurs du « Troisième œil » de la tradition hindoue, que la tradition judéo-chrétienne n'ignore pas lorsqu'elle parle de « *celui qui a l'œil ouvert* » (Nombres, XXIV, 3) et dont je reparlerai plus tard.

Les Cyclopes sont les forces de la Connaissance. Ils font penser à Shiva, dieu de la Trimurti hindoue dont le troisième œil, l'œil frontal, détruit toute manifestation. Cette destruction est le passage du temps à l'éternité, de la succession à la permanence qui contient temps et non-temps.

Chaque instant est gros d'éternité.

La vie est en lui. Elle est au niveau de la Colonne du Milieu. Symboliquement donc, la colonne vertébrale est le chemin de notre rencontre avec nous-même, dans notre potentialité déifiante.

Colonne du Milieu, elle est « lieu du Mi », lieu de la rencontre du « Ma » et du « Mi » parce que lieu de la rencontre et du mariage de la droite et de la gauche, du masculin et du féminin en nous, de l' « accompli » et du « non encore accompli » *(5)*.

Ce mariage avec le féminin n'est possible que lorsque, avec Adam, l'Homme a pris conscience de son côté gauche et distingue alors sa droite de sa gauche.

C'est pourquoi la colonne vertébrale déjà enracinée dans le triangle inférieur, au premier étage, quand l'Homme commence ce processus de discernement, de désidentification, ne se construit véritablement qu'au deuxième étage, avec la verticalisation, dans l'érection de la colonne dorsale.

La colonne vertébrale devient alors, dans chacune de ses vertèbres, comme une couche nuptiale libérante et constructive d'énergies afin que le 2 devienne 1, afin que chacun des ה de הֹזֶה épouse son contraire et que la lumière plongeant dans la ténèbre amène celle-ci à la totale lumière.

---

5. Ces deux termes : « accompli » et « non accompli » rendent compte des deux aspects essentiels du verbe hébreu. Ils rejoignent les deux pôles de l'Arbre de la Connaissance *Tov veRa* ורע טוב. *Tov* טוב est l'accompli, *Ra* רע le non-encore-accompli ; ce qui est devenu lumière et ce qui est encore dans les ténèbres.

LA COLONNE VERTÉBRALE

La colonne vertébrale est donc le lieu privilégié où s'inscrivent toutes nos libérations, nos accomplissements successifs, mais aussi nos blocages, nos peurs, nos refus, refus d'évoluer, refus d'épouser, refus d'aimer... et toutes les tensions, toutes les souffrances qu'ils génèrent.

La colonne vertébrale inscrit aussi les souffrances nécessaires, celles de nos enfantements. Discerner les souffrances pathologiques des souffrances initiatiques devrait être le rôle du vrai médecin. Je reviendrai sur ce sujet.

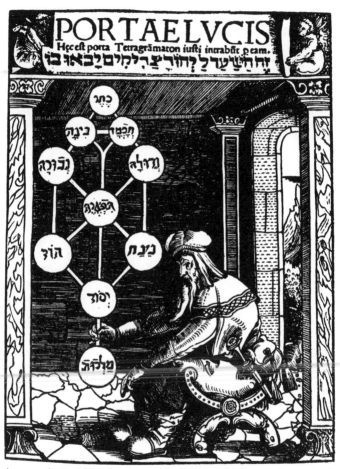

Le sage, de sa main droite, tient l'Arbre des sephiroth. De sa main gauche, il montre la Terre dans laquelle l'arbre doit être planté pour prendre racine (gravure extraite de *Porta Lucis,* par Paulus Ricius, Augsburg, 1516).

CHAPITRE VII

Malkuth I - Les pieds

Nous ne pouvons nous arrêter sur la signification profonde des pieds, pas plus que sur les nombreux mythes dont ils font l'objet, sans revenir, ne fut-ce que brièvement, à l'enseignement de l'Arbre des Séphiroth.

Souvenons-nous *(1)* que l'Arbre sort des racines invisibles de l'*Aïn Soph*, se manifeste en *Kether*, première des dix séphiroth, et s'épanouit en *Malkhuth*, dixième et dernière séphirah, la septième des sept séphiroth de la Création. Autrement dit, cet Arbre dont les racines sont en haut et le feuillage en bas nous apparaît comme un arbre inversé. Or le corps humain, qui lui est semblable, est un arbre inversé.

Dans une récente communication, le docteur Hubert Larcher faisait remarquer que le langage populaire dit de l'homme qui fait le poirier *(2)*, qu'il fait « l'arbre droit ». Le docteur Larcher poursuivait en mettant alors l'accent sur le fait que cette posture permet la mise en évidence du véritable petit univers que recèle la cage thoracique ; l'arbre pulmonaire s'épanouit en effet à l'endroit sous l'héliotropisme du cœur, lequel tient lieu de soleil qui luit ainsi sous la voûte « cœliaque ».

J'aurai à revenir plus loin sur ce triangle solaire. Je ne le mentionne ici que pour illustrer le réalisme de cet Arbre humain, inversé par rapport à l'arbre de nos forêts dont il est le complément indiscuta-

---

1. Cf. chap. IV, p. 43.
2. « Faire le poirier » : se tenir en équilibre sur la tête, les pieds en l'air.

ble. Donnant l'oxygène à l'arbre pulmonaire, l'arbre vert reçoit de lui le gaz carbonique qui, à son tour, va dans l'alchimie de la chlorophylle (*khlôros* : vert) donner l'oxygène. Ce dernier, jouant dans le sang le rôle que nous lui connaissons, nous ne pouvons que constater l'étonnante complémentarité de la chlorophylle et du sang, au point de pouvoir parler de la complémentarité de l'Arbre vert et de « l'Arbre rouge », ou de « l'Homme vert » et de « l'Homme rouge ».

Il est bien certain qu'en hébreu, « le Adam » est étymologiquement « l'Homme rouge » (*Adamah* est la « terre rouge » et *Dam* est le « sang »). L' « Homme vert » est loin d'être inconnu des trois traditions bibliques : j'ai parlé plus haut de saint Jean l'Évangéliste *(3)*, le toujours jeune, celui qui a fait le **lien** avec le divin. Il est intimement proche d'Élie qui, enlevé dans le char de feu, ne connaît pas la mort. Et dans l'Islam, Élie est curieusement confondu avec l' « Homme de Dieu » qui vient instruire Moïse dans la XVIIIᵉ Sourate du Coran, appelée « la Grotte ». Cet homme, la littérature musulmane le nomme *Khadir*, ce qui signifie « toujours vert ».

Dans les trois traditions du Livre (Judaïsme, Christianisme, Islam), l'homme qui a accompli toutes les morts et résurrections et qui est né à sa dimension divine est l'Homme vert (dans un très beau roman, Gustav Meyrinck a immortalisé le « Visage vert »).

L'arbre vert est image de l'Homme vert, c'est-à-dire l'homme de dimension divine. L'arbre est alors le symbole de nous-même dans notre norme ontologique et notre vocation eschatologique.

Il est d'ailleurs intéressant de lire au VIIIᵉ chapitre de l'Évangile de Marc (versets 22-26) que l'aveugle guéri par le Christ recouvre une première vision et s'écrie : « *J'aperçois les hommes, mais j'en vois comme des arbres qui marchent.* » Alors le Christ, dans un second temps, lui ouvre les yeux à la vision du monde. Ces détails sont d'une importance capitale pour l'étude qui va suivre.

Dans l'optique de l'arbre inversé, au niveau du corps, les pieds — qui correspondent à *Malkhuth* — sont racines de l'Arbre humain et frondaison de l'Arbre divin dont les racines, elles, plongent dans les ténèbres de l'*Aïn Soph*.

---

3. Cf. chap. VI, p. 82.

Le pied du Bouddha
Premier germe, le pied contient le corps tout entier. Depuis le talon jusqu'aux extrémités des orteils en passant par la roue solaire, il inscrit le Devenir de l'Homme.

Malkhuth, le Royaume, est le réceptacle de toutes les énergies divines venues d'en haut. Dixième séphirah, elle est la substance divine incréée et créatrice. Créatrice, elle se fait Germe dans l'Arbre humain. Les Hébreux l'appellent « la Reine », celle à qui tous les pouvoirs du Roi (*Kether*) sont confiés *(4)*.

Elle est encore appelée « Vierge d'Israël ». Elle est celle qui doit enfanter et, en ce sens, mère de toute vie. Elle est la Création tout entière, et chacun de nous, en particulier, qui récapitulons toute la Création.

En tant que septième séphirah de la Création ou de la « petite face divine » *(5)*, *Malkhuth* correspond au septième jour de la Genèse, jour du *Shabbat* שבת où l'Œuvre étant achevée, parfaite, Dieu Se retire. Il Se retire et ne Se retire pas, car Se faisant « base » (שת *Shet*) de Sa Création ב , Il fait retrait en elle. Il Se fait Germe, Germe que symbolise la lettre *Yod* י .

Dixième lettre de l'alphabet, le *Yod* profile le Tétragramme divin יהוה que les Hébreux appellent *HaShem* (Le NOM) et qui récapitule tous les NOMS. Ceux-ci sont inscrits respectivement au cœur de chacun de nous. Chacun constitue notre noyau qui est encore notre « personne », celle que nous sommes appelés à devenir. Chacun de nous, hommes ou femmes, est Vierge d'Israël, lourde du NOM, appelée à le mettre au monde.

Cela vient confirmer l'expérience dont j'ai parlé plus haut dans la contemplation du Saint NOM יהוה.

Dans cette perspective, les pieds de l'Homme correspondant à *Malkhuth* symbolisent l'Homme en tant qu'il est « Vierge d'Israël » et mère appelée à mettre au monde son NOM divin, participation de יהוה . Les pieds contiennent la totalité des énergies à accomplir et recèlent le secret du NOM. Ils symbolisent notre féminin, le côté ombre רע de l'Arbre de la Connaissance.

Un pied a la forme d'un germe ℧ *(6)*, forme de ce qu'est l'Homme à son point de départ dans sa toute potentialité lorsqu'il baigne dans les eaux matricielles. Cette forme est déterminée par le germe divin, le NOM, qui, par le cordon ombilical, est relié à *Elohim*.

---

4. Cf. chap. IV, p. 46 et chap. VI, p. 78.
5. Cf. chap. IV.
6. Cf. chap. XVI, p. 345 (+ dessin p. 352).

LES PIEDS

Dans le ventre de la mère, le placenta est symbole d'*Elohim* nourricier. Le placenta, frère jumeau du fœtus puisqu'il se détache de l'œuf initial, est avec le fœtus dans la relation qui lie *Elohim* à יהוה. Relation mystérieuse puisqu'un seul Dieu dans deux fonctions différentes, unies et distinctes, mais dont la différence fait l'objet même de la Création. Après expulsion du placenta formel, à la naissance, un placenta virtuel relie *Elohim* à l'Homme, *Elohim* à יהוה qu'*Elohim* cherche en l'Homme.

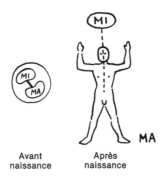

Avant naissance   Après naissance

Ontologiquement, le Père cherche en l'Homme le Fils. Précisons bien ces différentes fonctions du créé par rapport à l'Incréé : la Création, fille d'*Elohim*-Père, est appelée à devenir Son Épouse.

La Création, tout entière contenue en *Malkhuth*, est vierge, lourde de l'enfant divin, appelée à le mettre au monde.

Chacun de nous, hommes ou femmes, en tant que *Malkhuth*, est vierge et Mère. Chacun de nous est aussi époux pénétrant *Malkhuth* pour se mettre au monde jusqu'à la dimension de Fils-*Yod*. Chacun de nous devient alors ce Fils.

Ainsi déifiés, nous devenons Épouse (*Malkhuth* accomplie) par rapport à Dieu-Époux. Épousés de Dieu, nous sommes couronnés (*Kether*) et entrons dans la Royauté.

Les énergies décrites dans les six jours de la Genèse sont notre potentiel d'accomplissement ; elles sont le flux érotique fondamental qui tend l'épouse vers son Époux. C'est pourquoi le pied, *Reguel* רגל, est aussi la « fête » (peut-être le « régal » ?). Et toutes les expressions populaires liées au pied, telles que « c'est le pied », « prendre son pied », etc., expriment la fête, et plus souvent une fête érotique qui n'a plus rien à voir avec la rencontre de l'Époux divin, mais qui ontologiquement promet cette rencontre.

Le drame de la chute, violation de ces énergies par le faux époux Satan, s'exprime dans le mythe biblique par la blessure aux pieds.

Nos pieds sont blessés.

1. Les pieds de l'Homme sont blessés

Adam a transgressé les normes ontologiques dont j'ai parlé plus haut *(7)*. Il s'est coupé du *Yod*, du divin, de son principe, de son triangle supérieur. Il s'est tranché la tête. Plus exactement, il a rejeté les informations du *Yod*, puis a oublié son ontologie profonde. Il s'est alors recouvert d'une fausse tête, d'un masque, parodie du triangle premier. A son niveau, Intelligence et Sagesse ne sont plus divines. Elles ne président plus à l'accomplissement de la vocation de l'Homme qui est conquête du Royaume divin à l'intérieur de lui-même. Mais elles transposent ce désir sur la conquête du Royaume extérieur à lui-même, conquête de *Malkhuth* séparé de *Kether*, qui devient le cosmos seul dont l'Homme ne sait plus qu'il le porte aussi en lui et qu'il en a les clefs.

Tout se passe comme si, au lieu de remonter le long de l'Arbre, pour leur juste réalisation, les énergies de l'Homme s'écoulaient au niveau des pieds — *Malkhuth* — par le trou béant d'une blessure.

Voilà pourquoi nous allons voir l'humanité, à travers ses livres sacrés, ses mythes et ses contes, exprimer douloureusement son erreur en traînant un pied blessé avec Œdipe, vulnérable avec Achille, mordu par le serpent avec Ève.

Puis nous découvrirons les prémices d'une guérison avec Jacob tenant en sa main, à sa naissance, le talon de son frère Esaü. Nous verrons alors se dessiner le mouvement de pénitence de l'humanité avec Marie-Madeleine, la prostituée, venant oindre de parfums les pieds du Christ et les essuyer de sa chevelure. Nous participerons enfin à la guérison totale de l'humanité avec les apôtres dont, avant la Cène, le Christ, médecin cosmique, lave les pieds.

7. Cf. chap. III, p. 33.

LES PIEDS

Ève blessée aux pieds
Violation par le Satan du potentiel énergétique contenu symboliquement dans les pieds-germes, le drame de la chute est exprimé dans le mythe biblique par la blessure originelle : Ève a le talon écrasé (basilique de Vézelay ; *photo Roger Viollet*).

Guérir la blessure, se séparer du faux époux et reconstituer les énergies dans leurs « terres » intérieures respectives, c'est redonner à *Malkhuth* sa vocation féminine. Matrice universelle, *Malkhuth* est mère de toute vie. Force germinatrice, elle exalte la puissance divine. Monde obscur, souterrain, elle plonge ses entrailles dans les archétypes abyssaux, reflets des archétypes divins où s'opèrent les lents processus de mort et de résurrection qui sont les deux pôles d'une même réalité.

LE SYMBOLISME DU CORPS HUMAIN

Sous le symbole des Vierges noires, *Malkhuth* est la substance suprême, l'infinie possibilité universelle de l'*Aïn Soph*, celle qui doit enfanter. Développant l'image de *Malkhuth*, reine et vierge d'Israël, les mythes expriment le drame de la chute en pleurant le Père tué, le roi mort, la reine veuve et le fils orphelin. Vide est devenue la vierge d'Israël, vide de l'Époux-Père qui l'appelle et qu'elle n'entend plus.

En Égypte, elle est Isis pleurant et cherchant désespérément Osiris.

En Israël, elle est celle dont le fils orphelin meurt (le *Yod* meurt en germe dans son ventre devenu stérile).

Mais les textes bibliques ne cesseront de demander protection pour « *la veuve et l'orphelin* ». Job, dans sa plaidoierie, prouve son innocence et rappelle qu'il « *apportait secours à l'orphelin et remplissait de joie le cœur de la veuve* » (Job, XXIX, 12-13).

N'est-ce pas le fils d'une veuve que le roi Salomon fait quérir pour bâtir le Temple (I Rois, VII, 14) ? N'est-ce pas le fils de la veuve de *Tsarphatah* (la France, en hébreu) à qui Élie redonne vie (I Rois, XVII, 21-24) ?

C'est le fils de la veuve de Naïm que le Christ ressuscite (Luc, VII, 12-17) (*Naïm* en hébreu est « ce qui est précieux »).

« Rebâtir, secourir, ressusciter »... Je pourrais évoquer d'autres termes en d'autres nombreux exemples ; tous témoignent de la résurrection de l'orphelin et du retour de la joie au cœur de la veuve.

Dans le mystère du Tétragramme-Épée, יהוה, *Yod* a été tué, *Hé-Vav-Hé* הוה est veuve. Nous nous souvenons *(8)* qu'en הוה, le ו *Vav*, le 6, symbolise l'Homme, Adam créé le 6e jour. En conséquence, האדמה *Ha-Adamah*, la terre, celle qui a donné naissance à Adam, est veuve. Adam est orphelin.

Au plan du corps humain, la tête a été retranchée, les pieds sont vides. Sont-ils absolument vides ?

C'est en reprenant le langage des mythes que j'ai parlé du « Père tué ». Mais le meurtre ne peut avoir de réalité qu'au plan de la chute, au plan existentiel de l'Homme. Adam s'est coupé du divin, mais le divin est et ne peut mourir. Adam s'est retranché du Père mais n'a pu « tuer le Père », si ce n'est dans sa conscience. Sorti d'Éden, il a perdu la connaissance du divin, mais le divin reste serti en lui comme un invisible vitrail dans ses plombs.

---

8. Cf. chap. III, p. 34.

LES PIEDS

L'image divine est profondément refoulée en lui, recouverte du masque — d'un masque de plomb en effet, nous en verrons le symbolisme plus loin — mais non altérée. Le refoulement est cependant si profond qu'un abîme sépare désormais l'humain du divin. C'est le franchissement de cet abîme qui fait l'objet de l'insondable inquiétude de l'humanité. Celle-ci l'exprime à l'état pur dans son art, ses chants, sa littérature sacrée comme son folklore. Elle le projette au plan psychique et l'exprime à ce niveau en déferlement confus et nostalgique, vite désorganisé, cédant alors le pas à une marée démoniaque qu'une médecine agnostique ne peut endiguer.

La nature ontologique de l'Homme est mariage.

La littérature biblique tout particulièrement la chante ainsi : la fiancée, l'épouse, la bien-aimée, autant de termes revenant constamment dans la bouche du psalmiste ou du prophète. Mais par l'un et l'autre, la prostituée est aussi dénoncée comme s'étant donnée à un faux époux. Le véritable époux rejeté est cependant là. Le triangle supérieur se laissant recouvrir du masque continue d'envoyer la vie au corps tout entier, autant que celui-ci la peut recevoir, sans quoi il serait néantisé.

« *Tu n'aurais aucun pouvoir s'il ne t'avait été donné d'en haut* » (Jean, XIX, 11).

Non, les pieds ne sont pas vides. Mais ce qu'ils contiennent, l'Homme n'en a aucune conscience.

Essayons ensemble, à partir des noms qui recèlent le mystère, d'atteindre à cette conscience. Pour cela, il est juste de ne pas séparer les deux pôles du mariage ontologique et d'étudier alors les deux mots :

« Tête » — *Reish* ראש 300-1-200, ou « chef » — ריש 300-10-200, et « pied » — *Reguel* רגל 30-3-200.

Leur valeur numérique nous met sur le chemin : cernés entre le 30 ou le 300 — ces deux nombres expriment la même idée, l'une au plan manifesté, l'autre au plan cosmique — et le 200, seuls les nombres médians changent.

Au niveau de la tête, le 1 ou 10 exprime l'unité divine, qui, passant dans le « prisme » de la manifestation — aux pieds, se révèle 3. Trinité de principes ou tri-unité de personnes, dans toutes les traditions le trois est UN. Dans cette perspective, la tête et les pieds sont le même mot. Si la tête, en haut, récapitule tout le corps, en bas, les pieds le récapitulent aussi et portent son devenir en puissance. Or, si l'homme a perdu conscience du *Aleph*, le *Aleph* informe toujours les pieds qui gardent dans la lettre *Guimel* la puissance cachée du divin (*Aleph* 1 ou *Yod* 10).

On a beaucoup glosé sur ce *Guimel*, lettre « G » mystérieusement gravée au centre de l'étoile à cinq branches des initiés et lettre grecque Γ chère aux Pythagoriciens.

Il semble évident de voir en elle le transfert de la transcendance divine Une en son immanence trine. *Yod* devient God, Goth... Et lorsque nous avons vu plus haut que, au niveau du Tétragramme-Épée הוה, si *Yod* est tué, הוה *Hé-Vav-Hé* est veuve, remarquons que חוה *Ḥava* — 5-6-8 ou 5-6-(5+3) — qui est Ève, pourrait encore s'écrire גהוה. Le nom est alors celui de *Ghéa*, déesse de la Terre chez les Grecs.

La terre est veuve. Ève est veuve, mais elle porte en ses entrailles le germe même de la vie de l'Époux. La lettre « G » n'a pas d'autre forme que celle du germe. Et le mystère chrétien va se dérouler après que le prophète Zacharie ait clos l'Ancien Testament sur cette parole de l'Ange : « *Voici, je ferai venir mon serviteur le Germe* » (Zacharie, III, 8).

Dans la perspective chrétienne, l'incarnation du Christ est la démarche de Dieu descendant en *Malkhuth*, les pieds cosmiques (liés au symbolisme des poissons), à la rencontre de l'Homme dont il panse la blessure et qu'il arrache à sa torpeur mortelle pour l'amener à la conquête de sa tête cosmique, à ses vraies épousailles. Il Se fait germe pour éveiller en chacun son germe divin et le faire devenir Arbre vert, Arbre de Vie.

Lorsque l'Homme est arrivé à cette conquête, le *Guimel* est redevenu *Yod*, et l'on serait tenté de lire ריל au lieu de רגל. Les trois lettres ריל donnent phonétiquement en français « royal ». Il n'y a pas là simple coïncidence. L'homme qui a rejoint l'unité est roi, il est « couronné ».

Le *Yod* (10) peut aussi être remplacé par le *Aleph* א (1) ; le mot devient alors « réal » ou « réel ».

La réalité est la royauté.

LES PIEDS

Le personnage de la hiérarchie ecclésiastique chrétienne qui, symboliquement, a atteint ce stade est l'évêque. Nous avons vu *(9)* ce hiérarque « croiser les flambeaux » au cours de la liturgie pontificale, signifiant par là qu'en s'avançant vers le « laos », le peuple royal (laïc), il passe du triangle supérieur qu'il incarne au premier triangle inversé où se tient ce peuple en attente (plus exactement « en gestation »). Vivant le triangle supérieur, cette royauté, l'évêque est couronné, « sacré ». A ce niveau, la tête a rejoint les pieds.

Nous voyons alors en Occident les mitres épiscopales dessiner une tête de poisson qui escalade la verticale vers le ciel.

Les pieds sont liés au signe zodiacal des « Poissons ».

L'ancêtre chaldéen de l'évêque est Oannès, le dieu-poisson qui apprit aux hommes la médecine, l'architecture, l'agriculture, etc. Il faudrait aussi noter l'existence de ces têtes étonnantes d'hommes-poissons dont on situe l'origine au huitième millénaire avant Jésus-Christ.

Que signifient-elles ?

Ne sont-elles pas en rapport avec le poisson sous lequel apparaît le premier avatar de *Vishnou*, Principe conservateur de la Trimurti hindoue ? Premier avatar de l'Homme, le germe ne vit-il pas lui aussi, tel un poisson, dans les eaux matricielles ? Il semble que, quel que soit son âge, l'Humanité ait connu ou connaisse le sens profond de sa vocation et l'exprime à travers la floraison de ses symboles et de ses mythes.

_____

9. Cf. chap. V, p. 69.

L'Acrobate de Vézelay

Situé au centre du tympan du portail central de la basilique de Vézelay, au-dessus et dans l'axe de la tête du Christ en Gloire, il est le symbole de l'Homme accompli, celui dont la tête rejoint les pieds *(cliché La Goëllette, Paris)*.

Acrobate dans la cathédrale de Monreale (Sicile).

L'acrobate de Tlatilco confirme, chez les Olmèques, ce symbole d'accomplissement connu des autres traditions (musée National d'anthropologie, Mexico).

Partant des pieds, l'Homme vivant doit croître, comme un arbre, et atteindre la tête où se multiplieront ses fruits.

« *Croissez et multipliez-vous.* »

Tel est l'ordre qu'Adam reçoit dès sa création.

Sur un plan physique, les pieds potentialisent le corps de l'Homme tout entier. C'est pourquoi l'art de l'acupuncture, dans une de ses approches du corps, est pratiqué au niveau des pieds dont les émergences énergétiques, poncturées avec justesse, retentissent sur les méridiens correspondants au niveau de la totalité du corps.

Dans cette optique, les doigts de pieds correspondent à la partie céphalique du corps, le talon au fondement.

Dans un resserrement encore plus grand de l'optique, le pouce du pied peut être vu comme un petit pied à lui seul. (Le « petit poucet » ne me contredirait pas !)

Sur de très belles fresques babyloniennes, on voit le guerrier agenouillé devant le roi avant de monter à la bataille. Il a un genou en terre, la plante du pied est retournée vers le ciel à l'exception du pouce. Le pouce repose alors seul sur la terre comme pour recevoir d'elle, à ce niveau très précis du contact, l'élan vital dont le guerrier a besoin. Ce point de contact est alors « poncturé » par la terre ; il porte le nom de « *Fontaine jaillissante* ».

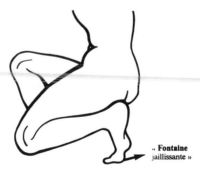

« **Fontaine** jaillissante »

Connaît-il ce point d'acupuncture le Maître hindou (Shri Nisargadatta Maharadj) qui dit à son disciple : « En Marathi, le mot '' pied '' signifie '' début du moment ''... Trouvez le tout début, le

jaillissement de la source, le premier instant de conscience... » Si le disciple trouve ce « tout premier instant », il devient le vrai « guerrier » et peut partir à la conquête de son royaume intérieur.

Lorsque l'Homme écoule à l'extérieur de lui, dans des motivations vaniteuses ressortissant au plan d'un avoir non juste, les précieuses énergies contenues dans le pied, ce dernier témoigne des enflures de l'âme. Le langage populaire ironise sur les « chevilles enflées ». Et nombre d'incidents au niveau de ce membre : fracture, entorse, etc., ne sont autres que la somatisation signifiante d'une erreur profonde.

Toute maladie est signifiante.

Celle du pied dénonce un faux départ dans le chemin de la croissance.

Le premier départ de toute croissance se fait dans l'enfance. Le pied est lié à l'enfance, nous l'avons vu, et spécifiquement à l'enfance intra-utérine.

De plus, en grec, le mot enfant : *Pais — Paidos* (παις-παιδος) est tout proche du mot pied : *Pous — Podos* (πους-ποδος). En hébreu, il y aurait là parfaite homonymie, donc relation intime.

La vocation de l'Homme se détermine dès le sein de sa mère. Elle est inscrite dans le NOM qu'il y reçoit du Verbe créateur. Elle est inscrite aussi, en tant que réalisation possible, dans la qualité de la coupe maternelle qui l'y nidifie.

Par la mère, dès l'enfance intra-utérine, l'Homme peut prendre ce départ. Baignant encore dans les abîmes de sa genèse, l'Homme fait l'expérience de *Malkhuth*.

Nous ne pouvons cependant pas parler, chez lui, d'une démarche consciente. Par contre, l'adulte qui est passé de l'Avoir à l'Être, par la « Porte étroite » du sentier *Hod-Netsah* et qui assume consciemment la plénitude de son incarnation, atteint la séphirah *Tiphereth*.

Dans le schéma des Énergies Divines, *Tiphereth* (Cœur-Beauté) reflet de *Kether* et de *Aïn*, réunit et manifeste toutes les possibilités divines en autant d'Archétypes que toutes les séphiroth et leurs antinomies. Elle est le moyeu, le centre de la roue solaire qui relie le haut et le bas, la gauche et la droite, et embrasse le tout dans le feu divin de l'harmonie principielle.

Dans le schéma des énergies humaines, celui qui entre dans ce tourbillon est précipité selon le vecteur des rayons de la roue micro- et macrocosmique dans l'expérience du Centre qui réunit toutes les possibilités humaines. Il vit le mariage et le dépassement de toutes les antinomies pour atteindre à l'expérience ineffable du cœur divin. L'Homme est alors amené dans la plus grande profondeur des abîmes en *Malkhuth* avant d'être élevé au plus sublime.

Je ne veux pas anticiper en parlant ici de cette « descente aux lieux inférieurs », si ce n'est pour dire que c'est à ce niveau seul du vécu conscient, que l'Homme fait l'expérience de *Malkhuth*. A ce niveau seul, il épouse réellement *Malkhuth*, la Reine, Vierge et Mère.

La grandeur des mystères d'Israël, accomplis par le Christ, consiste en cela essentiellement que l'Homme doit épouser la Mère des profondeurs dont toute mère biologique est le symbole, avant d'être élevé vers le Père.

Tout être humain a cette vocation.

Mais toute femme en particulier a aussi la vocation d'incarner *Malkhuth* et d'être matrice à chaque instant de sa vie, pôle de mutation pour elle-même, pour les siens et pour l'humanité. Refuser cette vocation, c'est refuser d'entrer dans le plan ontologique.

Dans le mythe grec, Œdipe épouse sa mère.

2. Œdipe ou le pied gonflé

Qui est Œdipe ?
Son nom signifie « pied gonflé ». Il est fils de Laïos (« le Gauche ») et petit-fils de Labdacos (« le Boiteux ») dont le grand-père est Cadmos, fondateur de Thèbes.

Œdipe est le rejeton d'une famille royale. Tout homme est d'ontologie royale. Thèbes est la ville sainte chez les Grecs (ce qu'est Jérusalem chez les Hébreux). L'homme qui habite sa ville intérieure est conscient de sa boiterie, de son ombre féminine, de son côté gauche à épouser *(10)*.

Mais le couple Laïos-Jocaste est stérile. Laïos et Jocaste se rendent à Delphes pour entendre de l'oracle qu'ils auront un fils mais que ce fils tuera son père et épousera sa mère.

Œdipe est celui-là.

---

10. Cf. chap. III, p. 38, note 5.

LES PIEDS

A sa naissance, Œdipe est confié à l'un des serviteurs du palais qui devra faire disparaître l'enfant, Laïos ayant décidé d'écarter de lui ce fils dont il refuse que le destin s'accomplisse (mais peut-être pouvons-nous penser au contraire « pour qu'il s'accomplisse » !). L'enfant est alors suspendu par le talon à un arbre de la forêt où il est exposé aux bêtes sauvages. Il est recueilli par des bergers de Corinthe qui, passant par là, sont émus de compassion et le confient au roi et à la reine de ce pays. Adopté par ces derniers, Œdipe grandit auprès d'eux jusqu'au jour où, ne se sentant pas de leur race, il décide de rechercher le secret de sa naissance.

A son tour, il part pour Delphes et apprend de l'oracle le destin fatal auquel il est promis. Refusant celui-ci qu'il tient pour dramatique, Œdipe ne reprend pas le chemin de Corinthe où demeurent ceux qu'il croit être ses parents. Il prend la route de Thèbes, celle de son destin royal.

Thèbes est alors ravagée par un monstre qui en garde l'entrée et dévore tous ceux qui se présentent à la porte de la ville sans savoir apporter de réponse à l'énigme qu'il pose.

Laïos se dirige vers Delphes pour consulter le divin Apollon au sujet de cette calamité, cependant qu'Œdipe, lui, approche de Thèbes. Tous deux se croisent dans un chemin creux et étroit. Le char du roi écrase le pied d'Œdipe. Furieux, Œdipe se retourne contre le conducteur et le tue.

Œdipe, sans le savoir encore, a tué son père.

Il arrive aux portes de Thèbes où il apprend que le roi est mort et que la reine Jocaste promet la couronne, et donc sa main, à celui qui délivrera la ville du monstre.

Ce monstre redoutable est une Sphinge. Tétramorphe, elle a des pieds de taureau, un corps de lion, des ailes d'aigle et un visage de femme.

Œdipe décide de l'affronter.

— Quel est l'animal qui, toujours le même, marche sur quatre pieds le matin, sur deux pieds à midi et sur trois le soir ? lui demande la Sphinge.

— L'Homme, répond Œdipe qui, d'essence royale et obéissant à son exigence profonde, la laisse parler en lui.

La Sphinge descend alors du rocher et donne le pouvoir à Œdipe qui entre triomphalement à Thèbes. Il épouse la reine Jocaste.

Œdipe, sans le savoir encore, a épousé sa mère.

D'elle lui naissent quatre enfants : deux fils, Étéocle et Polynice, et deux filles, Ismène et Antigone.

Mais la joie de ces naissances est assombrie d'une nouvelle épreuve ; la ville est la proie d'un autre redoutable fléau : la stérilité. Toute la cité est atteinte : les femmes n'ont plus d'enfants, les animaux ne portent pas de petits, la terre ne donne plus ses fruits, les arbres sont frappés de sécheresse.

Œdipe décide de rechercher sans trêve la cause de ce désastre dont il apprend alors par l'oracle qu'il est lié au meurtre du roi Laïos. Il devient donc essentiel de connaître l'auteur du meurtre puisqu'il est aussi celui de la stérilité.

Œdipe continue de mener l'enquête et va consulter le devin Tirésias, sage vieillard aveugle au monde extérieur, mais voyant au monde intérieur. Tirésias refuse de révéler à Œdipe le terrible secret. Pressé par le roi, le devin finit par le lui dire : Œdipe est le meurtrier du roi Laïos, son père ; Œdipe a épousé la reine Jocaste, sa mère.

Œdipe entre dans la connaissance.

Il arrache ses yeux de chair, quitte Thèbes et guidé par Antigone, commence son long voyage nocturne vers l'Attique, cependant que ses deux fils Étéocle et Polynice se partagent le trône et finissent par s'entretuer.

A Colonos, Œdipe est arrêté par les Érinyes, déesses aux cheveux de serpents et gardiennes des enfers. Elles sont ici appelées Euménides, nom nouveau sous lequel elles présentent leur face bienveillante et font entrer ceux qui en sont jugés dignes dans le séjour des dieux.

Œdipe est introduit dans le séjour des dieux.

Il est important de remarquer ici que le pied d'Œdipe, broyé par l'arbre de la forêt, est porteur de la blessure originelle de l'Humanité. Œdipe, fils d'Ève (si l'on peut parler ainsi), est blessé au pied. Il a déjà tué le Père. Laïos et Jocaste sont, dans le mythe, les parents ontologiques, roi et reine archétypiels. Thèbes, ne l'oublions pas, est la Jérusalem céleste grecque. Chassé du palais, de ses normes ontologiques, Œdipe sort d'Éden.

« Les quatres vivants » qui entourent le Christ en Gloire de Chartres étaient déjà annoncés dans la vision d'Ézéchiel, et bien antérieurement encore inscrits dans l'inconscient des peuples.
Le sphinx en est l'illustration la plus vivante *(photo Lefèvre, 89240 Pourrain)*.

Le mythe grec rend compte de la réidentification de l'Homme au monde animal après la chute par l'exposition d'Œdipe aux bêtes sauvages. Œdipe devient la proie de ses propres énergies.

Mais, de même que dans le mythe biblique, Adam est recouvert d'une « tunique de peau », de même ici Œdipe est protégé par les bergers de Corinthe qui vont lui permettre d'assumer ses énergies, le monde animal. Ces bergers symbolisent les parents biologiques.

Œdipe élevé chez ses parents de Corinthe est l'Homme que chacun de nous est chez ses parents biologiques : en profondeur d'essence royale — car il est à l'image de Dieu et appelé à entrer dans Sa ressemblance — et dans sa réalité quotidienne, en proie à des énergies — pulsions animales — qu'il n'a pas commencé de nommer, de connaître, d' « épouser ». La dimension ontologique est recouverte par la nature animale existentielle.

LE SYMBOLISME DU CORPS HUMAIN

Nous avons vu *(11)* que les mythes expriment souvent cette double réalité de l'Homme sous le symbole de la gémellité : Qaïn et Abel, Jacob et Esaü, pour ne parler que des plus célèbres chez les Hébreux ; Castor et Pollux chez les Grecs, d'autres et très nombreux en Afrique ou ailleurs.

Les jumeaux signifient toujours, pour l'un : l'Homme dans son ontologie, porteur de la conscience du *Yod*, et pour l'autre : l'Homme dans sa nature seconde (celle d'oubli), oblitération de la conscience (réidentifié à l'animal !).

Cet autre est l'Homme blessé au pied !

C'est ainsi que nous verrons à leur naissance Jacob et Esaü : le premier tenant en sa main le pied du second comme pour y maintenir les énergies en fuite et en guérir la blessure.

Dans le mythe grec qui nous intéresse ici, les deux natures coexistent en l'Homme-Œdipe : la dimension ontologique, celle que tout homme doit retrouver (dont il doit se souvenir !) pour l'accomplir vers la ressemblance divine, est ici symbolisée par l'arbre vert de la forêt. L'arbre est « l'Homme vert » ; l' « Homme rouge », l'Homme-en-tunique-de-peau, étant Œdipe lui-même.

Il existe une singulière symétrie entre les deux mythes : l'arbre vert tenant le pied de l'Homme rouge en sa main au moment de la naissance de celui-ci est la réplique de Jacob tenant dans la même circonstance le talon de son frère Esaü.

Nous étudierons l'aventure de ces deux frères *(12)*, mais la similitude des deux mythes nous permet de lire dès maintenant, dans l'histoire d'Œdipe, la promesse de la guérison de ce héros dont l'arbre vert saisit le talon, maintenant l'Homme rouge au-dessus des animaux sauvages de la forêt (ses énergies), qui ainsi ne le dévorent pas. L'Homme vert, sous-jacent en Œdipe, est celui qui va dominer. Très vite, il arrache Œdipe à ses parents biologiques pour l'amener à se poser la seule vraie question de son être et de son existence, question qui sera posée par la Sphinge. Mais, auparavant, l'oracle consulté à Delphes — la conscience de l'Homme vert — amène Œdipe à se différencier de l'Homme rouge (quitter Corinthe) et à se diriger vers la ville royale Thèbes où règnent ses parents ontologiques.

---

11. Cf. chap. VI, p. 75.
12. Cf. chap. VII, p. 112 et chap. XI, p. 175.

LES PIEDS

Le meurtre de Laïos n'est que la répétition formelle de la rupture de l'homme avec ses normes ontologiques ; la blessure au pied d'Œdipe faite par le char royal, la répétition formelle de la blessure en « Éden ».

Pour retrouver maintenant l'image du Père en lui, pour ressusciter le Père dans sa conscience blessée, Œdipe doit épouser sa Mère.

Ce n'est qu'en épousant la Mère, « en se retournant vers la *Adamah*, la terre-mère de laquelle il a été tiré » (Genèse, III, 19) qu'Adam peut revenir à son ontologie et s'accomplir dans les normes originelles.

Revenir à la terre-mère, mère royale qui gouverne avec le roi la ville sainte intérieure, c'est passer la « Porte des Hommes ».

Un gardien du seuil se tient à l'entrée et dévore ceux des habitants qui ne peuvent répondre à son énigme. Frère de tous les monstres dévoreurs des mythes, ce gardien est à son tour dévoré, c'est-à-dire intégré par celui qui saisit les énergies-informations qu'il est. Celui-là devient l'informé, le connaissant.

Ce gardien est nous-même dans une dimension effrayante tant que nous ne le sommes pas devenu et pour le devenir, car il nous oblige à aller vers nous-même, vers ces épousailles avec nous-même, avec la mère intérieure, pour y atteindre. Ces gardiens sont souvent des femmes terrifiantes car c'est le féminin intérieur, nous l'avons vu, qui détient la force que nous sommes appelés à épouser, et qui, à la limite, détient le noyau, le NOM.

La Sphinge tétramorphe est Œdipe dont l'accomplissement sera symbolisé par les quatre enfants qui lui naîtront de Jocaste, quatre dimensions de lui-même au fur et à mesure de ses épousailles de plus en plus profondes avec lui-même, avec les énergies de la Mère.

« *La Sphinge, selon ce que certains disent, était une fille bâtarde de Laïos (13)*... » Cette version vient confirmer la lecture du mythe, selon laquelle la Sphinge est « sœur d'Œdipe », autrement dit, son aspect féminin non encore accompli.

Ismène (« force vigoureuse ») est le taureau : première étape de la vie, ancrage en terre, fécondité promise et promesse de la couronne que les cornes de l'animal symbolisent.

---

13. Pausanias, II, 26, 3-5, cité par Jean-Pierre Vernant dans : *Le Tyran boiteux d'Œdipe à Périandre* (p. 241), Éditions Maspero.

Polynice (« nombreuses victoires ») est le lion : deuxième étape de la vie centrée sur une qualité solaire d'amour vrai qui permet toutes les victoires sur soi-même (épousailles des énergies).

Étéocle (« vraie clef ») est l'aigle, gardien de la « Porte des dieux » qui détient le pouvoir des « clefs » (nos clavicules au niveau du corps *(14)*).

Antigone (« avant la naissance ») est le retour aux normes ontologiques, dimension dans laquelle seule l'Homme peut accomplir le NOM qu'il est.

Lorsque la Sphinge pose à Œdipe la question essentielle, il est bien certain que l'Homme vert en Œdipe en connaît la réponse :

— sur quatre pieds le matin est l'Homme encore identifié à l'animal, celui qui n'a pas passé la « Porte des Hommes » ;

— sur deux pieds à midi est l'Homme dans son processus de verticalisation et, pour cela, axé entre ciel et terre, inséré à ses deux pôles nourriciers, Père et Mère, dans son mi-di, jour du Mi ;

— sur trois pieds le soir est l'Homme qui atteint son noyau, son NOM. L'ouvrant, il libère son énergie trinitaire *(15)* et devient UN. Il entre dans la ressemblance divine.

Seul celui qui est relié par la dimension d'Homme vert, à son noyau, son Nom, peut passer la première Porte.

Œdipe passe et épouse la Mère royale.

Seul dans Thèbes ce couple est fécond. Tous les autres, et la nature même, sont frappés de stérilité. Il est évident que la stérilité est liée au meurtre du Père et que celui qui « ne se souvient pas » est stérile au sens ontologique de ce terme *(16)* ; car n'est fécond que celui qui se met au monde, qui naît à des champs de conscience différents, à des terres nouvelles. Ce qui est donc frappé de stérilité dans Thèbes est ce dont Œdipe ne se souvient pas encore. Il faut qu'il devienne totalement l'Homme vert et que, pour cela, il se souvienne du Père...

Tirésias est sa mémoire. Aveugle au monde extérieur, Tirésias — dont l'œil intérieur est ouvert — est la conscience et la force mâle d'Œdipe.

---

14. Cf. chap. XIV, p. 312.

15. Voir étude du *Yod* au chapitre IX.

16. Rappelons que la racine זכר *Zakhor* forme le mot « mâle » et le verbe « se souvenir » (cf. chap. III, p. 38).

Le Sphinx archaïque

Le « Tétramorphe » est le symbole des quatre étapes essentielles que l'Homme doit réaliser. Le visage de femme, dernière étape, est celui de l'épouse céleste (Grèce, VIe siècle av. J.-C., Musée de l'Acropole, Athènes ; *photo Giraudon*).

Ce n'est que dans le souvenir total de ce qu'il est qu'Œdipe peut totalement épouser la Mère et donc accomplir sa descente dans le plus profond de lui-même, sa descente aux enfers où il trouvera son noyau, son NOM.

Jocaste disparaît elle-même à ce moment des yeux du lecteur, car la dimension de son féminin qu'Œdipe doit maintenant épouser ne peut l'être que dans l'ouverture d'une autre vision, laquelle est cécité pour nous *(17)*.

Guidé par celle qu'il est devenu, Antigone porteuse de cette vision des profondeurs, Œdipe assume sa descente aux enfers dans la nuit la plus dense. Avec Antigone (« avant la naissance »), Œdipe recouvre son ontologie, son « ciel antérieur ».

« *Dans cette opération l'aigle dévore le lion* », disent les alchimistes *(18)*. C'est Antigone qui assure la sépulture de ses frères Polynice, le lion, et Étéocle, l'aigle, car elle les intègre tous.

Œdipe se présente alors à Colonos, « lieu élevé » — nous pourrions dire antinomiquement « lieu le plus profond » — devant les trois gardiennes de la « Porte des dieux », gardiennes du NOM.

TROIS et UN.

Œdipe passe. Il devient son NOM.

3. Achille ou le pied vulnérable

La colère légendaire du « bouillant Achille » n'a d'égale que la fureur d'Œdipe se déversant dans le « chemin creux ».

La nymphe Thétis voulant rendre invulnérable, donc immortel, son fils Achille, le trempe dès sa naissance dans les eaux sacrées du Styx ; une seule partie du corps de l'enfant n'est pas immergée, le talon, par lequel Thétis le tient.

Achille « aux pieds légers » reste par le talon fils de la terre, mortel. Par rapport au reste de son corps devenu d'essence divine, son talon est comme « blessé ». A ce niveau s'écoulent toutes ses énergies dans les activités guerrières extérieures à la conquête de lui-même. Elles s'écoulent en colères, en passions apparemment nobles, en

17. Cf. chap. XIX, p. 384-386.
18. Cf. chap. XIII, p. 291.

conquêtes grandioses, mais en aucun cas ne sont investies dans la construction de son être divin, de sa qualité d' « immortel ».

Au siège de Troie, Pâris, guidé par Apollon, dieu du ciel, décoche une flèche qui frappe le futile Achille au talon. Le héros a le courage de retirer la flèche, mais par le trou le sang s'écoule et s'échappe... L'homme s'écroule et meurt. L'Homme rouge meurt.

Notons bien que la flèche divine est rayon divin. L'homme est visité du *Yod* qui l'oblige à mourir à sa dimension d'homme rouge pour ressusciter homme vert. L'histoire d'Achille ne comporte pas ce second volet. L'hellénisme en général y mène, mais ne le développe pas. C'est le judéo-christianisme qui en ordonne toute l'ampleur.

Blessée au talon, à la naissance de ses énergies, l'humanité, dans ses différents mythes, n'est autre que Ève, épouse d'Adam, qui, dans l'expression biblique donnera naissance au *Yod,* le Messie, et celui-là maîtrisera le Serpent : « *Une inimitié je placerai entre toi et Isha,* dit Dieu au serpent, *entre ta semence et sa semence. Celle-ci te blessera en tant que toi-tête, et toi tu blesseras Isha en tant que elle-talon* » (Genèse, III, 15).

La dialectique tête-talon s'éclaire pleinement, me semble-t-il, après cette étude.

Le serpent désigné ici en tant que « tête » est le faux époux auquel l'humanité vient de se donner, auquel elle vient de s'ouvrir en lui livrant la totalité de ses énergies (symboles du pied ouvert blessé).

Alors que le véritable Époux divin nourrit l'Humanité afin qu'elle grandisse et devienne Épouse, le serpent mange celle dont il avive ainsi constamment la blessure au talon afin d'y puiser son énergie.

Et combien est grande et mortelle la blessure, abondant le sang qui s'écoule d'elle ! Et comme l'humanité aveugle y perd son âme ! Et comme chacun de nous ignorant, et pourtant averti, y engouffre ses forces, trouvant la mort au terme de cette saignée !

Ontologiquement, l'Homme ne peut conquérir le monde extérieur qu'en conquérant son cosmos intérieur. Il ne peut être maître de la terre extérieure qu'en épousant la création tout entière dans la profondeur de son mystère et non en la violant de l'extérieur, provoquant le hérissement de « *ses ronces et de ses épines* ». Épouser la mère, c'est cela devenir des dieux, et seulement alors reconquérir le cosmos.

Tout le reste est activisme, perte d'énergie, saignée et mort ! Le danger est d'autant plus subtil que le mobile est noble, apparemment utile (noblesse et utilité ressortissent à notre condition psychique). La plupart des œuvres dites « bonnes œuvres » exécutées sans la conscience spirituelle font partie de cette saignée ! Mais il serait trop long de m'étendre ici sur ce sujet, j'en reparlerai plus loin.

Posons-nous plutôt tout de suite la question essentielle :
— Comment panser cette plaie ?
— Comment arrêter la saignée ?
L'histoire de Jacob va nous mettre sur le chemin de la guérison.

4. Jacob ou le « Talon divin ». La guérison de la blessure

Dans le sein de sa mère, déjà, Jacob se bat avec son frère jumeau, nous apprend la Genèse. Son père Isaac a quarante ans lorsqu'il épouse Rébéqah. Deuxième patriarche d'Israël, symbole même de ce peuple, Isaac aborde sous le signe de 40 l'épreuve du 4, du quadrilatère de l'Arbre. Il quitte ses béquilles, et pour cela choisit la femme, le 2, afin, avec elle, de devenir 1.

Tout mariage contracté avant d'aborder ce quadrilatère reste voué à la déchirante dualité qui se solde par une séparation, à moins qu'il ne devienne ascèse des époux qui abordent ensemble le quadrilatère.

Avec Isaac, le peuple hébreu quitte ses béquilles pour entrer à l'étage de son « Être », marqué, nous l'avons vu, par le dodécanaire (12 vertèbres dorsales du quadrilatère). C'est Jacob, troisième patriarche qui, devenu Israël, va vivre cet étage à travers les douze tribus qu'il engendre.

Pour passer de « l'Avoir » à « l'Être », du premier au deuxième étage, Isaac devra lutter avec lui-même. Ses deux fils qui se battent dans le sein de leur mère sont les héros de cette lutte ; ils sont les deux natures de l'homme :
— nature première potentialisant le devenir divin, symbolisée par Jacob ;
— nature « en chute », en tunique de peau, symbolisée par Esaü.

Esaü est l'aîné, c'est lui qui sort le premier du sein maternel, il doit avoir l'héritage. Il est roux, couvert de poils ; il est l'homme rouge sorti d'Éden. Cet homme-là efface, étouffe celui qui, en puissance, peut devenir dieu. Il a sur lui droit d'aînesse, c'est-à-dire tout pouvoir.

C'est à cette charnière que l'histoire de l'humanité se joue : si Jacob n'a aucun pouvoir, il tient cependant en sa main le talon de son frère, tel l'arbre vert tenant par le pied l'homme rouge.

« Talon », en hébreu, se dit *Aqev* עֶקֶב, d'où le nom de Jacob — *Yaaqov* יַעֲקֹב — donné à ce fils. A ce niveau, la lettre *Yod* י précédant le mot « talon » laisse supposer qu'en Jacob le talon rejoindra la tête, qu'en lui le peuple hébreu atteindra à sa royauté. L'homme retrouvera sa dimension divine.

La main, nous le verrons, est symbole de connaissance, donc de puissance. La main de Jacob empoignant le talon de son frère signifie que Jacob rassemblera toutes les énergies humaines de l'Adam contenues en Esaü et les amènera à leur accomplissement. Il a toute-puissance sur elles.

Pour réaliser cela, il faut qu'en Isaac l'homme spirituel — l'Arbre vert — acquière la primauté sur l'arbre rouge, l'homme temporel qu'il aime : « *Isaac aimait Esaü* » (Genèse, XXV, 28). Isaac aime sa tunique de peau bien qu'il soit sur le chemin de l'unité.

De sa femme Rébéqah, il dit : « *Elle est ma sœur* » (Genèse, XXVI, 7). Or « *Rébéqah aimait Jacob* ». Elle connaît le germe qu'elle porte. Rébéqah est une matrice spirituelle, un pôle de mutation. Son nom retourné est *Haqéver* הַקֶּבֶר — le « tombeau » — celui dans lequel s'accomplit le double processus de mort et de résurrection.

La première partie de la mutation se fait en dehors d'elle : Jacob doit obtenir la primauté sur son frère, c'est-à-dire acquérir son droit d'aînesse : il prépare un potage, un « roux » (en hébreu, un « *Edom* »). Lorsque Esaü revient de la chasse, lui — « l'homme rouge » — désire le plat. L'échange entre les deux frères se fait donc au niveau de ce « roux ».

Symboliquement, cela signifie que Jacob abandonne le « vieil Adam ». Il le laisse à son frère Esaü qui le mange ; et la manducation étant symbole d'identification, Esaü devient *Edom* אדום = אדם + ו (6), c'est-à-dire, en hébreu, l'Adam figé dans le 6.

Esaü, l'homme rouge, reste chez ses parents, entre ses deux « béquilles » à l'étage infantile. Lui, Jacob, part ; il doit porter la maison d'Israël au 7 afin qu'elle retrouve l'unité. Contre ce roux, Esaü abandonne à Jacob son droit d'aînesse. Jacob a maintenant toute-puissance sur l'héritage d'Isaac. L'Homme nouveau a supplanté le vieil homme (« supplanter » est encore en hébreu la même racine *Aqev*).

Avec la complicité de sa mère maintenant, Jacob se couvre d'une fausse tunique de peau pour faire croire à Isaac devenu aveugle qu'il est bien son fils premier-né, le vieil Adam, qui doit recevoir de lui sa bénédiction. Il existe en hébreu un jeu de mots entre le « premier-né » et la « bénédiction » *(19)*. Cette fausse tunique de peau indique bien le caractère non ontologique de cette dernière. La vraie nature de l'homme est recouverte de cette peau.

Quant à l'aveuglement d'Isaac, il ressemble étrangement à celui d'Œdipe. Sous le symbole du devenir de Jacob, Isaac est en pleine évolution et ses yeux sont dans les ténèbres du voyage qui prélude à la lumière spirituelle. Il bénit en Jacob qu'il croit être son premier-né sa postérité, lui donnant toute-puissance sur ses « frères » les hommes rouges. Jacob est prêt désormais à ramener cette postérité en terre promise, en épousant les terres-mères successives jusqu'à celle qui contient le NOM. La ruse de Jacob est le contrepoint de la ruse du serpent en Éden.

Alors Jacob prend le départ : il va chercher femme chez Laban, frère de sa mère. C'est la lignée de sa mère qu'il va épouser, lignée de purification aussi, car *Laban* veut dire « blanc ». Symboliquement là encore, l'homme dans son devenir épouse sa mère, tandis qu'Esaü — devenu Edom, c'est-à-dire resté figé dans le 6, dans la banalisation — épouse des femmes « *qui furent un sujet d'amertume au cœur d'Isaac et de Rébéqah* » (Genèse, XXVI, 35).

Nous retrouverons Jacob plus loin, en continuant notre montée. Avant de le quitter un moment, remarquons que le mot עקב 70-100-2 — « talon » — est proche du mot *Iqar* עקר 70-100-200 qui signifie « racine », « qui est de la race ».

---

19. Cf. chap. VIII, p. 122.

Nous pouvons donc être sûrs que Jacob est bien de la race divine. Le prophète Isaïe dit de lui : « *Jacob prendra racine, Israël poussera des fleurs et des rejetons, et il remplira le monde de ses fruits* » (Isaïe, XXVII, 6).

L'Arbre vert fleurira. Le fruit que va porter Israël est celui dont la Tradition dit qu'il est le « *second Adam* », le Christ. En fait, toute la lignée d'Israël est Adam, un Adam que Jacob a ramassé par ruse dans la poussière où il se faisait dévorer et qu'il porte à sa véritable dimension.

Mais j'insiste sur ce détail : Jacob endosse cette tunique de peau ; il reçoit avec elle la bénédiction du Père, et va la transformer en robe de lumière.

5. Le Christ lave les pieds de Ses apôtres

Il est classique de voir dans le geste du Christ qui lave les pieds de Ses apôtres le symbole même de l'humilité de Celui qui, bien que Maître, Se fait serviteur.

Oui, c'est juste. Mais il y a là beaucoup plus.

Tout d'abord, replaçons cette scène dans son contexte : c'est avant de se mettre à table, pour célébrer la Pâque, le cœur même du Mystère, que le Christ fait ce geste.

Dans nos sociétés fonctionnelles qui n'ont plus aucun sens du symbole, ce sont nos mains que nous lavons avant un repas. Lorsque Pilate se lave les mains, cela veut dire qu'il ne veut pas connaître. Les mains, je l'ai dit et nous l'étudierons plus loin, sont symbole de connaissance. « Je ne veux pas le savoir, je ne veux pas m'en mêler, je n'ai aucune compétence à ce sujet », veut ainsi dire Pilate en déclinant toute responsabilité.

Mais avant de participer au repas mystique qui va les introduire par anticipation au banquet des noces divino-humaines, les apôtres doivent être ramenés à leurs normes ontologiques. Christ Se penche alors vers eux et lave leurs pieds. Il guérit ainsi la plaie de l'humanité, dont symboliquement les pieds sont porteurs, car ils potentialisent l'être malade tout entier.

« *De la plante du pied jusqu'à la tête, rien n'est en bon état. Ce*

*ne sont que blessures, contusions et plaies vives qui n'ont été ni pan-
sées, ni bandées, ni adoucies par l'huile »* (Isaïe, I, 5-7), dit Isaïe pleurant le péché de l'humanité que symbolise Israël.

Mais Christ confirme à l'apôtre Pierre la nécessité de guérir la
blessure en lavant les pieds seuls : « *Si Je vous ai lavé les pieds, moi le
Seigneur et le Maître, vous aussi vous devez vous laver les pieds les
uns aux autres »* (Jean, XIII, 14).

**Christ lave les pieds de
ses apôtres** avant la
Sainte Cène : il guérit
la blessure de
« l'épouse », l'humanité
qui peut alors seule-
ment participer au ban-
quet de noces.
*(Miniature d'un psau-
tier, début XIIIᵉ siècle ;
photo Roger Viollet.)*

C'est dans le même sens que Moïse reçoit l'ordre d'enlever ses
chaussures devant le buisson ardent. Ce dernier, symbole de l'Arbre
de Vie qu'embrase le Feu de Vie, le Feu qui ne consume pas, est enraciné dans une terre pure. Aucun corps étranger ne doit séparer les
pieds de l'Homme de la terre-mère.

Les musulmans restés conscients de cette tradition, se déchaus-
sent en entrant dans la mosquée. C'est aussi pieds nus que s'accomplissent dans les différentes traditions les mystères initiatiques. Cette
nudité physique implique le dépouillement psychique et spirituel de
l'être.

Le dépouillement exige le dépôt de tout fardeau au pied de
l'Arbre. C'est ainsi que l'homme désirant reprendre contact avec

celui dont il a été séparé par une erreur vient « se jeter aux pieds » de ce dernier. C'est le geste de Marie-Madeleine, la prostituée *(20)*. Celle qui s'était donnée à de faux amants vient vers l'Époux qui l'attend. Elle est l'Humanité. Jérémie se lamentait sur son péché :

« *... Elle est semblable à une veuve ! Grande entre les nations, souveraine parmi les États. Elle est réduite à la servitude.*

« *Elle pleure durant la nuit et ses joues sont couvertes de larmes. De tous ses amants, nul ne la console. Tous lui sont devenus infidèles, ils sont devenus ses ennemis...* » (Jérémie, I, 1-2).

Marie-Madeleine pleure ; elle mouille de ses larmes les pieds du Christ, les essuie de ses cheveux et les oint de parfums.

Ici sont introduits trois nouveaux symboles : les larmes, le parfum et les cheveux, dont chacun fera l'objet d'une étude en son temps.

N'est-ce pas cette même femme dont l'Évangile tait le nom et qui, au soir de la passion, répand sur la tête du Christ « *un parfum de nard pur de grand prix* » (Marc, XIV, 3) ?

Des pieds jusqu'à la tête le corps entier est devenu parfum.

---

20. Luc, VII, 37-38.

CHAPITRE VIII

Malkuth II

1. Les genoux

La seule attitude de prière qui, à ma connaissance, soit mentionnée dans la Bible est celle-ci : « *Mais Élie monta au sommet du Carmel et, se penchant contre la terre, il mit son visage entre ses genoux* » (I Rois, XVIII, 42).

Dans ce texte, il semble qu'Élie soit agenouillé et que son visage vienne entre ses genoux toucher la terre. La prière d'Élie est ardente : il demande la pluie pour la terre desséchée ; un passage à la fécondité ! Cette posture de prière, qui est encore celle des musulmans, va peut-être nous aider à approcher la mystérieuse signification des genoux.

Dans la symbolique astrologique, les genoux sont liés au signe du Capricorne, signe de terre en ce que la terre a de plus lourd, de plus concentré, de plus secrètement enfoui dans ses profondeurs hivernales.

De même que les pieds correspondent à *Malkhuth* en tant qu'élément Eau, de même les genoux correspondent à cette même séphirah en tant qu'élément Terre. Dans ce sens, les pieds sont liés au fœtus dans le ventre de la mère, les genoux, à l'enfant à sa naissance. Sur un plan intérieur, les pieds : au non-encore-accompli, les genoux : à l'accompli *(1)*.

---

1. Le *Livre de la Genèse* exprime l'inaccompli par le symbole « eau » ou « humide », et l'accompli par le symbole « sec » ou « terre ».

Malkhuth (le Royaume), au plan des Énergies Divines, est réceptacle de toutes les Énergies ; au fond de l'expir divin, il est germe de toute la Création. Au plan cosmique, la Création est réceptivité absolue de toutes les énergies créées dans les quatre éléments dont elle est constituée, et capable d'émettre le cinquième élément, la « quintessence » — inspir divin — qui ramène la Création à son unité principielle.

J'ai toujours été frappée par les très énigmatiques dessins qui, dans l'iconographie chrétienne, entourent de cercles concentriques les genoux du Christ en gloire. Je n'ai jamais pu en trouver l'explication. Ces mêmes cercles concentriques se retrouvent à d'autres niveaux du corps. Je pense qu'ils sont des centres de force importants dont chacun détient une puissance spécifique. Quelle est celle des genoux ?

Les genoux enserrant la tête, dans la posture d'Élie, donnent au corps de l'orant la forme d'un germe concentrateur de la totalité des forces. Il semble que le rapport tête-genoux soit aussi puissant que celui sur lequel nous venons de nous arrêter liant la tête aux pieds.

La tête et les genoux forment un nouveau couple d'accomplissement. Ils sont soudés par leur respective qualité de « couronne ».

Kether (la couronne) ne trouve-t-elle pas dans les deux petites couronnes que forment les rotules au départ de l'Arbre l'affirmation de sa promesse ?

Le langage hippologique dit du cheval qui s'est blessé le genou qu'il s'est « couronné ». N'emploie-t-on pas la même expression pour l'enfant blessé à ce même niveau ?

En hébreu, le « genou » est *Berekh* ברך. La tête ר est, en son centre, entourée du mot בך qui signifie « en toi », comme si le mot ברך nous disait « en toi est le secret de ta vraie tête, celle qui sera couronnée ». Il peut encore être lu : *Bar* בר — le « jeune fils » — en route vers le *Kaph final* ך qui sera son dernier germe avant d'entrer dans la dimension de « fils accompli » dont le nom est *Ben* בן, de même valeur numérique 702 que le genou !

Dans sa valeur arithmologique, le genou contient déjà les énergies du Fils, dont nous savons que, s'il les accomplit, l'Homme entre alors dans la dimension d' « épouse » couronnée. Pour cela, dès sa naissance, l'Homme reçoit la bénédiction.

Prononcé *Baroukh,* le mot ברך est le « béni ». La « baraka » chez les Arabes n'a pas d'autre sens. Genou et bénédiction sont le même mot !

Les trois lettres permutées du mot hébreu « genou », écrites בכר forment la racine de nombreux mots rendant compte d'une première naissance. Il semble confirmé ici que l'enfant, apparenté aux pieds dans son état fœtal, naisse alors au monde, aux cycles des temps, au niveau des genoux. Le mot « genou » lui-même, en français, est de même racine que « générer, engendrer »... Dans les perspectives des engendrements intérieurs, certains rites initiatiques invitent celui qui vient vivre une nouvelle naissance à se présenter un genou découvert.

Et Pythagore, celui qui donne naissance, qui engendre à la connaissance, n'était-il pas appelé « le maître au genou d'or » ? Si nous permutons encore les lettres de ברך, nous formons le mot כרב, racine du « Chérubin ».

Les Chérubins, huitième hiérarchie angélique, sont ceux dont le prophète Ézéchiel a la vision : « *A côté de chacun des quatre Vivants je vis à terre une roue. L'aspect et la structure de ces roues étaient ceux de la gemme de Tarsis... Leurs jantes étaient d'une hauteur terrifiante, garnies d'yeux tout autour* » (Ézéchiel, I, 15-18).

La roue-couronne des genoux se trouve encore confirmée par la planète Saturne, maître du signe du Capricorne dans le Zodiaque. Et nul ne méconnaît l'anneau qui entoure la planète Saturne.

Saturne — comme le signe du Capricorne — nous amène à considérer l'autre aspect de la posture de l'orant : celui qui concerne le contact des genoux (et de la tête) avec la terre. Celui qui est adoubé chevalier met, lui aussi, un genou en terre. Tout postulant d'une force du ciel s'ancre en terre par les genoux.

Quel est le rapport exact genou-Saturne-terre ?

Saturne est lié au plomb. L'enfant qui naît aux cycles des temps n'est que « *scories de plomb* » (Isaïe, I, 25). L'Homme qui aura transmuté le plomb en or naîtra à la couronne de l'Éternité.

Transformer le plomb en or est l'exact travail de croissance de

l'Homme, celui que commence d'opérer le chevalier, l'initié, ou tout
être qui vit sa première naissance intérieure.

De Saturne, l'alchimiste Isaac le Hollandais dit :
« Certes en son intérieur il contient le bon Soleil.
De cela conviennent tous les philosophes.
En vérité Saturne est la pierre que les anciens philosophes n'ont
pas voulu nommer.
Avec un peu de travail on peut convertir Saturne en Lune ; et en
y mettant un peu plus de temps ou de travail, on peut le convertir en
Soleil, puis le fixer et faire de lui la pierre philosophale (2). »

Le Hollandais décrit en termes alchimiques le processus de transmutation de nos énergies qui, libérées de leur gangue, s'élèvent en un
premier temps au niveau de *Yesod* (la lune), en un deuxième temps,
au niveau de *Tiphereth* (le soleil), promettant le troisième niveau :
Kether, la Couronne.

« Saturne », comme le « plomb », se dit en hébreu *Ophereth*
עפרת. Ce mot comprend essentiellement la racine *Par* פר, symbole de
fécondité, saisie dans עת *Eth*, le « temps ». עת est l'anneau de
Saturne. Le verbe פרה *Paro* est le verbe « croître » que nous pouvons lire au chapitre de l'ordre divin donné à Adam : « *Croissez et*
multipliez, et remplissez la terre » (Genèse, I, 28).

Mais au départ, l'Homme n'est que plomb. Sa fécondité n'est
pas encore dégagée. Ce plomb est d'autant plus lourd qu'en notre
monde de ténèbre — depuis la chute — il fait la nourriture du Satan
qui ainsi s'oppose diamétralement à sa fécondité.

« *Tu mangeras la poussière tous les jours de ta vie* » (Genèse,
III, 14), dit Dieu au serpent Satan. « Poussière » est le mot *Aphar*
עפר qui, dans le mot עפרת (le « plomb »), est alourdi de la dernière
lettre de l'alphabet, le ת *Tav*.

La « poussière », dans le texte biblique, à l'encontre de ce
qu'affirment les traductions sans discernement, ne qualifie pas la
terre, mais l'Adam dans son état morcelé au départ.

Littéralement : « *Et forme* יהוה - *Elohim le Adam poussière, tiré*
de la Adamah » (Genèse, II, 7). *Adamah* est la terre formée, le

---

2. Cité par Gabriel Monod-Herzen dans : *L'Alchimie méditerranéenne,*
p. 142 et suivantes (Éditions Adyar).

sixième jour de la Genèse, de tous les animaux qui rampent. *Adamah* est la terre intérieure d'Adam où fourmille la multitude de ses énergies.

La « poussière » עפר est symbole de multiplicité, qui n'a rien à voir en qualité avec celle à laquelle Adam est appelé dans sa vocation fondamentale.

« *Multipliez* ». Cette vocation n'a rien à voir non plus avec le sens qui lui est généralement attribué, à savoir : « Faites beaucoup d'enfants », autrement dit « Assurez les naissances extérieures ». Cette dernière acception de l'ordre divin évacue le premier terme de celui-ci : « *Croissez* » !

La vraie multiplication est promise au terme de la croissance intérieure, comme fruits de l'Arbre qu'est Adam. Cette multiplication-fruits de l'Arbre adamique est inséparable de sa réalité antinomique : l'Unité. Adam devenant UN éclate dans ses fruits. La multiplication de nos descendants en est le symbole mais, en soi, elle fait encore partie de la poussière que nous accumulons — hélas ! — sans en faire le ménage.

Mais dans cette poussière de départ, cette multiplicité qui vient en effet d'être décrite sous le symbole des animaux qui constituent la *Adamah* et toutes les autres terres à venir, animaux fourmillants, grouillants, la fécondité פר est scellée.

Et lorsque après la chute, Adam se voit retourner à la poussière, il retourne, comme nous l'avons vu, à sa condition toute première, à sa multiplicité grouillante, oublieux du premier mariage contracté avec la *Adamah,* donc totalement confondu à elle. Tout semble d'autant plus compromis que, retournant à la poussière, l'Homme n'en connaît plus la puissance de fécondité, il ne sait plus qu'il est époux appelé à épouser ses terres. Une malédiction est posée entre sa terre-épouse et lui.

Mais ce serait ne pas savoir lire le texte plus en profondeur que d'en rester à cette intelligence du verset. Dieu dit : « *Tu mangeras du pain dans la sueur de tes narines, jusqu'à ce que tu retournes vers la Adamah, car d'elle tu as été saisi ; car poussière toi et vers ta poussière retourne* » (Genèse, III, 19).

Le pain douloureux est la servitude vécue jusqu'à ce que l'Homme se retourne vers *Adamah,* sa mère-épouse ; « *car toi pous-*

sière », toi fécondité, souviens-toi, sors de l'oubli où je suis obligé de t'ensevelir pour te sauver de ton illusion, « **retourne-toi !** ».

Et l'ordre est saisissant : *Tashouv* תשוב en hébreu, n'est autre que la *Teshouvah,* la « pénitence » dans le sens du mot grec *métanoïa,* le retournement.

Au moment d'une naissance, l'enfant se retourne dans le ventre de sa mère. A un autre niveau, enfoui dans les eaux de רע (l'inaccompli), l'Homme ne sait plus qu'elles sont aussi matrice féconde et qu'il peut se retourner pour naître à la lumière טוב (l'accompli).

Les genoux et le visage embrassant la terre, « épousant » la terre extérieure, symbole de la *Adamah* intérieure, est la posture même de la pénitence.

La terre ne donnera son eau qu'en réponse à l'amour de l'Homme. Élie le savait qui cherchait l'eau pour la terre ! L'Homme ne recevra d'elle sa force pour croître et ses fruits pour multiplier que si, genoux en terre, humble (au sens « humus »), il « revient à elle » et redevient son époux aimant.

Christ l'a accompli. Il a levé la malédiction du divorce Adam-*Adamah.*

Chacun de nous, greffé à son noyau-Christ, peut lever cette malédiction et sortir de la servitude. Alors les genoux retrouveront leur fonction de fécondité.

De naissance en naissance intérieure, depuis l'image de Dieu qu'il est en sa qualité de בר *Bar* (jeune fils), jusqu'à la ressemblance à laquelle il est appelé en sa qualité de בן *Ben* (Fils), l'Homme transformera les cycles du temps en couronne d'éternité.

Un mythe de création raconté dans une légende finnoise, le *Kalevala,* fait naître le monde des œufs qu'un canard vint déposer sur le genou de la déesse des eaux alors que celle-ci élevait un moment au-dessus des ondes son membre hospitalier.

« Six de ces œufs étaient en or et le septième était en fer. Le canard se mit à les couver. Sentant une chaleur ardente, la déesse secoua son genou, étendit brusquement ses membres. Et les œufs roulèrent dans les ondes, disparurent au sein des vagues et se brisèrent en morceaux...

« ... *le bas de la coque de l'œuf fut le fondement de la terre, le haut de la coque de l'œuf forma le firmament sublime (3).* »

On peut penser que sur ce même genou, le haut et le bas de la coque de l'œuf, le « Mi » et le « Ma », feront aussi leur mariage...

2. Les jambes

Des pieds aux genoux, les jambes symbolisent toute la force de réalisation du germe jusqu'à sa maturité, de sa conception à sa naissance.

Si nous prenons conscience que notre état, au moment de notre naissance, est celui d'un nouveau germe dans la matrice cosmique, les jambes symbolisent alors d'une part la force de croissance de l'enfant dans le sein de sa mère, d'autre part, la force de croissance de l'Homme de sa naissance à son couronnement.

Si les jambes sont données à l'Homme pour qu'il exerce sa marche sur la terre extérieure, en profondeur elles sont l'image de celles qui lui permettront de parcourir ses terres intérieures et qui, pour cela, s'appuieront sur de nouveaux « pieds », nouveaux germes rassemblant ses énergies : ses reins.

Force de réalisation de l'Homme, les jambes sont identifiées à sa libido, et, dans ce même sens, aux jambes du cheval. Si la libido n'est investie qu'au premier étage — celui de l'Avoir — de l'Homme, elle est cette hémorragie dramatique que dénonce le mythe dans la description de la blessure au pied.

C'est dans ce sens que le psalmiste s'écrie : « *Ce n'est pas dans la vigueur du cheval que Dieu Se complaît. Ce n'est pas dans les jambes de l'Homme qu'Il met Son plaisir...* » (Psaumes, CXLVII, 10).

Tapie dans l'inconscient de l'Homme, la libido se fait maîtresse et promeut toutes les activités de son esclave qu'elle mène à la ruine.

L'Ordre des Chevaliers apprenait à l'Homme à monter son propre cheval, à en prendre en main les rênes, afin que l'animal devienne serviteur et que les jambes obéissent alors à une libido consciente, contrôlée et surtout réorientée vers sa juste réalisation. Le parfait

---

3. *Kalevala,* vers 180 à 236.

Le cheval
L'Homme tenant entre ses cuisses un cheval est fragile. Ses structures ne sont pas en adéquation avec la force du coursier, symbole de sa lilbido *(bronze, Musée National d'Athènes).*

écuyer conduit son cheval presque exclusivement avec les jambes. Il fait corps avec lui et le cheval devient les jambes et l'énergie accomplie de son maître, tandis que celui-ci reste la tête et le cœur.

Si l'énergie de la libido était véritablement accomplie, l'Homme libéré des lois du monde de la chute, ayant parcouru tous ses espaces intérieurs, n'aurait plus besoin du cheval.

C'est pourquoi Dieu ne met pas Son plaisir en lui, mais dans l'accomplissement de ce qu'il symbolise. C'est aussi pourquoi l'Homme tenant entre ses jambes un cheval est fragile : ses structures intérieures ne sont pas en adéquation avec la force du coursier. A ce niveau, il ne pourra que le dompter, mais non le dominer, et les forces inconscientes de l'Homme risquent à tout instant d'être redonnées à l'animal.

A l'opposé, un être qui refuserait son animalité, sa libido qui est sa force vivante, comme cela arrive parfois à l'Homme totalement cérébralisé, celui-là serait comme dépourvu de jambes. Mais il serait alors aussi dépourvu de toute possibilité de s'accomplir.

La montée vers la séphirah *Yesod* va nous apporter un éclairage plus précis sur cet immense sujet.

CHAPITRE IX

Yesod
La sexualité - La circoncision

Yesod, neuvième séphirah divine, est la « base », le « fondement ». Elle symbolise un « accomplissement divin » — si toutefois il est possible d'employer cette expression inséparable du corps de l'antinomie « mouvement/non mouvement ».

Elle reçoit les énergies des huit premières séphiroth, les focalise et les distribue, les « fait fleurir » dans la profusion multiple et une de *Malkhuth.*

Yesod semble être à *Malkhuth* ce que l'*Aïn Soph* est à *Kether* : les Grandes Ténèbres par rapport à la Manifestation.

Tout semble se passer, selon la tradition qabbaliste, comme si *Yesod* était cette Pierre à l'éclat de vermeil que décrit Ézéchiel, sorte de prisme au travers duquel l'Un-sans-second Se fait Second et Multiple dans la splendeur de la Création émanée perpétuellement de Sa Gloire (*Hod,* septième séphirah) et retournant perpétuellement à Elle.

Au niveau de *Yesod* semble se situer l'un des centres de la respiration divine : « *par son Souffle-Verbe Dieu crée et renouvelle la face de la terre* » (Psaumes, CIV, 30), par Son Inspir, Dieu rentre dans Son Essence, c'est le *Shabbat.* Le principe même du rythme est là.

Tout est respiration — *Yesod* en est le foyer ponctiforme d'où tout se précipite dans la splendeur des Mondes, où tout revient parachever l'Un déjà achevé, perfectionner le déjà Parfait. Fondement des mondes, acte éternellement créateur, *Yesod* est la sixième des séphiroth de la Création. Elle correspond au sixième Jour de la Genèse, celui de la création de l'Homme qui, par son verbe (à l'image du Verbe Divin), est créateur.

Par la chute, l'Homme s'est détourné de ce pouvoir.

Essayons de comprendre alors ce qui se passe pour lui dans la perspective de sa remontée dorénavant si compromise !

Dans l'axe de la Colonne du Milieu, chaque séphirah est icône de *Aïn* אין , archétype divin inconnaissable qui se fait connaître dans Le NOM, *HaShem* יהוה. Chacun de nos noms participant du NOM s'inscrit dans cette colonne, à des niveaux de réalisation différents correspondant aux séphiroth.

En *Malkhuth,* la personne de chacun de nous est sculptée dans le pré-nom qui lui est donné. Elle incarne אין dans le « Je », le « moi », en hébreu *Ani* אני , fait des trois mêmes lettres-énergies que son archétype Aïn.

Mais pendant l'enfance, ce « je » reste assez indifférencié et de l'archétype lui-même dans lequel il baigne en sa vie fœtale ainsi que pendant les trois premières années environ après sa naissance biologique, et de ceux qui se substituent peu à peu à l'archétype, les parents ou toute autorité parentale.

En *Yesod* יסוד « Fondement », que l'on peut aussi traduire « secret סוד du *Yod* י », secret du NOM, l'adolescent entre en résonance avec son NOM secret. Par les sentiers obliques, il sent le contact de ses futures structures d'adulte. Il commence alors à découvrir sa personnalité, première expression connue de sa personne qui l'amène à contester, voire à rejeter les béquilles parentales.

Le souffle du *Yod* l'aspire à de hauts dépassements de lui-même. C'est l'âge des plus grandes exaltations mystiques qui s'investissent dans des catégories de tous ordres : religieuses, patriotiques, politiques, artistiques, amoureuses, etc., toutes érotiques.

C'est la naissance de l'éros à ce niveau.

A ce moment, un grand danger menace l'adolescent, celui de la réidentification de lui-même avec l'objet de son exaltation qu'alors il divinise car il projette inconsciemment sur lui *HaShem,* Le NOM יהוה . Là se génère la fabrication des différents masques derrière lesquels l'adolescent se cache à lui-même et pétrifie son « moi » d'homme illusoire. Ou bien encore, c'est son « moi » אני non exalté, immédiatement banalisé, qu'il confond avec יהוה et qui prend une enflure totalement stérilisante.

L'Homme ne peut plus devenir Verbe créateur cosmique en atteignant à *Tiphereth* puis à *Kether,* mais il s'autogénère dans la répétition de ses « moi » successifs et infantiles.

En général, il investit alors la quasi-totalité des énergies qu'il reçoit en *Yesod* à fonder sa descendance, son petit Royaume *(Malkhuth)* sur terre, dont il se fait le roi. C'est le rabattement du devenir au niveau de la banalisation.

Il est essentiel de remarquer que cette prise de contact avec le moi — participant du *Shem* — participe en profondeur de la même réalité que l'éclosion de la sexualité à ce niveau, l'éros de cet étage. C'est pourquoi l'Homme y reste la plupart du temps totalement fixé, soit dans les refoulements de cette puissance vitale condamnée aux interdits, soit dans les déferlements de sa quasi-divinisation.

Toute séphirah du sentier du Milieu — lieu du Mi, qui rejoint le Mi au Ma — est expression de l'équilibre et de l'harmonie conquis à partir des oppositions existentielles.

Dans ce sens, *Yesod* est aussi appelé *Tsedeq* « Justice » (plus exactement « Justesse »). *Yesod* demande à être vécu avec justesse.

Melkitsedeq, présenté dans la Genèse comme « *roi de la paix* » et dont le nom signifie « roi de justice », demande à Abraham la dîme de ses biens. La dîme, le dixième, est le symbole du *Yod* qui fait connaître ainsi son exigence profonde : une partie des énergies de cet étage doit être consacrée à la construction même du NOM. Elle implique des ascèses, des voilements qui concernent les deux aspects érotiques de la réalité de l'Homme en *Yesod* : son « moi » et sa sexualité.

Le rite de la circoncision, que nous étudions plus loin, met en lumière ce grand thème.

Mais disons déjà que toute ascèse qui serait écrasement est fausse ; tout refus d'ascèse est également faux. L'acquisition de la liberté ne se joue pas dans la licence étrangère à tout archétype, mais dans la « justesse », icône de l'archétype.

Icône de l'archétype est aussi *Sod,* le « secret » (du latin *secernere* : mettre à part) qui participe du « sacré ». *Yesod* donne alors naissance aux premières vertèbres de la colonne vertébrale qui sont appelées « sacrées ». Toute fonction ressortissant à ce niveau est sacrée. Que la sexualité se retrouve aujourd'hui désacralisée dans l'illusoire perspective de la réalisation de l'Homme, tel est l'aboutissement logique quand on songe à la finalité que lui allouaient les impératifs religieux des derniers siècles : la procréation !

Essayons de discerner, à la lumière du schéma, le sens profond de l'union des corps.

Reflet de *Kether* qui, en haut, introduit l'Homme dans ses ultimes épousailles, *Yesod* est, en bas, l'entrée de la chambre nuptiale, sanctuaire où s'accomplissent les noces secrètes de l'homme et de la femme. Dans les premiers siècles de l'Église chrétienne, les mariages se célébraient à minuit. De même au cœur de la nuit, au cœur de l'hiver intérieur, l'Homme s'unit à lui-même dans les profondeurs de *Tiphereth*. Dans les ténèbres de l'abîme, il s'unira à Dieu en *Kether*.

Toute la colonne du milieu focalise à ses différents étages le mystère de la rencontre des deux qui deviennent un.

La jouissance préside à cet inspir universel en ses divers degrés de participation à l'ultime jouissance que connaît l'Homme entrant dans la déification. Elle seule demeure après l'épuisement des corps dont la mort ponctue le dernier spasme.

Toute mort qui ne rend pas l'Homme participant à cette divine union l'enchaîne au recommencement dans l'inexorable loi de la répétition banalisante. Elle refoule l'Homme à la « Porte des Hommes » où les habitants de Thèbes sont dévorés par la Sphinge qui la garde, où Edom (l'Homme rouge) est englouti dans la mer Rouge qui écarte ses eaux pour laisser passer Jacob devenu Israël. Ce dernier est alors en route vers la « Terre promise », la conquête du Triangle Supérieur, la réalisation de « l'Homme vert ».

Dans cette perspective, la jouissance au niveau de *Yesod*, jouissance physique et réjouissance du cœur, est en soi bonne et juste, icône du Ciel sur la terre.

Allons plus loin : cette jouissance en *Yesod*, reflet de la jouissance contenue en *Kether*, est aussi moyen d'atteindre à cette dernière.

L'Occident, imprégné de moralisme, qu'il le veuille ou non, depuis tant de générations, n'est guère prêt à vivre une telle proposi-

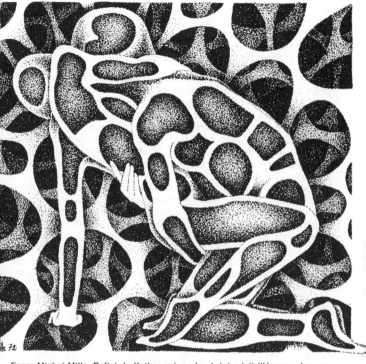

Encre Michel Mille. Reflet de Kether qui, en haut, introduit l'Homme dans ses ultimes épousailles, Yésod est, en bas, l'entrée de la chambre nuptiale où s'accomplit en secret l'union de l'homme et de la femme.

tion. Qu'il prenne au moins conscience de l'authenticité de la jouissance. S'en priver par moralisme est aussi faux que d'en abuser par ignorance, et s'avère aussi destructeur qu'infantile.

Le christianisme occidental, depuis huit siècles, a tendu vers une identification avec la morale. Pour justifier cette « œuvre de chair », dont le sens profond lui échappait, il a fait de l'enfant le but du mariage, imposant cet objectif aux époux. C'est là qu'il faut voir la source d'une grande partie des faux problèmes, dont la résolution mobilise de nos jours si inutilement tant d'énergies. La blessure au pied s'actualise grandement à ce niveau...

L'enfant, ou le un né du deux, est l'image, en bas, du devenir des époux qui tendent vers l'unité en haut. Dans ce sens, lui aussi est sacré. Mais il n'est pas le but du couple. C'est rester dans l'erreur de la banalisation que de donner à l'image valeur d'absolu. A la limite, l'enfant est déifié ; or, dans un tel contexte, il reste le fruit de l'Avoir. Devenu adulte, il s'unira à l'autre, se fera « deux » pour acquérir un nouveau « un », qui lui-même, etc., l'humanité procrée, se multiplie sans croître et n'accomplit pas la percée vers l'ÊTRE.

Sur le même plan, bien que dans un autre ordre d'idées, nous aboutissons à un semblable enchaînement de répétition banale : lorsqu'une thèse et son antithèse donnent naissance à une synthèse qui devient elle-même la thèse d'une nouvelle antithèse, etc. Nous sommes pris au piège de la ronde infernale où tout est fadeur et ennui. L'un des termes est-il érigé en absolu ? Il est alors générateur de passions destructrices. Nous n'en voulons pour preuve que des idéologies imposées par une religion, un parti politique, par exemple.

Comment sortir de cette ronde ?

Comment introduire ce seul vrai troisième terme qui fait l'unité en haut et non en bas ?

Vaincre la Sphinge ou tout gardien du seuil de la « Porte des Hommes », passer la mer Rouge avec les Hébreux, entrer dans l'Arche avec Noé, voici ce que les mythes nous proposent, en ne puisant que dans les thèmes les plus familiers à notre culture.

Tous rendent compte d'un acte qui implique un dépassement. Ce troisième terme à conquérir est transcendant au monde physico-psychique, son appréhension transcendante à nos catégories mentales ordinaires. Il ne peut être décrit que par symbole, mis en lumière que par le mythe. Parvenir au cœur du message est la toute première démarche à entreprendre pour entrer dans la connaissance de notre destin et la voie de sa réalisation.

Il est inutile, je pense, de préciser que ce truchement du mythe n'est pas une condition nécessaire pour vivre le passage de cette Porte troite. Mais il éclaire ce passage d'une telle lumière que je crois utile en faire bénéficier tous ceux qui actuellement, d'une façon ou une autre, affrontent la Sphinge.

Tant que l'humanité s'en tenait à la non-responsabilité de l'enfance, très peu d'hommes avaient conscience de ce passage. Aujourd'hui où elle secoue ses béquilles, où — tel Œdipe — elle quitte le père adoptif et part à la recherche du secret de sa naissance, c'est en masse qu'elle se présente devant la Porte. Elle est submergée par les eaux d'un déluge d'ignorance ; ses connaissances universitaires, loin de l'en délivrer, l'immergent souvent davantage en créant un monde technique déshumanisé. Une angoisse latente saisit tous les hommes qui sentent se refermer sur eux peu à peu les mâchoires implacables d'un monstre.

Qui les délivrera ?

Dans notre tradition judéo-chrétienne, le peuple d'Israël est « prototype » de l'Humanité ; son cheminement devrait nous éclairer.

La « circoncision »

D'Israël naîtra le Verbe, le Logos, le Sauveur. Abraham — premier patriarche d'Israël — en est le « Fondement » *Yesod*. Il est semence d'une nouvelle Humanité. C'est en ce sens que, selon la promesse, « *Abraham sera le père d'une grande nation* » ; cette grande nation répond à l'ordre de la Genèse (I, 28) : « *Croissez et multipliez-vous.* »

Il ne s'agit nullement de multiplication par le nombre, laquelle implique la prolifération des enfants ou ce « règne de la quantité » que dénonçait René Guénon. Il s'agit **d'abord de croître**, c'est-à-dire d'atteindre le sommet de l'Arbre, la vraie tête où la sève donne son fruit. L'humanité connaîtra à ce plan seulement la multiplication des fruits de son **Être** et non de son **Avoir**, multiplication inséparable de l'unité atteinte.

Il est alors significatif de constater que cette promesse du fruit est donnée à Abraham au terme d'une alliance que Dieu fait avec le patriarche, et qui exige de la part d'Abraham la circoncision de tout enfant mâle né de lui et de sa postérité (Genèse, XVII).

LE SYMBOLISME DU CORPS HUMAIN

La circoncision ne relève pas de la loi mosaïque, elle ne relève pas d'un code rendu nécessaire par l'immaturité, l'enfantillage d'un peuple ; elle est ontologique à ce peuple qui naît du sein d'Abraham et dont la vocation est de mettre au monde le Sauveur, le Messie, le Verbe.

Israël, appelé à la Ressemblance divine, doit devenir Verbe.

Lorsque Israël aura mis au monde Celui que les chrétiens ont reconnu pour Verbe, un premier concile réunira les chefs de l'Église naissante pour résoudre le problème qui les sépare : doit-on circoncire ou non les chrétiens ? Il sera décidé que la circoncision n'a plus lieu d'être pratiquée (Ac. des Ap., XV) : l'humanité a mis au monde le Verbe.

Mais Paul insistera pour que la circoncision soit portée au niveau du cœur, puis des oreilles (Romains, II, 29). L'apôtre reprend ici l'ordre de יהוה transmis par la bouche du prophète Jérémie : « *Circoncisez-vous pour* יהוה *et enlevez les prépuces de votre cœur* » (IV, 4). Ce sont d'autres étapes de la montée. Nous les vivrons plus loin.

Car il s'agit bien de la montée de la sève appelée vers la fine pointe de l'Arbre pour le rendre fécond. « *Croissez* » ou « soyez féconds » est le même mot en hébreu : *Perou* פרו , dans lequel nous retrouvons la racine פר *Par* étudiée plus haut *(1)* et retrouvée à tous les échelons de la construction de l'Arbre, comme pour jalonner la montée de la sève. Celle-ci ne pourra cependant jamais atteindre le sommet si elle est absorbée dans les basses branches.

C'est pourquoi, en arboriculture, à cette montée de sève préside la loi de la taille. La taille se fait afin de « mettre l'arbre à fruit ». Telle est l'expression consacrée à cette opération qui vérifie ainsi sa justification à tous les plans. Elle prend toute la profondeur de sa signification au plan qui nous intéresse :

Couper les rejets, les basses branches, c'est couper toute cause d'hémorragie. C'est colmater « la blessure », afin que chaque homme en particulier — avec l'humanité tout entière — donne ses fruits, « se multiplie » dans ses fruits.

La puissance de l'Homme passe alors de l'organe procréateur à celui de la parole créatrice. Et, pour paraphraser les Pères grecs des

---

1. Cf. chap. VIII, p. 123.

premiers siècles qui ramassent le mystère chrétien dans cette phrase :
« *Dieu S'est fait homme pour que l'homme devienne Dieu* », nous
pouvons reprendre le prologue de l'Évangile de Jean et dire : « *Le
Verbe S'est fait chair afin que la chair devienne Verbe.* »

« Verbifier » la chair, telle est la vocation créatrice de l'Homme.
La circoncision, qui est une taille de la chair au niveau de *Yesod* pour
la « mettre à fruit », est la loi qui y préside *(2)*.

La *Brit Milah* ברית מילה ou « alliance de la circoncision » est
une cérémonie qui se passe en trois temps.

Dans un premier temps appelé *Orlah* עורלה , le prépuce est
coupé. *Or* עור , nous nous en souvenons *(3)*, est la « tunique de
peau ». *Orlah*, coupure de cette peau, est l'éveil à la lumière. En
effet, toute la cérémonie va tendre à découvrir le gland, symbole de la
lumière-verbe. La peau (le prépuce) est alors jetée dans la « poussière » *(4)* pour qu'apparaisse la lumière.

Dans un deuxième temps appelé *Priah* פריה , les chairs sont écar-
tées, séparées, pour découvrir בשר *Basar*, la « chair » originelle *(5)*
qui est principe de vie. *Priah* פריה est le mot qui veut dire « fructification, fertilité, fécondité » — פרי *Pri* est le « fruit ». Il est fait de la
racine פר *Par*, symbole de fécondité, et des deux lettres sacrées *Yah*
יה qui commencent le Divin Tétragramme.

La mise à nu de la chair originelle est le retour aux normes ontologiques de l'Homme, à la puissance de sa fécondité qui, dans cette
perspective, ne concerne pas la procréation, mais la mise au monde de
יה *Yah*, l'enfant divin qui révèle le NOM et dont l'enfant extérieur
est le symbole.

La procréation liée à la chute, au temps dans lequel nous avons à
nous continuer pour atteindre à ce but, est une fonction secondaire et
préparatrice à ce but.

Dans un troisième temps appelé *Mtsitsah* מציצה qui veut dire
« sucement », le *Moël* (le circonciseur) suce le sang afin de découvrir
la *Nephesh*, l'âme vivante liée au sang. Alors l'enfant redevient âme

---

2. Cf. étude de la « chair », chap. XI, p. 186 et chap. XII, p. 225.
3. Cf. chap. III, p. 40.
4. Cf. chap. VIII, p. 123-124.
5. Genèse, II, 21.

vivante. Nous touchons là au grand mystère du sang dont nous aurons à reparler plus loin *(6)*.

La *Milah* est le dernier sacrifice sanglant auquel le Christ-Verbe, Se faisant circoncision du monde, met fin.

Dans le mot *Mtsitsah* מציצה, le Nom Divin יה *Yah* est au cœur du verbe *Motsets*, « sucer ». En profondeur le *Moël* aspire יה. Il crache tous les voiles qui séparaient l'enfant de son âme profonde pour le rendre à son NOM.

Traditionnellement, une chaise destinée à Élie est toujours préparée pour cette cérémonie à laquelle invisiblement préside le Prophète.

La loi n'est jamais séparée du prophétisme sans lequel elle serait stérile. La Tradition dit que le rôle d'Élie est d'empêcher que la lumière ne soit recouverte de nouvelles et sataniques ténèbres ; dans ce but, Élie recouvre lui-même invisiblement la lumière d'un voile qui ne sera enlevé qu'à la venue du Messie.

Nous pouvons constater à quel point s'imbriquent ici les mystères chrétiens. Jean-Baptiste est cet « *Élie qui devait revenir* » (Matthieu, XI, 14) et qui, s'identifiant au voile et parlant du Christ, dit : « *Il faut qu'Il croisse et que je diminue* » (Jean, III, 30). Si le voile s'efface, c'est que la lumière est venue en ce monde, le Messie est là.

Tel le prépuce, Jean-Baptiste, l'homme en tunique de peau (il est revêtu de poils de chameau) est repoussé, pour que le Verbe apparaisse.

Lorsque le *Moël* suce le sang pour que l'âme devienne âme de vie *(Nephesh Ḥaïa)*, il est icône du Père qui aspire le sang du Fils afin que l'Esprit descende dans le monde.

Milah מילה (la circoncision) est aussi la « Parole מלה de ' Yod ». La circoncision se dit encore מול *Moul* qui est le « face à face ».

L'Homme commence à être mis face à lui-même jusqu'à ce qu'il atteigne, après les circoncisions successives que demandent Jérémie et Paul, au total face à face, à la découverte du vrai Moi, son NOM.

Cet aspect de la circoncision met alors l'accent sur le NOM, la vraie et mystérieuse « personne » — dans le sens d' « hypostase » — que chacun de nous est. La circoncision est, davantage ici, celle du

---

6. Cf. chap. XII.

moi. Circoncire le moi, l'ego, c'est prendre l'autre en compte, sans lequel on ne peut atteindre au véritable אני *Ani*, au NOM.

L' « autre » est d'abord nous-même dans l'aspect רע, non accompli de nous-même.

L' « autre » est ensuite tout être extérieur à nous-même et que nous ne pouvons approcher que dans l'amour car il est le pôle extérieur d'une de nos énergies intérieures participant de רע *Ra*, et que nous avons à mettre en lumière, à faire devenir טוב *Tov* ! Même le plus méchant, même l'ennemi, reflète celui que nous sommes.

Prononcé *Réa* רע, ce même mot devient alors « l'ami », le « prochain » ; j'ai envie de dire : celui-là seul avec qui nous pouvons nous *réa*liser.

Circoncire le moi, c'est commencer à labourer la terre intérieure dont nous sommes responsables au-delà de ce que nous pouvons imaginer. Le Christ ne dit-Il pas, parlant de celui qui ne fait pas ce travail : « *A celui-là on ôtera même ce qu'il n'a pas acquis* » (Luc, XIX, 26)... on ôtera même son potentiel !

La circoncision est la base de toute acquisition.
Il faut tailler l'arbre pour le mettre à fruit.

2. La procréation face à la création

L'hémorragie physiologique que la femme connaît chaque mois est liée à un rythme lunaire (et cosmologiquement, nous l'avons vu, la Lune correspond à *Yesod*). Elle obéit à cette loi de la chute selon laquelle l'humanité, à ce niveau, perd son sang.

En *Yesod*, Ève — qui est l'humanité — est blessée. Elle perd par cette blessure son énergie créatrice. C'est la raison pour laquelle, dans toutes les traditions, la femme durant la période de ses règles est considérée comme impure.

Impure, c'est-à-dire restant dans l'inaccompli, la femme l'est aussi dans la procréation ; et pendant quarante jours, après avoir mis un enfant au monde, elle est tenue hors du Temple, dans la pénitence. Pénitence qui devrait être prise de conscience de la dimension exacte de la maternité extérieure par rapport à celle qu'ontologiquement l'Homme a à assumer.

Il est important de préciser ici que cette fonction de maternité essentielle est programmée dans le nom d'Adam. *Adam* אדם est construit sur la lettre *Daleth* ד, le 4, l'arrêt, qu'entoure le mot אם *Em*, la « mère ». Contradiction là encore ! S'il y a maternité, engendrement, il y a mouvement, vie. Adam devant mettre au monde le dieu qu'il est, doit vivre des temps d'arrêt apparent, qui sont gestations ontologiques. Essentiellement, Adam est mère de lui-même à lui-même pour aller jusqu'au bout de lui-même en passant des « portes » successives (que signifie le mot *Daleth* — forme pleine de la lettre ד).

Malgré la chute, la perte du chemin de la Ressemblance, Adam reste fondamentalement tissé dans sa vocation, mais celle-ci s'accomplira maintenant dans la douleur : « *J'augmenterai le nombre de tes grossesses, tu enfanteras dans la douleur.* » (Genèse, III, 16.)

Adam אדם est encore אד *Ed* et דם *Dam*, « vapeur » *(7)* et « sang » : **eau**, inaccompli, qui doit s'accomplir en **sang**, lui-même inaccompli par rapport au totalement accompli : l'**Esprit**.

L'eau-vapeur אד, lourde des énergies à accomplir a pour vocation de s'extraire des profondeurs sous la poussée du désir de Dieu. Lorsqu'elle est liée à un désir d'acquisition extérieure, le sang s'écoule à l'extérieur.

Ainsi en est-il des règles de la femme. Ainsi en est-il de tout écoulement de sang. Les peuples animés de désir de puissance, se dressant les uns contre les autres dans des guerres fratricides, périodiquement perdent leur sang, leur âme et restent figés dans des rythmes lunaires qu'aucune aurore, aucun engendrement ne ponctue !

Quand donc l'humanité aura-t-elle cinquante ans ?

Car, en sortant de la quarantaine, allant vers les le grand jubilé du nombre cinquante *(8)*, la femme est libérée de ses hémorragies. Libérée de la procréation, elle devrait à cet âge, si elle a passé la « Porte des Hommes », pénétrer dans le printemps de son devenir ontologique, créateur celui-là. Extérieurement elle vieillit, mais intérieurement elle entre dans la joie de se mettre au monde (il en est alors de même pour l'homme).

En hébreu le mot *Guil* גיל veut dire et l' « âge » et la « joie » !

---

7. Genèse, II, 6 et *la Lettre : chemin de vie* (chap. VI).
8. Cf. *la Lettre : chemin de vie* (chap. XVI).

La plupart des femmes, à cet âge, se cachent sous le masque d'un faux printemps. L'humanité tout entière est à cette image, elle n'a pas encore passé la « Porte des Hommes ». Elle perd ses énergies, son sang, son âme. Impure, elle l'est, dans la mesure où, totalement identifiée aux énergies non accomplies, elle reste inaccomplie.

La purification est accomplissement.

La maternité extérieure peut rester dans des catégories de non-accomplissement lorsque la femme en fait un but en soi. Elle peut être chemin d'accomplissement et c'est alors un des plus beaux chemins !

L'enfant n'est plus « veau d'or » mais icône de l'enfant divin, et la maternité extérieure trouve sa résonance à l'intérieur de la femme qui, désormais, mobilise ses énergies en vue de ses gestations intérieures. Les hommes, avec celles des femmes qui ne peuvent réaliser la maternité extérieure, sont privés de cette expérience. Ils ne sont pas pour autant privés de nombreux autres moyens pour parvenir à la maternité intérieure.

Jacob se séparant de son frère Esaü est le type même de tout être qui, prenant de la distance avec lui-même, va vers ses épousailles intérieures et ses maternités.

C'est sur le chemin de ces épousailles que Jacob fait le songe de l'échelle dont j'ai parlé plus haut *(9)*. L'échelle repose en bas, sur terre, en un lieu appelé לוז *Louz*.

Louz, par rapport à cette échelle cosmique, correspond à la base de la colonne vertébrale, c'est-à-dire, fondamentalement à la séphirah *Yesod*. *Louz* est l' « amandier ». Mais il n'est pas étranger non plus au verbe *Lalouz*, « se détacher, se séparer ». On ne peut faire fleurir l'amandier dont la base est en *Yesod*, qu'après s'être séparé de ce qui ne ressortit pas à la conquête du *Yod*, à celle de l'éternité.

L'amande — symbole d'éternité — est un fruit de lumière cachée dans la coque du temps. La coque peut être vue comme les « peaux » ou encore comme le prépuce. Jacob mobilise *Louz* et l'emporte avec lui pour le faire fleurir, pour aller du symbole à l'archétype, de l'image à la Ressemblance. C'est pourquoi Jacob donne un autre nom à la terre sur laquelle repose l'échelle. *Louz* va monter l'échelle avec lui.

---

9. Cf. chap. VI, p. 76-77.

Une tradition raconte que nous avons à la base de la colonne vertébrale un petit os imputrescible que le feu même ne peut détruire ; il est notre noyau d'éternité *(10)*.

10. Cf. chap. XXI, p. 416 à 418.

CHAPITRE X

Le triangle Hod-Netsaḥ-Yesod
ou le plexus uro-génital

Reflet de la triade supérieure qui l'appelle, ce triangle est le réceptacle de la toute première gestation de l'Homme en marche vers son devenir Verbe.

A l'image du bloc audio-vocal qui, au niveau de la tête, constitue une unité embryologique, le bloc uro-génital présente la même structure fondamentale.

Au niveau de chacune de ces deux unités, une différenciation s'opère quelques semaines après la formation de l'embryon : l'écoute se distingue de la voix ; la fonction rénale se distingue de la fonction génitale.

Chacune de ces deux unités obéit à une respiration fondamentale, à un « souffle » que symbolise la lettre hébraïque ה dont le tracé primitif dessine un petit homme tendant ses poumons, ses bras et ses mains (dont chaque côté constitue la lettre ה de l'archétype divin הוה) à la verticale.

Le dessin de la lettre évolue par la suite en se limitant à celui de la partie haute du corps ⊔ qui, se détournant du ciel, s'oriente alors à l'horizontal, pour être à l'origine de notre lettre « E ».

Cette conséquence du drame de la chute semble être allée plus loin et avoir retourné le souffle à l'opposé de sa verticalité originelle : la partie basse du corps est constituée de ce dernier retournement. Une image traditionnelle de l'Homme est véritablement celle de ces deux ה inversés. Elle inscrit alors en miroir le sexe et le verbe.

Le dessin ci-contre met bien l'accent sur cette double fonction « souffle » dont l'une en haut, liée au feu, assurera la fonction Verbe créateur, inséparable de l'écoute, et dont l'autre en bas, liée à l'eau, assure la fonction qui lui est symbolique : la procréation dont le but est d'accomplir les temps. Cette dernière est inséparable de la fonction rénale, « oreille » de cet étage, dont, pour la commodité de l'exposé, je remets l'étude au chapitre suivant.

A ce *Hé* ה inférieur correspond le triangle séphirotique *Yesod-Hod-Netsaḥ* sur lequel nous nous arrêtons maintenant.

En lui, la « respiration génitale » est aussi bien liée à la formation de l'enfant extérieur qu'à celle de l'enfant intérieur, l'un — nous l'avons vu — étant le symbole de l'autre. (C'est d'ailleurs pour cela, soyons-en très conscients, qu'un enfant grandira d'autant mieux, dans le vrai sens du terme, que ses parents feront croître leur propre enfant intérieur.)

La lettre ה est « germe de vie ». C'est dans le souffle que Dieu nous nomme. C'est autour du NOM sacré de chacun de nous que nous sommes « créés », puis « faits » *(1)*.

S'il faut neuf mois pour mener à terme l'enfant extérieur, il faut une vie tout entière pour faire l'enfant intérieur et le conduire de son état embryonnaire situé à ce niveau (image) à l'état de Verbe créateur auquel il est appelé (ressemblance).

Fondamentalement, ce triangle inférieur correspond, ainsi que les deux autres, à des lieux de mutation que les Chinois connaissent bien et qu'ils appellent « *champs de cinabre* ». « *Selon les Taoïstes, leur éveil concourt à la recherche de l'immortalité (2).* »

Je ne suis pas sûre que le vrai mot chinois ne corresponde pas plutôt à la « recherche de l'éternité », car telle est l'ontologie de l'Homme pour les Hébreux.

Le premier champ qui nous intéresse ici est le lieu de réalisation de la fusion sexuelle avec l'autre. Le champ de cinabre thoracique présidera à la fusion avec soi-même. Le champ de cinabre crânien présidera à la fusion avec l'universel dans la rencontre avec l'unique. Admirable message qui vient confirmer celui des Hébreux !

1. Ces deux verbes, *Bara* (créer) et *Assoh* (faire), sont bien distingués dans le récit de la Genèse.
2. Gilles Andrès : *Principe de la Médecine selon la Tradition,* p. 112 (Éditions Dervy-Livres).

Au niveau du champ de cinabre pelvien — ou de notre triangle inférieur — se jouent les rencontres avec l'autre et leur fruit bien concret sera le fœtus, futur enfant d'homme. Mais rarement maternité-paternité correspondent à un « éveil » de ce centre.

Lorsque les Taoïstes parlent d'éveil, ils parlent — comme les Hébreux — d'une nouvelle « écoute » *(3)* à une information non plus extérieure mais intérieure, amorçant l'ouverture à une nouvelle conscience.

A ce même étage s'exerce un autre ordre de la sexualité de l'adolescent : sa rencontre avec son milieu, sa culture, tout ce qui concourt à le modeler et qui s'applique le plus souvent à le banaliser. Il est alors ou détruit dans son « Moi » profond, son *Yod,* ou sauvagement éprouvé par ce monde qui ne tolère pas sa « différence ».

Ce milieu extérieur est l'humanité en général, que l'on peut considérer comme obéissant à la même loi de croissance qu'un homme. Or, elle n'est pas encore sortie de ce premier ventre, elle n'a pas encore passé la « Porte des Hommes » ; elle est incapable par elle-même de la faire passer à l'un des siens. Ses institutions : écoles, universités, groupes sociaux, partis politiques de tous bords ou communautés se voulant religieuses pour beaucoup, réduisent toute aspiration de ses ressortissants à ses schémas sécurisants parce que conformes à la logique de son tout premier champ de conscience.

C'est malgré elle, contre elle bien souvent, que celui qui doit naître à la « Porte des Hommes » assume son évolution jusqu'à terme.

Il fait, à cet étage, l'expérience d'une désespérante solitude. On est toujours seul pour naître et mourir ; mais la solitude expérimentée aux autres étages, si grande soit-elle, n'est cependant pas entachée de la désespérance qu'éprouve celui qui, au départ, ignore tout du chemin.

A cet étage, l'adolescent prend conscience des esclavages qui le ligotent, de ses peurs, des peurs et des esclavages du monde, et de l'absurdité dans laquelle lui et le monde tournent. Il connaît la souffrance, la maladie et voit venir la mort.

Déchiré entre ce qu'il pressent d'infini en lui et ce à quoi le réduit le monde, aura-t-il la force de persévérer pour découvrir un sens à tout cela quelque part ?

---

3. Voir la fonction du rein, chap. XII, p. 212-213.

LE SYMBOLISME DU CORPS HUMAIN

Découvrir le sens, c'est cela l'éveil.

Essayons d'analyser à la lumière du « Corps divin » les énergies qui tissent ce premier champ, et, les connaissant, tentons de les rassembler pour mobiliser le *Yod* avec justesse et constituer solidement l'embryon de l'enfant intérieur.

Pénétrant ce premier triangle, au moment de la puberté, l'adolescent reçoit les énergies des trois séphiroth *Hod-Netsaḥ-Yesod* dans lesquelles nous pouvons schématiquement déceler les qualités naissantes de ce que sera le fruit de l'Arbre humain. Ce fruit nous est décrit dans le livre de la Genèse : il est « *bon à manger, désirable pour les yeux, et confortant (4) pour réussir* » (Genèse, III, 6).

Ces trois composantes sont celles de nos structures ontologiques :

— l'Homme est appelé à jouir de la connaissance de Dieu — **Jouissance** liée à la séphirah *Yesod* dont nous venons de parler ;

— il est appelé à acquérir la connaissance — **Possession** liée à la séphirah *Hod,* la Gloire divine qui remplit tout *(5)* ;

— il est enfin appelé à la toute-puissance sur la Création *(6),* à la force invincible que lui confère la connaissance de Dieu — **Puissance** liée à la séphirah *Netsaḥ.*

Archétypiellement, « *à Dieu appartiennent le Règne, la Puissance et la Gloire* » *(7).* Il appartient à l'Homme d'entrer dans la participation de ses dons. Ce sont eux qui, dès l'adolescence, pendant tout le temps de sa gestation intérieure, sculptent l'Homme, l'obligeant à cheminer douloureusement à travers les arcanes de la vie et le labyrinthe des expériences, vers la porte étroite de sa vraie naissance.

Ce sont ces mêmes énergies qui travaillent l'humanité adolescente. Celle-ci n'a pas encore réglé ses problèmes de jouissance, malgré Freud, ni ceux de puissance, malgré Adler, ni ceux de possession, malgré Marx !

Ces trois grands hérauts des sciences humaines d'aujourd'hui réduisent à ce premier triangle des archétypes qui, inconsciemment,

---

4. Je traduis ce mot *Néḥemod* נחמד non selon son acception courante banalisée : « gentil-gracieux », mais en le rapprochant de son étymologie qui comporte chaleur-énergie-désir et aussi réconfort-repos.

5. Arbre des Séphiroth, p. 45.

6. Arbre des Séphiroth, p. 45.

7. Apocalypse, IV, 11.

les inspirent, au lieu d'inviter l'humanité à vivre consciemment ces trois composantes énergétiques essentielles à la lumière de leur archétype respectif, et pour atteindre à chacun d'eux. Ce ne sera pourtant que dans l'ouverture à la Réalité archétypielle que nous pourrons résoudre les grands problèmes qui déchirent le monde et nous déchirent.

De larges élans de générosité ont chanté l'hymne de triades telles que « Liberté-Égalité-Fraternité ». Celles-ci ne sont pas étrangères à notre objectif, mais réduites aux catégories infantiles dans lesquelles elles sont couramment vécues, elles ne font que déplacer les problèmes sans les résoudre et ne sont génératrices d'aucune évolution.

Or il s'agit de monter l'échelle de Jacob que notre colonne vertébrale symbolise. Il s'agit de construire nos dix premières vertèbres — cinq sacrées, cinq lombaires — à travers des travaux dont nous cherchons désespérément le maître d'œuvre.

Ce maître est en nous.

Tout maître, à l'extérieur, n'est vrai que dans la mesure où il suscite cette dimension en nous-même. Et l'un des moyens de le susciter est d'entrer dans la foulée de ces grands bâtisseurs de royaumes intérieurs que sont les héros de nos mythes.

Mettre nos pas dans les leurs, nos cœurs dans leur cœur et y faire descendre notre intelligence, voilà qui est un chemin, celui que nous propose la prodigieuse richesse de nos textes sacrés ou profanes, car n'est « profane » dans ce legs de l'inconscient collectif que ce qui frappe des yeux profanes, comme un rêve reste dit « stupide » par celui qui ne sait pas en décrypter le langage divin.

Tous les mythes règlent leur compte aux trois énergies fondamentales **Jouissance-Possession-Puissance** dont les tentacules s'agrippent si âprement et peureusement au monde de l'AVOIR, en les réorientant vers l'étage de l'ÊTRE. Mais certains d'entre eux privilégient plutôt l'un des aspects de notre triade essentielle.

Nous allons ainsi aborder successivement l'histoire du déluge — commune à toutes les traditions — en mettant le cap, avec Noé, sur l'acquisition de la **jouissance** à laquelle s'oppose l'anarchique et l'absurde, objet de tout désenchantement.

Puis l'histoire du passage des Hébreux en Égypte où pendant quatre cent trente ans ce peuple fait l'expérience de la servitude la plus amère dans une terre étrangère. Nous serons alors secoués dans les dix contractions d'une naissance que suscitera Moïse pour vivre la Pâque, le « passage », et pour suivre le divin guide dans la conquête, la **possession** de la « terre promise ».

Enfin, une histoire de labyrinthe dont celle du grec Thésée me semble la plus éclairante, par le négatif, puisque l'ignorance du héros conduit celui-ci jusqu'à la plus pitoyable des illusions de **puissance.**

Pour clore cette étude, nous reviendrons vers Jacob et combattrons avec lui toute une nuit — la nuit de notre gestation — pour naître à la lumière. Sa blessure à la hanche sera le langage fondamental de cette étape. Puis nous nous plongerons dans les eaux du baptême avec le Christ pour émerger de celles dans lesquelles cette partie matricielle de notre corps nous retient, afin d'aller avec Lui vers le baptême de feu, au niveau du cœur.

Ainsi accomplirons-nous la première partie de notre voyage intérieur, voyage au centre de notre première terre.

1. Le déluge

Le déluge est l'image même du chaos du monde, de son anarchie.

« *An-arché* » (étymologiquement : sans archétype) signifie que les eaux-d'en bas, (le monde d'en bas *Ma*) sont coupées de celles dont elles procèdent (les eaux-d'en haut, *Mi*) et auxquelles elles sont ontologiquement liées, au deuxième jour de la Genèse, par les *Shamaïm,* les « cieux ».

Les cieux sont, pour l'Homme, les différents champs de conscience ou champs énergétiques dont il est constitué mais qui, sous le symbolisme des « eaux », sont encore inaccomplis. Les énergies qui les composent sont à l'intérieur de nous (« *Le Royaume de Dieu est à l'intérieur de vous »,* Luc, XVII, 21), et ce sont elles qui, coupées du monde divin, n'ont plus aucun sens. Elles font l'objet de notre vie passionnelle et psychique. Elles sont dévorées, nous l'avons vu *(8),* par le Satan.

Le déluge est une saisissante description de chacun de nous dans son état d'inconscience totale (dont ce que nous appelons la « conscience morale » fait partie, et cela, d'autant plus dangereusement

8. Cf. chap. VIII, p. 123.

qu'elle est confondue avec un éveil de la conscience). Saisissante description aussi de l'état actuel de l'humanité.

Au temps de Noé *(9)*, « *les hommes se multipliaient sur la terre et ne mettaient au monde que des filles* ». Avec une surprenante concision la situation nous est dite : par rapport à l'ordre divin « *croissez, multipliez-vous...* », les hommes oublient de croître et se multiplient à l'extérieur, dans « *le règne de la quantité* » *(10)*. Ils ne mettent au monde que des filles, ce qui signifie qu'aucun être — ni homme, ni femme — n'est mâle intérieurement, c'est-à-dire qu'aucun ne « se souvient » de ses cieux intérieurs, ses énergies ; aucun ne se souvient de son épouse *Isha* qu'il a à conquérir pour s'accomplir.

Rappelons qu'en hébreu, les mots « mâle » et « se souvenir » ont même racine זכר et que le « féminin » — נקבה *Niqva* — est un « trou » qui contient le secret du NOM. Mais sans œuvre mâle, il est un trou vide. Et l'être humain est totalement identifié à ce vide qu'il comble de tous les activismes extérieurs : essentiellement il mange, boit, dort, se reproduit, travaille (nous étudierons l'esclavage), dans la peur panique de perdre ses produits de consommation, peur qui le mine. Il souffre, se donne en pâture au Satan ; épuisé, il meurt.

Et voici qu'arrive Noé — נח *Noaḥ* en hébreu — nom dont la racine est liée aux notions de : « conduire » et « repos », « consolation » aussi, et « repentance ».

Son père Lemekh le met au monde en disant : « *Celui-ci nous consolera de nos fatigues et du travail pénible de nos mains, venant de la Adamah que* יהוה *a maudite* » (Genèse, V, 29).

La vocation de Noé est inscrite en son nom : il se repent, console et conduit au repos qui est l'état de « ressemblance », l'état du mariage divino-humain.

Noé est prémices du Messie à venir, dit saint Hilaire de Poitiers qui, dans son *Traité des mystères*, parle de la prophétie de Lemekh disant « *qu'elle ne peut s'appliquer pleinement au Noé dont on parle... mais à celui qui a dit : venez à moi vous tous qui êtes fatigués et chargés et je vous soulagerai. Mon joug est doux et mon fardeau léger (11).* ».

---

9. Genèse, chap. VI, VII et VIII.
10. Titre d'un livre de René Guénon.
11. *Traité des mystères,* Livre I § XIII, p. 99 (Éditions du Cerf).

יהוה voit la corruption de l'Homme. Il Se repent de l'avoir *fait* (non **créé** — qui est l'œuvre d'*Elohim*). Le « faire » est le travail intérieur de l'Homme, auquel préside יהוה dans son exigence de croissance. Ici, il ne s'agit pas de la repentance de Dieu, mais de celle de l'Homme en tant qu'il est יהוה en puissance.

יהוה dit à Noé : « *Mon esprit ne régnera pas dans l'Homme pour que celui-ci reste vierge* » (Genèse, VI, 3).

N'oublions pas que la vocation de l'Homme est essentiellement mariage avec lui-même pour mettre au monde le יהוה qu'il est et entrer alors dans le mariage divin.

« *D'autant que celui-ci* (l'Adam) *est chair* », ajoute יהוה . Et le mot « chair » — בשר *Basar* — est la chair-terre primordiale qui dans son centre — la lettre שׁ — contient le noyau, le *Shem*, lieu de l'ultime mariage *(12)*.

« *120 années* » lui sont données pour y atteindre. « יהוה *Se met à travailler le cœur de l'Homme.* » Il prévient Noé de ce qui va se passer. Puis *Elohim* Lui-même intervient et dit à Noé : « *Voici, l'accomplissement de toute chair vient* » (Genèse, VI, 13).

Et ce mot hébreu קץ *Qets*, de valeur $900 + 100 = 1\ 000$, que je traduis par « accomplissement », n'a en effet rien à voir avec une finanéantissement punitif, mais avec la fin d'un temps de sommeil pour entrer dans celui de la réalisation.

קיץ *Qaïts* est « l'été », saison des fruits, dont le *Yod* est le fruit essentiel. Dans ce but, *Elohim* ordonne à Noé de construire une arche : les événements qui vont venir vont saisir toute âme vivante et obliger celle-ci à une mutation qui se vivra selon l'évolution propre à chacune.

L'arche, la תבה *Tébah* en hébreu, est un mot d'une grande importance car il réunit les deux lettres ב et ת qui forment le mot בת *Bath*, la « fille », vierge d'Israël, et qui enserrent, à l'exception du *Aleph* א, la totalité des lettres de l'alphabet — symboliquement toutes les énergies créées.

Lui demandant de construire sa *Tébah, Elohim* invite Noé à « saisir » — à prendre conscience de — toutes ses énergies, c'est-à-dire à prendre conscience de lui-même en tant qu'*Isha*, contenance énergétique qu'il devra pénétrer pour l'épouser.

---

12. Cf. chap. IX, p. 137 ; XI, p. 186 et XII, p. 225.

L'Arche de Noé
(Cathédrale de Monreale, Sicile, grande nef)

Noé rassemble toutes ses énergies : les animaux, les vivants (חית *Haïoth* en hébreu). Ces « animaux » constituent les champs énergétiques des différentes terres que Noé va devoir épouser dans son arche, c'est-à-dire en lui-même.

Nous pourrions dire qu'*Elohim* fait passer à Noé la « Porte des Hommes » en l'introduisant dans l'arche. L'invitant à faire le travail que nous étudierons à l'étage suivant et que nous avons déjà approché dans la grande aventure d'Œdipe, *Elohim* conduit Noé vers la « Porte des dieux ».

L'arche de Noé est notre être intérieur.

Alors יהוה confirme l'ordre d'*Elohim*.

Arrêtons-nous un instant à cette étape du récit : le processus opératif de notre travail dans le triangle inférieur y est admirablement décrit :

Dans un premier temps — intervention de יהוה — la conscience naît en Noé. יהוה parle et saisit l'Homme dans son exigence d'absolu. C'est de cette exigence que je parlais plus haut disant que la plupart du temps elle s'investit dans des impasses faussement mystiques, car l'Homme saisi par elle est alors immédiatement sollicité par les voix du monde qui couvrent celle de יהוה — voix de toutes les idéologies de remplacement qui investissent **possession-jouissance-puissance**, se donnent des buts en elles-mêmes, au lieu de reconduire à *Elohim*.

.   Or lorsque יהוה parle, si nous sommes patients et attentifs, tôt ou tard Dieu-*Elohim* Lui-même montrera le chemin. Entre la voix de יהוה et celle d'*Elohim* se dessine le long parcours labyrinthique et douloureux fait de sollicitations du monde auxquelles nous répondons, leur donnant inconsciemment valeur d'absolu — veaux d'or — et qui ne génèrent qu'échecs, déceptions, amertumes, solitude, absurdité, mort.

La mort peut alors saisir aussi le corps physique. Elle est celle de tous les êtres qui meurent dans les eaux du déluge avant d'avoir passé la « Porte des Hommes ».
— Ceux-là « expirent », ויגוע *Vayigva* (Genèse, VII, 21).

Mais elle peut être initiatique, mettre l'Homme sur le chemin d'*Elohim*, et le préparer à entendre Sa Voix. Elle est celle de ceux qui prennent en compte le souffle divin en eux.
— Ceux-là « mutent », מתו *Metou* (Genèse, VII, 22).

Elle peut encore saisir l'Homme qui a entendu la voix d'*Elohim*, qui est déjà en partie sorti des eaux et qui continue le travail. Celui-là est entré dans le processus de morts et résurrections successives, il a émergé du triangle inférieur et passé la « Porte des Hommes », il est alors « effacé » dans le sens « subtilisé » *(« tu sépareras le subtil de l'épais »)* pour prendre un poids dans les hauteurs טוב de ses terres intérieures avant de redescendre dans le רע, ici les eaux.

— Cet homme-là est « subtilisé », וימח *Vayimaḥ* (Genèse, VII, 23).

Seul Noé « reste », וישאר *Vayishaër*, car il est totalement accompli et devient le « levain » שאר de l'humanité (Genèse, VII, 24).

Car Noé n'a donné aucune écoute aux sollicitations extérieures. Il a tenu intactes ses énergies que nous retrouvons chez lui sous forme de triade dans le symbole de ses trois fils :

— *Shem* שם, le NOM, est lié à la **jouissance**.
— *Ḥam* חם, le chaud, lié à la **puissance**.
— *Yaphet* יפת, évoquant « ouverture », « étendue » et « beauté », est lié à la **possession**.

Noé a 500 ans (500 est germe cosmique) quand naissent ses énergies — quand יהוה parle. Sitôt que nées, elles ne sont pas épuisées dans de vains investissements. Intactes, elles vont entrer dans l'arche avec Noé. Chacune d'elles avec son non-encore-accompli, sous le symbole de chacune des femmes des trois fils. Et ces trois femmes elles-mêmes entrent avec la femme de Noé (l'ensemble du non-accompli de Noé).

C'est donc consciemment, suivi de lui-même et en lui-même, que Noé entre dans l'arche. Il a 600 ans (nombre cosmique de la conjonction et de la fécondité intérieures).

Cette conscience absolue est exprimée par la confirmation que donne יהוה à l'ordre d'*Elohim*. L'ordre que reçoit Noé de יהוה s'affine même par rapport à celui d'*Elohim*. L'obéissance n'est pas aveugle. Elle est éclairée d'une lumière supplémentaire (comparer Genèse, VI, 18-22 à Genèse, VII, 1-6). Grandeur de l'Homme que celle de son Dieu intérieur qui apporte son éclairage et son information personnels à la volonté divine !

De ce qui se passe dans l'arche pendant les 40 jours et 40 nuits qui voient les eaux détruire la terre, il ne nous est rien dit. Rien, mais aussi tout.

Noé envoie en effet deux oiseaux qui vont et viennent pour connaître le temps qu'il fait au-dehors et pour jauger le niveau des eaux.

Or, le temps et les événements extérieurs ne sont que le pôle extérieur des événements qui se passent à l'intérieur de l'arche.

Dans son temple intérieur, Noé accomplit ses mariages successifs pour naître de lui-même à lui-même.

Le vol du corbeau — signe alchimique de « l'Œuvre au Noir » — nous informe que Noé s'arrache à une terre conquise pour descendre dans les profondeurs de son inaccompli et épouser une partie des « animaux » qui vont constituer une nouvelle terre.

Le vol de la colombe — signe alchimique de « l'Œuvre au Blanc » — nous informe que Noé, riche d'un nouveau mariage dans ses profondeurs, grandit vers la lumière et se fortifie de cette lumière.

Le corbeau prend à nouveau le relais pour arracher Noé à cette terre accomplie et le faire redescendre vers un nouveau champ de conscience, nouvelle mer (ou mère) intérieure plus profonde encore pour en épouser les énergies dont il fera la terre suivante, émergeant vers une plus grande lumière encore.

A l'extérieur, peu à peu tout s'assèche... Corbeau et colombe sortent alternativement pour nous conter ce grand Œuvre dans leur langage respectif.

Au bout de 150 jours, tout est sec (15 est le nombre sacré de יה *Yah*). Corbeau et colombe ne reviennent plus.

A l'intérieur, tout est accompli.

Noé sort de l'arche avec sa femme, et chacun de ses fils avec la sienne. Notons bien qu'ils étaient tous entrés séparés par sexe. Les mariages ont été célébrés dans l'arche.

Lorsque Noé sort de l'arche, il est l'homme totalement réalisé qui peut, cette fois, manger le fruit de l'arbre de la connaissance car il l'est devenu : il a atteint à l'unité. La sortie de l'arche est le passage de la « Porte des dieux » au-delà de laquelle l'Homme cueille la séphirah *Daat* דעת, la connaissance, dont nous aurons à reparler en étudiant la thyroïde dite « pomme d'Adam » *(13)*.

13. Cf. chap. XV, p. 336.

Noé envoie successivement le corbeau et la colombe, ce qui signifie qu'il descend dans ses eaux intérieures puis qu'il monte vers la lumière. (Cathédrale de Monreale, Sicile).

Noé plante une vigne, en boit le vin, s'enivre et se dénude sous sa tente.

Ces symboles sont ceux de l'ivresse de la connaissance et du total dévoilement des mystères, total accomplissement aussi de la tunique de peau עור qui est devenue lumière אור.

Noé connaît **jouissance** totale et totale **possession** de son NOM dont les noms de ses trois fils sont la composante triadique d'une unité innommable.

Seul *Ḥam* — lié à la **puissance** — n'agit pas de façon juste. Son fils cadet, *Canaan*, sera l'esclave de ses frères. Toute puissance acquise par magie (dévoilement des mystères hors du NOM) est du Satan — œuvre d'indiscrétion de celui qui jette un regard sur le mystère qu'il n'est pas devenu, et qui va le livrer au-dehors.

Les Juifs accuseront le Christ de guérir les malades et de chasser les démons par la puissance de Belzébuth (Matthieu, IX, 34).

Sur ses deux autres fils, Noé prophétise en disant : « *Béni soit* יהוה *Dieu de Shem. Que Dieu étende les possessions de Japhet et qu'il habite dans les tentes de Shem* » (Genèse, IX, 26).

Saint Hilaire de Poitiers commente ce passage disant : « *Le séjour de Japhet dans les tentes de Shem est la figure des nations qui sont introduites dans la foi.* »

Il y aurait beaucoup à dire ici sur la vocation des nations et sur le sens de l'Histoire. Cela n'est guère possible dans le cadre de cette étude.

La montagne au sommet de laquelle l'arche s'arrête symbolise l'élévation de Noé ; mais son nom précise l'accomplissement de la prophétie de Lemekh. *Ararat* אררט est composé de אור *Aror* qui est la « malédiction », et de la lettre ט de valeur 9 (qui en arithmétique ramène au zéro) et qui signifie qu'un cycle est bouclé.
Ararat, c'est la levée de la malédiction.

C'est pourquoi le déluge est immédiatement suivi de l'établissement d'une nouvelle alliance entre Dieu et Sa Création. « *L'arc dans la nue* » en est le signe. La nue se rapporte ici tout spécialement aux ténèbres intérieures.

L'arc dans la nue est le Pont rétabli entre Dieu et les terres intérieures de l'Homme, que la chute avait anéanti. Et ce « pont », l'arc, est קֶשֶׁת *Qeshet.*

Il est יהוה Lui-même contenu dans le *Shin* שׁ au cœur du mot dont la première lettre *Qof* ק (de valeur 100) est le pôle divin incréé et la dernière lettre *Tav* ת (de valeur 400) est le pôle humain créé.

Les fils de Noé ont maintenant pour mission d'accomplir le NOM *HaShem* dans le monde. Dans la vision chrétienne יהוה est le Christ accompli dans l'arbre de Jessé par le peuple hébreu. Coextensivement, toute l'humanité a pour vocation maintenant d'entrer dans le NOM — « *dans les tentes de Shem* » — et d'atteindre à cette dimension. L'étude que je propose voudrait être une petite lumière sur ce chemin royal.

La description du déluge chez les Babyloniens vient confirmer celle de la Torah hébraïque. Son héros *Guilgamesh* part à la conquête de l'immortalité en allant retrouver dans l'Au-delà son ancêtre *Out-Napishtim* dont il sait qu'il a recouvré cet état immortel (nous dirions : sa dimension d'éternité).

Ici nous est contée l'histoire d'Out-Napishtim qui, sous beaucoup d'aspects, est celle de Noé : *Ea*, dieu des Eaux, avertit Out-Napishtim de se préparer au déluge :

« *Démolis ta maison, construis un bateau...*
apporte de la semence vivante de toute espèce dans le bateau...
Le héros obéit, puis entre dans le bateau, ferme la porte.
Vinrent les pluies, les eaux montèrent haut et amenèrent la destruction de l'Homme...
Six jours, six nuits le vent souffla, le déluge et la tempête dominèrent le pays. Le septième jour, tout se calma. »

Puis, nous voyons Out-Napishtim envoyer, tout comme Noé, d'abord une colombe qui revint, puis une hirondelle qui revint encore, enfin un corbeau qui ne revint pas. Le bateau se posa sur le sol et Out-Napishtim offrit un sacrifice aux dieux. Ea le bénit et dit : « *Jusqu'ici Out-Napishtim n'était qu'un homme, mais maintenant, qu'Out-Napishtim et sa femme soient comme des dieux, pareils à Nous. Qu'Out-Napishtim aille habiter au loin, à l'embouchure des fleuves...* »

Tel Noé sortant de l'arche avec sa femme, Out-Napishtim sort de son bateau avec celle qu'il a épousée. Les deux héros ont atteint à l'unité. L'embouchure du fleuve, retour à l'unité primordiale, le confirme.

Dans le mythe grec, *Deucalion* et *Pyrrha* sauvés du déluge sont le couple accompli. Ils repeuplent la terre en jetant des pierres par-dessus leurs épaules.

La « pierre » — אבן *Even* en hébreu, mot composé de אב *Av*, le « père » et de בן *Ben*, le « fils » — est le symbole de l'Homme en qui l'éveil de la conscience s'est fait.

Il participe de la vie de la « Pierre d'Angle » qui est la Personne archétypielle du Fils, le Messie יהוה. L'Homme éveillé, fils du Père, connaît le chemin de l'unité à reconquérir.

Est pierre vivante celui dont la conscience est née.

Jetées par-dessus les épaules des héros du déluge grec, ces pierres sont nées de ceux qui ont participé de l'expérience de la « Porte des dieux ». Elles sont capables maintenant de se souvenir...

Le déluge, מבול *Maboul* en hébreu, est un mot qui, passé dans notre langue vulgaire, désigne celui dont les pensées sont anarchiques, les raisonnements faux.

Nous pouvons lire ce mot מ־בול *Ma-Boul* et traduire : « matrice du fruit », ou encore ב־מול *Be-Moul* et traduire : « dans la circoncision » ou « dans le face à face ».

En effet, dans le total face à face avec nous-même est le fruit. L'événement difficile qu'est le déluge, l'épreuve, nous oblige à descendre dans ce face à face, nous l'avons vu, à quelque niveau que nous soyons saisi pour ce faire. Et ce « faire » consiste en toutes les circoncisions successives, morts et résurrections de nous-même à nous-même pour donner notre « fruit », notre NOM.

Le déluge est une circoncision cosmique, une taille de l'Arbre humain, pour le mettre à fruit.

2. Le passage des Hébreux en Égypte

La conquête du Triangle Supérieur est, dans l'expérience des Hébreux, celle de la « Terre promise », terre promise à Abraham et à sa postérité, aux termes de l'alliance conclue entre Dieu et le patriarche, terre liée à la promesse de fécondité d'une part, à la circoncision d'autre part.

Conquête du Saint-Graal, conquête de la Toison d'Or, conquête de l'immortalité, la terre entière sous ses différents mythes, du Paradis perdu à la Jérusalem Céleste, est dans l'attente, la quête inlassable et douloureuse, de ce que l'humanité sait être son seul bonheur, sa seule liberté.

Toutes les idéologies nées d'un inconscient coupé de cette information supérieure ne sont que des projections lointaines, mais réelles d'une telle quête : du « grand soir » au « lendemain qui chante », l'humanité projette sur un avenir heureux la réalisation de la Vérité qu'elle porte en elle.

« *Tu enfanteras dans la douleur.* » Par gestations successives, de matrice en matrice, par accouchements d'elle-même à des plans de plus en plus élaborés de son être, par lentes et rudes ascensions, l'humanité va « remonter son arbre » et atteindre à cette conquête.

Le passage du peuple hébreu en Égypte est un des principaux aspects de cette évolution. L'Égypte est une matrice capitale. Or de ce ventre, telle notre infantile humanité, le peuple hébreu refuse de sortir. Il a peur de cette mort qu'est la naissance : « *Laisse-nous servir les Égyptiens, dit-il à Moïse, car nous aimons mieux servir les Égyptiens que de mourir au désert* » (Exode, XIV, 12).

En profondeur existentielle, et en paradoxale opposition à sa quête ontologique, l'humanité préfère la servitude à la liberté.

Aspirée par en haut, elle est lourdement retenue dans l'écoulement de ses **énergies** par en bas. Elle a peur de guérir. Elle aime sa sanie qui lui est familière et redoute de recouvrer une santé dont elle a perdu le souvenir. Elle voudrait être arrivée à l'étape de la course avant de se mettre en chemin. Aussi ne se met-elle pas en chemin et choisit-elle l'esclavage au lieu de la liberté, l'ignorance au lieu de la Connaissance.

Pourtant, c'est la Connaissance qui est le tissu même de l'ontologie humaine.

A ce titre, elle suscite en permanence chez l'Homme ce besoin insatiable de conquêtes qui, si elles ne sont celles du Royaume intérieur, sont alors celles du temps et de l'espace. Armé des plus admirables vertus physiques et psychiques, l'Homme se met sans hésiter, et sans avoir peur de la mort, sur les routes de son Histoire.

Quelle intelligence, quelle énergie, quel courage dépensés pour explorer les contours de sa prison ! Quel blocage pour en sortir !

Mais, tel ce « Dieu qui se repent d'avoir fait l'Homme », tel Zeus qui engloutit dans un déluge cette prométhéenne humanité, tel Ea guidant Out-Napishtim dans le séjour des dieux, le Tétragramme divin, en l'Homme, suscite chez les Hébreux le personnage de Moïse qui accomplit celui de Noé.

Si ce dernier « libérait l'Homme des servitudes de la terre », Moïse : « *libérera les Hébreux de la servitude des Égyptiens, les affranchira des travaux dont les chargent les Égyptiens...* » (Exode, VI, 6-9).

Qui sont les Égyptiens ? Qu'est l'Égypte ?

En hébreu, l'Égypte se dit מצרים *Mitsraïm*. Ce mot est composé des deux lettres צר qu'entourent מים. Et nous savons que *Maïm* מים , ce sont les eaux primordiales, les eaux matricielles indifférenciées portant le Ciel et la Terre en leur sein, en cette genèse de toute chose, avant même que le *Mi* ne soit séparé du *Ma*.

Tel un fœtus en cette matrice, la vibration צר *Tsr*, qui nous serre la gorge, rend compte en effet de ce qu'il y a de plus étroit, de plus petit. Elle signifie aussi « l'oppresseur, l'ennemi ».

Nous rencontrons cette racine au cours du voyage de Lot, neveu d'Abraham, lorsque n'ayant pas la force d'atteindre la montagne vers laquelle il va, Lot demande protection à cette ville appelée צער *Tsoar* — qui est « *la plus petite* » (Genèse, XIX, 20) — « *afin que son âme vive* ». Cette même racine donnera naissance à צואר *Tsavar*, le « cou ».

Le prophète Miché annoncera aussi la naissance du Christ en la ville de Bethléhem, « *petite entre les villes de Juda* » (V, 1). « Petite » est le mot *Tsaïr* צעיר qui exprime plutôt ici le mépris.

Enfin, le mot *Tsor* צר nous réintroduit dans la nécessité de la circoncision en désignant la « petite pierre » employée rituellement pour couper le prépuce (Exode, IV, 25).

L'Égypte est une matrice en laquelle le peuple hébreu est porté ; mais esclave d'elle, oppressé par l'Égyptien, il devra naître.

יהוה détermine les limites de cette matrice : le peuple hébreu entre en Égypte avec *Yosseph*, onzième fils d'Israël, tête de proue de tous ses frères qui l'ont abandonné, qui l'ont fait passer pour mort, mais qui sont amenés à le rejoindre quelques années plus tard.

La sécheresse — donc la famine — sévit alors partout. L'Égypte n'est pas exempte du cataclysme, mais la sagesse avait rendu Joseph divinement capable d'interpréter les songes de Pharaon et de prévenir ainsi la disette : pendant sept ans de prospérité il fait remplir de nourriture les greniers du pays. Attirés par la faim, les onze autres fils d'Israël viennent donc puiser dans ces réserves. Ils restent en Égypte quatre cent trente ans (Genèse, XXXVIII à XL).

Ils en sortent comme on naît d'une matrice, après dix contractions douloureuses : les « dix plaies d'Égypte » (Exode, VII à XII).

La dixième plaie préside à la Pâque. Ce jour-là, les eaux de la mer Rouge s'écartent pour donner naissance au peuple de Dieu. La « mer Rouge » est, en réalité dans la Tradition, écrite la « mer des Joncs » ou « mer de la Limite », *Yam Soph.*

Entre *Yosseph* et *Yam Soph*, יוסף et ים סוף, Dieu cerne les limites — *Soph* סוף — de la matrice égyptienne. Dans cette matrice, Israël grandit ; n'oublions pas que la racine *Yasoph* signifie « augmenter » *(14).*

Le départ en Égypte, après la petite enfance, conduit les douze fils d'Israël à quitter leur terre parentale. Celle-ci ne peut plus les nourrir. La famine symbolise ici celle de l'âme : chacun de nous, pressé par יהוה quitte sa terre d'enfance pour aller vers ses terres intérieures et sa vraie patrie, son NOM. Mais sécurisé jusque-là par ses parents, il ne pourra faire l'expérience de la liberté qui implique la sécurisation personnelle et absolue, qu'après avoir connu celle de l'esclavage.

La sécurisation absolue ne peut se référer qu'à des valeurs intérieures. Aucune valeur du monde ne peut la donner.

Mais l'Homme n'est capable d'adhérer dans toutes ses options à ces valeurs intérieures qu'après avoir épuisé les expériences de fragilité des valeurs extérieures dont il croit au départ qu'elles sont les seules réelles, parce que seules tangibles.

C'est vers cette expérience des valeurs extérieures qu'en un premier temps Israël est conduit. L'Égypte symbolise le monde, et Pharaon celui qui détient les pouvoirs, celui dont dépend la sécurité immédiate.

Dans un second temps, après sa sortie d'Égypte, dans sa traversée du désert, Israël fera une nouvelle expérience de famine. Mais

---

14. Cf. chap. VI, p. 81.

cette fois-ci, il n'y aura plus de Pharaon sécurisateur et dominateur, יהוה suscitera en Israël l'appel à Lui. Israël sera alors invité à entrer dans son adéquation totale aux valeurs intérieures.

Pour qu'il accède à cette force, il lui faut acquérir en Égypte de solides structures. Conformément à la loi des oppositions *Tov veRa*, ce n'est que dans la dure expérience de la servitude aux valeurs du monde que la conscience naît. Elle suscite en Israël Moïse.

Lorsque יהוה investit Moïse de la puissance divine afin qu'il se mesure à Pharaon (Exode, III), c'est la conscience même du NOM qu'Il confirme en Israël. Moïse, משה *Moshe* en hébreu, est le NOM lui-même השם (les 3 lettres sont inversées) *HaShem*.

Lorsque naît la conscience d'un nom plus grand qui n'est plus la personnalité-ego expérimentée en *Yesod*, mais déjà la prescience de la Personne dans le NOM participant de יהוה , l'Homme est alors conduit dans l'axe médian qui relie *Malkhuth* à *Kether*.

Jusqu'ici secoué dans les douloureux ballottements de l'errance qui caractérise le triangle inférieur, il est soudain enraciné dans quelque chose dont il ne sait pas encore qu'elle est sa terre des profondeurs, en quelqu'un dont il ne sait pas encore que c'est son NOM, LUI.

Saisi par son NOM, il est maintenant nourri, éclairé par Lui. Si sa conscience était alors totale, il connaîtrait dès ce moment la totale sécurisation, la totale liberté. Mais il n'est qu'au début du chemin.

De l'adolescent qu'il était, il lui faudra d'abord naître à sa dimension d'Homme, passer la « Porte des Hommes », puis faire le chemin, celui dont nous verrons qu'il construit les 12 vertèbres dorsales. Pour l'instant, les 10 premières vertèbres (cinq sacrées, cinq lombaires) ne sont qu'ébauchées, c'est-à-dire construites somatiquement, mais non « faites ».

L'érection de *Moshe* en Israël correspond à la mise en place de ce peuple dans l'axe de son NOM.

De même qu'au moment d'une naissance, le corps de l'enfant bascule dans le ventre de sa mère pour venir placer sa tête dans l'axe du col de l'utérus, de même l'Homme qui a pris racine et qui est près de naître bascule de la mort à la vie et vient se présenter dans l'axe de la naissance, devant cette première porte. Alors les contractions commencent.

Elles sont, sur un plan subtil, comme de successifs durcissements des événements de notre vie. Ceux-ci constituent les barreaux de l'échelle que nous sommes invités à monter. Ils nous obligent à trouver en nous de nouvelles forces ; non plus les forces volontaires qui pouvaient un temps masquer l'errance en ramenant à un axe extérieur, idéologique, moral, ou de toute autre éthique, mais les forces ontologiques, celles de nos terres intérieures, celles qui, aspirées, donnent avec l'énergie, l'information liée à ce nouveau champ de conscience, et qui ouvrent à une nouvelle intelligence.

Les contractions de la naissance d'Israël sont les dix plaies d'Égypte dont chacune tour à tour sculpte les dix premières vertèbres du peuple de Dieu. Chacune est signifiante d'une transmutation intérieure indispensable à la viabilité dans la nouvelle terre de naissance ; si indispensable qu'à chaque fin d'épreuve où Pharaon serait prêt à laisser partir Israël : « *alors* יהוה *durcit le cœur de Pharaon* » (Exode, VII à X).

יהוה et Pharaon sont les deux pôles, l'un positif, l'autre négatif de l'énergie du NOM en marche vers sa réalisation.

Pharao פרעה porte dans sa vocation, non seulement le רע *Ra* de la « Ténèbre », mais aussi le פר *Par* de la « fécondité », et le עפר *Aphar* de la « poussière ». Identifié au Satan, maître du monde qu'il tient en esclavage, il mange les esclaves-poussière qui ne peuvent grandir.

Mais que surgisse le NOM, *Moshe-* יהוה , et de la poussière naît la conscience de l'esclavage, le désir de la libération, et la mise en mouvement du potentiel de fécondité.

Il semble que cette conscience ne puisse naître que dans l'expérience extrême de l'adversaire — expérience de mort ; n'est-ce pas en voyant un Égyptien frapper un Hébreu que Moïse le tue obéissant dans un premier temps à ses énergies réactionnelles ? Mais le sang qu'il fait couler l'amène à la réflexion : il entre dans un nouveau champ de conscience et fait l'expérience du divin (Exode, II, 11-16).

Au départ, nous sommes quasiment identifiés au règne de Pharaon et nous nous donnons inconsciemment à lui en pâture, dans des souffrances que nous imputons toujours à un autre au lieu d'en découvrir la source en nous-mêmes.

Lorsque la conscience naît, nous intériorisons le problème.

Moshe et *Pharao* sont à l'intérieur de nous.

Nous retrouverons l'approche de ce mystère dans l'histoire de Job *(15)*, où *Moshe* et *Pharao* seront יהוה et Satan eux-mêmes.

Dans ces épreuves, les uns sont sans espoir, sans intelligence — au sens non intellectuel du terme — ils meurent. Les autres « entrent dans l'événement » et, le pénétrant, se font « mâle » et « se souviennent » de l'épouse qui attend l'époux à tous les niveaux de son être, dont celui-là n'est que prémices.

Israël sous la conduite de sa conscience-*Moshe* entre dans ces dix événements-contractions dont le dixième ouvre les eaux de la naissance. La mer Rouge s'écarte et engloutit les Égyptiens qui sont l' « homme rouge », le vieil homme en nous, l'oppresseur, tandis que passe celui qui doit devenir l' « homme vert ».

C'est *Pessaḥ* פסח, la Pâque, la sortie du « piège », פח *Paḥ* que la lettre ס *Samekh* transperce. Le *Samekh* est un des symboles de l'Arbre de Vie *(16)*. L'Hébreu עבר est, étymologiquement, « l'homme du passage ». Toute « porte » — פתח *Petaḥ* — est la sortie du piège פח. Cette sortie se fait par la lettre ת *Tav* qui est la croix.

La Pâque chrétienne se situera plus tard à la « Porte des dieux ».
D'un bout à l'autre de la montée, il nous faudra entrer dans l'intelligence du mystère de Dieu qui Se fait obstacle à l'Homme pour que l'Homme devienne dieu.

3. Le labyrinthe de Cnossos

Les sciences modernes mettent en lumière le fait fondamental que l'énergie est inséparable de l'information. Le mot « information » est d'ailleurs à entendre sur deux plans :

— le plan ordinaire où nous comprenons qu'une information est une connaissance donnée ;
— le plan plus subtil où nous découvrons, par connaissance donnée, que l'information a un rôle intérieur de formateur.

---

15. Cf. chap. XIII, p. 272.
16. Voir : *La Lettre, chemin de vie* (chap. XVII).

Une connaissance nous sculpte par l'intérieur, car elle est énergie. Elle sculpte pour la même raison l'objet connu.

Nous avons contracté, en Occident, la stérilisante maladie d'emprisonner nos connaissances-informations dans l'intellect et de n'user d'elles que pour épaissir toujours davantage les murs de notre prison et nous y blottir dans d'illusoires sécurisations.

Nous avons vu *(17)* qu'il n'en est rien et que la vraie connaissance est accouchement de nous-mêmes à des terres de plus en plus profondes dont chacune est faite d'une somme énergétique informatrice, jusqu'à l'ultime naissance à la terre la plus profonde — בשר *Basar* — traduite par « chair », porteuse de notre NOM *(18)*. Lorsque celui-ci est atteint et ouvert, le noyau du *Shem* libère l'Énergie יהוה et l'Homme-Énergie est totalement informé.

Notre NOM secret contient la totale information.

Le schéma de ce chemin tel qu'il nous est révélé dans la Torah hébraïque est simple, mais le chemin lui-même et le but à atteindre sont infiniment difficiles.

Il semble que la fuite de cette difficulté constitue l'objet même du mythe de la chute : l'Homme cueille le fruit de l'arbre avant d'avoir fait croître ce dernier.

Ham, témoin des mystères du fruit qu'est devenu son père, et « les dévoilant au-dehors » *(19)*, reconduit la faute.

Enfin, c'est elle, cette faute, que l'Homme répète depuis toujours déployant son intelligence à acquérir le pouvoir du fruit sans prendre la peine de faire croître son arbre ni de devenir son NOM.

Chaque terre à conquérir est liée à un temps. Les sciences modernes ont aussi découvert cette unité espace-temps qui tisse chaque plan de conscience.

Depuis l'état de chute, le temps est douloureux. Le poète pleure sur ses « épines » avec lesquelles il nous déchire.

Ses « cycles » forment la racine דור *Dour* en hébreu, racine que nous retrouvons indéfiniment répétée après la chute dans le symbole

---

17. Cf. chap. I, p. 23.
18. Cf. chap. XI, p. 186 et chap. XII, p. 225 ainsi que *La Lettre, chemin de vie* (chap. XXIII).
19. Cf. chap. X, p. 156.

du mot *Dardare* דרדר , « buisson d'épines » que la terre non épousée « *fera désormais germer pour l'Adam* » (Genèse, III, 18).

L'Homme inconscient s'en nourrit pour effectuer sa course épuisante vers l'acquisition de terres extérieures et d'une renommée extérieure, en place des terres intérieures et du NOM.

Dare-dare, à travers ses illusoires paradis, il va vers la mort. Aller vite, voire supprimer le temps, est l'inconscient leitmotiv d'une humanité errante.

Nous avons vu combien le guide intérieur d'Israël, יהוה Lui-même, ne fait grâce à son élu d'aucun raccourci dans le temps. Neuf fois de suite « *Il durcit le cœur de Pharaon* » (20) pour faire reculer encore l'heure de la Pâque à laquelle le peuple n'est pas prêt.

Dix vertèbres sont à forger. Ce ne sera pas sur trois ou quatre vertèbres seulement que le corps de l'adulte pourra se tenir debout. Il n'acquerra les bases de sa totale verticalisation que dans la pleine formation des dix premiers niveaux de ses structures.

Mais l'Homme est dans l'impatience.

A Athènes, le héros grec Thésée est dans l'impatience.

A la suite d'un différend opposant Crétois et Athéniens, *Minos* (roi de Crète) exige des Athéniens que pendant dix ans sept jeunes gens et sept jeunes filles parmi eux soient offerts en sacrifice une fois l'an au *Minotaure*.

Qui est le Minotaure ?

Né des amours de Pasiphaé, épouse du roi Minos, et de Poséidon, dieu des Empires sous-marins, apparu à la reine sous forme d'un lumineux taureau, le monstre a corps d'homme et tête de taureau. Voulant le cacher à la population crétoise, Minos, fils de Zeus, demande à Dédale, alors architecte de la cour, de construire un labyrinthe aussi profond qu'inextricable afin d'enfouir le Minotaure en son centre et que nul ne puisse y atteindre.

Dédale construit le labyrinthe qui, désormais, recèle le monstre en son milieu. Dédale et son fils Icare y sont aussi enfermés. C'est à ce monstre qu'Athènes doit sacrifier pendant dix ans et payer le lourd tribut puisé dans les forces vives du pays.

---

20. Cf. chap. X, p. 163.

Au bout de trois ans, un héros se dresse parmi eux : Thésée (fils du roi d'Athènes, Égée) décide courageusement d'aller se mesurer au Minotaure et de tuer le monstre afin de mettre un terme à cette oblation.

Thésée, fils que le roi Égée eut d'une princesse aimée lors d'un lointain combat, est resté chez sa mère durant toute son enfance. Par elle, il est fils de Poséidon et n'est donc pas étranger au Minotaure.

Il a grandi dans cette terre lointaine et a acquis une stature athlétique, une allure royale. Très jeune, il aime se mesurer aux plus grandes difficultés et n'attend pas l'ordre de sa mère pour soulever un énorme rocher sous lequel étaient enfouis l'épée d'or et les sandales d'or, attributs royaux disposés là par son père et tenus cachés jusqu'à ce qu'il soit en âge de pouvoir s'en revêtir. Ce lieu secret connu de la mère seule ne devait lui être révélé que lorsque celle-ci aurait jugé juste le moment de la maturité de son fils.

Tenant en main l'épée et les sandales d'or, Thésée interroge sa mère qui lui révèle avant l'heure le secret de sa naissance.

Le jeune homme décide alors d'aller rejoindre le roi son père. En route, toujours aussi courageux et fort, il vient à bout de mille difficultés et sort vainqueur de toutes les embûches. Parmi elles, l'une retient tout particulièrement l'attention : le géant Péripétes armé d'une énorme massue de cuir assomme les malheureux passants qui traversent le fond de la vallée déserte où il se cache. Thésée se mesure à lui, tue le géant et emporte en trophée sa massue de cuir.

C'est donc armé de celle-ci et de l'épée d'or que le fils du roi d'Athènes arrive chez son père. Il ne se fait pas reconnaître de lui, mais lui et la magicienne Médée son épouse sont séduits par la beauté du jeune homme. Il est ainsi invité par eux à la cour, plaît à Médée qui joue de tous ses charmes pour le séduire. Repoussée par Thésée, Médée se venge et l'accuse auprès du roi de son propre méfait. Tous deux décident de l'empoisonner.

C'est au moment où, pour célébrer ses hôtes, Thésée lève le verre dont il ne sait pas qu'il contient le poison, que le roi aperçoit et reconnaît l'épée d'or au côté alors découvert du jeune homme. Égée arrache des mains de son fils le verre empoisonné qu'il casse. Il serre dans ses bras celui qui devient désormais son associé dans la conduite du royaume.

Thésée apprend alors la mortelle redevance de ses sujets envers le roi de Crète. Passant outre l'avis de son royal père qui a mesuré l'immaturité du jeune homme et peut-être le sens profond de la nécessité des dix années d'holocauste, il décide d'aller lui-même s'offrir au monstre si, auparavant, il ne parvient pas à l'abattre.

Le père laisse partir son fils, mais son cœur est lourd. Il fait promettre à Thésée de hisser la voile blanche au mât du navire qui le ramènera de Crète pour que, de loin, il puisse se réjouir de la victoire. Bien sûr, c'est une voile noire qui sera hissée dans le cas contraire.

Courageux, ivre de ses juvéniles forces, Thésée arrive à la cour du roi Minos et lui présente sa généreuse quête. Seul il devra chercher le chemin de la rencontre avec le monstre. La fille du roi, la délicieuse Ariane émue de compassion, saisie d'un amour qu'elle croit pur pour ce vaillant héros et connaissant le chemin, en livre le secret à celui qu'elle aime. C'est en déroulant le fil d'Ariane, depuis la porte d'entrée du labyrinthe jusqu'au centre, que Thésée parvient au face à face avec le redoutable gardien du seuil.

Une des lectures du mythe nous fait découvrir dans le Minotaure le gardien de la « Porte des Hommes » ; porteur du nom composé de Minos (le roi) et du Taureau (le dieu Poséidon), il est frère accompli de Thésée inaccompli qui doit se mesurer à lui pour le devenir.

Le dieu des mondes sous-marins s'est incarné dans le premier complexe énergétique de l'Homme symbolisé par le Taureau (cf. la Sphinge). Ne peut se mesurer à lui que celui qui, se sachant d'ontologie royale, a commencé de se dépouiller de sa nature « tunique de peau », celui qui, dans ce cas précis, a intégré le Taureau.

Or, c'est muni de l'épée d'or, mais aussi de la massue de cuir, deux armes qui ressortissent respectivement à l'une et l'autre nature, que Thésée affronte le gardien.

Le roi Égée, le Père-Roi, savait que le jeune homme n'avait pas rejeté la massue de cuir et qu'il ne savait pas encore manier l'épée d'or.

Thésée n'écoute pas la Voix détentrice des dons des dieux — l'épée d'or. Il obéit à ses vertus inconscientes, riches des trésors de ses futurs dons, mais qui, **investis avant le temps, ne sont que vertus psychiques, énergies que la connaissance des lois ontologiques ne contrôle pas** : le courage, la volonté, voire l'héroïsme, obéissent aux pulsions de l'Homme en tunique de peau, pulsions non suffisamment purifiées, lourdes de vanités, de désir de renommée, en place de la recherche consciente du NOM que recèle le Minotaure, lourdes de volonté de puissance et de gloire.

Elles ne peuvent se gérer que dans les catégories du premier étage de l'Arbre et s'inscrire dans des **rapports de force** et non d'amour-connaissance.

Thésée tue le Minotaure avec la massue de cuir. Il tue son *Yod*.

Il est parvenu jusqu'à lui grâce au fil d'Ariane. Ariane est son féminin affectif ramené au premier étage. Sous les couleurs fallacieuses de l'amour, Thésée totalement identifié à son féminin n'aime que son ego — amour narcissique — mais cette force lui permet d'atteindre à une connaissance apprise de l'extérieur, qui n'est pas née de lui.

La connaissance mise trop tôt entre les mains de celui qui n'a pas purifié son cœur et donc mise au service de ses vanités, se retourne contre celui qui croit en être le maître. Il n'est qu'un apprenti-sorcier.

Lorsque Thésée revient sur ses pas — car la Porte ne s'est pas ouverte ! — et qu'il continue en cela la marche labyrinthique par excellence, il emmène avec lui Ariane. Mais incapable de l'épouser, il l'oublie à la première escale sur le chemin de retour. En profondeur, Thésée est incapable d'aimer. Et c'est en hissant la voile noire, en « se trompant » dit le texte du mythe, que Thésée poursuit son chemin vers Athènes.

Thésée ne se trompe pas.

Il a tué son *Yod*. Il est mort d'une mort plus profonde que ne l'est la mort physique. Car le Père, symbolisé par le roi Égée, meurt aussi. En termes hébreux, nous dirions que יהוה et *Elohim* meurent dans la conscience du héros psychique.

Les dix années de sacrifices correspondent au nombre sacré du *Yod* dont nous avons vu qu'il préside à la formation des dix premières vertèbres, c'est-à-dire à la gestation accomplie du premier triangle.

Faire le sacré, c'est faire le *Yod*, nourrir en soi le noyau divin en lui consacrant, sous le symbole des sept jeunes gens et sept jeunes filles, les énergies soustraites aux vanités futiles. Tous Athéniens, ces jeunes sont les forces vives de la Terre royale de Thésée, sa terre des profondeurs. Ils sont ce qu'est, dans le mythe biblique, la dîme remise

LE SYMBOLISME DU CORPS HUMAIN

par Abraham à Melkitsédeq *(21)*. Aux yeux du monde, il y a perte d'énergies.

Au regard de Dieu, il y a construction du dieu en l'Homme.

« *La sagesse divine est folie pour les hommes* » (I Corinthiens, I, 25).

Seul l'œil qui connaît avec amour peut discerner ces valeurs. Thésée est dans la confusion.

Thésée est aussi Dédale en ce qu'il construit son propre labyrinthe et s'y enferme. Il est chacun de nous solidifiant chaque jour davantage les murs de sa prison dans la mesure où il ne met pas le temps au service de sa quête de libération.

Les épreuves viennent-elles ? On en cherche douloureusement l'issue dans les possibilités inhérentes à l'espace de la prison — champ de conscience ! — alors qu'elles relèvent d'un autre espace et nous sollicitent à pénétrer celui-là dans lequel tout rentrera dans l'ordre.

Les épreuves sont ces gardiens du seuil, dévoreurs de celui qui ne veut pas quitter sa prison, de celui qui a peur, et constructeurs de celui qui, lâchant ses prises illusoirement sécurisantes, devient l'Homme et le dieu qu'il était jusque-là en potentiel.

Cette prison labyrinthique — champ de conscience — dans laquelle nous naviguons pendant la première partie de notre vie, est celle dans les limites de laquelle nous donnons tout pouvoir aux forces extérieures de ce monde et, parmi elles, au plus subtil de ses veaux d'or, le dieu « Hasard » !

Celui qui s'enferme dans le labyrinthe y tient aussi prisonniers ses enfants, comme Dédale y tient Icare : nous ne pouvons faire participer ceux qui nous sont donnés à éduquer, qu'à l'espace auquel nous avons nous-même atteint. Et notre éducation consiste à donner pour structures nos propres limites, et pour valeurs de référence celles qui sont relatives à ces limites et qui, nécessaires un temps, deviennent aliénantes lorsque nous les érigeons en absolu.

Icare ne symbolise pas seulement nos enfants biologiques, mais toutes nos productions, nos enfantements de tous ordres : artistiques ou dits tels, techniques, etc.

Nombre de nos œuvres aujourd'hui sont labyrinthiques — sur le plan architectural, le centre Pompidou, tous intestins à l'air, en est un

21. Cf. chap. IX, p. 131.

Labyrinthe de la cathédrale de Chartres
Celui qui en atteint le centre atteint son propre noyau.

chef-d'œuvre — et nos machines faites pour nous libérer, contradictoirement nous asservissent tous les jours davantage. A cet étage, nos raisonnements et leurs applications ne peuvent que déplacer les problèmes, non les résoudre.

Or, le dessin du labyrinthe en soi est sagesse. Il oblige à un cheminement correspondant au temps nécessaire de maturation et à une recherche du sens qui ne peut prendre sa juste référence que dans le triangle archétypiel caché dans le *Yod* mais qui déjà nous envoie ses informations. Les circonvolutions intestinales sont images de celles d'un cerveau. Elles président à la digestion des informations reçues afin d'élaborer de nouvelles substances.

Au deuxième étage, celui de l'ÊTRE, le labyrinthe plus consciemment vécu devient *mandala (22),* base de méditation. Il est symbolisé par la matrice de feu qu'est ce « champ de cinabre » thoracique.

Lorsqu'en ce premier étage, le labyrinthe n'est pas perçu comme matrice accomplissant les eaux, mais vécu comme abri ne conduisant à aucune naissance, il devient alors tombeau. Il est lieu d'errance.

L'adolescent — et l'adolescente humanité d'aujourd'hui — ne se rendent pas compte que celui qui ne plonge pas ses racines dans son NOM, son *Yod,* ne les plonge pas davantage en terre. Si matérialiste qu'il se fasse, il n'est pas encore incarné.

Là est une des causes profondes de la floraison des théories réincarnationistes d'aujourd'hui : celui qui n'est pas incarné projette inconsciemment sa « réincarnation » dans un autre temps et à l'extérieur de lui, dans un nouveau corps qu'il réduit à un « véhicule » étranger à son NOM.

Si peu incarné, l'adolescent — ou l'homme qui se croit adulte — fuit encore un peu plus son vrai Moi, son *Yod,* en tentant d'échapper au labyrinthe si insatisfaisant en lui-même. Receleur du chemin de son NOM, le labyrinthe peut encore, très tard dans la vie de l'Homme, s'ouvrir à celui qui a l'humilité de s'y découvrir et de voir son aliénation.

Mais voici que Dédale et Icare se font apporter de l'extérieur, par la reine Pasiphaé, des ailes artificielles. Incapables de sortir du labyrinthe par la « Porte des Hommes », celle de la véritable incarnation, ils puisent dans les valeurs inconscientes (la reine Pasiphaé est l'archétype-mère non accompli en eux) les moyens techniques de libération. La reine leur procure donc des ailes artificielles que les deux hommes se collent au dos avec de la cire et qui vont leur permettre de sauter à pieds joints au-dessus du quadrilatère de l'incarnation pour s'envoler vers les hauteurs de la Sagesse et de l'Intelligence, voire vers celles de la Couronne !

Simple reconduction du péché d'Adam en Éden !

« *Ne vole pas trop haut, conseille alors à son fils le sage Dédale, les ardeurs du soleil te brûleraient les ailes, ne vole pas trop bas, les vapeurs de la mer t'aspireraient… »*

---

22. Cf. chap. V, p. 50.

Sublime médiocrité que cette sagesse !

Redoutable intelligence que celle qui va toucher au feu. Rien ne peut arrêter le désir de conquête inhérent à l'ontologie même de l'Homme : Icare s'élève si haut qu'il est brutalement rejeté dans les eaux de la mer. Dédale s'écrase sur la terre.

« *Je détruirai la sagesse des sages et j'anéantirai l'intelligence des intelligents* », dit יהוה (Isaïe, XXIX, 14 ; Paul I Corinthiens, I, 19).

Le plus grand savoir, les plus hautes techniques ne sont qu'illusions de libération lorsqu'elles ne sont pas accompagnées du travail dont seul le quadrilatère est le laboratoire.

Les ailes artificielles remplacent alors celles que l'Homme y acquiert en devenant Aigle *(23)*. La cire des abeilles remplace celle qu'il secrète lorsqu'il assume son travail solaire.

La sagesse inhérente à la plupart des philosophies du monde aménage l'étage du labyrinthe mais n'en fait pas sortir. Elle pose le masque du sage sur le visage du fou.

La sagesse divine arrache tout masque, mais elle est folie aux yeux des hommes. C'est en ce sens que l'apôtre Paul dit : « *Le Seigneur connaît les pensées des sages, Il sait qu'elles sont vaines. Que nul ne s'abuse lui-même. Si quelqu'un parmi vous pense être sage selon ce siècle, qu'il devienne fou, afin de devenir sage, car la sagesse du monde est folie devant Dieu* » (I Corinthiens, 3, 18-20).

Le mythe grec déjà prélude à la grande révélation judéochrétienne : Dédale et Icare sont arrachés à leur illusion. La protection divine joue ici comme en Éden. Où que nous regardions, le péché d'Éden se confirme être un refus d'incarnation.

« *Sagesse et Intelligence selon ce siècle* » appartiennent à ce monde prométhéen ou qaïnique (là encore les deux mythes se rejoignent et nous aurons à en reparler *(24)*). Elles sont créatrices de civilisations de plus en plus finement élaborées selon des valeurs qui ne résistent pas au gardien du seuil de la première Porte.

Les religions enfermées dans la sagesse d'une morale ou dans celle plus subtile d'une mystique désincarnée, les philosophies qui

---

23. Cf. chap. XIV, p. 303-311.
24. Cf. chap. XII, p. 234.

réduisent inexorablement l'Homme à sa condition animale aussi bien que celles qui la nient, les sciences qui l'amènent par le jeu de l'intellect à bâtir le seul monde extérieur pourvoyeur d'un bonheur illusoire, sont promises à cet anéantissement.

Thésée hisse la voile noire. Son père, le roi, meurt. Sa carrière qui se veut royale finit tragiquement.

CHAPITRE XI

Le passage de la « Porte des Hommes »

Noé sortant de l'arche va manger le fruit de l'Arbre et connaître l'ivresse de la **jouissance**.

Les Hébreux quittant la terre d'esclavage vont vers la **possession** de la terre promise.

Celui qui se rendra capable de manier l'épée d'or revêtira la vraie **puissance**.

Ces trois composantes énergétiques du fruit que l'Homme mûrit dans la croissance de son arbre vont s'éclairer davantage dans l'expérience de l'« Arbre de Jessé » *(1)*, expérience de la lignée messianique depuis Jacob — racine de l'arbre — jusqu'au Christ, qui en est le fruit.

1. La lutte de Jacob avec l'ange

Après avoir acquis de son frère Esaü le droit d'aînesse — droit de gérer l'héritage — Jacob a quitté ce frère depuis de longues années, en même temps que son père et sa mère chez qui Esaü, lui, est resté.

L'Homme en tunique de peau ne peut quitter ses béquilles. Jacob, l'Homme devenu conscient, se désidentifie de ce « frère » et

---

1. L'Arbre de Jessé est la lignée du Christ, tout particulièrement à partir de Jessé, père de David.

part conquérir une force qui lui permettra de revenir vers celui-là pour le « faire » (le nom d'Esaü est celui du verbe « faire » עשה en hébreu). La force pour cela ne peut se conquérir que dans les épousailles avec les premiers champs énergétiques du féminin.

Jacob a épousé successivement les deux sœurs, filles de son oncle Laban, et a eu d'elles et de leurs servantes onze fils. Le douzième fils d'Israël, Benjamin, naîtra plus tard.

Chez Laban, Jacob a de plus acquis beaucoup de biens. Lourd de ses richesses extérieures, et de ses énergies accomplies intérieurement, il quitte son beau-père Laban (qui signifie « blanc », mais aussi l'un des noms de la « lune », astre de nuit).

En lecture plus profonde, nous comprenons que Jacob ramasse toutes ses énergies et quitte l'étage lunaire que symbolisent *Yesod* et le premier triangle auquel la séphirah préside, car son *Yod* va naître.

Il fait route en effet sur ordre de יהוה « *vers la terre de ses pères, au pays de sa naissance* ». יהוה lui promet qu'« *Il sera avec lui* » (Genèse, XXXI, 3) dans ce chemin vers ses origines où il doit retrouver non sans angoisse son « frère en tunique de peau », cet autre lui-même — Esaü — qui, jaloux de lui, cherchait autrefois à le faire mourir.

Par trois fois, Jacob fait parvenir des présents à Esaü pour tenter d'acheter sa bienveillance. Il a acquis le droit d'aînesse mais il tremble encore devant celui qui en était détenteur comme s'il était son esclave.

Avant de rencontrer ce redoutable frère qui s'avance vers lui, apprend-il, avec quatre cents hommes (symbole de l'incarnation qui passe nécessairement par cette rencontre), Jacob doit acquérir une autre stature, mourir à ses peurs, entrer dans une nouvelle intelligence des paroles de יהוה , dans la connaissance de sa vraie place par rapport à son frère.

C'est alors qu'une nuit, avec toutes ses femmes, ses enfants et ses biens, « *il passe le passage de Jaboq* ». Dans le texte (Genèse, XXXII, 23), le mot *Ever* עבר , nom des Hébreux, « Hommes du passage », est répété deux fois.

→

Sculpture de Sim Schwarz : **Combat de Jacob avec l'Ange**
« *Jacob est seul. Alors un homme lutte avec lui jusqu'au lever de l'aurore. Voyant qu'il ne pouvait le vaincre, cet homme le frappe à l'emboîture de la hanche.* » (Genèse, XXXII, 24-25.)

Non seulement Jacob, en tant qu'Hébreu, accomplit ainsi son nom, mais il est indéniable que le nom de la rivière *Jaboq* concerne *Jacob !* יבק et יעקב jouent de plus avec le verbe « lutter » — יאבק *Yeaveq* — qui va suivre *(2)*.

Jacob, c'est certain, ouvre un centre d'énergies important et nécessaire à la rencontre du frère. Il doit maintenant se mesurer à cette force pour la devenir.

Il fait nuit. Nuit de l'âme.

Jacob reste seul. Et jusqu'au lever de l'aurore, un homme « lutte » avec lui : selon le verbe hébreu, cet homme « l'étreint » jusqu'à le « réduire en poussière ».

« *Voyant qu'il n'a pas de pouvoir sur lui, l'homme touche l'emboîture de la hanche et l'emboîture de la hanche de Jacob se démet dans sa lutte avec lui.* » (Genèse, XXXII, 25-26).

Qui est cet homme ?

Ish איש dit le texte, un « homme » dans le sens d'« époux » et dont la tradition orale fait un ange. En profondeur, Jacob entre dans ses épousailles avec lui-même à un plus haut degré de son potentiel énergétique afin de pouvoir rencontrer et « épouser » son frère Esaü, l'homme rouge, grossier, animal, non accompli, mais par qui passe l'incarnation de Jacob.

Il s'agit de la danse de l'Homme avec lui-même en tant que sa vie est la danse même de sa rencontre avec Dieu. Danse nocturne des profondeurs, danse douloureuse, blessante dans ses arrachements nécessaires, et qui le laisse boiteux !

Boiteux ! il avait oublié qu'il l'était dès sa naissance !

Boiteux, car il n'a pas encore épousé la totalité de lui-même, mais maintenant qu'il a commencé ce grand'œuvre, il se souvient ! Il est boiteux. Il est désormais en marche vers sa verticalisation.

Lorsque, s'adressant à Dieu après la chute, Adam parle de la femme (son féminin intérieur), il la désigne : « *celle que tu m'as donnée pour être avec moi* » ; verset que l'on peut aussi traduire : « celle que tu m'as donnée pour que je me tienne droit » (Genèse, III, 12).

---

2. Genèse 32, 25. La racine de ce verbe אבק signifie « étreindre » et aussi « pulvériser ».

LE PASSAGE DE LA « PORTE DES HOMMES »

Ce n'est qu'en épousant le potentiel d'énergies scellé dans son féminin que l'Homme peu à peu acquiert sa verticalisation. Adam le sait bien qui, au moment de la chute, retourne à son infantilisme rampant — dont nous ne sommes pas encore sortis, nous qui nous croyons si droits et si grands avec nos ailes artificielles !

Jacob, lui, prend le vrai chemin de la verticalisation. Le passage de Jaboq en langage géographique est l'emboîture de la hanche en langage anatomique ; son ouverture est la libération de la force du *Yod* à ce niveau.

Jacob pressent l'identité de l'homme *Ish* : il lui demande sa bénédiction. Mais lorsqu'il lui demande son nom :
— « *Pourquoi me le demandes-tu ?* », dit l'homme qui, à la vérité l'a déjà révélé.

Jacob a combattu avec Israël pour devenir Israël.

— « *Ton nom ne sera plus Jacob, mais Israël, car tu as lutté* (Saro) *avec Dieu* (El) *et avec les hommes* (Ish) *et tu en as été capable* » (Genèse, XXXII, 29).
Révélation du Nom, révélation de l'énergie nouvelle libérée du NOM יהוה

C'est au niveau du verbe « lutter » que la transformation s'est faite de *Jacob* à *Israël*, de אבק י « réduire en poussière » à שרית (dont la racine שר *Sar* est le « prince ») « lutter » jusqu'à atteindre au principe.
Jacob-Israël peut rencontrer maintenant son frère Esaü. Il avait auparavant peur d'Esaü, de sa force animale, de sa haine. Revêtu de la force divine, non seulement il n'en a plus peur, mais il a retourné la situation ; la rencontre ne se fera plus dans des rapports de forces.

« *Alors Esaü courut à sa rencontre et l'embrassa* » (Genèse, XXXIII, 4).

C'est dans l'inconscience du labyrinthe que nous ressentons l'autre ou les événements comme adverses et que nous nous dressons alors contre eux, écoulant nos forces jusqu'à épuisement mortel dans ce dramatique et sauvage affrontement.
C'est dans la méconnaissance du *Yod* י de הֹה que les deux *Hé* ה se vivent en ennemis et se détruisent au sein d'un *Vav* ו déchiré.

Lorsque le *Vav* « se souvient » du *Yod* et s'alourdit de Lui, se réunifie en Lui, l'Homme devient conscient et chacun des ה reprend sa vraie place ; la situation se retourne et l'ennemi devient l'ami.

Réa רע est le même mot en hébreu pour désigner ces deux termes antinomiques, ennemi et ami. Sa racine רע *Ra* est la réserve d'énergies qui, dans la ténèbre, attend d'être épousée, dévoilée, amenée à la lumière.

Pour Israël une aurore nouvelle s'est levée. *Israël* ישראל peut alors dire — car son nom le contient — לי־ראש, mot à mot : « à moi la tête » : Israël est celui qui a retrouvé le chemin du *Yod,* qui a mis sur ses épaules une tête nouvelle. « *Le soleil se levait...* » (Genèse, XXXII, 32).

De l'enfant qu'était Jacob, un homme est né. Il prend son départ pour aller vers la « Porte des dieux » et mettre au monde le Messie — יהוה. Le peuple d'Israël né de lui fera ce même passage — la Pâque — en sortant d'Égypte, comme nous l'avons étudié. Dans ce sens, l'expérience de Jacob chez Laban est homologue de celle du peuple hébreu en Égypte.

En extrapolant encore, elle est homologue aussi de ce que l'humanité vit dans son inconscience actuelle. L'angoisse moderne, de même que tous les grands problèmes de notre infantile monde aux ailes artificielles, ne pourront trouver leur solution que dans ce « passage ».

Rencontrer l'« autre » en chacun de nous afin de rencontrer l'autre en ami à l'extérieur de nous, retourner nos propres haines afin de retourner sa haine, est le seul chemin que nous puissions prendre, la seule voie pour que les plaies du monde-Égypte s'arrêtent.

Nous prendrons alors tous conscience que, loin d'avoir les ailes de l'aigle, nous sommes une humanité boiteuse.

Chez le vieillard, la fracture spontanée du col du fémur me semble être pour lui l'ultime rappel de sa boiterie avant que la mort ne le surprenne de ce côté-ci de la « Porte ».

En un laps de temps très court, celui d'un retournement intérieur, il peut commencer sa verticalisation.

Car on est en droit de se demander quel est le sort de celui que la mort surprend avant qu'il n'ait passé la « Porte ».

Je tenterai, avant de clore ce chapitre, d'apporter un éclairage à cette question, à la lumière de la Tradition. Pour l'instant, tournons-nous vers « le Fils de l'Homme » accomplissant ce même passage.

2. Le baptême du Christ, ou le retournement des énergies

Le Christ revêtu de la « tunique de peau » de l'humanité, chargé de son conditionnement de chute, Se fait obéissant à ce qui conditionne sa restauration. Il assume la traversée du triangle en recevant de la main du Précurseur le baptême d'eau dans le Jourdain.

Le labyrinthe de l'ignorance n'est qu'une variante du Déluge dans le langage du mythe. Le triangle inférieur privé de sa référence capitale est dénué de sens et laisse le monde du *Ma,* physique et psychique, dans l'anarchie. Les « Eaux d'en bas » ne reflètent plus les « Eaux d'en haut », elles perdent le sens et coulent vers la mort :

Les eaux du Jourdain vont se jeter dans la mer Morte.

Lorsque le Christ descend dans le Jourdain, Il retourne les eaux vers leur source. Le psalmiste, mille ans avant l'événement historique, le prophétisait :

« Qu'as-tu mer, pour t'enfuir ?
Jourdain, pour retourner en arrière ?
Qu'avez-vous, montagnes, pour sauter comme des béliers,
Et vous, collines, comme des agneaux... » (Psaume, CXIV, 5-7).

Que signifie cette jubilation cosmique, si ce n'est que le monde retrouve son image, que le *Ma* reflète à nouveau le *Mi* et se réjouit d'embrasser dans son miroir le visage qui lui donne sa beauté, sa raison d'être.

Qu'est-ce que cela veut dire, si ce n'est que désormais le Jourdain va se jeter dans l'Océan Primordial, source de toute vie, *Maïm,* en qui le *Ma* et le *Mi* s'enlacent, tels deux frères, dans une réconciliation admirable ?

Et ce qui est vrai pour le monde est vrai pour chacun de nous : notre colonne vertébrale, tel le Jourdain, charrie des énergies vouées à la mort dès que nées, dans l'écoulement d'inutiles hémorragies. Que s'éveille en nous le germe divin, la blessure se ferme, peu à peu le courant se retourne, et tout notre être, participant alors du rythme universel, danse la jubilation du monde transfiguré.

Descendant dans les eaux du Jourdain, Christ descend dans l'inaccompli de l'humanité.

Cette immersion, טובל *Tovel* en hébreu, est la mise en mouvement ל du pôle *Tov* de l'Arbre de la Connaissance. Ce pôle « accompli-lumière » ne peut être mobilisé que dans le saisissement de l'inaccompli que les eaux symbolisent. Jean le Baptiseur est littéralement l'« immergeur ».

Le nom du fleuve, *Jourdain* ירדן, peut être lu ן ירד, *Yared-Noun* : « descendre-poisson ». Christ Se fait poisson pour descendre dans les profondeurs de l'inaccompli.

Le Jourdain peut encore être lu רי־דין- *Reish-Din* : « Principe de la Rigueur ». La rigueur du chemin exige cette rude descente. Mais la miséricorde divine est présente et la voix du Père Se fait entendre pour nommer Celui qui l'assume : « *Son Fils bien-aimé.* »

Christ dans Son immersion refait le chemin d'Adam plongeant dans le sommeil-ténèbre où il prend conscience de son « côté-ombre », conscience du féminin en lui qu'il doit maintenant épouser pour en retrouver les énergies et en ouvrir le noyau.

Ce qu'Adam, arrêté par le Serpent, n'a pas accompli, Christ va s'en charger.

Second Adam, Il est le *Vav* ו de l'Archétype הוה et relie les deux ה dans le mariage ténèbre-lumière. *Vav* cosmique, Il relie le cosmos entier au *Yod*, le créé à l'Incréé : la théophanie du Père et de l'Esprit-Saint (sous forme de colombe) nommant le Fils le confirme.

Nommé par le Père dans le monde du *Mi*, Christ est aussi nommé par les hommes dans le monde du *Ma*. Jean le Baptiseur le désigne : « *Celui-ci est l'agneau de Dieu* » (Jean, I, 29) et plus loin : « *moi je vous baptise d'eau, Lui vous salera de feu.* » « *Il faut qu'Il croisse et que je diminue.* »

L'Homme en tunique de peau, prépuce du Verbe, s'efface et Christ-lumière apparaît.

La circoncision de l'Adam-humanité est accomplie.

La fête de Jean, celui qui baptise d'eau, est célébrée dans l'Église chrétienne au jour du solstice d'été. C'est au moment où le soleil extérieur est au plus haut de sa course et va commencer à décliner que Christ, soleil intérieur, va commencer à monter.

Cette montée de l'humanité en Christ commence par le baptême d'eau. Jean le Baptiste est gardien de la « Porte des Hommes » ; il sera décapité.

Jean l'Évangéliste, l'Homme vert, est gardien de la « Porte des dieux » ; sa fête est célébrée au solstice d'hiver.

C'est à son entrée dans le quadrilatère du schéma que l'Homme entre réellement dans les douze mois de l'année terrestre ; c'est à ce seul moment qu'il commence son incarnation. L'enfance, ce soleil extérieur, n'était qu'un prélude...

3. La tentation du Christ au désert. Le passage de la « Porte » pour chacun de nous.

Un prélude... Et cependant comme il est important qu'il ait été pleinement vécu ! Il semble que la mélodie sera totalement faussée, inexistante même car privée de ses structures profondes, si le prélude de la vie n'a pas été parfaitement intégré.

Il s'est joué en prenant appui sur les deux béquilles de la dualité. Dans la mesure où ces béquilles n'étaient pas informées par le triangle supérieur, et n'étaient donc pas projections de structures essentielles, elles ne pouvaient nourrir l'enfant des éléments nécessaires à le rendre adulte (parents eux-mêmes infantiles, morale qui ne débouche sur aucune spiritualité, logique vécue dans le cadre exclusif du rationalisme, etc.). La conscience de l'adolescent ainsi « élevé » a bien peu de chance d'être éveillée. Sérieusement endormie, elle meurt au fond de monstrueux labyrinthes parentaux.

Le prélude tient lieu en ce cas de mélodie tout entière, comme une aurore qui se prolongerait sans soleil et sans vie, incertaine et trompeuse, voulant jouer le jour avec de fausses lumières et redoutant la nuit, cette mort qui pour elle ne connaît pas de lendemain.

Arrivées à cet étage, les énergies qui n'ont pas payé la dîme au roi Melkitsédeq *(3)* sont totalement investies dans des valeurs faussement érigées en absolu ; leur élan se brise dans les plus cruelles déceptions.

---

3. Cf. chap. IX, p. 131.

La verticalité de la sève s'infléchit alors pour venir s'écouler dans les branchages labyrinthiques du conformisme ou de la vanité.

Plus les béquilles ont été instruites du triangle supérieur, plus elles ont structuré l'enfant dans le sens de ses propres valeurs ontologiques, valeurs qui s'imposent à lui, au moment de l'adolescence, avec une telle force que les autres accusent vite leur relativité. C'est toutefois dans le creuset de leurs douloureuses expériences que la conscience naît. Le triangle inférieur devient matrice.

Qu'est cette conscience de l'être ?

Elle est le *Yod* ; elle est son exigence : le *Yod* demande à naître et, pour cela, instruit secrètement chacun du chemin de son NOM.

Le langage du corps est un des aspects de son instruction. Le *Yod,* rappelons-le, profile le NOM divin יהוה , fruit de l'Arbre de la Connaissance que gardent les Chérubins à l'*Orient du jardin d'Éden* (Genèse, III, 24).

L'Orient d'Éden sera la « Porte des dieux », mais l'*Éden* lui-même, dans sa Porte occidentale que symbolise l'entrée de tout temple, est la « Porte des Hommes ».

L'*Éden* est le chemin du NOM, l'axe du NOM dans lequel l'Homme est saisi, « spiré », pour le danser et le devenir.

Ce retour en Éden implique que nous revivions l'épreuve d'Adam, celle que le Christ — nouvel Adam — vit à son tour aussitôt après Son baptême : « *Alors Jésus fut amené par l'Esprit Saint au désert pour y être tenté par le diable* » (Matthieu, IV, 1).

Le diable est ici la réplique du Serpent d'Éden et l'ensemble des trois tentations qu'il présente au Christ, celle du fruit de l'Arbre de la Connaissance.

Nous avons étudié *(4)* la description de ce fruit et nous avons découvert que ses vertus sont les composantes mêmes du *Yod* qui, noyau de la Création, détermine ainsi les composantes énergétiques de l'Homme dès son départ.

Jouissance, possession et **puissance** divines ne peuvent cependant être intégrées que de celui qui est devenu le *Yod.* Adam a mangé le fruit alors qu'il ne l'était pas encore devenu.

---

4. Cf. chap. X, p. 146.

Christ, en tant que Fils de l'Homme, émergé des eaux du baptême, ne l'est pas encore devenu. Il ne Se présente pour le moment qu'à la Porte d'Occident. « *Si tu es Fils de Dieu, change ces pierres en pain* », lui propose Satan.

Le « malin » ne propose pas n'importe quoi. Sa demande est lourde « du » sens, inverse de l'anarchie. L'anarchie que le mythe du déluge illustre est le non-sens, la coupure consommée entre les éléments du monde et leurs archétypes respectifs *(5)*.

Lorsque l'Homme retrouve la respiration archétypielle et s'inscrit à nouveau en elle *(6)*, il entre dans le processus de transmutation au cours duquel, dit Isaïe : « *La pierre devient fer puis argent, et le bois devient airain puis or.* » (Isaïe, LX, 17.)

Nous étudierons le symbolisme du fer *(7)* intimement lié au pain et à la chair et comprendrons alors que changer les pierres en pain à l'extérieur, c'est être soi-même dans ce processus de transmutation intérieure.

Le Christ ne commencera ce processus que dans la puissance de l'Esprit-Saint, non dans celle de Satan qu'Il lui faut tout d'abord renvoyer.

D'autre part, le pain — en tant que nourriture essentielle — est intimement lié à l'énergie **jouissance.** C'est dans la première énergie **Jouissance** que Satan tente le Christ.

a) La jouissance du NOM

Elle est la rencontre totale, celle des épousailles divino-humaines.

Noé mangeant le fruit, entrant dans la jouissance de l'ivresse, vit le pôle opposé à l'anarchie, à la situation de séparation.

Celui qui abat le mur de séparation entre dans la résonance du NOM ; il entend l'ordre, le sens, la résonance de chaque élément du monde avec ce dont il procède dans le monde du Mi et ce vers quoi il retourne. L'Homme qui entre dans la résonance du NOM, en Éden,

---

5. Cf. chap. X, 1, p. 148 et chap. XII, p. 216-217.
6. Cf. chap. XII, p. 214-217.
7. Cf. chap. XII, p. 231-234.

sort de l'absurde, au sens étymologique du mot « ab-surde »,
« venant de la surdité » !

Il est alors appelé à suivre Noé, à entrer dans l'arche, à ramasser
tous les « animaux » de ses terres pour accomplir dans le secret de
l'arche ses noces avec eux.

Leur puissance est *Basar,* la « chair » que Dieu a scellée dans les
profondeurs du féminin au jour où ce côté-ombre d'Adam lui est présenté (Genèse, II, 21). La « profondeur » — תחתנה *Taḥtenah* — est
une forme construite de חתנה *Ḥatounah* qui est le « mariage ».

La chair est ce qui est ontologiquement scellé jusqu'au plus
intime de nos dernières épousailles (ce que, symboliquement, la
femme voilée découvre, au plus intime de ses épousailles).

La chair est le sceau du NOM dans la dernière terre, ultime et
originelle. Elle est le principe même de la force la plus dynamisante et
la plus redoutable de l'éros qui nous unit à l'Époux divin et nous
conduit à Lui.

Le drame de la chute nous a détourné de l'Époux divin. Où se
dirige maintenant cette force terrible de l'éros ? En quelles noces sont
investies les énergies qui le composent ? A quel festin notre chair est-
elle promise ?

La chair dont le fruit a été ouvert et mangé, devient l'énergie
dévoyée, sortie de la voie de la ressemblance, du chemin de l'accomplissement. Elle nourrit le Satan à travers notre vie psychique et passionnelle. Elle construit les plus belles et les plus terrifiantes civilisations extérieures.

Terrifiant dans la vie passionnelle, l'éros ne l'est pas moins dans
la banalité de la vie psychique quotidienne qui arrache, peu à peu,
avec une perfidie d'autant plus redoutable qu'elle est cachée et semble
insignifiante, nos forces à leur vrai but. Il nous précipite vers la mort.

Mais l'Époux divin aime Son épouse même au cœur de sa prostitution la plus abjecte. Économe infidèle, Il donne à l'« éros en
chute » qualité de symbole et pouvoir reconducteur vers Lui. Il donne
à l'amour humain qualité d'image de la Rencontre eschatologique.

Notre robe de servitude, tunique de peau tissée de notre chair
dévoyée, peut devenir robe de noces. Lorsque l'amour humain entre
dans cette perspective, lorsque nos constructions humaines s'orien-
tent vers ce devenir, ils ouvrent la voie de cet accomplissement et

deviennent porteurs du pouvoir de réintégration de la chair dans sa réalité ontologique et sa vocation divine.

« *Voici l'accomplissement de toute chair arrive* » dit Dieu à Noé, lui ordonnant de ramasser toutes ses énergies dans l'arche.

Nous verrons bientôt le rôle que joue le pancréas dans ce Grand'Œuvre de réintégration et de réalisation.

L'Homme qui entre dans l'arche avec ses « animaux » quitte la situation de déluge, d'anarchie, de désordre. Il quitte peu à peu les contraintes des organisations qui jusqu'ici remplaçaient l'ordre, celles des lois du monde qui remplaçaient les lois ontologiques. Il quitte ce qui lui servait de béquilles, nécessaire un temps, mais devenant vite prison puis tombeau pour qui ne franchit pas la Porte : lois morales et religieuses d'un premier niveau disparaissent.

Christ ne « travaille »-t-Il pas le jour du Shabbat ? Et ne s'adresse-t-Il pas à l'Homme qui cultivait son champ ce jour-là en lui disant : « *Homme, si tu sais ce que tu fais, tu es béni de mon Père ; mais si tu ne le sais pas, tu es transgresseur de la loi, et maudit de mon Père (8).* »

A cet étage, seule a force de loi la justesse de l'information intérieure : la volonté du Père.

Comment découvrir la « volonté du Père » ?

Elle est la conscience vérifiée, c'est-à-dire le langage du *Yod* dont on s'assure qu'il n'est pas celui de nos désirs ou refoulements inconscients. La vérification nous est donnée dans les événements très concrets : la conscience parle dans le monde du Mi profond, son message est confirmé dans le monde du Ma.

Le Mi et le Ma toujours se répondent lorsqu'on retrouve l'axe, le chemin du NOM.

Lorsque Jung parle de l'*anima,* il décrit encore la conscience, dans une terminologie qui lui est propre : « *elle est,* dit-il, *au-delà de toute catégorie* » ; et plus loin : « *elle est certes une poussée vitale chaotique, mais en outre, il s'attache à elle une signification étrange, quelque chose comme un savoir secret ou une sagesse cachée (9)… *»

---

8. Passage de l'Évangile de Luc, chapitre IV entre les versets 4 et 5, actuellement supprimé de nos éditions mais encore contenu dans celle dite de Théodore de Bèze que possède la Bibliothèque de Cambridge.

9. Jung : *Les Racines de la conscience,* p. 46 (Buchet-Chastel).

Jung ne décrit-il pas là les archétypes *Binah* et *Ḥokhmah,* Intelligence et Sagesse, qui désormais informent la conscience de l'être ?

Nouvelle intelligence, nouvelle sagesse, à ce niveau toutes les valeurs sont renversées. L'Arbre de la Connaissance du Bien et du Mal qui va désormais être vécu dans sa véritable signification : Lumière et Non-Lumière, se dépouille de ses fruits fallacieux : Bien et Mal. Ils n'ont plus ce goût-là. Ce qui était retenu comme « bien » au plan banal peut alors être « mal » ou inversement.

Le critère n'est plus le bien, mais l'adéquation aux nécessités de l'accomplissement. L'apôtre Paul nous confie : « *Tout est permis, mais tout n'est pas utile* » (I Corinthiens, X, 23).

Les interdits n'ont plus de sens. Les lois qui tentent de mettre de l'ordre dans le monde du désordre de la chute se révèlent bien relatives, fragiles et inopérantes.

L'ordre ne sera retrouvé qu'en sortant du monde de la chute. C'est pourquoi les lois psychologiques, elles-mêmes liées à notre nature en tunique-de-peau, rendent leur place aux lois ontologiques.

Je refusais un jour à un ami qui m'en faisait la demande, de participer à une action définie envers une amie commune. Persuadée de l'énorme erreur psychologique que cela représentait, je démontrais méthodologiquement ma position et affirmais donc avec fermeté mon refus. J'étais sûre d'avoir raison.

La nuit suivante, je rêvais que j'emmenais cet ami chercher un enfant laissé en garderie. Nous passions devant un palais que nous laissions sur notre gauche. Mon ami étant à ma droite, je m'interposais entre lui et la scène qui se déroulait dans le palais : une large porte d'entrée, cyclopéenne, était ouverte ; à l'intérieur un banquet était offert. Il ne pouvait être que le banquet mystique tant sa beauté était intense, sa lumière indescriptible : les hommes habillés d'or et les femmes d'argent, tous étincelants, s'alternaient autour d'une immense table ovale, elle-même irradiée.

Je regardais ; et voici, je dis à cet ami : « Cela ne t'ennuie-t-il pas que je te fasse manquer ce banquet ? »

Au réveil, la situation m'était devenue très claire ; j'avais raison au plan psychologique, mais tort au plan spirituel : je poursuivais un enfantillage. Je rattrapais donc la proposition de mon ami et l'acceptais. Elle fut très difficile à vivre car elle demandait un constant discernement spirituel et surtout un constant rétablissement de notre part à tous deux pour la vivre à ce plan, le psychisme nous « piégeant » régulièrement...

Mais, nous obligeant à vivre au plan ontologique, cette décision fut une source de bénédictions auxquelles la réalisation de cet ouvrage n'est pas étrangère.

Les lois psychologiques qui ne cèdent pas en temps voulu la place aux lois ontologiques, ne sont qu'enfantillage.

Le discernement de ce « temps voulu » demande une grande **écoute.** Seule l'écoute nous permet de sortir de l'absurde, de notre surdité, et d'aller vers la dimension **Verbe.**

Si quelqu'un est né à cet étage ontologique, mais que sa situation dans le monde le lie encore à des contraintes civiques, sociales ou autres ressenties non justes, celui-là est disciple du Christ, « *envoyé dans le monde, mais n'étant pas du monde* » ; il peut alors vivre librement ces situations contraignantes.

Dans la mesure où elles le crucifient, ces contraintes l'amènent à mourir et à ressusciter continuellement jusqu'à sa totale libération intérieure ; elles sont alors son ascèse. Très souvent la libération intérieure se vérifie dans la libération extérieure qu'elle détermine : des événements surgissent qui, pour l'ignorant, sont imputés au « hasard », et qui transforment la vie de celui qui « est à l'écoute ». Les contraintes disparaissent.

Car, à ce niveau, la liberté n'a plus commune mesure avec celle que l'on entend couramment et qui masque toutes nos aliénations.

La liberté est libérations successives de tout ce qui nous sépare du NOM.

b) La possession du NOM

Elle seule nous libère en effet de tout esclavage. Toutes nos acquisitions dans le monde sont compensation inconsciente et sécurisante à cette seule royale conquête qui est aussi celle de la liberté, et dont il est si difficile de prendre le chemin !

Si « *le fils de l'Homme n'avait pas où reposer sa tête* » (Matthieu, VIII, 20), les hommes, eux, ont des toits. Or l'homme qui vient demander au Christ comment le suivre est invité à se désécuriser totalement.

Le chemin du NOM nous oblige souvent à quitter la maison, les êtres chers... mais il y a des abris plus subtils encore, ce sont les cavernes retranchées de nos connaissances et de nos pensées. Les accumulations des unes et les satisfactions que nous procurent les autres nous statufient : le chemin devient impasse.

« *Si tu m'adores, je te donnerai tous ces royaumes* », dit Satan à Jésus. Les royaumes extérieurs ne remplaceront jamais le Royaume intérieur que nous ne pouvons conquérir qu'en mourant à chaque plan de conscience intérieure acquis.

Le savoir accumulé par l'extérieur dans la compétition de plus en plus mutilante des concours tue le *Yod*. Aujourd'hui il tue même le corps. Je suis frappée du nombre d'accidents de santé graves, voire mortels qui tout à coup fauchent nos lauréats de Grandes Écoles.

Plus subtilement stérilisante peut devenir « la connaissance » — aboutissement de recherches ésotériques ou intégration d'expériences vécues — lorsqu'elle est maintenue ou ramenée au plan de l'AVOIR. Nous découvrirons par la suite la nécessité de nous dépouiller de toute richesse intérieure pour accéder à la totale transparence à l'infinie richesse divine. Car toute vérité à un plan n'est que mensonge au plan de conscience supérieure. On ne peut posséder la Vérité. On ne peut que se laisser saisir par elle.

Mais à cette étape de notre travail, il n'est question que d'être attentif à ne pas vivre en Avoir ce qui ressortit à l'Être.

Inutile de nous étendre sur toutes les acquisitions plus formelles revendiquées par une population qui, frustrée d'un plus ÊTRE, exige un plus AVOIR. Les civilisations du monde sont à bout de souffle.

L'Homme est-il à la veille de comprendre que l'Évangile est cette « Bonne Nouvelle » : « *Cherche d'abord le Royaume, le reste te sera donné par surcroît* » (Matthieu, VI, 33 - Luc, XII, 31)?

C'est une expérience « folle » que de recevoir du Père-Époux tout ce dont nous avons besoin dans la vie extérieure comme intérieure, dès lors que nous pénétrons le Royaume intérieur. Mais nous pouvons la vérifier.

Un grand danger consiste à se libérer d'une béquille sans prendre garde qu'une autre plus subtile vienne s'y substituer. Ce n'est qu'en écartant ce danger que nous pouvons réellement fortifier et faire grandir notre colonne vertébrale car alors le « Royaume » s'ouvre.

Jung l'exprime à sa manière : « *Quand tous les soutiens et toutes les béquilles sont brisés et que n'existe même pas la moindre réassurance promettant encore un abri quelque part, alors seulement se présente la possibilité de faire l'expérience d'un archétype qui jusque-là s'était tenu caché dans l'absurdité lourde de signification de l'anima (10).* »

Lorsque le Royaume s'ouvre, nous n'avons plus peur de manquer. Il nous est donné de posséder tout ce dont nous avons besoin... jusqu'au NOM.

« *Jette-toi d'ici en bas* », dit encore Satan à Jésus qu'il avait conduit au sommet du Temple de Jérusalem. « *Ne sais-tu pas que les anges te porteront dans leurs mains de peur que tu ne heurtes ton pied contre une pierre* » (Matthieu, IV, 6).

c) La puissance

La puissance de dépassement des lois qui régissent la relation pervertie de l'homme et du cosmos n'appartient qu'à l'homme qui retrouve ses normes ontologiques.

Adam retourne alors vers son épouse-mère, la *Adamah*. « *A la sueur de tes narines tu mangeras le pain jusqu'à ce que tu retournes vers la Adamah, car d'elle tu as été pris* » (Genèse, III, 19).

Cet immense sujet ne peut être réduit à quelques lignes. J'aurai l'occasion d'en reparler en étudiant le sang. Je montrerai alors les rapports magiques que l'Homme tente d'instaurer pour conquérir la puissance cosmique.

« Dans le principe », l'Adam (époux de la *Adamah* intérieure) était appelé à devenir aussi époux du cosmos extérieur qui devait lui obéir et lui donner ses fruits. N'épousant plus sa terre intérieure — la *Adamah* — que le drame de la chute lui fait oublier, la terre extérieure lui devient hostile ; il n'éprouve envers elle que désir de possession et la dompte. Ses rapports à elle ne sont plus ceux de l'amour mais des rapports de force.

---

10. *Les Racines de la conscience,* op. cit., p. 49.

Dans cette perspective, les vertus humaines psychiques qui viennent à bout de cette conquête appartiennent à des catégories de volonté, courage, voire héroïsme. Nous avons vu Thésée mourir d'un héroïsme vain. La peur est vaincue, mais dans une attitude de tension qui n'accomplit pas les énergies et de plus, nous vide d'elles. Cette attitude avive chaque jour davantage la « blessure au pied ».

Revenir au plan ontologique, c'est laisser la massue de cuir de Thésée pour saisir, avec le vrai héros, l'Épée d'or du NOM, se couler dans son axe pour en recevoir la force.

Si les martyrs dans l'arène ne sont pas dévorés par les bêtes sauvages, c'est qu'ils ont « épousé » leurs énergies intérieures correspondant à ces animaux et que ceux-ci en respirent le parfum chez l'Homme *(11)*. Si le loup se fait compagnon de saint François, et la tigresse celui de saint Isaac, c'est que ces hommes ont intégré leur loup et leur tigre intérieurs respectifs pour en retourner les énergies dévorantes et les amener à leur fonction lumière. Cette puissance exige un lâcher-prise absolu, un amour absolu pour un accomplissement total.

Il n'y a pas de miracle, il n'y a que retour et obéissance aux lois ontologiques.

Toutes les techniques humaines ne font qu'aménager le monde de la chute, celui de l'Homme, bête sauvage parmi les bêtes sauvages.

Les religions vécues de l'extérieur, qui ne réintroduisent pas l'Homme dans ses normes ontologiques mais qui le bloquent dans des catégories morales allant jusqu'à l'exaltation de ce faux héroïsme, ne sont que compromissions avec le monde de la chute.

L'évangéliste Luc rapporte une saisissante parabole que le Christ termine disant : « *Toi de même, tu as fait ton devoir, tu es un serviteur inutile* » (Luc, XVII, 10).

Je dois tout ce que j'ai reçu des trésors du Christianisme à celui qui fut mon maître spirituel et mon maître en théologie, Mgr Jean de Saint-Denys *(12)*.

Un jour, voulant illustrer ce qu'il venait de m'expliquer du net clivage entre ces deux plans, l'un psychique, l'autre ontologique, il me dit : « J'avais quatorze ans. Au cours d'une fête qui réunissait

---

11. Cf. chap. XVIII, p. 381.
12. Né Eugraph Kovalevsky. Voir *la Divine Contradiction* de Vincent Bourne (Éditions Présence orthodoxe).

toute ma famille dans notre maison, mon oncle archimandrite me prit par le bras et m'emmena faire le tour de notre propriété. Dans la galerie des ancêtres, il m'invita à considérer avec respect ces hommes dont beaucoup avaient été des héros : " Regarde-les bien, mon petit, ils étaient tous des hommes qui avaient le sens de l'honneur. " Puis il me conduisit dans la chapelle. Là, devant chaque icône, une petite lampe brûlait. Les saints veillaient. " Regarde-les bien, me dit mon oncle, ces hommes et ces femmes n'avaient pas le sens de l'honneur "».

Au moment où Mgr Jean me dit cela, je ne comprenais pas bien ce que cela signifiait « ne pas avoir le sens de l'honneur », moi qui, par ma famille, me sentait de race où l'on ne badine pas avec ces valeurs ! J'ai appris peu à peu à mourir à ces vertus pour laisser pénétrer l'information intérieure qui oblige au geste juste, même s'il est incompris de l'entourage et si l'on risque de passer pour lâche, fourbe, voire fou !

Jung exprime cela en disant que celui qui obéit à son anima *« peut alors se passer d'injures comme de louanges »* (car les louanges ne sont pas un moindre piège !).

L'Homme trouve alors en lui son autorité, au sens étymologique du terme (du latin *augere* : faire croître). Seul le *Yod* fait croître. Toute autorité extérieure exercée sur les autres, ou reçue des autres, n'est que pouvoir. Un adulte — et j'entends par là l'être qui a quitté ses béquilles — est l'auteur de ses actes. Il en est seul responsable. La responsabilité implique les épousailles *(sponsa)* avec soi-même.

C'est pourquoi nous ne pouvons rencontrer au niveau du quadrilatère aucune loi émanant d'un pouvoir. Seules font « autorité » ici, les lois que dictent nos structures fondamentales, l'ordre cosmique. Et ces lois ne peuvent que se laisser découvrir par notre être irrationnel. Exprimées, elles sont antinomiques. C'est ainsi, par exemple, qu'un État ne pourra tendre vers la paix que le jour où ses lois surgiront de la réalité-axiome reconnue par la conscience collective, de l'égalité de valeur entre la personne unique et la société tout entière. Les idéaux politiques qui donnent la primauté à l'un ou l'autre de ces deux pôles : personne ou collectivité, sont dans l'erreur et imposent un pouvoir, source — tôt ou tard — de conflit.

Cette réalité anthropologique est l'image même de son archétype divin que le mystère théologique révèle ; les « dogmes » chrétiens expriment deux Réalités antinomiques :

— la coexistence de deux natures, divine et humaine, en la Personne unique du Christ ;
— l'Unité Divine en Trois Personnes, chacune des Personnes contenant la plénitude de la divinité.

Loin d'être « dogmatiques », au sens contraignant que ce terme a pris depuis un certain nombre de siècles en Occident, ces deux Réalités, pour ceux qui les vivent, sont libérantes.

Lorsque le terme « dogmatique » désigne des vérités objectivées ou une autorité aliénante, il n'est plus adéquat. La racine grecque *dogma* est liée à celle de *doxa* : « ce qui semble juste », et tout particulièrement ici, synonyme de « louange ».

Les sciences physiques et mathématiques elles-mêmes ne peuvent s'appuyer que sur des axiomes, leurs « dogmes » qui font autorité ; parce qu'ils sont base nécessaire de croissance, ils sont donc libérants.

Ces sciences sont longtemps restées dans leur « premier étage », découvrant peu à peu les lois immédiates de la nature. Einstein, en posant le principe de la relativité (dont j'ai dit plus haut qu'il serait appelé aujourd'hui celui de « l'Absolu que recouvrent les apparences » *(13)*), a fait passer à ces sciences la « Porte des Hommes ».

Maintenant, elles mettent en lumière les lois fondamentales, « méta-logiques », dont elles ne peuvent exprimer la réalité que par des affirmations contradictoires : la lumière sera dite corpusculaire et ondulatoire tout à la fois ; la connaissance, à ce niveau, est et subjective et objective ; l'énergie est esprit et matière...

Seules les sciences humaines restent encore prisonnières de nos infantiles dualismes, car nos structures psychologiques rencontrent de gigantesques résistances à leur évolution. Elles n'ont pas franchi leur « Porte des Hommes ». D'où le redoutable hiatus qui s'est installé depuis peu entre l'Homme et son œuvre, entre son être et les enfantements de son cerveau dont il est incapable d'être maître. L'angoisse moderne trouve là une de ses plus profondes racines...

C'est la raison pour laquelle, si paradoxal que cela puisse paraître, les sciences physiques nous obligent à l'heure actuelle à passer notre « Porte des Hommes » ; elles nous poussent à trouver notre véritable dimension, faute de quoi elles nous écraseront.

---

13. Cf. chap. III, p. 38.

LE PASSAGE DE LA « PORTE DES HOMMES »

Dans ce sens, il me paraît important d'insister sur le passage des vertus psychiques aux vertus spirituelles, ontologiques, en faisant part d'une autre expérience :

Mgr Jean nous avait alors quittés pour le Royaume. Une nuit, je rêvais qu'il revenait nous visiter, ses autres disciples et moi-même. Il venait nous enseigner à nouveau. Mais, à un moment, il nous fit comprendre qu'il devait repartir ; il n'appartenait plus à cette terre et retournait à la sienne. Il embrassa tout le monde sauf moi, et se dirigea vers la porte de sortie. J'étais atterrée, je ne comprenais pas et souffrais.

Soudain, il se retourna, revint vers moi ; je me retrouvai agenouillée devant lui, son étole posée sur ma tête comme dans le rituel de pénitence, et il me dit : « Toi, Annick, sois amour total. » Puis il partit.

Ce rêve est un de ceux qui ont le plus marqué ma vie. Il est vraiment le langage des profondeurs : je n'avais pas à recevoir d'encouragements, de louanges, de chaleur affective du maître, mais à vivre le baptême de feu. Mes compagnons encouragés par le baiser du maître étaient mes énergies non accomplies, fragiles, qui, en moi, nourrissaient encore le plan psychique et devaient être purifiées par le feu.

Ce rêve me fit aussi comprendre un aspect du mythe de Qaïn et Abel qui illustre, je crois plus que tout autre, ce clivage entre le plan psychique inhérent à la chute et le plan ontologique auquel la « Porte des Hommes » redonne accès, celui où doit se vivre le baptême de feu.

Qaïn קין peut être lu « nid קן du *Yod* ' ». Il est, dans le couple des deux frères, l'Homme ontologique.

Abel הבל est le nom de la « vanité », de ce qui est illusoire en ce sens qu'il n'a pas de réalité en soi. Abel n'est nommé, dans ce quatrième chapitre de la Genèse, qu'accompagné du qualificatif qui lui donne sa réalité : « son frère ». Il est l'« Homme en tunique de peau » qui n'est que « surajouté » à Qaïn, ce que d'ailleurs le texte hébreu exprime. Il est gardien de menu troupeau, alors que Qaïn est « *laboureur de la Adamah* » !

« *A la fin des eaux* » ou « *des jours* » — les mots « jour » et « eau » ont un pluriel commun ימים *Yamim* — c'est-à-dire « à l'accomplissement d'une première somme d'énergies inaccomplies »,

Qaïn et Abel portent une offrande à יהוה : celle d'Abel *(les premiers-nés de son troupeau)* est « regardée » *(14)*, celle de Qaïn *(les premiers fruits de la Adamah)* n'est pas regardée.

A un premier niveau nous ne comprenons pas !

Qaïn ne comprend pas ! « *Ça s'enflamme en lui ; il fait tomber son visage* », dit le texte : son champ de conscience n'est vraiment pas celui auquel l'invite son *Yod* ! Cela est explicitement dit par יהוה qui, intervenant, décante alors fondamentalement ces niveaux : « *Pourquoi le feu de la colère monte-t-il en toi et pourquoi ton niveau tombe-t-il ? Si tu es dans le Tov* (le pôle lumière), *c'est l'ordre ; mais si tu n'es pas dans le Tov, à ta porte se tapit le péché ; il porte son désir sur toi et toi domine-le !* » (Genèse, IV, 6-7).

Tomber dans un autre champ de conscience, c'est s'identifier à celui de la tunique de peau, c'est se donner en nourriture au Satan (qui désire ce festin !) ; c'est entrer, à travers Abel, en lutte avec Satan pour le dominer.

Être *Tov,* c'est changer de plan de conscience, entrer dans la lumière de l'événement, dans l'intelligence de son sens.

Il est certain que יהוה au cœur du nom de *Qaïn,* « nid du *Yod* », exige la nidification et met Qaïn à l'épreuve de l'amour.

Abel, homme en tunique de peau, homme faible, dont l'intelligence est esclave des pulsions animales, Abel a besoin d'être encouragé, « sauvé » *(15).*

Relever la conscience, entrer dans l'intelligence divine de l'événement, c'est accepter de ne rien comprendre dans l'instant, accepter de ne pas se servir de l'intelligence d'une façon mâle, mais de la laisser pénétrer peu à peu par la sagesse divine qui, ontologiquement est mâle, alors que notre intelligence ontologique est féminine. Je vais revenir sur ce sujet.

Relever la conscience, c'est donc renoncer à trouver le sens de l'événement au niveau auquel cet événement n'appartient pas. C'est « lâcher prise », et se mettre dans l'axe du *Tov,* ce que le terme שאת *Séeth* exprime ; je le traduis par « ordre » et non par « digne »

---

14. Le verbe « regarde » est fait en hébreu des quatre lettres du nom de Jésus, le Sauveur. En filigrane : le premier regard divin sur l'Homme après la chute est celui de Jésus, le regard du Sauveur !

15. Voir note précédente.

comme cela est généralement fait ; mais ce terme introduit souvent une vertu psychique.

« Digne » n'est juste que dans la mesure où il rend compte de l'adéquation à l'ordre archétypiel, ce qui est mieux rendu par « ordre ». Le mot *Séeth* peut être lu : *Sheth* שת (base) du *Aleph* א !

Dans cette attitude, l'émotion — ici la colère de la jalousie — ne s'élève même pas en l'Homme. Il n'y a aucune déperdition d'énergie. Tout est *Tov* ! Mais si l'Homme abaisse son champ de conscience, l'émotion surgit. Qui en sera maître, l'Homme ou Satan qui se tapit pour le dévorer ? La lutte commence.

Dans le plan psychique, la lutte est épuisante !

Or, le récit du mythe nous montre Qaïn et Abel « *dans le même champ de leur être »,* c'est-à-dire dans le même champ de conscience. Qaïn s'est donc abaissé au plan psychique ! Il n'y lutte même pas. Son *Yod,* son Verbe y est immédiatement retourné contre Abel. Il tue son frère. C'est de son Verbe qu'il tue. C'est toujours de notre potentialité Verbe que nous tuons, qu'elle soit l'épée, le couteau ou toutes les armes les plus sophistiquées jusqu'à la plus perfide d'elles : la langue.

« *Qu'as-tu fait voix ! »,* demande Dieu à Qaïn en tant que Verbe.

Celui qui ne met pas au monde le *Yod* qu'il est, se détruit et détruit tout autour de lui.

« *L'Épée à deux tranchants* » vivifie ou tue.

Elle vivifie celui qui passe la « Porte des Hommes » et tue l'autre.

Retourner les énergies, passer du psychique à l'ontologique peut encore se vivre à la lumière de l'Arbre des Séphiroth.

Reprenons le schéma constitué pour l'étude de la droite et de la gauche *(16)* (voir page suivante).

Le féminin passe à droite après la chute, le masculin passe à gauche. Seule la tête, image du « *ciel antérieur »,* ne subit pas le retournement.

---

16. Cf. chap. VI, p. 74.

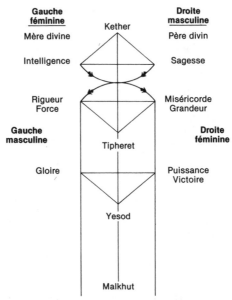

Nous découvrirons ce « croisement des lumières » inscrit dans notre corps au niveau du bulbe rachidien. Mais, à la vérité, notre « corps postérieur », en tunique de peau, psychisé, n'oublie pas celui qui obéit en profondeur au ciel antérieur, et la superposition des deux plans me semble être d'un éclairage précieux dans notre étude.

*
* *

A. Nous avons vu que **le féminin passe à droite après la chute** et que, essentiellement, il « femellise » la sagesse ontologique qui devient éthiques, philosophies, sagesses religieuses, morales, toutes « folies » face à la Sagesse divine, diront Isaïe (XXIX, 14) et après lui, l'apôtre Paul (I Corinthiens, III, 19).

Dans cette optique le dieu des philosophes est réduit à un démiurge relégué dans un ciel transcendant et inaccessible, Incréé qui ne pénètre pas le créé. Mais, paradoxalement, celui-là est érigé en juge d'une humanité avec laquelle il n'a rien de commun et dans laquelle sa grâce n'intervient que lorsque bon lui plaît.

« Grâce-Miséricorde », la séphirah *Ḥesed* est elle aussi femellisée et devient sentimentalité émotionnelle que l'on prête par projection au dieu transcendant. Elle anime une humanité femelle et mobilise toutes les bonnes consciences dans les organisations personnelles, sociales, internationales, toutes réparatrices de fautes inéluctablement commises, et commises par les autres... Les « dames d'œuvres » en tout genre portent secours à des misères dont on se refuse à regarder en face les vraies causes.
Telle une médecine qui ne traite que les symptômes, les nations remédient à leurs maux sans se remettre en question.
Le tonneau des Danaïdes roule toujours !

Cette même séphirah appelée aussi *Gadoulah* — Grandeur — devient alors la grandeur de celui qui se croit magnanime parce qu'il aime à se voir généreux.
« Victoire » femellisée devient conquête vaniteuse et se fait servante de la gloire extérieure.

Redonner à la droite sa dimension ontologique, c'est lui redonner son pouvoir mâle.
La Sagesse divine est, rappelons-le, « Père divin ».
La Sagesse divine dépasse toutes les éthiques, « *la loi et les prophètes* ». Elle est une telle folie par rapport à tout ce que nous pouvons concevoir que, si l'un de nous venait à accéder à son expérience, il ne disposerait d'aucun mot pour en rendre compte. Et s'il essayait d'en rendre compte, tel Ḥam, fils de Noé venant « *raconter au-dehors* » les mystères qu'il a regardés au-dedans, il serait brûlé.

Mais il est de la plus grande urgence, compte tenu de la folie humaine à laquelle notre intelligence masculinisée nous accule, d'aller vers cette Sagesse. Tels les deux autres fils de Noé, nous devons y aller « *à reculons* », revoilant ce qui ne peut être vécu !

Aller vers cette Sagesse, c'est devenir « mâle » et « se souvenir » de ce que nous sommes pour prendre le chemin des terres intérieures qui sont « Intelligence ». Le chemin est aussi effilé que la lame de l'Épée. Nous y sommes saisis entre la loi et le prophétisme :

— loi qui stabilise et construit au niveau d'une terre, mais qui offre le danger de la stagnation ;
— prophétisme qui arrache à cette terre pour aller vers une nouvelle intelligence plus profonde, mais qui peut devenir folie humaine.

Notre cerveau droit, muet jusqu'à maintenant, doit se réveiller pour que nous accédions à une verticalisation qui est obéissance à cette exigence de pénétration.

Dans ce chemin, femmes et hommes sont égaux mais leurs dons et leurs fonctions ne sont pas les mêmes.

Ils sont ontologiquement égaux mais biologiquement différents et complémentaires : leurs dons et leurs fonctions ne sont pas les mêmes dans la vie extérieure. Le côté gauche masculin demande à l'un et l'autre d'entrer dans la conscience que l'accomplissement d'une étape implique encore une grande somme d'inaccompli, ce qui est la véritable humilité.

Ontologiquement le masculin est humilité et miséricorde. Biologiquement, l'homme est appelé à devenir maître du cosmos extérieur. La force physique lui est donnée pour cela, mais s'il ne la met pas au service d'une intelligence féminine et d'une rigueur liée à l'information qu'elle lui donnera, il sera un faux maître.

L'Homme est un constructeur qui doit chercher ses informations dans une pénétration amoureuse de son cosmos intérieur et du cosmos extérieur. Il doit être conscient de la relativité de sa Sagesse et ne l'enfermer dans aucun système.

*

* *

B. Nous avons vu que **le masculin passe à gauche après la chute** et que, essentiellement, il masculinise l'« intelligence » qui devient force pénétrante au lieu d'être mystère pénétré. L'intelligence est alors totalement investie à la découverte du monde extérieur et à sa domestication. Lorsqu'elle va vers le monde intérieur, elle n'est plus ouverte à une expérience vécue mais à la construction de schémas intellectualisés.

L'intelligence masculinisée est intellectuelle.

Notre type de civilisation développe cette intelligence jusqu'au plus extrême assèchement. Notre cerveau gauche se développe dans la plus grande ignorance du cerveau droit.

La « force », elle aussi masculinisée, devient force extérieure, physique, psychique ou intellectuelle. Elle est compétitive, écrasante ou écrasée, conquérante pour asservir ou conquise pour servir.

« Rigueur » masculine est sectarisme et fermeture.

La « Gloire » n'est plus celle du NOM mais celle de la renommée.

Redonner à la gauche sa dimension ontologique, c'est lui redonner son vrai visage féminin.

L'Intelligence divine, rappelons-le, est « Mère divine ».

L'Intelligence — בינה *Binah* — est liée à l'information, celle de l'Homme allant vers son accomplissement, car chaque terre pénétrée mûrira son fruit. Le dernier fruit sera le *Yod* ; il donnera naissance à l'Homme qui, totalement informé, entrera dans la dimension de fils - *Ben* בן .

C'est pourquoi je disais plus haut *(17)* que l'intelligence au plan ontologique est ouverture amoureuse à la pénétration de la Sagesse ; elle constitue chacune de nos terres intérieures qui, fécondée, distribue le fruit du *Yod,* la force, énergie-information qu'elle recelait jusque-là. A la dernière terre, elle révèle le NOM dans sa totalité, la totale énergie-information.

Notre cerveau gauche redonné à sa fonction ontologique est le côté *Yin,* je dirais volontiers le « ventre » *Yin* qui contient le Fils *(Yang)* dans ses profondeurs. Nous avons à lui redonner sa vocation féminine : recevoir l'Époux-Sagesse et mettre au monde le « Moi » par étapes successives, dans la « Rigueur » — דין *Din* — de chacune de ces étapes, jusqu'à celle qui donnera le Fils *Ben.*

L'intelligence est un accouchement. L'homme autant que la femme sont appelés à cet accouchement dont nous devons être conscients qu'il est douloureux. Mais la femme, liée biologiquement à cette vocation extérieure, est naturellement mystère qui ne s'épanouira et ne se révélera que dans l'amour.

Révélée, elle peut donner au monde un nouveau type d'informations car elle est ontologiquement liée à l'intelligence du monde. Si l'Homme est voué à la construction, la femme l'est davantage à l'invention et à la création.

---

17. Cf. chap. VI, p. 73.

Privée de la sagesse, l'intelligence peut mettre au monde des monstres.

Privée de la miséricorde, la rigueur et la force peuvent être dévastatrices.

Ontologiquement, le masculin et le féminin sortis de la confusion sont appelés dans les mariages successifs de chacun de nous avec lui-même à « *faire la chair une* », c'est-à-dire à redonner à la chair sa vocation divine *(18)* et à l'accomplir vers l'Époux divin.

Le mariage extérieur en est le symbole, donc un des chemins.

Ce sujet pourrait être infiniment plus développé. Je ne veux donner ici qu'un point de départ à la réflexion à laquelle nous nous devons pour passer la « Porte des Hommes » : « devenir adulte », comme cela est si couramment exprimé aujourd'hui, ce n'est pas aménager les énergies psychiques, mais les redonner à leur dimension ontologique dont la référence juste appartient au « corps divin ».

C'est cela seulement devenir des hommes.

4. Posture corporelle liée au passage de la « Porte des Hommes »

Il est indéniable que la verticalisation intérieure de l'Homme *(19)* se fera de façon toute privilégiée dans un corps verticalisé lui-même avec harmonie.

La colonne vertébrale n'est pas un axe droit — elle serait alors très fragile — mais elle est composée d'une succession de courbes qui se complètent, se compensent et lui donnent une remarquable solidité dans la souplesse.

La droite idéale que ces courbes reconstituent unit d'une façon exacte dans un même plan les chevilles, les reins et les oreilles.

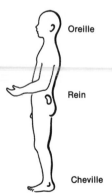

Oreille

Rein

Cheville

18. Genèse, II, 25. Voir aussi chap. XII, p. 257.
19. Cf. chap. XI, p. 178-179.

LE PASSAGE DE LA « PORTE DES HOMMES »

Ainsi se continuent et se correspondent dans la croissance de l'Arbre les trois « germes » pied-rein-oreille. Cet axe doit être reçu avec justesse dans la coupe du *hara*.

Le *hara* est un mot japonais qui signifie le « ventre » ; les Chinois l'appellent le *Tan tien*. Il est centré sur un point précis que recueille en son milieu une coupe imaginaire et horizontale du corps passant entre l'ombilic et le pubis.

La posture du *hara* est celle que forme le corps lorsque le rapport exact est observé entre cette coupe et l'axe de la colonne vertébrale. Cela implique que l'Homme debout tient ses pieds parallèles l'un à l'autre et séparés l'un de l'autre de la longueur d'un pied environ. Ses genoux non raidis sont prêts à la flexion, prêts à jouer avec les chevilles et les hanches pour que l'équilibre mouvant soit toujours assuré.

Stable dans le mouvement, dansant sur ses racines, l'Homme dans son *hara* est centré en lui-même. Son buste n'est ni penché en avant, ni cambré en arrière, mais ancré avec exactitude dans le *hara* de telle sorte que le ventre soit toujours libéré.

La tête est bien dégagée des épaules qui, elles, « lâchent prise » et tombent. La colonne cervicale se déroule dans la lumière et prolonge au mieux la colonne vertébrale, obligeant le menton à un léger retrait et cela, nous le verrons, pour que le corps ne soit plus qu'une oreille et que l'Homme devienne Verbe.

En Occident, nous faisons appel au langage hippologique pour dire du vrai cavalier qu'il est « dans son assiette ». Celui qui ne connaîtrait pas l'« assiette », ne faisant pas correspondre son centre de gravité à celui de sa monture, serait vite éjecté du cheval ; celui-ci ne ressentirait pas en lui le maître et reprendrait les rênes, ou plutôt sa course folle !

L'assiette est la posture du *hara*.

Assis, l'Homme peut être dans son *hara,* à condition que le ventre soit dégagé. Il ne connaît pas l'affalement. Il ne connaît pas davantage la raideur. Il est dans une parfaite détente et donc disponible, réceptif, et totalement attentif. Ses énergies sont toutes en éveil. Sa force centrée sur le *hara* est rayonnante et tient en respect celui qu'il rencontre.

La force de l'Homme qui a peur est ramassée sur les épaules et menaçante. La tension est extrême.

Dans la rectitude du *hara* qui, encore une fois, n'est ni raideur ni négligence, l'Homme connaît une vigilance peu courante et acquiert une nouvelle sensibilité sensorielle, prémices de celle qui va ouvrir son cœur et son intelligence à un autre niveau de réalité. Les énergies — les Chinois disent les « *souffles* » — circulent avec exactitude et dans une économie optimale à travers ce corps éveillé. Et nul ne pourra nier que, Temple de l'Esprit, le corps éveillé n'appelle pas le roi dans son palais.

5. Approche du mystère de la mort vécue avant et après le passage de la « Porte des Hommes »

La mort peut intervenir à n'importe quel moment de la croissance de l'Arbre. Elle est un grand mystère en soi, un grand mystère aussi quant à ce moment que nul ne connaît. Elle participe de toutes les morts et renaissances qui ponctuent notre croissance, mais sa nature autre que celle de ces dernières nous fait laisser là notre corps et participer d'une réalité qui nous échappe totalement.

Totalement ? Peut-être d'une façon moins absolue que nous ne le pensons.

En tant que participante de toutes les autres morts et résurrections que sont les passages à un autre niveau de conscience, elle est mutation.

« Muter » est de même racine que le mot hébreu *Moth* מת qui désigne la « mort ». Il est fait des deux mêmes lettres, mêmes énergies que le mot *Tom* תם qui est la « perfection ».

Lorsqu'une perfection est atteinte, un champ de lumière *Tov* conquis, une rupture est la loi pour que s'amorce la conquête d'un nouveau champ (20). Ne pourrait-on penser alors que rien n'empêche cette loi de s'appliquer jusqu'au total accomplissement de l'être même si la mort physique semble l'interrompre ? C'est ce que confirme la Tradition.

---

20. Cf. chap. III, p. 36-37.

Mais pourquoi alors cette expérience terrestre si douloureuse ?

Seul le mythe de la chute nous donne une réponse. A son écoute nous comprenons que **notre expérience terrestre est nécessaire à la reconquête de la primauté de notre première nature.**

Le passage de la « Porte des Hommes » est le début de cette reconquête, et la mort de notre corps d'homme en tunique de peau, après ce passage, semble légère.

Qu'en est-il de la mort avant ce passage ?

C'est à la fin du chapitre VII de la Genèse, à la lumière du mythe du déluge que nous avons étudié plus haut *(21),* que je trouve la réponse la plus complète à ce sujet : lorsque les eaux sont au maximum de leur crue, toute vie se transforme. Dieu l'avait annoncé dès le début du cataclysme : « *Voici, l'accomplissement de toute chair vient* » (Genèse, VI, 13).

Rappelons que cet accomplissement-mutation est alors décrit à quatre niveaux. Les deux derniers concernent le sort de ceux qui ont passé la « Porte des Hommes ».

Parmi eux, d'une part, Noé qui reste seul — *Vaïshaër* וישאר — « levain » *(Sor* שאר*)* de la future humanité, car il s'est accompli dans l'arche (son quadrilatère) ; à la fin de sa vie, il mutera *(22).*

D'autre part, l'humanité qui est « subtilisée » — *Vaïmaḥ* וימח — dans le sens de la loi hermétique : « *Tu sépareras le subtil de l'épais.* »

C'est la part de l'humanité « *qui s'est redressée au-dessus des eaux* », c'est-à-dire celle qui a émergé de l'inconscient et qui a passé la « Porte des Hommes », sans avoir passé celle des dieux. Cette humanité est dans la foi, dans l'écoute prophétique. Elle est comme cueillie par Dieu, fleur éclose qui n'a pas encore donné son fruit et qui va rejoindre le bouquet mystique d'une humanité s'accomplissant dans les champs de réalité dont nous ne pouvons pas parler mais dont nous connaissons les bienfaits car nous en recevons les effets. On peut se demander si elle ne poursuit pas ses mutations comme les aurait accomplies Adam avant la chute.

Les deux autres catégories d'hommes qui font l'expérience de la mort au moment du déluge n'ont pas passé la « Porte des Hommes ».

---

21. Cf. chap. X, p. 148.
22. Genèse, XXV, 8.

Les plus évolués sont ceux qui ont en eux, « *dans leurs narines le souffle de l'Esprit de Dieu* » qui les fait *âmes vivantes* (Genèse, II, 7). Ceux-là sont dans la Tradition. A leur niveau, elle est la loi. Ce sont les hommes qui obéissent aux lois religieuses dressées pour cette étape. Ils ne sont pas encore assez adultes et conscients pour entendre la Voix qui les anime dans la spécificité de leur personne, ni pour vivre le prophétisme. Mais, saisis dans le souffle de la Tradition, ils « mutent » — *Métou* מתו.

Il semble que l'on puisse imaginer Noé avant son entrée dans l'arche, ou Job avant ses épreuves. Tous deux sont **justes,** selon la justesse de la loi *(Tsedeq* — « justesse » — est la séphirah *Yesod* située sur le sentier du Milieu). Si Noé ou Job étaient morts dans ce chemin de la loi, non encore accomplis par rapport à elle, n'auraient-ils pas été de ceux que cette catégorie désigne ?

Ils ne sont dits « *Nishmoth Rouaḥ Ḥaïm* » — « *souffle de vie dans leurs Noms* » (si tant est que cette expression soit traduisible) — que par rapport à la catégorie d'hommes qui va suivre, car ceux dont l'évolution vient d'être décrite se sont déjà laissés saisir et emmener plus loin par l'Esprit divin dans la « spire » de leur NOM.

Mais déjà ceux qui mutent sont dans la résonance du *Yod* ; ils sont décrits se mouvant sur le « sec », mais ce sec-là est le mot חרבה *ḥaravah* qui est חרב *Ḥerev*, l'Épée ! Ils sont saisis par l'Épée, dans l'axe de leur NOM !

L'autre partie de l'humanité décrite et qui ne semble pas avoir passé non plus la « Porte des Hommes » est celle dont les énergies rampent et grouillent sur le sec, mais ce sec-terre est celui qui vient d'être totalement recouvert par les eaux.

Il s'agit là, me semble-t-il, d'une humanité totalement identifiée à ses énergies. Celle-ci « expire » — *Vaïgva* ויגע — mais il n'est pas dit qu'elle mute.

Quel est le sort de ceux dont la mort est décrite par ce terme ? Le verbe גוע *Gavoa* peut être lu : l'homme ו au cœur de la racine גע *Ga* qui évoque un état très archaïque (auquel le gâtisme ne serait peut-être pas étranger !).

Gao געה est « mugir, beugler », cri animal qui se situe aux antipodes du « Verbe » auquel l'homme est appelé.

Si nous interrogeons ce verbe גוע *Gavoa,* « mourir », dans les différents textes de la Bible qui l'emploient, il semble en effet exprimer une régression à l'état qui fut celui d'Adam avant qu'il ne devienne « *âme vivante* ».

« *Abraham **rend l'âme** et mute rassasié de jours dans une heureuse vieillesse* » (Genèse, XXV, 8).

Job, en proie à de trop grandes souffrances dont il ne peut comprendre le sens, regrette de n'avoir pas « *expiré* » en sortant des entrailles maternelles (Job, III, 2).

« *Rendre l'âme, expirer, rendre le souffle* » traduit bien le retour à un archaïsme nécessaire pour muter (Abraham rend l'âme *et* mute).

Mais qu'advient-il de ceux dont cet état de régression ne renvoie à aucune mutation parce qu'ils n'ont jamais vécu leur « *âme vivante* » ? Ne vivraient-ils pas cette phase négative qui fait partie du processus d'évolution mais qui ne comporterait pas ici la seconde phase, à savoir : la mutation ? Ils resteraient alors dans une dramatique régression, celle des enfers, dont nous ne pouvons savoir ce qu'elle est, si ce n'est par une parabole des évangiles.

Cette parabole relate l'expérience d'un homme riche et dur de cœur qui, après sa mort, voit dans le sein d'Abraham et dans la félicité le pauvre nommé Lazare à qui il avait toujours refusé aide, alors que lui souffre mille tourments. Il demande un peu d'eau à Abraham pour rafraîchir sa langue desséchée par le feu. Abraham ne peut rien pour lui : « *Un grand abîme est établi entre nous et vous, que l'on ne peut passer à volonté* », lui répond-il (Luc, XVI, 26).

Le riche supplie alors que Lazare soit envoyé auprès de sa famille pour prévenir les siens du grand tourment qui les attend s'ils aboutissent dans ce même lieu que lui. Et Abraham répond : « *Ils ont Moïse et les prophètes* » (Luc, XVI, 29).

Abraham fait appel à la Loi, pour une part, la Loi qui permet la première mutation, la plus élémentaire. Mais l'homme qui la vit doit connaître par la suite l'épreuve de la « *seconde mort* », celle de « *l'étang de feu* » (Apocalypse, XX et XXI), dont l'épreuve du riche est sans doute l'aspect négatif.

Pour une autre part, Abraham fait appel aux prophètes, à ceux « *qui voient les cieux ouverts* » et qui entendent la Parole, parce qu'ils ont vécu le baptême de feu du quadrilatère. Ceux qui participent à cette expérience connaissent une mutation telle qu'ils ne connaîtront pas cette seconde mort. Elle a été vécue dans leurs corps dès cette vie terrestre. Ce feu, qui est au centre de la vie, fera l'objet de notre méditation dans l'étude du champ de cinabre thoracique.

Il appert de cette étude que celui d'entre nous qui meurt avant d'avoir passé la « Porte des Hommes » n'a pas recouvré la primauté de sa première nature. Identifié à sa nature animale, non accomplie, s'il a obéi à la loi qui régit cet état, il mute. Son âme reste vivante, mais il connaîtra la seconde mort.

S'il n'a pas obéi à la loi, il est dans les eaux, non libéré. N'ayant plus de corps pour se libérer, il est alors dépendant de ceux qui en ont un. Il semble que nous soyons terriblement parasités par des êtres comme celui-là. Ils ont un besoin immense de nous, et si nous ne les aidons pas spirituellement par la prière, ils peuvent sans doute nous prendre nos énergies psychiques, voire physiques.

Nombre de maladies et d'incidents ne viendraient-ils pas de cette situation ? Ne nous faisons pas d'illusion, nous avons à libérer nos morts avant de nous libérer nous-mêmes ou en nous libérant.

N'est-ce pas ce que le texte de l'Exode signifie lorsqu'à travers lui Dieu dit : « *Je suis un Dieu jaloux qui punit l'iniquité des pères dans les enfants jusqu'à la troisième et quatrième génération de ceux qui me délaissent* » (Exode, XX, 5) ? Mais la génération qui va vers Dieu et s'accomplit, sort des eaux et en fait sortir les siens.

Un proverbe en Israël dit : « *Les parents ont mangé les raisins verts et les enfants ont eu les dents agacées.* » Les raisins verts sont le fruit de l'Arbre de la Connaissance mangé avant que l'Homme ne soit devenu ce fruit, nous l'avons vu, et toute erreur de notre vie est, en fin de compte, participation à celui-là (sous l'angle de la possession, de la jouissance ou de la puissance). Et nous voyons combien, sous le symbolisme des dents agacées *(23),* nous sommes lourds des erreurs de nos pères !

Mais si les pères ont fait leur travail de libération (et donc meurent après avoir passé la « Porte ») « *alors,* dit Jérémie qui prophétise cette évolution de l'Humanité, *on ne dira plus : les parents ont mangé les raisins verts et les enfants ont eu les dents agacées, mais chacun mourra pour son propre péché, et si quelqu'un mange les raisins verts, alors il en aura les dents agacées* » (Jérémie, XXXI, 29-30). Chacun sera responsable de soi seul.

---

23. Cf. chap. XVII, p. 375.

LE PASSAGE DE LA « PORTE DES HOMMES »

L'humanité d'aujourd'hui, à de rares exceptions près, n'est pas sortie des eaux ni dans cette vie, ni dans l'autre, et nous en sommes douloureusement alourdis. Mais la sainteté de ces « exceptions » est le levain du monde.

Nous devons, ne serait-ce que pour nos descendants, passer la « Porte » et devenir des Hommes, voire des dieux. Ceux de nos ascendants que nous libérons ont cependant à vivre dans l'au-delà la « seconde mort ».

Je crains de penser que ceux dont la mort les saisit en deçà de la « Porte des Hommes » et qui n'ont obéi à aucune loi, connaissent dans l'au-delà un sort douloureux. Aucune mutation n'est possible pour eux jusqu'à un temps que nous ne pouvons connaître.

Christ est descendu aux enfers et a sauvé ceux-là aussi.

Mais le temps de souffrance semble immense !

Cette peur de l'enfer a fait marcher au pas d'une morale bien primaire une grande partie de l'humanité pour qui cette même morale était impuissante à la faire passer la « Porte des Hommes ». Toute peur fait partie de l'inaccompli, de l'impur.

Seul l'amour et le désir de Dieu peuvent nous conduire avec justesse jusqu'au noyau, jusqu'au NOM, יהוה-Christ, dans notre totale réalisation.

Cette méditation sur la mort, bien qu'appuyée sur la Tradition, est la mienne et n'engage que moi. Mais si je la décris avec toute la rigueur de ma vision, je me dois d'ajouter que la miséricorde divine, dépassant toutes nos visions, adoucit les peines, panse les blessures et guérit tout chez celui qui, de la terre aux enfers, fait appel à elle.

CHAPITRE XII

Après le passage
de la « Porte des Hommes » :
la vie du corps dans le quadrilatère
Din-Ḥesed-Hod-Netsaḥ

Victorieux de lui-même et participant de la Gloire divine, celui qui est devenu un homme, et qui « marche sur ses deux pieds » *(1)*, est, de ce fait même, devenu conscient du dieu qu'il est en puissance.

Hod (la Gloire) et *Netsaḥ* (la Victoire) ont ouvert leur source. L'énergie jaillit. Ces deux séphiroth sont encore appelées : Majesté et Puissance.

« יהוה *règne vêtu de majesté,*
יהוה *a revêtu la puissance ;*
Il l'a nouée à ses reins », chante le psalmiste (Psaume 93).

Au niveau du Tétragramme, la lame de l'Épée rejoint le pommeau, le *Vav* regreffé au *Yod* reçoit de lui la nourriture dont il informe les deux *Hé.*

La séparation consommée entre Dieu et l'Homme est abolie. Dans ce grand corps divino-humain qui recouvre son intégrité et panse sa blessure, la circulation de retour se rétablit, le sang jaillit, le cœur bondit, la vie se précipite et revient colorer le visage dont la pâleur mortelle s'efface à la pénétration du rythme universel.

---

1. Cf. chap. VII, p. 108.

Entre Dieu et l'Homme, le dialogue reprend : « *Ceins tes reins comme un vaillant homme, je t'interrogerai et tu m'instruiras* » (Job, XXXVIII, 3).

Ainsi s'engage l'étonnant entretien de Job avec son Seigneur. Je reviendrai sur le rôle capital de ce mystérieux personnage du mythe biblique, personnage dénué de sens s'il n'est situé à cet étage de l'ÊTRE.

Mais cet étage ne peut être vécu que si les reins sont devenus désormais source de toute force.

1. Les reins

Ils sont les « pieds » du deuxième étage du corps, celui de l'ÊTRE. Comme les pieds, ils ont une forme de germe.

La perfection qui a été atteinte au terme du premier triangle-champ de cinabre a impliqué une mort et a amené celui qui l'a vécue à une conscience nouvelle et telle que toutes les valeurs sont renversées. Il découvre que sa force acquise n'est que fragilité par rapport à celle qu'il a encore à conquérir.

La perfection à un plan n'est que le germe du plan suivant.

Les reins sont symbole de force et de fragilité. Ils sont à la charnière du premier triangle d'eau et du nouvel étage de feu sur lequel se greffera le bloc audio-vocal. Ils participent de la vie génitale et sont à la base de l'accomplissement de l'Homme dans son processus d'engendrement de lui-même à lui-même jusqu'à son devenir Verbe.

Rappelons *(2)* qu'à l'image des organes de l'audition par rapport à ceux de la phonation avec lesquels ils sont confondus dans les premières semaines de la vie intra-utérine, les reins ne se distinguent des organes sexuels qu'au bout de ce même laps de temps.

Mais les reins « se souviennent » des organes de procréation comme la voix se souviendra toujours de l'oreille et comme le fœtus tout entier se souviendra de son placenta. J'en reparlerai.

Ces trois images sont identiques. Un même schéma fondamental se reconduit continuellement dans la Création : celui du monde du

---

2. Cf. chap. X, p. 143.

« Ma » qui n'a fait qu'un avec celui du « Mi » et qui, séparé de lui, n'est que quête nostalgique de sa présence.

Nous connaissons assez bien la physiologie du système rénal dont le rôle essentiel est de filtrer le sang, d'en extraire les excès en eau, sels minéraux, glucose, etc., et de renvoyer au sang les éléments purifiés dont il a besoin.

Il se souvient du système génital et, pour lui, les glandes surrénales sécrètent des hormones sexuelles.

Ces mêmes glandes donnent l'adrénaline qui a pouvoir sur le système nerveux sympathique, vasoconstricteur et tonifiant. Elles président enfin au métabolisme du sel. Ce rôle semble être l'aspect formel d'une fonction beaucoup plus complexe et subtile que je vais tenter d'approcher.

Essentiellement filtre au niveau du sang, le rein est homologue du pied qui, lui, filtre les informations de la terre et, en tant que germe-fœtus, les informations perçues à travers l'eau amniotique.

Il est de même homologue de l'oreille qui, écoutant les sons, filtre l'air. Cette « écoute » est aussi bien la fonction du pied que celle du rein.

Le corps tout entier, grande oreille dans le sein maternel, a pour vocation de se refaire oreille afin que l'Homme devienne Verbe ; c'est ainsi que sa verticalisation est thématisée (dans le sens d'un thème inscrit dès le départ) dans la première cellule fœtale *(3)*. Le rein serait alors un relai à cette « écoute ».

Son nom grec *nephros,* qui donnera sa racine à tous les mots qualifiant le rein, n'est autre que le mot *phrenos* inversé qui, lui, donne directement sa racine à notre mot français « rein ». Or *phroneo* est le verbe « penser », *phronis* est le « bon sens », et *phronesis* est la « pensée », la « sagesse » même.

Le rein qui écoute, qui entend, est — pour toute l'Antiquité — le siège de la pensée, voire celui de la sagesse. Dieu le sait, qui « *sonde les reins et les cœurs* » (Sagesse, I, 6). Le rein doit jouer un rôle important dans l'écoute intuitive et dans un entendement paranormal *(4)*.

---

3. Cf. chap. XI, p. 189 et chap. XVI, p. 351.
4. Cf. chap. XX, p. 409.

Le nerf phrénique n'est probablement pas étranger au rein. Nous savons qu'il s'enracine dans la quatrième cervicale et qu'il préside à la vie du diaphragme.

Le diaphragme est le muscle le plus important de notre corps quant à la surface ; en même temps, je l'appellerais volontiers le « grand oublié ». Il devrait être notre essentiel outil respiratoire. Séparant le thorax de l'abdomen, il a pour mission de repousser les anses intestinales suffisamment loin en bas pour que s'épanouisse en haut l'arbre pulmonaire. Cela, à chaque inspir.

Mais nous ne respirons pas plus que nous ne vivons.

Nous survivons en laissant ce malingre arbrisseau nous donner une indispensable quantité d'oxygène grâce aux muscles intercostaux, indépendants du diaphragme.

Dans une respiration consciente, le diaphragme massant les anses intestinales en vagues douces et constantes permettrait au moins une activation des fonctions digestives et évacuatrices ; il permettrait surtout une rééquilibration constante du système vago-sympathique dont la justesse est à la base de l'éveil de la conscience.

Séparant le thorax de l'abdomen, le diaphragme est comme la frontière qui sépare les deux ה par lesquels j'ai schématisé plus haut *(5)* les structures du corps de l'Homme, réduites à deux « respirations » :
— respiration pulmonaire, en haut,
— respiration génitale, en bas.

A la lumière de cette structure, *phrenos* et *nephros* se font vis-à-vis comme dans un miroir, l'un *(phrenos)* en haut présidant à la respiration pulmonaire, l'autre *(nephros)* en bas, à la respiration génitale.

C'est alors que les reins jouent vis-à-vis de la sexualité au niveau génital le rôle que les plus vieux textes de la Chine Ancienne expriment en disant que « *les reins sont Époux et la sexualité Épouse* ». Ils sont, disent-ils, « *le ministre qui fabrique la robustesse et la force vitale ; ils thésaurisent la décision et l'intelligence* ».

« *Les reins,* disent-ils encore, *fleurissent dans les cheveux.* »

Et nous ne serons pas étonnés de retrouver au niveau des cheveux *(6)* le symbolisme de la force. Le contraire de cette qualité de

5. Cf. chap. X, p. 144.
6. Cf. chap. XX, p. 409.

LE QUADRILATÈRE DIN-HESED-HOD-NETSAH

Rein
Les reins sont des germes. Ils sont les « pieds » de ce nouvel étage du corps ; ils en sont aussi les « oreilles » *(photo Yves Bruneau/Fotogram).*

force est la peur. Lorsque l'Homme a peur, « ses cheveux se dressent sur sa tête » et ses reins, en soudaine constriction (car le *phrenos* est bloqué !) l'amènent à uriner.

Les cheveux, nous le verrons, symbolisent — en tant qu'identiques aux cornes — la « couronne », c'est-à-dire la sexualité accomplie.

Mais si la sexualité exprimée dans la fonction génitale pure est, comme nous l'avons vu, une base importante de son arbre, elle est aussi appelée à s'élever à tous les autres étages de l'être.

Les reins imprimant leur force à la sexualité l'impriment à tous les étages de sa croissance jusqu'à sa fructification dans la fonction Verbe.

Et c'est là où leur rôle de barrière, filtrant, purifiant les éléments d'information entre l'eau et le sang, joue à un niveau plus subtil d'une façon vitale. Nous savons combien ce rôle physiologique est essentiel. Mais il y va de l'accomplissement de l'être, de la possibilité de ses engendrements intérieurs successifs, de ses naissances à de nouveaux champs de conscience, ou de sa banalisation dans la mort du *Yod,* selon que les reins jouent ou non ce rôle sur des plans plus élevés.

Les reins président au passage de l'eau au sang se transmutant vers l'Esprit et au passage du sel au feu se transmutant vers la lumière.

L'adolescent est sang, dès sa naissance, sur le plan physiologique. Il n'est encore que eau sur le plan essentiel. Il est inaccompli et inconscient de l'être. Il n'a vécu du nom d'*Adam* אדם que la première partie אד *Ed* qui est eau, « vapeur » de désir dont ontologiquement il est pétri dans son argile initial *(7).* Ce désir, base de l'éros qui, ontologiquement aussi, le relie à l'Époux divin, a été détourné de Lui dans le drame que nous appelons « chute ».

Là est la cause profonde de la souffrance.

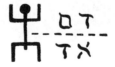

---

7. Cf. Genèse, II, 6-7 et : *La Lettre : chemin de vie* (chap. VI).

Ce n'est que lorsque le désir s'est réorienté vers l'Époux divin et appelle la réponse de l'Époux que, réenraciné dans son ontologie ciel, l'Homme retrouve ses racines terre et que l'eau, riche maintenant de la réponse, devient sang.

Étymologiquement, le mot « réponse » est « épousailles » *(8)*. L'adolescent passe alors de אד *Ed* (l'eau) à דם *Dam* (le sang) et devient אדם *Adam,* Homme.

Lorsque Noé entre dans l'Arche, il quitte le monde de l'eau (dans l'histoire même : le déluge !) pour pénétrer celui du sang. Sur ordre divin, il a ramassé, « autour de ses reins » pourrais-je dire, les animaux-énergies de son être-créé pour les épouser, les devenir. Il devient riche de leur sang *(9)*.

Jacob passant l'eau de la rivière Jaboq et combattant avec l'ange, devient sang du corps divino-humain que son nouveau nom *Israël* exprime.

Moïse, arrêté par « יהוה *qui veut le faire mourir* » sur le chemin qui le conduit en Égypte, devient sang. Son épouse lui dit « *Tu m'es un époux de sang* » (Exode, IV, 25) ; il peut alors répondre à la mission qu'il a reçue de יהוה, d'aller libérer son peuple.

Passer la « Porte des Hommes », c'est passer de l'eau au sang et devenir Adam.

Après la triple tentation au désert, ce qu'il est convenu d'appeler la « vie publique » du Christ — sa vie d'homme — commence par le changement de l'eau en vin à Qanah de Galilée.

A Qanah, on célèbre un mariage, mariage extérieur qui relève du premier « champ de cinabre » (mariage avec l'autre). Mais nous avons vu que celui-là est juste dans la mesure où il s'inscrit dans la dynamique des deux autres mariages dont les deux autres champs de cinabre, nos triangles, sont le laboratoire : mariage avec soi-même, puis mariage avec l'universel *(10)*.

Qanah est un nom important *(11)*. Il veut dire « acquérir ». A

---

8. Cf. chap. XI. Réponse comme responsabilité est « la chose qui a du poids » et donc celle que l'on porte, à laquelle on répond. Chez les Hébreux, l'épouse (*sponsa* en latin) est *Nessouah,* littéralement « celle qui est portée ». Épouser, c'est répondre à l'épouse intérieure et la porter.

9. Cf. chap. XII, p. 228.

10. Cf. chap. X, p. 144.

11. Cf. *La Lettre : chemin de vie* (chap. XXI).

Qanah, par ce mariage, commence l'acquisition totale des énergies non encore accomplies que symbolise la femme épousée.

Qanah קנה est le contrepoint du meurtre que commet *Qaïn* קין en tuant son frère Abel et en répandant son sang sur la terre. En profondeur, Qaïn répand tout son potentiel énergétique — ses « animaux » que symbolise Abel — et il en donne la puissance à la terre, le cosmos extérieur. A Qanah, le vin extérieur vient à manquer. Il est nécessaire à la réjouissance, symbole de la **jouissance** dans l'acquisition du NOM.

Tout mariage humain connaît cet affadissement ; tout désir porté vers un objet extérieur connaît son extinction.

« *Femme, mon heure n'est pas encore venue* » (Jean, II, 4), répond à Sa mère le Christ sollicité par Marie alors témoin de cet incident. L'heure sera celle où, dans la matrice du tombeau, Christ célébrera les épousailles universelles, où le Fils de l'Homme ouvrira son noyau, où le Nouvel Adam, versant **l'eau et le sang** de la blessure au côté, aura totalement accompli le nom d'*Adam* et deviendra יהוה qu'Il est et qu'alors Il révélera pleinement.

Mais en attendant, dans un premier temps, sous le symbole du vin, Christ change l'eau en sang. Le deuxième temps s'accomplira la veille de Sa mort lors du dernier repas *(12)* où Il changera le vin en Son sang. Versant Son propre sang dans la terre, Christ remet en course dans le corps de l'Homme le sang d'Abel.

Si, après la tentation au désert, Christ change l'eau en vin, dans Sa première prédication Il révèle à Ses disciples : « *Vous êtes le sel de la terre... vous êtes la lumière du monde.* » (Matthieu, V, 13-14), l'eau du premier triangle n'est pas une eau fade.

L'eau dans laquelle baigne l'enfant dans le ventre de sa mère, l'eau du sérum sanguin et l'eau de mer — toutes de même composition et, en profondeur même eau de l'inaccompli — ne sont pas fades. Elles portent en elles le germe de l'accompli. Le « Ma » porte le germe du « Mi » en son sein.

Le sel est la créature vivante qui permet à tout aliment de donner le meilleur de sa saveur. Il la glorifie. Il est image du germe du « Mi » dans le « Ma », des Eaux-d'en haut dans les Eaux-d'en bas qui n'auraient aucune saveur si elles ne portaient le germe divin, comme

---

12. Marc, XIV, 24-25.

le monde n'aurait aucune saveur s'il ne portait la promesse du Royaume.

Melaḥ מלח — le « sel » en hébreu — est formé des trois mêmes lettres que le « pain », לחם *Leḥem*. Même énergie, le pain et le sel n'ont-ils pas leur archétype dans la « chair divine » comme le prouve le Christ qui change le pain en Son Corps en même temps que le vin en Son Sang ?

Melaḥ מלח est la mise en mouvement ל de מח *Moaḥ* (la moelle) de ce qu'il y a de plus précieux au cœur de l'os *(13)*, de ce qui va être « subtilisé » — מחה *Maḥo (14)* — parce que accompli.

Le sel est moteur de l'accomplissement.

Le métabolisme du sel auquel président les reins ne joue-t-il pas ici un rôle déterminant dans l'équilibre, puis l'accomplissement, de chaque cellule du corps ?

Je veux dire par là que chaque cellule est à l'image de l'arbre primordial *Tov veRa* טוב ורע. Chacune, schématiquement, est composée d'une partie *Tov* qui est programmée pour refaire la même cellule (de peau pour la peau, de foie pour le foie, etc.) et d'une autre partie *Ra* qui pourrait refaire un corps tout entier. C'est en cela que la cellule fait actuellement l'objet d'une recherche appelée « clonage » (déjà réalisé sur la grenouille dont on est arrivé à refaire un spécimen à partir d'une cellule de grenouille !).

Cette structure du corps est un des aspects essentiels de l'Archétype Trinitaire appliqué à la Création : chaque élément du corps est le corps tout entier. Et lorsqu'on touche à une cellule, on touche au corps tout entier, et, comme je le disais plus haut, lorsqu'on touche à un homme, on touche à l'humanité tout entière *(15)*.

Dans cette optique (et je choisis ce moment pour le dire), lorsque je parle des reins, comme de toute autre partie du corps, ce que j'en dis ne concerne pas seulement les reins en eux-mêmes ou tel autre organe du corps, mais le principe de chacun d'eux en tant qu'il est vécu dans chaque cellule du corps, et bien sûr d'une façon privilégiée au niveau de l'organe lui-même.

---

13. Cf. chap. XII, p. 229.
14. Cf. chap. XI, p. 205.
15. Cf. chap. XI, p. 193.

Revenons à la partie *Ra* רע de la cellule. Elle est une immense réserve d'énergie qui, semble être inutilement là, et que des éléments biochimiques répresseurs empêchent d'envahir la partie *Tov* טוב.

On peut penser que cet envahissement, alors pathologique, puisse se faire :

— soit par une poussée énergétique inhabituelle de la partie *Ra* ;

— soit par une inhibition des éléments répresseurs ;

— soit par un effondrement de la partie *Tov.*

Sorte de *Vav* ו réunissant *Tov et Ra* טוב ורע , ces éléments répresseurs jouent le rôle que joue l'Homme au cœur de l'Arbre archétypiel הוה , rôle de coordinateur au sein d'un équilibre essentiellement dynamique.

On peut alors se demander quel est le rôle du sel — et de son métabolisme — par rapport à celui de ces éléments biochimiques répresseurs. S'il y a entre eux un rapport vivant, on comprendrait encore mieux la parole du Christ s'adressant à l'Homme pour lui révéler une de ses plus profondes réalités : « *Vous êtes le sel de la terre* » (Matthieu, V, 13).

Le sel de la terre pourrait se traduire « le sel du sec », car la terre, ארץ *Erets,* est aussi le « sec » par rapport à l'« humide », ou l'accompli par rapport à ce qui ne l'est pas encore.

Le sel de l'accompli *Tov* jouerait alors un rôle beaucoup plus considérable au niveau de la cellule : la réserve d'énergie *Ra,* sorte de « Ténèbre » de la cellule, dont je disais plus haut que sa présence semblait inutile, me paraît au contraire fondamentale au destin *Tov* total de la cellule.

Dès qu'Il a révélé aux siens : « *Vous êtes le sel de la terre* », Christ ajoute : « *Vous êtes la lumière du monde.* » Le sel présiderait donc, au sein de la cellule, aux épousailles Lumière-Ténèbre, jusqu'à ce que toute la Ténèbre soit accomplie et devenue Lumière *(16).*

Lorsque l'Homme commence ce travail à ce nouvel étage de son être — travail dont l'étude va faire l'objet des chapitres qui suivent — il porte le fruit de son travail au cœur de la moindre des cellules de son corps.

---

16. Cf. chap. XIII, p. 297.

LE QUADRILATÈRE DIN-HESED-HOD-NETSAH

Évolution schématique de la cellule

La peau de l'Homme accompli n'a plus rien à voir avec celle de l'homme banal qu'il était, son foie n'est plus le même, etc. A la limite, l'homme tout entier devient lumière. J'en reparlerai plus loin *(17)*.

Ce que je veux dire tout de suite c'est que si le sel porteur du « Mi » joue un rôle répresseur pendant la première partie de la vie de l'Homme, telle une bonne morale qui empêche — au niveau de l'Homme total — les énergies inconscientes de déferler en déluge, sa fonction fondamentale est de féconder la partie *Ra* de la cellule, d'en prélever une part qui sera transmutée en lumière *Tov,* de maintenir alors les nouvelles limites *Tov-Ra* jusqu'à ce qu'une nouvelle fécondation intervienne et ainsi de suite pendant toute la durée des épousailles intérieures, jusqu'à ce que la totalité de la cellule devienne *Tov*-Lumière !

Le Christ énonce la loi de ce travail en disant : « *Tout homme sera salé de feu* » (Marc, IX, 49).

Porteur du « Mi », le sel est comme un cordon ombilical qui relie le « Ma » au « Mi » et le féconde. Il a la même vocation que la lettre hébraïque *Qof* ק *(18)* qui est symbole de sagesse. Le sel est un des symboles de sagesse.

Lorsque la femme de Lot est changée en statue de sel, au moment de la destruction par le feu de Sodome et de Gomorrhe, elle est, dans cette grande purification — passage de la ténèbre à la lumière — la barrière divine que Dieu pose à la limite *Tov* et *Ra* de la cellule Israël.

— *Tov* y est vécu par le couple Abram-Saraï qui vient d'être mobilisé et rendu fécond ;

— *Ra,* par le couple de Lot dont le nom signifie « le voilé » et de son épouse mystérieuse non nommée.

---

17. Cf. chap. XVIII, p. 382.
18. Voir : *La Lettre : chemin de vie* (chap. XXI).

Abram et Lot ont quitté Ur en Chaldée. Le *Livre de la Genèse* (chap. XIII et XIX) les fait remonter d'Égypte. Ils arrivent dans le Néguev. Là, se reconnaissant frères, ils se séparent et les limites de leurs territoires passent par Sodome.

Dieu invite alors Abram à contempler la totalité du territoire : « *Je te le donnerai.*» La totalité des terres sera propriété d'Abram-*Tov*. Le travail de purification, *Ra* devenant *Tov,* commence donc : Sodome et Gomorrhe, les deux cités perverses sont détruites par le feu.

Sauvé, Lot est invité à monter sur la montagne, symbole de lumière *Tov* ; mais il est faible et ne peut aller loin. Sa femme *(19),* alors transformée en statue de sel, est symbole de la limite nouvelle entre *Tov* et *Ra,* entre Abram et Lot. Sagesse divine des profondeurs de l'inaccompli de la cellule-Israël, elle se manifeste à ce niveau pour jouer le rôle de répresseur de l'inaccompli et de fécondateur. Lot est refoulé dans une petite ville ; Abraham va devenir père d'une grande nation.

Les limites successives qui marqueront chaque étape de purification seront comme les nouveaux reins de toute cellule en voie d'évolution. Le sel de la Sagesse préside à ce travail.

C'est pourquoi il nous est permis de penser que le sel, dans son aspect très formel, doit jouer un rôle considérable dans l'évolution de l'Homme vers son devenir lumière, comme dans la banalisation et le vieillissement de ce dernier lorsqu'au niveau cellulaire, il ne peut plus jouer dans l'ordre de la Sagesse divine.

Aucune médecine extérieure ne peut guérir la maladie qui se réfère à cette haute alchimie de l'être. Je ne pense pas que le cancer, en particulier, trouve un autre remède que celui de la marche vers la conscience universelle.

C'est donc dans les reins que se manifeste la Sagesse divine. Le sel en est son signe. Il préside à l'équilibre cellulaire parce que la Sagesse divine préside à la vocation déifiante de l'Homme.

La description du Fils de l'Homme, dans la vision d'Ézéchiel, est centrée sur les reins : « *Il y avait, semblable à une pierre de saphir, une sorte de trône et tout en haut de cette sorte de trône, une appa-*

---

19. Une traduction banale fait « regarder en arrière » la femme de Lot ; cela est très contestable.

rence d'homme. Je vis qu'elle avait l'éclat du vermeil comme si elle baignait dans le feu depuis ce qui paraissait être ses reins et au-dessus, tandis qu'au-dessous je vis comme du feu que répandait son éclat en tous sens... C'était l'image de la Gloire de יהוה *»* (Ézéchiel, I, 26-27).

Le mot « reins » est ici *Matnaïm* מתנים dont la racine est celle du verbe « donner ». Les reins dans ce sens, comme tout germe, contiennent tous les dons. La description précédente concerne des « reins accomplis », Gloire de יהוה correspondant à la séphirah *Hod,* et resplendissant dans l'éclat de tous ses dons.

Les deux premières lettres מת sont celles de la « mort » et rappellent qu'il n'y a pas d'accomplissement des dons sans l'acceptation des morts-mutations qui sont aussi naissances.

C'est pourquoi le jour de la Pâque, le peuple hébreu reçoit l'ordre de se tenir prêt au départ. Il mangera debout, le bâton à la main, les sandales aux pieds, *« les reins ceints »* (Exode, XII, 11).

Tous les dons sont ramassés à la jonction des deux parties de son corps, comme ils le sont déjà dans la sandale qui contient le pied ! Cette totalité est exprimée dans le mot hébreu *Kiliah* כליה qui décrit aussi le « rein ». Mais ici les « dons » sont désignés par le NOM יהוה lui-même. *Yah* יה est en effet le NOM sacré יהוה. *Kol* כל est la totalité.

« *C'est Toi qui as façonné mes reins,* chante le psalmiste, *Toi qui m'as tissé dans le sein de ma mère »* (Psaume, LXXXIX, 13).

Car Dieu tisse יהוה en l'Homme dès l'origine, et l'oblige à Le devenir : « *Dieu perce mes reins sans pitié, Il répand mon fiel à terre...* » crie Job (XVI, 13) saisi dans les douleurs de son « accouchement » !

Saisi dans ces mêmes douleurs, le psalmiste se repent de ses « folies » :
« Mes reins sont brûlés de fièvre,
Plus rien n'est intact dans mon corps,
Je suis à bout, broyé... » (Psaume, XXXVIII, 8).

Le mot *Kesalim* כסלים , qui rend compte ici des « reins », exprime cette partie du corps en tant que siège de la pensée, voire de la sagesse, et dont toutes les pensées jusqu'à maintenant n'ont été que folie ; la notion d'espérance préside aussi à ce mot !

Enfin, lorsque Dieu confirme à Jacob son nouveau nom Israël et lui promet la fécondité : « *De toi*, dit-Il, *naîtront un peuple et une assemblée de peuples, et de tes reins sortiront des rois* » (Genèse, XXXV, 11) ; le mot « reins » est ici *Ḥalatsaïm* חלצים dont la racine *Ḥalets* est le verbe « délivrer ».

La dimension royale, messianique, est dans les reins de l'Homme.

2. L'os et le sang

Devenir un homme, devenir Adam, passer de l'eau au sang, c'est aussi consolider son « os ».

Le travail des épousailles avec soi-même, qui commence réellement à cet étage, est celui des épousailles avec le féminin de chacun de nous, terre par terre (mère par mère !), champ de conscience par champ de conscience, jusqu'au dernier champ, jusqu'à la dernière terre qui recèle le secret du NOM. Ce travail assure peu à peu la verticalisation *(20)*, ce qui implique la consolidation de l'ossature.

En hébreu, l'« os » est le mot *Etsem* עצם forgé sur la racine *Ets* עץ qui est l'« arbre ».

Depuis la séphirah *Yesod* jusqu'au passage de la « Porte des Hommes », l'adolescent a déjà commencé de construire son arbre. Les dix premières vertèbres se sont dressées, mais combien elles restent fragiles ! Le « sacrum » — *Atsé* עצה — est l'« arbre עץ en germe ה ».

Soyons bien conscients que celui qui passe la « Porte », bien qu'il n'appartienne plus à l'étage inférieur, y a encore longtemps un pied ! Fermer totalement la « Porte » derrière soi est difficile ! L'Homme retombe quelquefois douloureusement dans cet étage et s'y retrouve « rampant dans la poussière », pâture du faux époux plus d'une fois ! Mais, à la différence de celui qui y est totalement identifié, il reprend ses informations intérieures et se redresse.

La colonne vertébrale ne se solidifiera à sa base qu'au fur et à mesure de sa construction dans les douze vertèbres dorsales qui ponctuent chacun de nos mariages intérieurs.

Houlyah חליה est une « vertèbre » ou le « maillon » d'une chaîne, ou un « bijou ». Le Nom de *Yah* יה y préside, il y « danse »

---

20. Cf. chap. XI, p. 178 et chap. XVI, p. 351.

חל ! La montée de l'arbre est la danse même de la vie. Le *Yod* en est l'âme qui guérit l'homme « malade » חלה.

Ce n'est que dans la conscience de sa faiblesse que le « Moi » sera fort, dans la conscience de sa maladie qu'il guérira.

Or « *la force d'une chaîne n'est pas plus grande que celle de son plus faible maillon* », dit un proverbe hindou !

L'Homme sera vérifié jusqu'à ce que sa base soit solide. Les premières vertèbres dorsales ne se construiront pas sans cette vérification. Le *Yod* se fortifiera. Le « moi » découvert en *Yesod* et peu à peu affirmé, a déjà connu des tailles — des circoncisions — nécessaires et en connaîtra d'autres jusqu'à la découverte du vrai Moi, celle du NOM. Et l'os, cette partie la plus solidifiée du corps, porte plus que toute autre la conscience du Moi.

Le mot *Etsem* עצם, l'os, veut aussi dire la « substance », l'« essence ». Il se décline pour rendre compte de « moi-même, toi-même, soi-même... », que l'on peut lire : « mon os, ton os, son os... », ce qui appartient à chacun dans le plus intime.

Il est l'*hypostasis* grec, la « Personne » en tant qu'elle est unique, « icône divine » créée dans le « son » du Verbe, dans la résonance de son NOM.

Lorsque Adam, conduit par Dieu dans ses profondeurs, est mis face à face avec lui-même, avec son « côté ombre » *(21)* afin qu'il prenne conscience de son inaccompli et des épousailles qu'il doit maintenant accomplir, Adam contemplant son féminin s'écrie : « *Voici celle qui est os de mes os et chair de ma chair* » (Genèse, II, 23). Et nous pourrions traduire : « Voici celle qui est essence de mon essence... »

Quant à la « chair » — *Basar* בשׂר *(22)* — ontologiquement scellée dans la plus grande profondeur de l'Adam, elle est sa dernière terre, celle qui, épousée, révélera le secret du *Shem,* le NOM.

« Voici celle qui est l'essence de mon essence ; celle qui, dévoilée, donnera le NOM », dit Adam.

Après la chute, la chair prend un tout autre sens. Ontologiquement source du NOM, elle devient source de **Jouissance-Possession-**

---

21. Cf. chap. III, p. 38, note 5.
22. Voir : *La Lettre : chemin de vie* (chap. XI).

Puissance, retournée à l'extérieur de l'Homme qui investit alors ses énergies dans ses rapports au monde extérieur. La chair devient l'objet de la vie psychique, et la force érotique qui régit les relations extérieures *(23)*.

Lorsque le « *Verbe se fait chair* » (Jean, I, 14), Il vient Se faire vie physique et vie psychique de l'Homme afin d'en ressaisir les énergies et de les réintroduire dans leur vocation de Verbe, celle du NOM.

Le Verbe S'est fait chair, disent les Pères, pour « verbifier » la chair, la redonner à son ontologie. Le Christ réintroduit l'ÉROS dans sa vocation ontologique.

Mais revenons à l'os, *Etsem* עצם. Ses trois lettres inversées forment le verbe מצע *Matso,* « être au milieu » (Lieu du Mi).

Chaque os du corps est, plus ou moins en miniature, une répétition de la colonne vertébrale, lieu où viennent s'inscrire sous forme de blocages tous nos refus de lâcher prise, refus d'évoluer, refus d'aimer ; lieu où viennent aussi se résoudre nos conflits et s'accomplir nos mariages intérieurs, nos libérations. Lieu où, en un mot, si le *Yod* n'est pas étouffé, le « *Ma* » va le long de son échelle à la rencontre du « *Mi* ». C'est pourquoi, au cœur de l'os, la moelle est un des plus hauts lieux du corps, bien mystérieuse aussi.

Chez les Chinois, la moelle fait partie des « *entrailles curieuses* » ou « merveilleuses », qui ont charge d'assurer la pérennité, le retour à l'UN. Elle est pour eux « *l'essence, la quintessence* ». Nous la retrouvons liée au cerveau *(24)* dans leur commune fonction de « *principe ordonnateur, loi qui doit être diffusée dans tout le corps et que la moelle plus particulièrement transmet, qu'elle soit osseuse avec le sang ou épinière avec l'influx nerveux (25)* ».

Dans le secret de la moelle osseuse se forme le globule rouge du sang, partie la plus noble de la triade **globules rouges-globules blancs-plaquettes** qui constitue la cellule sanguine.

Chacun sait que, très schématiquement, les plaquettes assurent l'hémostase (coagulation) ; les globules blancs, la défense de l'organisme et les globules rouges, l'oxygénation.

---

23. Cf. chap. XI, p. 186.
24. Cf. chap. XX, p. 399.
25. J.-M. Kespi : *Acupuncture,* p. 224 (Éditions Maisonneuve).

LE QUADRILATÈRE DIN-HESED-HOD-NETSAH

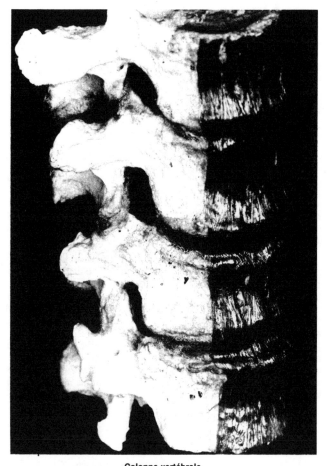

Colonne vertébrale
« La force d'une chaîne n'est pas plus grande que celle de son plus faible maillon » *(photo Yves Bruneau/Fotogram)*.

Le globule rouge rejoint dans sa fonction pneumatologique celle du corps tout entier. Il résume le nom d'*Adam* אדם que l'on peut lire : « *Aleph* א dans le sang דם *(Dam).* » Or la lettre א profile toujours le nom divin d'*Elohim* אלהים.

Adam est Elohim dans le sang.

Cela confirme les Écritures qui insistent sur la communion intime, pour ne pas dire l'identification, du « souffle » et du sang *(26).*

L'Homme est soufflé dans son NOM dès son origine *(27)* afin qu'il le devienne et retourne à *Elohim,* l'Époux.

Notre vie est expir divin א dans son être « créé », inspir humano-divin *Yod* י dans son être « fait » (ou à « faire » !) *(28).*

Entre ces deux moments de notre Histoire — dont l'un va du *Aleph* au *Yod,* l'autre du *Yod* au *Aleph* — moments qui cernent notre parcours de l'image à la ressemblance, s'inscrivent toutes nos respirations, à tous les niveaux, dont celle-ci est archétype. Et le globule rouge du sang en porte le mystère. Doté du souffle divin, c'est lui qui pulse l'énergie.

Il faudrait, avec Rudolph Steiner *(29),* inverser la proposition habituelle et considérer le sang comme pulseur d'énergie ; le cœur épouse alors cette pulsion ; il purifie par l'air ce que les reins purifiaient par l'eau. Dans la perspective de ce travail, le cœur et les reins sont intimement liés. Mais quelle est l'opération qui, au niveau de la moelle où il se forme, donne au globule rouge du sang son énergie pulsante ?

Il semble qu'elle se passe dans une sorte d'« apnée », instant insaisissable entre l'expir d'*Elohim* et l'inspir de l'Homme. En cet instant le globule rouge formé dans le secret de l'essence de l'être, dans celui de son « Moi » profond, son NOM, ce globule rouge est abandonné d'*Elohim* pour que *HaShem* — Le NOM יהוה — y réside.

Dans ce shabbat, le globule rouge perd son noyau.

---

26. Genèse, IX, 4 ; Levitique, XVII, 11 ; Deutéronome, XII, 23.
27. Genèse, II, 7.
28. Cf. chap. X, p. 144.
29. *Triades,* tome I, n° 4 (p. 66).

C'est une cellule anucléée qui est propulsée dans le flux sanguin.
Que devient ce noyau ?
Nul ne le sait.
Noyau de l'Énergie, il est א dont le retrait permet au *Yod* de courir dans le sang et à l'Homme de devenir son « Moi ».

La « moelle » — *Moaḥ* מח — a pour vocation d'« effacer »
— מחה *Maḥoh* — de subtiliser le plus subtil pour que l'autre, inaccompli, soit.
Toute l'anthropologie est là en raccourci.
Le jour du *Shabbat, Elohim* Se retire pour que Sa Création,
lourde de Son retrait dans le Nom יהוה, soit lancée dans le grand jeu
de vie. La vie de la Création a pour vocation de devenir יהוה. Alors
elle sera, chacun de nous sera, épousée d'*Elohim* revenant en Gloire !

Au cœur de la moelle de l'os se joue le plus grand mystère
divino-humain. C'est le retrait du noyau א du globule rouge du sang
דם qui libère les énergies du *Yod,* les énergies du « Moi ». Retrait du
Aleph, pulsion du *Yod* constituent la « pompe » archétypielle qui
détermine celle du cœur. Mais c'est dans le mystère du sang que Dieu
l'amorce.

L'amour consiste à se retirer pour que l'être aimé soit !
Le sang trouve là sa source de force pulsante. Ce n'est que parce
que le א le quitte qu'*Adam* אדם peut aller jusqu'au *Tav* ת, dernière
lettre de l'alphabet, dernière énergie à intégrer (en grec : de l'Alpha à
l'Oméga). Intégrer le *Tav* ת c'est devenir *Damoth* דמת qui est la
« ressemblance » !
Sa vie depuis l'image qu'est *Adam* אדם, jusqu'à la ressemblance
qu'est *Damoth* דמת, se joue autour du sang *Dam* דם dans le rythme
que pulse le א le pénétrant et se retirant de lui, imprimant le *Yod,* la
vie !

C'est en sept jours, le temps d'un Shabbat, qu'au cœur de la
moelle osseuse, le globule rouge perd son noyau.
« *Dans l'embryon humain on ne trouve, jusqu'à la quatrième
semaine, que des globules rouges à noyau, puis les globules sans
noyau l'emportent, si bien qu'au troisième mois les globules à noyau
ne représentent plus qu'un tiers ou un quart de la masse totale. A la
naissance, le sang ne charrie plus que des globules sans noyau (30).* »

_____
30. *Triades,* tome I, n° 4 (p. 59).

LE SYMBOLISME DU CORPS HUMAIN

Un enfant né avant terme, même s'il est anatomiquement et physiologiquement « fini » (au bout du sixième mois) baigne encore dans l'*Elohim* et n'a pas l'énergie pulsante nécessaire pour vivre hors de l'œuf. Il peut trouver cette force — avec des aides extérieures sur le plan physique — mais psychiquement que se passe-t-il ? L'enfant n'aura-t-il pas beaucoup de mal à trouver son *Yod,* son « Moi » ? Ne connaîtra-t-il pas par la suite des difficultés d'insertion dans le monde, et plus encore de réalisation de soi *(31)* ?

En posant ces questions, je me demande si elles n'ont pas reçu une réponse symbolique le jour de la Visitation de Marie à Élisabeth, sa cousine *(32).*

Élisabeth, enceinte de Jean-Baptiste, était dans son sixième mois lorsqu'elle reçut la visite de Marie, la Vierge, en qui venait d'être déposé le fruit divin, le *Yod.*

J'ai vécu un jour cette fête chrétienne à Aïn-Karem en Israël, là où cette rencontre eut lieu, comme s'il m'était dit qu'au sixième mois de notre gestation nous tressaillons — comme Jean reconnaissant le Christ dans le sein de sa mère — à la visite du *Yod* en nous. Cela viendrait confirmer ce que nous révèle le Tétragramme הוה dont nous avons vu *(33)* qu'entre le *Vav* ו et le *Yod* י — entre le 6 et le 10 — se joue l'histoire de notre vie dont les trois derniers mois de la grossesse seraient le symbole.

L'enfant à la naissance est *Adam* אדם, א dans son sang דם, *Aleph* qui se retire pour que יהוה soit. L'enfant respire parce qu'il est son NOM.

La vie du globule rouge du sang est de 120 jours. « *La vie de l'Homme, dit Dieu à Noé, est de 120 ans* » (Genèse, VI, 3).

Le nombre 12 est constitutif de la verticalisation de l'Adam, qui se joue au cœur des douze vertèbres dorsales et pour laquelle la matrice cosmique cerne l'Homme dans le zodiaque aux douze portes.

J'en reparlerai plus loin. Mais, dès maintenant, il est intéressant de constater que l'élément chimique qui occupe la douzième place dans la chaîne atomique est le **magnésium**. Son poids atomique est 24, soit deux fois douze. Sa présence verte au sein de la chlorophylle

---

31. Voir : *La Lettre : chemin de vie* (chap. IX).
32. Luc, I, 36 et 44.
33. Cf. chap. III, p. 34.

des plantes est homologue de celle du fer au sein du globule rouge du sang dont le pigment est de même composition que celui de la chlorophylle, à l'exception justement de la présence de **fer** chez l'un, de **magnésium** chez l'autre.

C'est dans la complémentarité de ces deux corps chimiques que se joue l'échange respiratoire. Le fer (de numéro atomique 26) est doté de vingt-six électrons qui tournent autour de son noyau. Vingt-six est le nombre sacré du divin Tétragramme יהוה !

La nature inscrit dans ses rythmes les plus concrets les mathématiques divines de la Création.

L'Homme rouge, fait de fer, danse son NOM dans le secret de son sang. « Chlorophyllisé », il deviendra Homme vert et atteindra à son noyau.

Les danses sacrées n'étaient dans notre Tradition — et ne sont encore dans les Traditions qui ont su les garder — que l'expression de cette marche exigeante de l'Homme rouge vers l'Homme vert.

Telle la danse des planètes autour du soleil, de toutes les planètes autour de celui que nous ne savons plus nommer, telle celle des électrons de fer autour de leur noyau, telle celle de l'Homme qui mûrit son Nom et qui célèbre son Dieu dans le saisissement du rythme universel.

Ainsi est l'Homme de Tradition, celui qui, rentrant en Éden par la Porte d'Occident, danse consciemment son Nom et se laisse porter par lui... « *là où il ne croyait pas aller !* » (Jean, XXI, 18).

Lorsque Jacob donne à Esaü — l'homme rouge — un « roux » dont il sait son frère friand, pour troquer contre ce plat le droit d'aînesse, il lui donne du **fer**.

Ce fer, il est vrai, consolide Esaü dans l'Homme rouge qu'il est. Il sera investi par lui dans la chasse au gibier, dans la quête de « *femmes qui furent sujet d'amertume au cœur de ses parents* » (Genèse, XXVI, 35) ou dans toutes sortes d'activités extérieures.

Mais il n'en reste pas moins vrai que, prenant l'héritage, Jacob va peu à peu récupérer toutes les énergies de son frère, énergies enrichies du fer. Sous cette lumière, Esaü se présente comme la réserve de fer du sang de Jacob. Et Jacob reviendra puiser dans ce minerai au fur et à mesure de son travail intérieur. Puiser dans ce gisement de fer, nous en verrons plus loin la haute signification.

Mais qu'advient-il des Jacob qui restent identifiés à Esaü toute leur vie et dont la réserve de fer reste inexploitée ? Qu'advient-il de l'homme qui reste dans les « ténèbres extérieures », de celui qui ne passe pas la « Porte des Hommes » et ne construit pas son sang ?

Il est Qaïn tuant Abel.

Nous avons étudié plus haut un aspect de ce mythe *(34)*. Il est temps d'aller plus loin dans son message : l'arme meurtrière de Qaïn est son *Yod*, son verbe, son Nom qu'il n'a pas accompli à l'intérieur de son sang, et qu'alors il a retourné à l'extérieur pour verser le sang.

C'est la première fois dans la Bible — et dans cette situation de meurtre — que le sang, *Dam* דם, est nommé. Auparavant, il constitue discrètement le nom d'*Adam* אדם, et le mot *Damoth* דמת « ressemblance », comme nous l'avons vu aussi ; mais c'est dans le drame de l'Homme sorti du chemin de son Nom — donc de celui de la « ressemblance » — que se joue celui du sang, de ce *Dam* דם qui n'est plus saisi entre le א et le ת (Alpha et Oméga hébreux, mais surtout ciel et terre ici !).

Qaïn קין, par l'épreuve à laquelle il est soumis, pouvait se réinsérer dans l'axe de son Nom et « nidifier son *Yod* » puisque telle est sa vocation. Mais n'entendant pas la parole divine, Qaïn retourne son *Yod*, son Verbe-Épée, et tue Abel.

Le sang coule.

« *La terre boit les sangs de ton frère* » (Genèse, IV, 2), dit Dieu à Qaïn. Le cosmos est alors investi de la puissance du *Yod*. Déifié, le cosmos est adoré et haï de l'Homme. Adoré pour se le concilier, il est celui auquel on sacrifie sur les autels ; à travers lui, le faux époux Satan est toujours plus insatiable de sang. Haï car devenu tout-puissant, il est objet de peur ; et l'Homme entre avec lui dans un rapport de forces, mettant toute son intelligence et son **fer** à construire un monde extérieur qu'il exploite, asservit et conquiert avec rage...

Et le faux époux de ruser pour se retirer d'ici vaincu, mais pour réapparaître là et là encore, de mille manières, telle une « hydre altérée de sang » dont on coupe indéfiniment une tentacule qui aussitôt repousse en se multipliant !

---

34. Cf. chap. XI, p. 195-197.

Ainsi sommes-nous : tant que nos énergies ne prennent pas la voie de l'accomplissement, identifiée à elles, nous tuons (British Museum, Londres).

Et l'Homme de perdre ses forces à ce travail exténuant dont nous touchons une limite en cette période de notre Histoire, sans avoir pour autant commencé de vivre !

Qaïn qui tue Abel stérilise son *Yod* ; il en investit les énergies dans une cérébralisation à outrance !

Les descendants de Qaïn, pendant sept générations, ne vivent pas : ils n'ont pas d'âge. Pas de temps, donc pas d'espace intérieur. Ils représentent notre humanité « algébrosée », dirait Marcel Jousse *(35)* et uniquement occupée à la construction des civilisations extérieures, civilisations superbes, mais au cœur desquelles le sang continue de couler dans les guerres, les crimes, sur les routes et à travers les meurtres quotidiens de nos langues perverses. Il coule dans la procréation, il coule dans la douloureuse charge de notre tunique de peau ! Il coulera jusqu'à ce qu'avec la dernière génération de Qaïn pour symbole, nous confessions le meurtre d'Abel et rengainions l'Épée dans le fourreau de notre NOM ! Alors nous redeviendrons, toujours selon l'expression de Marcel Jousse, des « terreux » !

La dernière génération de Qaïn est celle de Tubal-Qaïn, le forgeron. Le forgeron est celui qui traite « *le fer et l'airain* », et les métaux de toutes sortes, dans le feu.

Le feu extérieur est symbole du feu intérieur que nous portons en nous et que nous allons étudier en découvrant notre forge intérieure. Le fer et l'airain sont symboles de nos métaux intérieurs appelés à devenir *argent et or* dans la forge.

Car notre corps, dans l'essentiel de son être, au niveau du triangle thoracique — lieu du baptême de feu — est une forge. Ce travail intérieur non accompli est inconsciemment compensé par l'Homme dans la sidérurgie. Il semble que le premier fer connu et traité dans l'Histoire, remonte de 3 000 à 5 000 ans avant notre ère. C'était alors un fer météorique d'origine céleste.

Les Grecs ne l'appelaient-ils pas *Sidéros (36)*, du nom du ciel ? comme si ce phénomène historique voulait signifier que le fer — qui, dans la bouche d'Isaïe *(37)*, doit être transmuté en argent, symbole d'intelligence — était lié au monde divin !

35. Marcel Jousse : *L'Anthropologie du geste* (N.R.F.).
36. Ce « Sidéros » venait-il de la « planète rouge », Mars, qui partage son nom avec le dieu de la guerre ? Il y aurait peut-être lieu d'étudier cela plus en profondeur.
37. Isaïe, LX, 17.

En Mésopotamie, les Sumériens le nommaient « *An-Bar* » (feu du ciel) et ce fut essentiellement dans ce pays que le fer semble avoir été industrialisé pour la première fois, pays qui vit arriver le peuple d'Israël en exil !

Sorti de son NOM, Israël rejoint le pays où l'on travaille le fer extérieur.

An-Bar a une racine commune avec le nom hébreu du « fer » : ברזל *Barzel*. La racine *Bar* forme les deux premières lettres de la Torah, dont la tradition hébraïque dit qu'elles contiennent la Torah tout entière. C'est ici un grand sujet dont l'essentiel est que *Bar* est le « jeune fils », feu du ciel et de la terre qui, réunis en lui, feront de lui le Fils accompli, *Ben*.

Bar deviendra *Ben* lorsque le fer sera devenu argent. Dans cette perspective aussi la qualité de fils est liée à celle du fer dans le sang.

Dans l'Antiquité, le travail de la forge était inséparable des sacrifices sanglants. On sacrifiait justement un jeune garçon. Lorsque *Bar* ne meurt pas intérieurement pour transformer son sang et devenir *Ben*, on le sacrifie à l'extérieur pour nourrir le dieu de la forge. Et cela sera si fortement ancré dans l'inconscient des peuples, que l'on sacrifiera pour fonder une ville, pour construire un temple, une maison, afin de se concilier les esprits des lieux.

Toute prise de possession de la terre extérieure exigera le prix du sang. « Messire Satan, contre un peu de sang, je prendrai cette place... »

A ce discours viennent se greffer tous les rites magiques au sein desquels la puissance du sang préside. La magie n'est que l'un des aspects des rapports de forces de l'Homme et du cosmos.

Elle use de moyens secrets qui exigent la recondution de l'acte d'Adam ouvrant son noyau avant l'heure. Elle est fille de *Ḥam* qui, fils de Noé, a regardé son père, par l'intérieur, dans son état d'ivresse et de nudité, dans l'énergie nucléaire qu'il était devenu ; et *Ḥam* a raconté à l'extérieur « le mystère dévoilé » (Genèse, IX, 22).

Loin de faire sortir l'Homme de sa condition de tunique de peau, la magie l'y emprisonne davantage. Elle n'a rien à voir avec l'art des mages, prêtres et hommes de sciences de l'Antiquité formant primitivement la caste sacerdotale des Mèdes.

Les mages viennent s'incliner devant l'enfant divin de Bethléem, enfant qui va libérer l'humanité de sa tunique de peau. Avec eux, s'incline leur science devant le Verbe.

Les magiciens, descendants de Ḥam, sont au service de Pharaon. Lorsqu'en Égypte Moïse — préfigurant l'enfant de Bethléhem — se lève pour délivrer son peuple de la servitude, les magiciens entrent en compétition avec lui. Rempli de l'Esprit divin, Moïse les écoute. Dès la troisième plaie d'Égypte, les magiciens se déclarent impuissants. A la sixième plaie, ils ne paraissent plus.

Le Dieu des Hébreux introduit alors peu à peu en son peuple la conscience non d'une nouvelle réalité, mais de sa réalité ontologique, celle de la puissance du sang à l'intérieur de l'Homme, puissance des énergies nourries par le Père-Époux et accomplissant l'Homme dans ses noces divines.

Pour cela Dieu Se substitue au faux époux, Il S'insinue dans les rites sacrificiels et, par ruse, les détourne du Satan afin que le sang qui souille devienne celui qui purifie.

Les rites sont complexes et innombrables. Ils trouvent leur sommet le jour du grand jeûne, fête des expiations, jour où le souverain sacrificateur entre dans le lieu très saint pour faire aspersion de sang sur le propitiatoire. Il offre :

— d'abord un veau pour ses propres péchés et ceux de sa maison,

— puis un bélier pour les fautes du peuple,

— enfin le fameux bouc pour celles de la nation, cependant qu'un autre bouc, dans la tête duquel on a placé les péchés d'Israël, est envoyé au désert... dans l'oubli !

Puis, soudain, Dieu expose la véritable situation et, par la bouche de Ses prophètes, Il dit à Son peuple : « *Je hais vos sacrifices* » (Amos, V, 21-22).

David chante alors dans ses psaumes :
« *Si tu eusses voulu des sacrifices, je t'en aurais offert,*
Mais tu ne prends point plaisir aux holocaustes,
Les sacrifices qui sont agréables à Dieu, c'est un esprit brisé,
Ô Dieu, tu ne dédaignes pas un cœur contrit et humilié... »
(Psaume, LI.)

Et David, roi d'Israël, renvoie son peuple à la nécessité de sa mort intérieure, à celle du traitement de son fer intérieur, dans son sang. Il est frère spirituel du père de Tubal-Qaïn, Lemekh qui, prenant tout à coup conscience du crime de Qaïn et parlant à ses deux épouses (la conscience féminine qui s'éveille) dit : « *J'ai tué un homme pour ma blessure, et un engendré pour ma guérison !* » (Genèse, IV, 23.)

Confessant son péché, il prophétise et poursuit : « *Qaïn se redressera sept fois et Lemekh, soixante-dix-sept fois* » (Genèse, IV, 24).

Soixante-dix-sept fois, Christ dira de pardonner *(38)*, indéfiniment l'homme blessé sera pardonné, guéri, racheté, au prix du sang !

Car telle la forge accoucheuse d'or et d'argent, tout accouchement est à ce prix :
— Abraham accoucheur d'Israël est prêt à sacrifier son fils Isaac ;
— Moïse sortant son peuple de la servitude égyptienne, le conduit dans le feu du désert du Sinaï et dans celui de la Parole de Dieu après que l'ange ait sacrifié les premiers-nés des Égyptiens ;
— le Christ naît au milieu du massacre des saints innocents.

Et le Christ Lui-même, dernière victime sanglante, rachète l'Épouse du Père. Il est son *Goël* גאל (son libérateur) ; en termes hébreux : celui qui a droit de rachat de la fiancée. C'est le prix du sang.

Racheter le sang, c'est racheter l'âme, car « *l'âme est dans le sang* » (Genèse, IX, 4-5-6) diront et rediront tant de textes bibliques (et comme nous commençons à en percevoir le mystère à la lumière sabbatique !) *(39)*.

Racheter le sang, c'est racheter le droit d'aimer, d'être aimé !

Racheter le sang, c'est réintroduire le *Yod* vivant au cœur de l'Homme, remettre l'Épée dans son fourreau.

« *Alors,* dit la Genèse, concluant la confession de Lemekh, *alors Adam connaît encore son Isha et elle enfante un fils et elle appelle son nom Shet* (fondement)... *et on commence à appeler dans le NOM* יהוה *!* » (IV, 26).

---

38. Matthieu, XVIII, 21.
39. Cf. chap. XII, p. 228.

LE SYMBOLISME DU CORPS HUMAIN

Suivent, au niveau de la Genèse, les noms des dix grands patriarches qui, d'Adam à Noé, ramassent l'histoire de l'humanité revenue dans le travail de son fer intérieur, Noé symbolisant l'homme accompli dans son NOM יהוה. Tous s'inscrivent dans des temps très définis. Ils sont incarnés dans leur chair intérieure et dans leur terre extérieure.

Aujourd'hui nous appartenons peut-être à la race de Tubal-Qaïn le forgeron, nous qui sacrifions le sang innocent de tous côtés, cependant que nous ouvrons le noyau de l'atome. Nous ne sommes pas encore pour autant incarnés.

Quel est, parmi nous, le Lemekh qui se lèvera pour crier : « *J'ai tué un homme pour ma blessure, un engendré pour ma guérison !* »

L'Engendré des Nations, Isaïe prophétisant le chante :

« *... dédaigné, rebut de l'humanité, homme des douleurs, connaissant la maladie comme ceux devant qui on détourne la face... offert, il a accepté, il n'a pas ouvert la bouche, comme un agneau qu'on mène à l'égorgeur, comme une brebis muette devant le tondeur... il a donné son souffle...* » (Isaïe, LIII).

Oui, Il a donné Son sang, car le souffle est dans le sang.

Lorsque Judas — qui avait livré Jésus — pris de remords vint rendre aux grands prêtres et aux Anciens les trente pièces d'argent, ceux-ci dirent : « *Il n'est pas permis de le verser au trésor sacré puisque c'est le prix du sang. Ayant délibéré, ils achetèrent avec cette somme le champ du potier pour établir un cimetière d'étrangers. C'est la raison pour laquelle ce terrain s'appelle encore aujourd'hui* Sadeh HaDam, *le champ du sang* » (Matthieu, XXVII, 6-9).

Du mariage, à Qanah de Galilée où Christ Homme-Dieu change l'eau en vin, à la Sainte Cène où Il change le vin en Son sang, jusqu'à la Croix où se vit l'ultime Shabbat : « *Père, Père, pourquoi m'as-tu quitté ?* » pour que l'Homme atteigne à son noyau et retrouve le Père, le mystère du Sang est totalement accompli.

Christ remet au Père Son Épouse.

En la fête de la Pâque rouge, l'Église célèbre l'Esprit Saint venant du Père et dont l'effusion féconde l'Épouse.

*
* *

3. L'ombilic et le cœur

De la « Porte des Hommes » à celle dite « des Dieux », l'Homme monte symboliquement douze spirales successives dont chacune façonne une vertèbre dorsale.

D'un solstice à un autre, route solaire, que jalonnent les douze mois de l'année, eux-mêmes inscrits sur les douze signes du Zodiaque, l'Homme s'avance dans la nuit de son histoire, conscient de vivre, au-delà de l'alternance des jours et des nuits, des étés et des hivers, à un autre plan, un long hiver, une longue ténèbre, berceau du seul printemps, matrice du seul soleil qui donne la Vie.

Trouvera-t-il ce soleil ? Connaîtra-t-il ce printemps ?

Messager de son devenir, le corps de l'Homme en porte la promesse : au cœur même de son être est le « plexus solaire ». Cette certitude du soleil qu'il porte en son centre a traversé les âges les plus agnostiques, comme ses vertèbres « sacrées » l'ont toujours assuré du « secret » contenu en *Yesod*.

Dans la tradition hindoue, la montée de *Kundalini* à cet étage ouvre le Chakra de l'ombilic, puis celui du cœur. Le premier, épanoui sur dix pétales, est l'*Omphalos*, le Centre, associé en tant que pôle au « Centre du Monde » *(40)*, l'autre pôle étant représenté par le cœur dont le Chakra est décrit comme une fleur de lotus rouge ouverte sur douze pétales.

Ces deux centres, dans notre étude, seront distingués mais non séparés, unis et non confondus. C'est cependant au niveau du cœur que s'ouvre la fleur de lotus dont les douze pétales expriment le dodécanaire spécialement lié à l'ÊTRE.

Au centre du lotus est son cœur appelé encore calice, treizième élément vers lequel convergent les douze premiers. C'est pour mettre au monde le Dieu-Homme, « Soleil de Justice », qu'œuvrent les douze tribus d'Israël. Autour du Christ, « Soleil de Justice » Lui-même, gravitent les douze Apôtres.

Plus tard encore, l'Occident chrétien en quête du Saint-Graal, le précieux calice, constituera un de ses derniers mythes autour de la Table ronde que préside le roi Arthur et ses douze chevaliers.

---

40. Voir, de René Guénon : *Le Roi du monde.*

LE SYMBOLISME DU CORPS HUMAIN

Chez les Grecs, Hercule (ou Héraclès) sort vainqueur des douze travaux auxquels le soumet Eurysthée pour accomplir enfin en épousant *Omphale* — **c'est-à-dire en s'identifiant au Centre de son être** — le treizième exploit qui lui donne accès au séjour des dieux où l'accueille Héra, déesse dont il portait la « semence » en son nom.

Quelle que soit la qualité du « centre », de l'Omphale, du cœur de la fleur, c'est lui ce cœur, ce treizième élément auquel les douze pétales, douze étapes du chemin, mènent. Et ce treizième élément, tel le moyeu de la roue, en occupe le centre. Il est la lumière dans les ténèbres, l'immobilité dans le mouvement, l'Invariable au cœur du variable, le Principe dans la genèse et la vocation du multiple. Là brûle le feu qui ne consume pas. Là s'éveille l'amour dans la « demeure du roi » du *Cantique des Cantiques* :

« *Ouvre-moi ma sœur, mon amie, ma colombe, ma parfaite...*
Tu es belle mon amie, comme Thirtsa, agréable comme Jérusalem...
Je suis noire mais je suis belle, fille de Jérusalem...
Ne prenez garde à mon teint noir, c'est le soleil qui m'a brûlée...
Ne réveillez pas, ne réveillez pas l'amour avant qu'elle le veuille. »

Ténèbres, soleil, feu, amour, beauté, perfection, nous arrivons — tout nous l'indique — au niveau de l'Arbre des Séphiroth, à la séphirah *Tiphereth*.
Qu'est *Tiphereth* ?

Dans le schéma divin, elle est la plénitude de l'Harmonie divine. Elle rassemble toutes les couleurs, tous les sons, tous les parfums, tous les rythmes et les exalte dans l'unité parfaite de leur rencontre. Elle est la Mesure, elle est la Beauté. Elle est Soleil divin, Roue suprême dont tous les rayons rassemblent ténèbres et lumière et dont le formidable tourbillon fait éclater toutes les possibilités de l'Amour divin.

L'amour est don et aussi réceptivité. Jaillissement, irradiation sans fin, il est aussi bien vide parfait et totale attraction. Centre de tout mouvement, mesure de tout rythme, il ne peut se faire connaître qu'en se voilant et se limitant, serti dans les joyaux de toute vie manifestée qui en est la radiation et qu'il attire à lui.

L'ombilic qui nous liait au placenta nourricier est le haut-lieu symbolique de nos théophanies. Centre solaire, le lion en est le gardien (cathédrale de Ferrare, Italie).

L'Homme qui atteint ce degré d'expérience est attiré, entraîné dans le foudroyant tourbillon de la roue solaire ; mené par la force centripète de son mouvement, il descend dans les entrailles de la terre de ses profondeurs, avant d'être élevé « au séjour des dieux ».

Épouser le divin, en *Tiphereth*, c'est en épouser les contradictions, le haut et le bas, la droite et la gauche, l'avant et l'arrière ; c'est épouser la Mère contenue en *Malkhuth* pour être épousé du Père caché dans l'*Aïn*.

Nous retrouvons là le cheminement d'Œdipe, celui des héros des mythes, celui de tous les Saints de l'Histoire. Cette expérience obéit à la respiration fondamentale qui rythme toute vie : chaque hiver, la sève de l'arbre descend dans les profondeurs de la terre avant de fuser au printemps vers le ciel pour donner son fruit.

C'est la loi majeure de l'incarnation que d'épouser la terre pour être épousé du ciel.

C'est le retour aux normes ontologiques de l'Adam que d'épouser Adamah, la terre-mère dont il est pétri. Nous l'avons vu outrepasser ses normes et épouser sa propre image. Reprendre le chemin de vérité, c'est d'abord plonger dans les profondeurs de soi-même, redevenir poussière et épouser la terre-vierge dont naîtra « l'enfant divin ».

Voici pourquoi notre corps nous invite, au niveau du plexus solaire, et avant d'aborder le chakra du cœur, à faire l'expérience du chakra ombilical.

L'ombilic est le lieu d'insertion du cordon ombilical qui relie le fœtus au placenta. Il est le lieu de notre première blessure formelle, de notre première coupure, séparation d'avec une source de vie maternelle. Ce cordon nourricier relie le fœtus à celui que l'on pourrait appeler son frère jumeau puisque le placenta, né du même œuf que le fœtus, se sépare de lui dès les premiers instants de sa vie.

Souvenons-nous *(41)* que le placenta est le symbole de l'archétype nourricier. Il est le symbole d'*Elohim* Père-Époux qui nourrit Adam fille-épouse.

Depuis la chute, l'Humanité prostituée au faux époux Satan est dévorée par lui ; mais ontologiquement, elle continue de recevoir d'*Elohim* toute la nourriture qui constitue son être et l'informe à chaque instant.

---

41. Cf. chap. VII, p. 91.

LE QUADRILATÈRE DIN-HESED-HOD-NETSAH

Symboliquement, fœtus et placenta sont fille et Père appelés à rejoindre les archétypes et devenir épouse-Époux.

Le cordon ombilical formel n'est coupé à la naissance que pour laisser place à celui qui relie chaque être dans sa réalité ontologique et dans sa vocation eschatologique, au Père-Époux nourricier.

Le placenta formel n'est évacué — à l'image du noyau du globule rouge du sang — que pour faire place au placenta-germe nourricier qu'est le NOM יהוה dans le NOM-GERME, noyau de chaque être.

Chacun de nous, dans ce sens, est aussi frère jumeau de יהוה, appelé dans une régression-évolution totale *(42)* à refaire l'œuf unique avec lui ! Nous retrouvons la confirmation du sens des gémellités que nous avons étudiées plus haut *(43)*.

L'ombilic en ce sens, reste un des plus hauts lieux du corps, celui de nos théophanies. C'est pourquoi les moines *hésychastes (44)* étaient autrefois appelés par leurs détracteurs « *contemplateurs du nombril* ».

La dérision est toujours la défense facile de ceux qui, mobilisés à un niveau subtil de leur être qu'ils n'ont pas encore pénétré, refusent et détruisent alors l'agent mobilisateur.

Les hésychastes se « nourrissent » du NOM de Jésus- יהוה, et se laissent « porter en leur milieu » (étymologie du mot « méditer ») sur le cordon qui les relie au Saint NOM.

Un des « nombrils » du monde — car le corps de la terre, analogue au nôtre, a ses émergences énergétiques — reste certainement la montagne du Sinaï.

C'est là qu'avant de commencer le grand chemin de libération des ténèbres de l'esclavage, Moïse vécut l'expérience du « *Buisson ardent* » (Exode, III, 2). Il vit la Lumière Incréée et entendit Son

---

42. Cf. chap. XIII, p. 277.
43. Cf. chap. VI, p. 75 et chap. VII, p. 106.
44. Du grec *hésuchia,* le silence.

NOM : « *Je suis* » (Exode, III, 14). Dans ce texte, *Ehié* אהיה est un inaccompli. Moïse, en ce haut lieu, avant de partir pour l'accomplissement du NOM d'Israël, pour que le Messie vienne, est investi de la puissance divine.

Quand Moïse repassera par le Sinaï avec le peuple d'Israël qu'il aura fait sortir d'Égypte, il montera au sommet de la montagne, il verra יהוה face à face (Exode, XXXIII, 11) et recevra de Lui la révélation des Lois ontologiques. Quand Moïse redescendra de la montagne, il brillera d'une brillance insupportable au peuple. La qualité de la loi aussi lui sera insupportable.

C'est au Thabor, et dans les mystères chrétiens, que Moïse brillera à nouveau de cette lumière éclatante, lui l'homme de la Loi, avec Élie le prophète, tous deux entourant יהוה -Christ transfiguré.

Dépassement de la loi et du prophétisme, Christ est totalement accompli, fruit mûri de l'Arbre de la Connaissance, Un et trois.
Sont témoins de la Lumière Incréée, nouveau Buisson ardent au sommet du Thabor : Pierre (l'homme de la loi), Jean (celui du prophétisme) et Jacque-*Yaaqov* (racine de l'Arbre).

Thabor טבור est le nom hébreu du « nombril ». Il est encore le « moyeu » de la roue, ce lieu immuable et source de tout mouvement, dépassement de toute antinomie.
Thabor טבור est : principe ר de *Tov* טוב, le « bien » de l'Arbre de la Connaissance, ou « l'émergence lumière ».

Aux trois disciples écrasés, anéantis par une lumière qu'ils ne sont pas encore devenus, il est donné de voir la Lumière. Devant ce nouveau Buisson, ils ne se sont pas déchaussés car leurs pieds sont déjà lavés, même si le geste formel n'appartient qu'à un moment plus tardif au niveau de l'Histoire.

Et dans l'expérience Lumière טוב, la tentation est grande de rester, de s'arrêter là : « *Rabbi, il fait bon demeurer ici, dressons trois tentes...* » (Marc, IX, 5). Le désir d'installation, d'arrêt, finalement de mort est inscrit dans la tunique de peau !
Jésus fait alors redescendre de la montagne les trois apôtres et lie aussitôt cet événement à sa prochaine descente aux Enfers, « *leur recommandant de ne dire à personne ce qu'ils avaient vu jusqu'à ce que le Fils de l'Homme soit ressuscité des morts* » (Marc, IX, 9).

LE QUADRILATÈRE DIN-HESED-HOD-NETSAH

L'accès définitif à la Lumière passe par טוב ורע *Tov veRa*, les deux pôles de la dualité vécue à cet étage dans sa vérité qui est mariage, rapport d'amour et non plus de force.

Jésus redescend Lui aussi de la montagne, quitte ce « nombril », et va assumer le second pôle, le cœur. Là, il vivra *veRa*.

Ra רע n'est pas le « mal », nous l'avons vu *(45)*. En hébreu, ce mot désigne l'ennemi, l'adversaire. Mais avec cette ambiguïté propre à la langue hébraïque, רע l' « adversaire » est aussi « l'autre, l'ami, le prochain », finalement « le frère »...

Et nous avons ici la confirmation de ce que nous avions approché au cours de la traversée de l'Égypte, à savoir que *Pharao* פרעה, l'ennemi, est en profondeur l'ami, le frère de Moïse, l'un et l'autre les deux pôles d'une essentielle unité.

Il n'en reste pas moins vrai que dans le tissu phénoménal de l'Histoire, Pharaon s'est présenté au peuple hébreu en tant qu'adversaire dans la traversée de son premier étage, et Satan lui-même va se dresser maintenant dans le même contexte au cœur du quadrilatère, dans le chakra du cœur.

Le quadrilatère structuré sur le nombre 4 est un arrêt, une épreuve, une prison. Il peut être vécu comme un tombeau ou prendre valeur de matrice. Dans ce dernier cas, le nombre 5 s'identifie au germe de vie qui s'inscrit dans la matrice pour y être porté à la plénitude de son développement.

Le nombre 12, dont nous avons vu qu'il préside aux structures du deuxième étage, répond au 3×4, c'est-à-dire au 4 entrant dans un dynamisme de conquête. Dans ce cas, le nombre 13, homologue du 5 à ce nouveau plan, est une réalisation en même temps qu'un germe. C'est en cela que le 13 implique une mort pour une résurrection.

Le Christ, identifié au poisson en tant que Germe cosmique, va mourir et descendre aux Enfers, y rencontrer Satan, puis remonter pour ressusciter.

« *Si le grain ne meurt...* » Du Thabor à la profondeur des Enfers, entre ces deux pôles *Tov veRa*, s'inscrit la voie royale de tout homme vivant en plénitude son incarnation axée sur l'ultime résurrection.

---

45. Cf. chap. III, p. 37 et chap. IX, p. 139.

Le chakra du cœur, inséparable de celui de l'ombilic dans la perspective du Grand'Œuvre est feu. Il constitue essentiellement le sommet du triangle *Ḥesed-Din-Tiphereth* dans la séphirah *Tiphereth* (Beauté) icône de *Kether* (Couronne).

C'est dans le secret de ce triangle thoracique — de ce « champ de cinabre », matrice nouvelle d'immortalité, disent les Chinois — que l'Homme se rencontre avec lui-même dans des mariages successifs, jusqu'au cœur de son féminin, jusqu'à sa dernière terre qui recèle le noyau, son NOM.

Matrice de feu, cette partie de notre corps est couramment décrite dans de nombreux mythes de l'humanité sous le symbole d'une forge.

Le maître de forge, en Grèce, est Héphaïstos — ou Vulcain — dieu du feu. Il est boiteux ! Il œuvre dans les profondeurs de la terre avant de devenir le forgeron céleste. Il cisèle la couronne des élus ; il tourne aussi les coupes dans lesquelles sera recueilli le vin d'Ambroisie et façonne la cuirasse des héros.

Ces derniers symboles nous indiquent que, dans les profondeurs souterraines, Héphaïstos œuvre pour les plus hauts plans d'évolution. Ses aides sont les Cyclopes, géants dont l'œil frontal voit — comme en Inde celui de Shiva — tout ce qui doit être détruit pour faire jaillir de cette mort la vie, de cette décomposition la beauté, de ces ténèbres la lumière *(46)*.

Le premier forgeron que le mythe biblique nous propose est Tubal-Qaïn *(47)*, fils de Lemekh et descendant d'Adam par Qaïn à la septième génération. Le nombre 7 (*sheva* en hébreu, mot bien proche du nom du dieu hindou Shiva !) est symbole de changement de cycle, de mort pour une résurrection.

Tubal-Qaïn, le forgeron, a pour sœur Naamah, dont le nom signifie « Beauté », synonyme de *Tiphereth*. Naamah est aussi intimement liée à son frère que sont liés en *Tiphereth* l'épreuve du feu et de la Beauté.

Seul naîtra à la Beauté, à la splendeur de la Lumière divine, celui qui, *poussière* עפר , aura connu l'épreuve du feu et sera devenu *cen-*

46. Cf. chap. VI, p. 84 et chap. XIX, p. 392.
47. Genèse, IV, 22.

dres אפר . Il aura transformé le *Ayïn* ע en *Aleph* א, le 7 en 1. Mort et ressuscité, il entrera dans les splendeurs éternelles.

Découvrons notre corps à ce niveau. Il est une forge.

4. La forge

a) L'estomac

L'estomac en est le fourneau qu'il importe d'alimenter de sains combustibles.

Manger, c'est intégrer.

Ontologiquement, c'est intégrer la totalité des énergies divines qui, sous le symbole de l'herbe et du fruit — prémices du pain et du vin — sont dans la Genèse (I, 29) la nourriture de l'Adam.

Okhel אכל, « manger », est א *Elohim* qui Se donne en totalité (כל « tout ») à l'Adam. C'est encore, pour l'Homme, « saisir » כ (prendre en main) *Elohim* אל.

Ontologiquement donc, il s'agit de manger Dieu, car le Père-Époux nourrit Son épouse qui, s'enrichissant de Ses énergies, grandit ainsi vers le mariage. A la limite de la croissance, elle est épousée de Dieu et entre dans la **jouissance** archétypielle.

Ontologiquement, la nourriture est de même nature que le mariage, elle est **jouissance**. Après la chute, l'Homme séparé du Père-Époux se donne au faux époux Satan qui le mange et dont il devient la jouissance.

Dévoré dans son cosmos intérieur, l'homme se nourrit du cosmos extérieur qu'il épuise. Il n'y a plus mariage.

Cette unique fonction ontologique nourriture-mariage connaît alors la division, et l'Homme cherche désormais la **jouissance** à travers la sexualité d'une part et la nourriture de l'autre, dont nous connaissons en psychologie les intimes imbrications.

L'estomac ne retrouvera sa fonction ontologique que si, renversant peu à peu le désordre de la chute, l'Homme redonne à cet organe sa place dans l'ordre cosmique et le fait réceptacle du divin.

— Chanter la Gloire divine est nourriture.
— Prier est nourriture.

Une forge
Dans la matrice de feu qu'est l'étage de l'ÊTRE, œuvre le Forgeron divin (Claude Firmin : *Les Forgerons ; photo Roger Viollet*).

— Aimer est nourriture.
— Vivre de beauté est nourriture.
La haine et la laideur nourrissent le Satan et détruisent. Certains repas rituels peuvent être diaboliques. Le repas rituel juste tend vers un retour aux normes ontologiques.

L'Eucharistie des Chrétiens est ce retour.

L'Homme qui arrive à connaître la **jouissance** à ce niveau peut effacer peu à peu la vie sexuelle et la nourriture psychique.

La nourriture psychique est celle de l'émotion ; elle demande d' « avoir de l'estomac » ; elle entretient en nous l'Homme-en-tunique-de-peau, l'Homme identifié à l'animal constituant la jungle qu'est encore le monde.

La nourriture du corps est celle qui, nécessaire à notre état présent, devrait être choisie avec justesse pour ne pas alourdir le laboratoire du Grand'Œuvre car, ontologiquement, l'Homme a faim de Dieu.

Il le traduit existentiellement par une faim de bonheur qu'un bon repas, la vie affective et sexuelle ainsi que toutes les idéologies prometteuses d'Éden, tentent de compenser. Tous ces aspects peuvent être justes dans la mesure où ils s'inscrivent dans l'économie de la démarche humaine vers la conquête divine.

Par contre, ils détruisent l'Homme tôt ou tard s'ils prennent la place divine. Je ne fais que confirmer ici ce que la séphirah *Yesod* nous a déjà révélé de son « secret divin » (סודי).

« *L'estomac, pour les Chinois, est la mer des liquides et des céréales. Il est le réceptacle des grains qu'il reçoit, cuit et digère (48).* » Sur tous les plans, il est un lieu de maturation et d'élaboration. Si l'estomac est le fourneau du laboratoire, on est alors amené à se demander quel en est le feu.

b) Le feu

Le feu — *Esh* אש — est au centre de l'alliance qui unit dans son principe l'Incréé au créé.

Bereshit בראשית, premier mot de la Genèse, dont la tradition hébraïque dit qu'il contient toute la Torah, peut être lu *Brit-Esh* ברית־אש, « alliance de feu ».

Ce feu se manifeste à tous les niveaux de l'union, et d'une façon toute privilégiée, au cœur de la forge. Il est la vie même.

Il est le souffle du Verbe Créateur, le Souffle du NOM qui se distribue jusqu'au plan corporel dans la combinaison énergétique de chacun des organes.

Dans la fonction qui nous intéresse ici, à ce plan, les Chinois l'appellent le **Triple réchauffeur**.

Triple organe de l'unique Feu divin, il n'a pas de matérialité concrète car il est le mystère présent, déterminant de la Trinité se faisant forgeron divin — ou le « divin cuiseur ».

— Le **réchauffeur sus-ombilical** transforme, élabore les énergies. Il sépare le pur de l'impur (« *le subtil de l'épais* » dit le Livre d'Hermès dans la tradition égyptienne).

_____

48. J.-M. Kespi, op. cit. (p. 112).

— Le **réchauffeur sous-ombilical** essentiellement élimine les déchets et met en réserve ce qui doit être à nouveau purifié.

— Le **réchauffeur supérieur ou thoracique** distribue les énergies purifiées ainsi que les souffles nécessaires aux deux autres réchauffeurs.

« Pur et impur » sont ici « l'accompli et l'inaccompli » des énergies dont nous sommes tissés.

Avant d'être appelées à l'épreuve du feu, ces énergies non accomplies semblent être tenues en réserve dans la cave, cette terre des profondeurs qu'est le **pancréas**. Lorsqu'elles sont purifiées, accomplies, elles sont engrangées dans le **foie**.

c) Le foie

Le foie — *Caved* כבד — est un mot qui signifie aussi « lourdeur, pesanteur, richesse, puissance... ». Il exprime essentiellement le siège de la **Puissance** divine, celui de Sa Gloire, si lourde que lorsqu'elle pénétrait autrefois la tente d'assignation des Hébreux au Sinaï, nul homme ne pouvait entrer dans ce lieu *(49)*.

Le foie est le lieu du corps où s'engrange la lumière de l'accompli.

Et lorsque « *tout est accompli* » (Jean, XIX, 30), le foie devient lourd de la richesse de יהוה et c'est la Résurrection, le passage de la « Porte des dieux ».

Le mot *Caved* כבד a pour valeur $20 + 2 + 4 = 26$ qui est le nombre sacré de יהוה. De même valeur, même puissance que le NOM, le foie est appelé à s'enrichir du NOM, à en acquérir la totalité des énergies.

Lorsque nous n'emplissons pas le foie de cette richesse, nous l'alourdissons de nourritures physiques ou psychiques qui sont autant d'entraves à son accomplissement.

Toute émotion : colère, peur, jalousie, etc., fait que nous nous « rongeons les foies » !

Jeûnons et prions et la Gloire divine pénétrera. Le jeûne, qu'il soit celui de l'alimentation physique ou celui de la pensée, doit impé-

---

49. Exode, XL, 34-35.

Le foie
Le foie est intimement lié à la vision ; sur lui, les Anciens pratiquaient un art divinatoire (argile, Musée du Louvre ; *photo Musées Nationaux*).

rativement être accompagné de la prière, sinon il peut ouvrir le foie à l'envahissement des forces spirituelles diaboliques, tant que tout n'est pas accompli et que le Satan est encore maître quelque part.

« *Alors le sort de cet homme est encore pire que celui qu'il connaissait auparavant* » (Luc, XI, 25-26).

Alourdir notre psychisme des soucis ou des peines — aussi bien que des joies ! — auxquels nous donnons le poids qui devrait être donné à la lumière divine, c'est fermer la porte à cette lumière et ne donner aucune possibilité de transmutation aux énergies qui sont ainsi mises en jeu.

« *Mon joug est doux et mon fardeau léger* » (Matthieu, XI, 30), dit le Christ, car la plus dure épreuve porte en elle, dans la perspective de cette transformation, son poids d'accomplissement.

Toute maladie porte en elle son germe de guérison.

Elle est au départ une énergie **pervertie** qui demande à être **convertie** en lumière. Notre médecine occidentale ne cherche la guérison qu'à l'extérieur de l'Homme.

Les médecines obéissant à la Tradition, dont l'acupuncture chinoise, qui remettent en place harmonieuse les énergies désorganisées, non seulement cherchent la guérison en l'Homme, mais amènent celui-ci à s'interroger sur le langage de sa maladie.

Seul le malade lui-même, œuvrant avec le « Forgeron divin » dans ce travail d'accomplissement, agit avec totale justesse et plénitude d'efficacité.

Il lui faut alors descendre dans l'inaccompli, dans cette partie obscure de lui-même qui porte sa réalité symbolique jusque dans le pancréas et dans la rate.

Avant de parler du rôle de ces organes, je voudrais insister sur l'aspect « lumière » de la vocation du foie. Engrangeant l'accompli, les énergies retournées dans le pôle *Tov*-lumière טוב de l'Arbre de la Connaissance, le foie participe de la Connaissance ; il a pouvoir de vision. Il devient siège d'une nouvelle intelligence sur les événements, d'une nouvelle sagesse sur les décisions à prendre. Ce pouvoir était connu de l'Antiquité : on lisait alors l'avenir dans le foie des animaux.

Le foie (du latin *ficus* : le figuier) a certainement une analogie avec cet arbre. Le figuier apparaît souvent dans nos textes bibliques, mais, par trois fois, dans des circonstances qui vont éclairer ce sujet :

— Dans la Genèse, après la chute, Adam et Ève « *cousent une feuille de figuier et s'en font des ceintures* » (Genèse, III, 7).

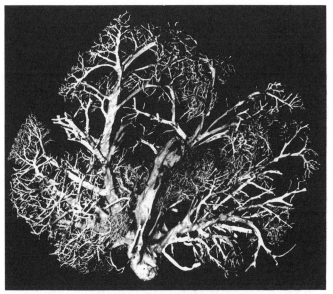

Arborescence des vaisseaux du foie
Le foie, ou « figuier », est le siège de la Gloire divine *(photo Corson/Fotogram)*.

Le verset peut tout aussi bien être lu : « ils font croître une montée de désir et ils font pour eux (travaillent pour eux-mêmes et non plus pour Dieu) extérieurs à eux ». Car le même mot hébreu *Téénah* תאנה désigne le « figuier » et le « désir » ; le même mot עלה *Aléh* désigne la « feuille » et la « montée ».

Le mot « ceintures » — *Ḥagoroth* חגרת — est alors mis en apposition à « eux », Adam et Ève, et qualifie le retournement que l'Homme connaît après la chute, dont nous avons parlé et dont nous aurons à reparler à propos de la « chair » — בשר *Basar*. L'Homme devient « étranger » à lui-même, de la racine גר *Guer* qui est au centre du mot « ceinture ».

— Dans les Évangiles : « *Christ a faim. Il aperçoit de loin un figuier feuillu. Il va voir s'il y trouverait quelque chose mais il n'y trouve que des feuilles. Ce n'était pas la saison des figues. Alors Il dit au figuier : Que jamais personne ne mange de ton fruit.*

Et le figuier est aussitôt séché jusqu'aux racines. » (Marc, XI, 12, 20.)

Le figuier symbolisant le désir et ses feuilles la poussée du désir, son fruit en est l'accomplissement. Celui qui ne pousse pas son désir vers Dieu mais vers le monde, obéit à la loi des saisons : « *Tant qu'il y aura des jours* (des temps), *les semailles et les moissons, les étés et les hivers ne cesseront pas* », Dieu l'avait promis à Noé *(50)*.

Celui qui pousse son désir vers Dieu donne son fruit en toute saison. Dieu maudit le figuier du monde.

— Christ compare enfin les événements de la fin des temps — ou fin des jours — à l'évolution du figuier : « *dès qu'il bourgeonne vous jugez que l'été est proche, de même quand vous verrez ces événements s'accomplir, rendez-vous compte que le Royaume de Dieu est proche* » (Luc, XXI, 29).

A la confluence de ces trois récits, le figuier apparaît comme ontologiquement lié au désir que l'Homme a de l'Époux divin, et donc à son accomplissement dans le *Yod*.

Le symbolisme du foie-ficus-figuier trouve là sa confirmation : il est le lieu de la montée des énergies : énergies psychiques, et c'est la « malédiction », énergies ontologiques — désir, amour de Dieu — et le foie donne son fruit *Tov* טוב , accomplissement. Quand tout est accompli, le *Yod* naît.

Le foie, chez les Chinois, est le « bouclier qui sert à protéger » *(51)* ; il rejoint en ce sens la lettre hébraïque *Teth* ט dont le graphisme est celui d'un bouclier dessiné par un serpent qui se mord la queue. Cette lettre *(52)* symbolise les énergies accomplies, « bouclées ». Elle a pour valeur 9, symbole de perfection, et préside au mot *Tov* טוב . Le ט *Teth*, 9, précédant le *Yod*, 10, est le bouclier devant l'Épée הוה .

---

50. Genèse, VIII, 22.
51. J.-M. Kespi, op. cit. (p. 168).
52. Voir : *La Lettre : chemin de vie* (chap. XI).

d) La vésicule biliaire

Le foie, *organe trésor* chez les Chinois, transmet son pouvoir « lumière » à son *organe atelier* la **vésicule biliaire** qui, traditionnellement, est siège du discernement.

Dans les perspectives de ce que les Chinois appellent les six « *entrailles curieuses* » dont j'ai parlé plus haut *(53)*, la vésicule biliaire fait couple avec l'utérus. Alors que ce dernier, au niveau du triangle inférieur, est « enveloppes d'eau », la vésicule biliaire — au niveau du triangle de la Forge — est « enveloppes de feu ». Elle contient le feu divin !

Lorsque le Christ est dans les eaux du baptême, le feu divin descend : « *Le ciel s'ouvrit, l'Esprit Saint descendit sur Lui sous forme de colombe et du ciel il y eut une voix : " Tu es mon Fils bien-aimé, tu as toute ma faveur. "* » (Luc, III, 22.) La Trinité divine Se manifeste, désignant Celui qui va désormais baptiser non plus d'eau, mais de feu.

La vésicule biliaire est la matrice de cet étage ; essentiellement elle est le haut lieu du baptême de feu.

Les Chinois l'appellent la « *rectitude médiane* ». Elle a fonction d'arbitre. Elle décide et juge. Toutes les autres fonctions lui obéissent ; elle en assume la responsabilité. Elle est la voie du « Juste Milieu ». On comprend l'importance que revêt cet organe dans le pays de l' « *Empire du Juste Milieu* ».

Chez les Hébreux, c'est avec la bile et le foie du grand poisson des profondeurs que Tobie guérira les yeux de son père *(54)*.

La plupart de nos maladies de foie ou de vésicule biliaire viennent certainement d'un refus d'y « voir clair », refus de discernement, refus de rectitude profonde qui ne ressortit plus ici à une vertu morale, mais qui concerne la recherche de la voie du « Mi » exigeant le baptême de feu. Ce refus ne peut qu'entraîner un blocage aux prises de décisions justes. Il alourdit les situations.

Il devient de plus en plus évident que, pour voir la lumière, il faut auparavant descendre dans les profondeurs de la terre qui en recèle les

---

53. Cf. chap. XII, p. 226.
54. Voir : *Le Mythe de Tobie,* chap. XIX, 1, p. 386.

énergies. Cela est rendu possible par l'expérience du « principe lumière » vécue au niveau du Thabor-ombilic.

Il semble que la **rate** soit l'organe terre et que le **pancréas** soit celui des énergies qui y sont déposées en attente d'accomplissement.

e) Le pancréas

Le nom du **pancréas** s'est toujours posé à moi comme une interrogation. Sa racine grecque, « toute chair », contient certainement sa finalité. Quelle est-elle ?

Rien de plus confus que ce mot « chair ». Désignant tantôt le corps — l' « œuvre de chair » la plus déconsidérée n'est-elle pas présentée comme faisant l'objet même de la chute originelle ? — tantôt l'âme psychique (et le langage paulinien dans ce sens est difficile à scruter), il est toujours opposé à l'esprit ou à l'âme spirituelle.

La chair liée à la matière devient alors équivalent du mal à fuir tandis que l'esprit, dont on oublie dans ce contexte qu'il peut être diabolique, est le bien à rechercher. Il est évident que cette acception du mot « chair » est fausse. Mais qu'est-elle justement ? Il me semble indispensable de revenir à l'origine de ce mot.

Si nous interrogeons l'étymologie grecque *kréas* χϱέας, nous constatons que la racine est la même que celle de *kreïon*, le chef souverain ; de *kreïsson*, le meilleur ; de *kratos*, la force ; enfin de *kreïoussa*, la reine.

Nous nous souvenons que la colonne féminine de l'Arbre des Séphiroth est présidée par *Binah*, l'Intelligence, appelée « mère divine », et qu'elle est aussi nommée colonne de Rigueur ou de Force.

A la lumière grecque, la « chair » semble être liée au féminin dans ce qu'il y a de « meilleur », de plus « fort » et de « royal ».

La tradition hébraïque *(55)* vient nous confirmer ceci : *Basar* בשׂר est la « chair », mot que l'on pourrait lire aussi שׂר־ב « dans la principauté ». Mais c'est avant tout la lettre שׂ qui, au cœur de בשׂר, s'impose ici ; elle est saisie dans la racine *Bar* בר, celle de l' « alliance de feu » dont nous venons de parler : le mot *Bereshit* בראשׂית peut

---

55. Cf. chap. XI, p. 186.

être lu comme l'embrassement de ses deux premières lettres dévelop-
pées ב (בית) et ר (ראש).

Basar est donc le *Shin* ש du *Bereshit*. La lettre ש, pierre sacrée
des profondeurs, détient le *Shem*, le secret du NOM, la Force et la
Royauté.

A la lumière hébraïque, la « chair » — *Basar* — est le lieu de
l'ultime mariage de l'Homme avec lui-même dans sa royauté acquise,
mariage dont le dernier fruit est *HaShem*, Le NOM.

La tradition hébraïque appelle l'époux de ce mariage intérieur
Ish איש et son épouse *Isha* אשה.

Rappelons *(56)* que lorsque Dieu découvre le féminin d'Adam et
qu'Il (יהוה-*Elohim*) « *scelle la chair dans la profondeur* » (Genèse,
II, 21), le mot « profondeur » — *Taḥtenah* תחתנה — présente essentiellement la racine *Ḥatounah* חתנה qui est celle du « mariage ».

La chair scellée dans la profondeur est donc la terre avec laquelle
Adam doit accomplir la dernière alliance dont le fruit est le *Shem* שם.

**La chair est le lieu de l'accomplissement total, celui de l'union la
plus intime avec Dieu.**

La chair, ontologiquement, est l'acmé le l'éros. Après la chute,
cette potentialité érotique est dévoyée, déportée à l'extérieur d'Adam,
motivant toutes ses relations — non plus avec lui-même ni avec Dieu
en lui — mais avec le monde et tous les éléments du monde.

C'est alors que la chair « renversée » devient la vie psychique,
érotique et passionnelle de l'Homme. Elle devient, dans ce sens,
source de tous les maux, mais elle porte en elle aussi le germe de toutes les guérisons, la puissance de reconversion vers l'accomplissement
de l'Homme.

C'est pourquoi au temps de Noé, temps prototype de celui où les
hommes sont au comble de l'oubli de leur ontologie, mais où cependant la conscience a grandi dans la lignée des Patriarches jusqu'à
Noé, Dieu dit : « *L'accomplissement de toute chair vient devant ma
face* » (Genèse, VI, 13). « Devant ma face » signifiant le niveau ontologique. « Toute chair » — *Kol Basar* כל בשר en hébreu — est le
Pan-Kréas grec !

Voici que « toute chair » est mobilisée par Dieu pour entrer dans
son accomplissement.

---

56. Cf. chap. XI, p. 186.

LE SYMBOLISME DU CORPS HUMAIN

Dans ce grand corps humain — corps cosmique — qu'est celui de l'Adam, tout ce qui a vie est mis à l'épreuve ; nous pourrions traduire : le pancréas adamique est mobilisé pour que ses énergies s'accomplissent.

En chacun de nous, toute épreuve atteint le pancréas pour qu'il libère une somme d'énergies nécessaire à l'accomplissement proposé. Ce sera notre qualité érotique — dans le vrai sens du terme, indissociable de l'amour — qui gérera l'accomplissement ou déterminera son contraire, la maladie.

La confirmation la plus joyeuse de ce que le mot « chair » — *Basar* בשׂר — nous révèle, nous est apportée par cet autre mot de même racine que lui : *Basorah* בשׂרה , la « bonne nouvelle », « l'évangile ».

La bonne nouvelle est véritablement la certitude que l'accomplissement de la chair, dans sa totalité, est rendu possible et que toute maladie est guérie.

A Jean-Baptiste qui, au fond de sa prison, à la veille d'être décapité, se présente à la porte de sa dernière terre et fait l'expérience de la non-connaissance absolue, יהוה-Christ fait savoir que : « *les aveugles voient, les boiteux marchent, les lépreux sont guéris, les sourds entendent, les morts ressuscitent et les pauvres reçoivent la '' bonne nouvelle ''* » (Luc, VII, 22).

Jean-Baptiste est alors dans la profondeur des ténèbres de l'ultime terre, ultime chair. Symboliquement, il est au cœur de son pancréas, organe qui s'ouvre à lui pour lui délivrer la bonne nouvelle, son Christ intérieur.

Le pancréas sécrète le suc indispensable à la digestion, c'est-à-dire au travail de la forge. Il fabrique l'insuline, agent fondamental du métabolisme des sucres. Ce sont les sucres qui semblent symboliser les énergies passant de l'inaccompli dans le pancréas, à l'accompli dans le foie dont la fonction glycogénique concrétise la vocation plus subtile.

*
* *

f) La rate

Le pancréas est inséparable de la **rate**, organe dont le nom est des plus énigmatiques quant à son étymologie. Mais celle-ci n'est-elle pas tout simplement le nom de la femelle du rat, symbole de l'Intelligence chez les hindous, alors que Ganesha, l'éléphant qui monte le rat est symbole de Sagesse ? Symbole aussi de l'inconscient, c'est-à-dire de « toute chair » non accomplie.

Ces deux énergies, Intelligence et Sagesse, les plus hautes de l'Arbre des Séphiroth, celles qui ouvrent sur *Kether* (la Couronne) forment la base du triangle supérieur ; elles déterminent la qualité de chacune des nouvelles têtes que symboliquement l'Homme est appelé à mettre sur ses épaules. Au fur et à mesure que *Ish* descendra vers *Isha* dans ses profondeurs, de nouveaux champs de conscience s'ouvriront en effet en l'Homme.

Intelligence et Sagesse, mises en place dans la lumière, impliquent la libération des énergies qui leur correspondent dans les ténèbres et leur purification par le feu.

Dans ces profondeurs féminines qui tiennent scellées force et royauté avec le NOM, le lien qui unit la rate à l'intelligence nous invite à unir le pancréas à la Sagesse-éléphant.

Dans la symbolique judéo-chrétienne, le « toute chair » ou la totalité des énergies est symbolisée par le Serpent-Sagesse que le Christ identifie à l'Arbre de la Croix, Arbre de la dualité, devenant par Sa mort-résurrection Arbre de Vie.

Dans cette perspective, ces deux organes *rate* et *pancréas* sont ceux des profondeurs de la terre dont le langage alchimique parle lui aussi, lorsqu'il donne cet ordre : « *Visita Interiora Terrae Rectificando Invenes Oris Lapidem (57).* »

Le VITRIOL lié au soufre est le corps des profondeurs des Enfers.

La rate — *splen* σπλην en grec — donne le mot anglais « spleen » qui désigne avec elle un état psychique très dépressif, l'hypochondrie des Anciens ! Ce qui est curieux, c'est que la racine hébraïque *Retet* רתת qui désigne la terreur est aussi un des noms du pancréas.

---

57. « Visite l'intérieur de la terre, rectifiant, tu trouveras la pierre de l'origine. »

Il n'y a aucun doute que ces deux organes indissociables sont liés à la descente nécessaire aux Enfers qui recèlent la terrifiante énergie du NOM.

Tout être qui fait une expérience de descente dans ces profondeurs — nous allons étudier cette expérience avec celle de Job — et qui n'a pas l'intelligence-sagesse de ce qui lui arrive, est dans un état qui peut aller jusqu'à la terreur, voire la mort.

L'emploi de certaines techniques corporelles, l'usage de certaines drogues, sont en ce sens « diaboliques » ; ils séparent au lieu de réunifier l'être. Ils reconduisent l'erreur d'Adam en Éden en amenant celui-ci jusqu'à son noyau avant qu'il ne l'ait conquis.

Si cet état pathologique est analysé dans des catégories psychiques et si l'intelligence qu'on pose sur lui ne se réfère pas aux valeurs ontologiques, on ne peut résoudre le problème qu'il présente. Aussi la médecine psychiatrique actuelle, encore agnostique, ne peut-elle qu'user de chimiothérapie pour éluder le problème. Seule l'antipsychiatrie semble atteindre à une nouvelle intelligence qui n'a pas encore poussé la porte de l'ontologique *(58)*.

La rate n'est liée aux états psychiques que parce qu'elle l'est à l'ontologique. Elle est liée à l'ontologique par le mystère du sang !

La rate est le cimetière des globules rouges. Véritable gisement de fer, elle conduit ce métal à sa purification et à sa transmutation en argent, nouvelle intelligence du « moi » transmuté. Le rôle des globules blancs qu'elle produit aussi, contribue à cette transformation.

Enfin, la fabrication de la bile à partir des débris sanguins entre dans le concert du « moi » nouveau et de sa nouvelle vision.

La rate, siège de la transmutation du « moi », ne serait-elle pas aussi celui de la régulation du « moi » ? car elle retient dans ses mailles les globules rouges qui sont en trop grand nombre dans l'organisme pour les redistribuer en temps voulu.

Le « point de côté » n'est peut-être pas étranger à une enflure du « moi ». L'expression populaire « courir comme un dératé » exprimerait bien ce « hors mesure », voire l'errance d'un être qui n'a plus de référence terre.

---

58. Cf. chap. XIII, p. 296-298.

Mais allons plus loin. La rate, liée à l'ontologique par le mystère du sang et cimetière des globules rouges, est complémentaire de la moelle osseuse qui, elle, nous l'avons vu, est le berceau des globules rouges.

La moelle, souvenons-nous *(59)*, « subtilise » le א de אדם *Adam* pour que le *Yod* soit, que le « moi » joue le jeu qui lui est propre. On peut penser que la rate qui, à son tour, oblige le « moi » à une mort, contribue à la reconquête du א.

La rate est organe-terre. Elle oblige à un retour à la terre, à des terres nouvelles et toujours plus profondes. Elle oblige à des cassures douloureuses.

C'est en ce sens que les Chinois disent qu' *« elle est le tonnerre, elle est le séisme »*. Ils disent aussi qu'elle est le *« gong »*, ce qui rejoint les cymbales hébraïques, *Tsiltsalim*, mot fait de la double racine *Tsal* צל : l'ombre.

Les cymbales, comme le gong, résonnent dans les profondeurs de l'ombre de l'ombre *(60)*, c'est-à-dire participent de la même qualité vibratoire, énergétique : celle des profondeurs de la Terre-Mère qui contient le NOM.

C'est pourquoi la rate est en relation intime avec le centre de l'Homme où le « moi » devient le *Yod*.

La rate transforme le « moi » dans ses mutations vers le *Yod* et transporte au foie ses énergies accomplies. Le foie se révèle donc comme le lieu privilégié de préparation nuptiale, celle de l'Homme devenant יהוה dans sa rencontre avec *Elohim*. Le foie n'est-il pas alors le lieu du retour en gloire de l'Époux א !

Caved כבד — le foie — est aussi la Gloire.

g) Le cœur

Le centre de la forge ne serait pas tant le **cœur-organe** que celui bien connu de la tradition chrétienne, le **cœur-centre**, à l'écoute duquel l'apôtre Jean l'Évangéliste vient se placer.

L'apôtre de la « bonne nouvelle » — *Basorah* — celui dont la fête est célébrée au solstice d'hiver, au niveau de la « Porte des dieux », ne peut qu'avoir entendu battre le cœur du Père.

59. Cf. chap. XII, p. 229.
60. Voir : *La Lettre : chemin de vie* (chap. XX).

LE SYMBOLISME DU CORPS HUMAIN

Le soir de la Sainte Cène, alors que le Christ désigne celui qui va Le livrer, Jean le Bien-aimé a déposé sa tête sur la poitrine de Celui qui, parce qu'Il aime, va mourir. Judas et Jean sont l'ombre et la lumière. Ils exécutent les ordres du Père. Ils sont les deux côtés du cœur-organe : Judas, cœur droit-ombre ; Jean, cœur gauche-lumière.

Les douze apôtres sont l'appareil circulatoire tout entier. Envoyés par toute la terre pour enseigner et baptiser les nations après que l'Esprit Saint les ait visités, ils sont le sang neuf, oxygéné que les poumons ont chargé de vie et qui va distribuer la vie dans la totalité du corps.

Il ne faut pas plus confondre le **cœur-centre** et le **cœur-organe** qu'au niveau de la divine Trinité des mystères chrétiens, le Père — source de toute vie, et le Christ — Fils du Père, entouré de Ses douze apôtres. Parmi ces derniers, Christ est le treizième et le premier. *Ehad* אחד, le nombre UN, a pour valeur $1 + 8 + 4 = 13$, de même que *Ahavah* אהבה, $1 + 5 + 2 + 5$, qui est l' « amour ».

Au cœur des douze vertèbres dorsales, *Tiphereth* (Beauté-Amour) est l'unité infinie de Dieu, l'éblouissante magnificence de l'Époux qui vient à la rencontre de l'Épouse, dans un ultime orgasme, une ultime mort.

Elle :
« *Mon Bien-aimé m'a dit : lève-toi mon amie, ma belle et viens ! car voici l'hiver est fini...*

Lui :
« *Je vous en conjure filles de Jérusalem par les gazelles et les biches des champs, ne réveillez pas, ne réveillez pas l'amour avant qu'elle le veuille...*
Oui, tu es belle mon amie ; oui, tu es belle. Tes yeux sont des yeux de colombe derrière ton voile...

Elle :
« *Levez-vous, aquilons ; venez, autans !*
Soufflez sur mon jardin et que ses baumiers exultent !
Que mon bien-aimé entre dans son jardin,
et qu'il mange de ses beaux fruits !

LE QUADRILATÈRE DIN-HESED-HOD-NETSAH

Lui :

« Je suis entré dans mon jardin, ma sœur, ma fiancée,
j'ai cueilli ma myrrhe avec mon parfum ;
j'ai mangé mon rayon avec mon miel ;
j'ai bu mon vin avec mon lait !...
Mangez, amis, buvez, enivrez-vous bien-aimés !
...
Je t'ai réveillée sous le pommier ;
là, ta mère t'a conçue ;
là, elle t'a conçue, là, elle t'a donné le jour.
Mets-moi comme un sceau sur ton cœur,
comme un sceau sur ta force,
car l'amour est plus fort que la mort !... »

(Cantique des Cantiques)

L'amour pénètre jusqu'à l'origine de toute chose. La mort partage le berceau de la naissance. L'amour qui n'accepte pas la mort n'est pas l'amour.

Lorsque Jérémie appelle à la circoncision du cœur : « *enlevez les prépuces de vos cœurs* » (IV, 4), il appelle à mourir à l'amour émotionnel et sentimental que n'a visité aucune intelligence divine. Il invite à ressusciter à l'amour divin — Rigueur et Miséricorde — qui fait entrer celui qui y atteint dans la dimension d'épouse. Celle-ci devient alors capable de mesurer « *la largeur, la longueur, la profondeur et la hauteur de l'amour du Christ* » (Paul, Ephésiens, III, 18), de Celui qui S'est fait la mort même parce qu'Il est l'amour même. Descendu aux Enfers, Il a enlevé les prépuces de l'humanité, afin qu'elle ressuscite avec Lui, Épouse. Il est יהוה *HaShem*, Le NOM qui est descendu libérer tous nos NOMS.

Le cœur-centre invisible, maître et origine de tout, est le א, icône du Père.

Le cœur-organe cruciforme, lieu de mort-résurrection, est le י *Yod*, icône du Fils.

La « croix » — *Tselev* צלב — est le « harpon צ » dans le « cœur לב ».

Il semble que le cœur soit au corps tout entier ce qu'est au sang son globule rouge dont le noyau disparaît *(61)*. Le cœur-centre est ce

---

61. Cf. chap. XII, 2, p. 228.

noyau-*Aleph* ; le cœur-organe, la cellule-*Yod*. Le א se retire, le *Yod* est ; l'Homme devient son NOM et est harponné par *Elohim*-Père. Ainsi bat le cœur du monde dans le mystère d'un unique et multiple Shabbat.

Les Chinois, une fois de plus, confirment cette vision disant du cœur-centre qu'il est « *le souverain, l'empereur, le maître qui détient l'autorité. Il est source de vie, source de lumière, soleil de l'Homme. Le cœur-organe en est le ministre d'État, l'ambassadeur qui exécute ses ordres* ».

Nous comprenons alors pourquoi lorsque le soleil divin disparaît et que son messager n'apporte plus la « bonne nouvelle », le cœur-organe ne rayonne plus que des joies fallacieuses, des rayons factices, des jouissances dont il est bien connu qu'elles ont de la tristesse l'arrière-goût amer... Il laisse vite place aux ronces et aux épines de la rate-*Adamah*. Meurtri, il meurt d'une mort sans résurrection. Le cœur-amour divin fait mourir d'une mort résurrection.

h) Le poumon

Si, pour les Chinois, le cœur-organe est le ministre d'État qui exécute les ordres du cœur-centre-Empereur, le **poumon**, lui, est le ministre d'État qui relie l'État à l'ordre céleste impérial. Il est donc l'ordre même du cœur-centre.

« *Il est maître du souffle. Car la respiration est un va-et-vient incessant entre l'ordre du monde qui est déposé au centre de chaque univers, de chaque être, et de la multiplicité de ses régions, structures, fonctions et manifestations (62).* »

Ainsi, plusieurs millénaires avant que le Christianisme ne la révèle, la structure trinitaire divine était vécue par les Chinois dans leur expérience du corps.

— Le cœur-centre est image du Père, Source de Tout.

— Le cœur-organe est image du Fils éternellement engendré par le Père, qui manifeste le Père et exécute Ses ordres (ministre d'État qui exécute les ordres de l'Empereur).

---

62. J.-M. Kespi, op. cit. (p. 117).

Jésus dit : « *Ne saviez-vous pas que je dois m'occuper des affaires de mon Père ?* » (Luc, II, 49), et encore : « *car moi je n'ai pas parlé de moi-même ; mais le Père qui m'a envoyé, c'est Lui qui m'a prescrit ce que j'ai à dire et ce que j'ai à faire entendre...* » (Jean, XII, 49).

— Le poumon est image de l'Esprit Saint qui, de toute éternité, procède du Père seul, et qui relie au Père (ministre d'État qui relie à l'ordre impérial). Il est « *Seigneur qui donne la vie* ». Il remplit tout l'univers.

Avant de mourir, le Christ dit à Ses apôtres : « *Je suis parti du Père et je suis venu dans le monde, je quitte le monde à son tour et je m'en vais au Père* » (Jean, XVI, 28). « *Mais l'Esprit Saint qui procède du Père et que mon Père enverra en mon NOM vous enseignera toutes choses...* » (Jean, XIV et XV, 26).

A l'image trinitaire, toute la Création respire allant de l'un au multiple et du multiple à l'un. Et la Création elle-même, dans l'ordre de la Genèse, est expir divin dont le *Shabbat* est l'apnée avant que, dans un inspir, la Création ne s'accomplisse.

Bara-shit-bara, tels sont les deux premiers mots de la Genèse : « crée, se retire, crée *Elohim* » — Lumière-Ténèbre-Lumière... le rythme à deux temps est amorcé : expir-inspir-expir... Tout respire à partir de la respiration divine archétypielle qui nous est révélée ici et qui engendre et rythme la respiration cosmique.

C'est l'Esprit de Dieu, le *Rouaḥ Elohim,* étymologiquement le « Souffle » de Dieu, qui pénètre et féconde les eaux originelles les faisant éclater dans la multiplicité des mondes créés avant qu'Il ne les saisisse pour les faire spirer jusqu'à leur réintégration à l'unité primordiale.

Expir-Inspir, tout respire.

Et l'Homme qui récapitule tous ces mondes respire. Il respire par tous les pores de sa peau. Nous avons étudié les reins comme centre de sa respiration, en ce sens qu'ils distribuent une partie du souffle dans ce que j'ai appelé « sa respiration génitale » (celle qui préside à la procréation et fait l'enfant), et l'autre partie, dans la respiration de la forge (celle qui préside à la création et conduit l'Homme à sa naissance Verbe).

Adam, « l'Homme rouge » - Arbre rouge, se diversifie en arbre uro-génital et arbre pulmonaire. Ce dernier prépare déjà l' « Arbre vert » dans le ballet qu'il joue avec sa représentation symbolique au niveau de l'échange **fer-magnésium** ou **oxygène-carbone.**

L'arbre pulmonaire porte en hébreu le nom de *Réa* ראה, mot qui, prononcé *Roé,* est le verbe « voir ». Ce mot pourrait être lu : la lumière אור dans le souffle ה.

Son archétype est le *Rouaḥ Elohim,* souffle de Dieu, רוח dont le nom est une diversification de celui de la lumière *(63).* Je serai tentée de dire que si nos reins entendent *(64),* nos poumons voient.

Sortant d'Éden, l'Homme entend encore, mais ne voit plus *(65).* Il se désamorce de la respiration archétypielle qui est symbolisée par le « va-et-vient de יהוה-*Elohim* dans le jardin ». Bientôt il n'entendra même plus.

Rentrant en Éden, dans la résonance du NOM, l'Homme entend d'abord, puis voit.

— La première partie de la vie, celle qui est liée à la respiration uro-génitale, est axée sur l'écoute.

— La seconde, celle qui est liée à l'arbre pulmonaire, est axée sur la vision.

Nous avons vu combien les organes qui composent cet étage travaillent à l'acquisition de la vision. Ils n'en oublient pas pour autant celle d'une écoute toujours plus subtile car, à un moment, dans la découverte du NOM, écoute et vision se rejoindront.

L'arbre pulmonaire est aussi arbre phonatoire, celui du Verbe, de la Parole qui ne peut s'accomplir sans l'écoute. J'en reparlerai *(66).* C'est pourquoi la respiration prend racine dans les reins et jusque dans les profondeurs du pelvis car elle ne cesse de prendre en charge sa fonction d'écoute pour sa totale réalisation lumière.

Qu'entendent-ils et que voient-ils ces reins-poumons, si ce n'est *HaShem,* Le NOM הוֹ dont les deux ה (les deux « souffles ») sont

---

63. Lorsque l'Esprit divin רוח se fait Principe ר qui conduit l'Homme ו à la barrière-épreuve ח et que l'Homme la passe, l'Esprit devient Principe qui fait participer l'Homme ו à Elohim : c'est le mot אור, la lumière.

64. Cf. chap. XII, p. 213.

65. Genèse, III, 10.

66. Cf. chap. XVI, p. 348.

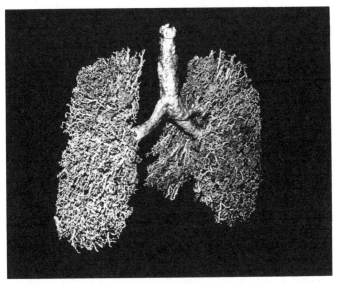

L'arbre pulmonaire
« Le poumon est Maître du souffle. »
« Il est le ministre qui relie l'État à l'Ordre céleste impérial. »
(Photo Bruneau/Fotogram.)

au niveau de notre corps les deux reins et les deux poumons que prolongent les mains.

Le *Shabbat,* nous l'avons vu *(67),* fond de l'expir divin, est l'essence même de l'acte créateur par lequel *Elohim* Se retire pour que יהוה soit. C'est dans la profondeur du *Shabbat* qu'Adam est soufflé dans son NOM יהוה, et que chacun de nous est soufflé, pétri, modelé par les mains divines, et modulé par son chant, dans le NOM secret qui lui est propre : *Nishmoth Ḥaïm* (Genèse, II, 7). C'est lui, ce NOM-Germe, qui fait de nous des soufflants, des respirants et des parlants.

67. Cf. chap. XII, p. 229.

Nishmoth, fait essentiellement de la racine *Shem,* le NOM, contient aussi le verbe *Nashom* נשׁם : « respirer » ! La respiration est la vie même du NOM שׁם qui doit passer, à travers elle, de son état de germe (symbolisé par la lettre *Noun* נ) à son état accompli.

Il est dit, aussitôt après que Dieu ait soufflé Adam dans son NOM, « *qu'Il plante un jardin en Éden et qu'Il place là l'Adam qu'Il a formé* » (Genèse, II, 8). Les mots « là », *Sham* שׁם, et « placer », *Yasem* ישׂם , sont tous deux faits de la racine *Shem* qui est le NOM.

Le jardin d'Éden n'est autre que l'état d'Adam placé dans son NOM, lancé sur l'axe de son NOM, nourri, mû par lui — je dirai volontiers « pompé » par lui, le vrai psychopompe (conducteur d'âmes).

Après le drame de la chute, désaxé, sorti de son NOM, de ses « pompes », l'Homme ne respire plus que de ses reins !

Alors la Tradition le supplie : « *Écoute, Israël, écoute !* יהוה *notre Dieu,* יהוה *UN.* » Le Christianisme qui s'enracine en Israël fait jaillir le Verbe.

De l'écoute au Verbe, d'innombrables respirations vont se scander. Pour ce faire, elles rejoindront chez tous les peuples la prière-respiration, prière psalmodiée, prière-mantra, prière-hésychasme *(68),* le dikr *(69),* le chant.

La respiration devient alors mémorisation rythmo-mélodique *(70)* obéissant à un balancement exact du corps. Mémorisation, car le balancement est le mouvement le plus archaïque qui rejoint l'expir-inspir originel dans un rythme binaire primordial ; il donne force et vigueur au cerveau primitif appelé *rhinencéphale* — dont je reparlerai avec l'olfaction — qui ramène l'Homme à une quasi-végétalisation, au « bois », à son essence donc.

Mémorisation aussi, car, ramené à son essence, au cœur de son féminin qui scelle le NOM, l'Homme amorce son « œuvre mâle », son travail d'épousailles qui implique qu'il « se souvienne » de ce qu'il est.

---

68. Chez les Chrétiens.
69. Chez les Musulmans.
70. Voir les œuvres du P. Jousse (Éditions Gallimard).

Rappelons que la racine *Zakhor* זכר signifie « mâle » et aussi « se souvenir » *(71)*.

Épouser le féminin, c'est descendre dans les profondeurs de l'inaccompli pour s'élever dans les hauteurs de l'accompli. Toute respiration n'a pour but que de préparer et accompagner ce double mouvement.

L'ultime expir verra la naissance du NOM.

L'ultime inspir, le couronnement des épousailles divino-humaines.

L'ultime souffle réintégrera l'Homme dans le souffle divin archétypiel dans le sein du Père, *Aïn,* d'où tout procède et vers qui tout revient.

---

71. Cf. chap. III, p. 38.

CHAPITRE XIII

Le Grand'Œuvre : le travail
des épousailles avec la terre-mère
ou « l'Œuvre au Noir »

1. L'histoire de Job אִיּוֹב

L'histoire de Job se passe sur la terre d'UTS.

S'il est un fait que l'Homme, parce qu'il a faussé ses normes ontologiques, ne vit pas ses épousailles avec la terre qui le porte, le lien profond qui l'unit à elle n'en ressortit pas moins au plan essentiel. Aussi, l'être humain qui vit selon ces normes opère-t-il avec la terre un mariage qui prélude à celui de ses noces alchimiques. Le nom de UTS en porte le message.

Job, dont il est dit qu'il est un « *homme intègre et craignant Dieu »,* a réalisé le premier étage de son être. Il réside sur une terre dont le nom est intimement lié à son devenir. *Uts,* en hébreu עוּץ, est composé du nom de l' « arbre » — *Ets* עץ — que traverse le *Vav* ו, l'Homme. L'histoire de Job est celle de « l'Homme dans l'Arbre », de l'Homme intégré à son Arbre, engagé dans son *Shem.* Elle va donc se dérouler dans le quadrilatère, dans la « forge ». L'Homme sera appelé à entrer dans la « matrice de feu » pour devenir son NOM.

Job a acquis tout ce qu'il devait acquérir. Le texte biblique nous énumère le nombre de ses enfants, de son cheptel, de ses serviteurs. C'est chose faite, le plan de l'Avoir est mis en place. Le serviteur de Dieu, homme de bien, est heureux au milieu des siens, respecté de ses concitoyens, honoré par tous, sage conseiller de tous. Lorsqu'il arrive en quelque lieu que ce soit, les plus âgés se lèvent, les plus jeunes tremblent. C'est ainsi qu'il se décrit lui-même. Il est homme de bonne conscience et loue son Seigneur.

C'est alors que nous voyons se nouer entre יהוה et *Satan* שטן un mystérieux dialogue dont Job fait l'objet.

Ces trois noms : יהוה, Satan et Job, nous renvoient impérativement à un autre dialogue, celui qui s'élève au cœur du mythe de la chute, entre יהוה-*Elohim* et le Serpent-Satan : « *une inimitié je placerai entre toi et Isha, entre ta semence et sa semence* », dit Dieu à Satan. « *Celle-ci* (sa semence) *te blessera en tant que toi-tête, et toi tu blesseras Isha en tant que elle-talon* » (Genèse, III, 15).

Le mot « inimitié » — *Aïov* איוב — est le nom de Job en hébreu.

L'histoire de Job est celle de « l'inimitié placée » par Dieu dans la relation de *Isha* au serpent, dans celle de leurs « semences », c'est-à-dire de leurs « principes » qui sont respectivement יהוה, le NOM scellé au cœur du féminin *Isha,* et *Satan,* principe du serpent.

Job est l'inimitié même יהוה-Satan.

Plus que jamais, dans ce mythe, il apparaît que le héros du drame en qui se joue le destin divin est l'Homme. Et c'est maintenant, à l'étage de l'ÊTRE de la vie de l'Homme, qu'il se joue.

Dans le triangle matriciel *Yesod-Hod-Netsaḥ,* nous avons rencontré des situations symboliques de celle-ci : Moïse était à Pharaon dans le même rapport que יהוה à Satan, mais ils étaient des hommes pour le peuple hébreu encore esclave de Pharaon, pour l'Homme encore prisonnier de l'AVOIR.

A l'étage du cœur, au centre de l'ÊTRE. ce sont les principes divins eux-mêmes, les « semences » que nous rencontrons dans la dualité créée : l'Homme-יהוה, inaccompli de Dieu, se mesure à l' « Adversaire » (traduction de *Satan*) pour accomplir *Elohim,* Dieu pourtant déjà totalement accompli !

Ce n'est que dans la perspective du dépassement des deux pôles de cette antinomie que se propose à notre contemplation le mystère divin, seulement dans le « créneau de son pôle inaccompli » que se situe celui de la Création — celui de l'Homme !

Moïse et Job, que la critique historique fait contemporains, se relaient dans l'accomplissement messianique. Tous deux préfigurent le Christ, יהוה incarné, qui récapitulera ces deux plans d'accomplissement et conduira l'Homme à sa totale déification.

יהוה-semence, germe de conscience en l'Adam du jardin d'Éden, est faible, si faible qu'il est évacué sans qu'*Isha* y prenne garde dans le discours du serpent : « *Vraiment est-ce qu'Elohim t'a dit de ne pas manger de tout arbre du jardin ?* » (Genèse, III, 1), alors que l'ordre avait été formellement donné par יהי-*Elohim (1)*.

Mais voici que l'Adam a grandi, sa conscience s'est fortifiée malgré le drame de la chute, car l' « *inimitié est placée* ». Et Job vit sa Pâque ; en lui, יהוה fait sortir Adam de sa terre d'esclavage. Cela est exprimé par la première épreuve qui brise Job au niveau de l'AVOIR : il perd tous ses biens.

— « *Est-ce d'une manière désintéressée que Job craint Elohim ?* » demande Satan à יהוה. « *Étends ta main, touche à tout ce qui lui appartient, et je suis sûr qu'il te maudit en face.* »

— « *Soit, répond* יהוה, *tout ce qu'il a est dans ta main, mais n'étends pas ta main sur lui* » (Job, I, 9-12).

La charnière AVOIR et ÊTRE de Job est ici bien marquée.

Dans ce premier temps, Satan décime les biens de Job. Il détruit jusqu'à ses enfants : sept fils et trois filles.

La description de cet AVOIR peut être lue à plusieurs plans. Nous verrons à la fin du mythe que les trois filles qui lui seront redonnées sont liées à sa personne, au mystère de son NOM. En ce début, les trois filles de Job doivent être liées aux composantes de la personnalité que structure la triade énergétique **Jouissance-Possession-Puissance** dont nous avons parlé plus haut *(2)* mais qui, à cet étage, joue dans les catégories psychologiques.

Dans son être psychologique et dans ses biens matériels, Job est brisé. Mais sa conscience se fortifie.

יהוה amène l'homme à une connaissance secrète. Devant l'épreuve, Job affirme : « *Nu je suis sorti du sein de ma mère, nu j'y retournerai.* יהוה *a donné,* יהוה *a ôté, que le NOM de* יהוה *soit béni* » (Job, I, 21).

---

1. Genèse, II, 16.
2. Cf. chap. X, p. 146 et chap. XI., p. 184.

Il sait que l'Homme doit redevenir petit enfant, se faire germe, pour entrer dans le Royaume *Malkhuth* : il connaît les grands mystères d'Israël. Il est brisé, mais il sait ; il accepte.

En cela, Job vit déjà un accomplissement, car la colère — contraire de la force d'accomplissement, nous l'avons déjà vu *(3)* — ne s'élève pas dans son cœur.

Satan décide alors d'aller plus loin :

— « *Peau jusqu'à la peau*, dit-il à יהוה. *L'homme donne tout ce qu'il a pour sauver sa vie, mais étends la main et touche à son os et à sa chair, sûrement il te maudira en face.* »

— « *Le voici en ta main*, dit יהוה à Satan, *mais garde son souffle* » (Job, II, 5-6).

יהוה permet que le « coup de gong » sonne, que la « terre tremble », que le « séisme » saisisse Job *(4)* et que l'homme soit ébranlé dans ses terres profondes que symbolisent les organes **rate-pancréas**. Le Grand'Œuvre du baptême de feu commence : il est résumé dans le programme que Satan fait de lui : « *Peau jusqu'au bout de la peau* » — *Aor beod aor* עור בעד עור.

Job va aller de peau en peau jusqu'au bout de ses terres intérieures, c'est-à-dire de champs de conscience en toujours nouveaux champs de conscience.

Aor עור, la « peau » dont Adam est revêtu après la chute, est l'assombrissement de sa conscience réduite au total inaccompli, confondue avec un féminin dont il a perdu même le souvenir. Rappelons *(5)* que le même mot « peau » — *Aor* — prononcé *Iver*, signifie « aveugle » en hébreu. Adam est réduit à ce qu'il était, non seulement avant que Dieu ne lui révèle son féminin, mais avant même qu'il ne nomme ses énergies — les animaux — de sa première terre intérieure.

Le travail du Grand'Œuvre est, pour commencer, un travail de « mémoire », une mobilisation de la puissance « mâle » de Job *(6),* afin que, se souvenant, il épouse son féminin et recouvre la lumière qu'elle cache.

---

3. Cf. chap XI, p. 197 et chap. XII, p. 250.
4. Cf. chap. XII, p. 261.
5. Cf. chap III, p. 40.
6. Voir l'unique racine hébraïque זכר de ces deux mots, chap. III, p. 38.

La dernière « peau » עור sera *Aor* אור, la « lumière » ! Celle que Dieu qualifie de *Tov* טוב dès le premier jour de la Genèse, mais qui sera totalement *Tov* lorsqu'elle aura intégré la totalité de *Ra* רע, ici la totalité de עור la « peau ».

Le féminin de Job, sa profondeur, est nettement signifié dans le discours de Satan par « *l'os et la chair* ». Avant la chute, Adam n'avait-il pas identifié son féminin par ces mots : « *Voici celle qui est os de mes os, et chair de ma chair* » (Genèse, II, 23), c'est-à-dire, rappelons-le : « Voici celle qui est essence de mon essence et secret de mon noyau *(7).* »

En effet, le féminin de Job est mobilisé, son inconscient est touché. Job, l'homme parfait, si contrôlé, tout à coup ne se reconnaît plus ; sous le symbole de « sa femme », il se révolte : « *Tu persistes encore dans ton intégrité ! Maudis Dieu et meurs !* » (Job, II, 9).

Ainsi sommes-nous dans nos bouleversantes contradictions devant l'épreuve : quelqu'un en nous (conscience née, accompli participant de יהוה) sait qu'il y a un sens, une justesse en elle et qu'elle est lourde de son potentiel de fertilisation et de croissance. Celui-là en nous, bien que brisé, est amour.

Cependant quelqu'un d'autre a peur, tremble dans sa vieille « peau » qu'il refuse de quitter, sécurisé qu'il est dans l'habitude qu'il a d'elle. Tenté de maudire, il se révolte.

Mais Job fait taire cette dimension-là de lui : « *tu parles comme une insensée* » (Job, II, 10).

Il retourne cette partie-là de sa terre intérieure. Et le travail continue : la totalité du discours qui suit se polarise sur la recherche du sens, sur l'ouverture à de plus hauts niveaux, des deux séphiroth « Sagesse » et « Intelligence ».

Job va mettre sur ses épaules des têtes nouvelles qui l'obligent à des morts et résurrections successives.

Ses trois amis qui viennent le voir sont trois aspects de lui-même dans les naissances qu'il assume et pour lesquelles il entre en douleurs. Ils sont trois « têtes » plus connaissantes au fur et à mesure de ses épousailles avec lui-même, épousailles qui sont pénétration de ses ténèbres, de ses terres intérieures, son féminin, sa mère-épouse...

---

7. Cf. chap. XII, p. 225.

Tel Œdipe, il commence son grand voyage nocturne. Mais chez Job, le langage est plus alchimique : atteint d'un « *ulcère malin depuis la plante des pieds jusqu'au sommet de la tête...* », Job, sur son lit de douleur, connaît la phase du Grand'Œuvre dite de « putréfaction ». « *... et sa chair se couvre de vermine et de crasse, sa peau gerce et suppure...* » (Job, VII, 5).

Job ne comprend pas ! « *Instruisez-moi, dit-il à ses amis, montrez-moi en quoi j'ai failli... je suis innocent en cette affaire !* » (Job, VI, 24-29).

En un premier temps, il ne cherche la cause que dans les catégories punitionnelles de son champ de conscience primaire. Or il ne se connaît aucune faute. Dieu aurait-Il d'autres yeux que lui ?

« *As-tu des yeux de chair, lui demande-t-il, vois-tu comme voient les hommes ?...*

Tes mains m'ont formé et façonné, et tu me détruirais ?

Souviens-toi que tu m'as pétri comme l'argile et tu me ferais retourner à la terre ?

Ne m'as-tu pas coulé comme du lait, caillé comme un fromage ?

Tu m'as revêtu de peau et de chair, tu m'as tissé d'os et de nerfs ... et voilà ce que tu cachais dans ton cœur !... »

(Job, X.)

Ses épreuves sont celles de l'Œuvre au Noir ; tantôt la sécheresse du feu des enfers : « *J'espérais la lumière et les ténèbres sont venues, mes entrailles bouillonnent sans relâche ; je marche noirci, mais non par le soleil, je suis devenu le frère des chacals, le compagnon des autruches, ma peau noircit et tombe, mes os brûlent et se dessèchent...* » (Job, XXX, 26-30.)

Tantôt l'humide des abîmes :

« *Suis-je une mer ou un monstre marin pour que tu établisses des gardes autour de moi ?*

Quand je dis mon lit me soulagera, c'est alors que tu m'effraies par des songes, que tu m'épouvantes par tes visions...

Ah ! Je voudrais être étranglé ! »

Job est étranglé. Saisi à la gorge, à la « Porte des dieux », il change de niveau de conscience :

« *J'étais en paix, Dieu m'a brisé.*

Il m'a saisi par la nuque et m'a mis en pièces...

*... Il perce mes reins sans pitié, Il répand mon fiel à terre
Il ouvre en moi brèche sur brèche... »*

et nous retrouvons les organes vitaux, lieux de la forge, tous touchés par cette épreuve.

Job poursuit son terrifiant voyage ! J'emploie à dessein le mot « terrifiant », car son origine est proprement alchimique, les deux phases de l'Œuvre s'exprimant souvent par la formule : « *Le Ciel terrifié, la Matière quintessenciée.* »

Et « fixer le subtil » est certainement l'épreuve la plus grande. Le Christ Lui-même, sur la Croix, implore le Père pour « *que cette coupe s'éloigne* » de Lui. Job lui aussi implore...

« Image du Christ à venir », il a la force de continuer. Non plus dans l'ignorance de l'inconscient, mais consciemment, dans la nuit qui contient la lumière, l'homme continue son douloureux voyage. A ce nouvel étage du labyrinthe, les ténèbres s'épaississent jusqu'au contrepoint de l' « *Aïn* », le « Rien » des profondeurs abyssales.

Telle est la « descente aux enfers » : précipitation au niveau des pieds, retour au germe qui contient la totalité des promesses, les archétypes « d'En haut » et leur image « en bas », le « Mi » et le « Ma », le *Maïm* du chaos primordial alors que la terre était « *informe et vide* ».

Retour à l' « *informe et vide* » de sa genèse, pour vivre sa vocation juste, telle semble être — dans une apparente régression *(8)* — l'expérience vécue à ce moment de l'aventure humaine par celui qui cherche Dieu. S'il ne l'a faite pendant sa vie terrestre, sa mort ne sera-t-elle pas cela *(9)* ?

Job meurt ici et tout de suite. Il implore ses amis, de nouvelles intelligences en lui-même : « *Ne trouverais-je pas un sage parmi vous ?* » (Job, XVII, 10). Mais la profondeur de sa souffrance dépasse la hauteur de leur sagesse :

« *Vous êtes des gens habiles, et avec vous mourra la sagesse, car vous n'êtes que des charlatans...*

Vous êtes tous des médecins du néant ! Si vous pouviez garder le silence, on vous aurait pris pour des sages... » (XII, 2 ; XIII, 4-5.)

Ils parlent en Job, et Job les renvoie encore :

---

8. Cf. chap. XII, p. 243.
9. Cf. chap. XI, p. 204.

« *J'ai souvent entendu de semblables discours,*
Vous êtes tous d'affligeants consolateurs... » (XVI, 2),
et plus loin : « *Jusques à quand affligerez-vous mon âme et*
m'accablerez-vous de vos discours ? » (XIX, 1-2.)

Enfin, il renvoie définitivement ses amis. Il coupe sa dernière
tête :
« *Comme tu sais venir en aide à la faiblesse, porter secours au*
bras sans vigueur !
Comme tu t'y entends à conseiller l'ignorant à faire montre
d'une abondante sagesse ! » (XXVI, 2-3.)

Job va maintenant beaucoup plus loin. Sa démarche est apophatique : il trouve et ne trouve pas le sens. Son goût de Dieu le laisse
toujours insatisfait. C'est dans un au-delà toujours au-delà de toute
conceptualisation que sera la réponse, dans une expérience indicible !

Chaque changement de peau est un changement de conscience,
une émergence dans un champ d'intelligence et de sagesse nouvelles.
Avec ses amis, il a repoussé ses dernières peaux du cœur et des
oreilles ; toutes les circoncisions sont faites, il aborde à ses dernières
terres intérieures :
« *Il y a pour l'argent un lieu d'où on l'extrait, pour l'or un lieu*
où on l'épure. Le fer se tire de la terre et la pierre fondue donne le
cuivre.
L'homme met fin aux ténèbres, il explore jusqu'au fond des abî-
mes la pierre cachée dans les ténèbres et l'ombre de la mort... »
(XXVIII, 1-3).

Approchant de sa « pierre cachée », il approche de la source des
deux séphiroth :
« *Mais la sagesse d'où sort-elle ?*
Où est le gisement de l'intelligence ? » (XXVIII, 12.)

Alors tel Élie présidant à toute circoncision, tel Jean-Baptiste
présidant à la dernière et préparant les voies de יהוה , un quatrième
ami se présente et renvoie les trois autres. Il s'appelle *Eliahou.* Élie en
français.

אליהו est le NOM même de יהוה dont le dernier ה est remplacé par אל . Il est Job dont une part de lui (un ה) n'est pas encore
dans l'*Elohim.* Il prépare Job à la totale lumière. Déjà l'Esprit d'*Elo-*

him est en lui : « *L'Esprit qui est mon sein m'oppresse, mon sein est comme un vin bouché, comme une outre neuve prête à éclater... »* (XXXII, 18-19.)

L'Esprit Saint est en lui ; avec lui, la folie. Folie aux yeux des hommes, elle est Sagesse divine, alors que la sagesse de Job en ses trois amis était folie aux yeux de Dieu !

« *Attends un peu et je t'instruirai car j'ai des paroles encore pour la cause de Dieu...*

... Dieu sauve le malheureux de sa misère
Il l'instruit par la souffrance...
... Job, sois attentif à ces choses,
arrête-toi et considère les merveilles de Dieu. »

(XXXVI, 2 et 15 ; XXXVII, 14.)

Eliahou parle : il prépare Job à aller vers le gisement de l'Intelligence, aux sources de la Sagesse, dans sa dernière terre, « *celle où l'on trouve l'or, et l'or de ce pays est Tov* טוב *! »* טוב ou la lumière totalement conquise !

Ce verset, puisé dans la Genèse (II, 12), décrit la première des quatre terres intérieures de l'Homme, terres que féconde l'unique fleuve qui sort d'Éden. « 4 » est le nombre qui symbolise les structures de l'Homme intérieur mais il ne rend pas compte de la réalité formelle ; une autre image, celle de l'échelle, propose trente-trois degrés, chaque degré pouvant encore être considéré comme une terre à construire.

Quelle que soit l'image, cette première terre décrite dans la Genèse est celle que conquiert l'Homme dans ses dernières profondeurs. *Eliahou* est le guide qui conduit aux portes de cette première terre ; les trois autres amis ont conduit Job aux trois premiers niveaux énergétiques, c'est-à-dire aux trois premières terres nommées dans la Genèse en ordre décroissant jusqu'à celle qui est arrosée par le *Phrat*. C'est en partant de celle-ci que Job a fait sa croissance.

Pour lui, elle s'appelait *Outs* עוץ : l'homme-*Vav* ו (ו = 6) dans l'arbre עץ. Maintenant, l'homme atteint au 9, comme au 9e mois de sa gestation. Il ne pourra naître au 10, au *Yod*, qu'avec le seul guide qui puisse ouvrir le « noyau », le NOM, יהוה Lui-même.

C'est pourquoi, à son tour, *Eliahou* se retire. Tel Jean-Baptiste qui dira : « *Il faut qu'Il croisse et que moi je diminue »*, repoussant la dernière peau, *Eliahou* disparaît.

LE SYMBOLISME DU CORPS HUMAIN

Toutes les circoncisions de la Sagesse-Intelligence sont faites à l'exception de celle que Seul יהוה peut accomplir avec l'Homme.

« *Alors du sein de la tempête* יהוה *répond à Job* » (Job, XXXVIII).

« *Qui est celui-là enténébreur de dessein par des discours sans connaissance ?*
Ceins tes reins comme un fort,
Je t'interrogerai et tu m'instruiras :
Où étais-tu quand je fondais la terre ?
Raconte, si tu connais, intelligence ! »

Et du « Fondement-*Yesod* » à « l'Intelligence-*Binah* », les séphiroth sont saisies dans un embrassement cosmique auquel יהוה appelle Job afin qu'il se souvienne totalement.

L'intelligence redevient ici pleinement féminine : « *je t'interrogerai*, dit יהוה Sagesse, force mâle en Job, *et tu m'instruiras, intelligence* », force féminine qui est appelée à s'ouvrir et à donner son fruit. La tempête est l'ultime bouleversement qui s'opère en Job, ultime « *coup de tonnerre* » de la rate-pancréas, car nous atteignons à la dernière terre.

Dans un premier temps, nous descendons jusqu' « *aux sources de la mer... au fond de l'abîme... aux portes de la mort... au séjour de la lumière... à la résidence des ténèbres...* » pour que Job se souvienne de son origine : « *Tu dois connaître puisque déjà tu étais né, car le nombre de tes jours est infini* » lui dit יהוה (Job, XXXVIII, 21).

Et l'Homme a révélation ici de son éternité. Créé de toute éternité, au-delà des temps, il peut se souvenir de sa semence, aller jusqu'à son noyau. Dieu l'y conduit.

Chantant alors un hymne cosmique, יהוה sculpte la dernière tête de Job, celle que le premier triangle archétypiel symbolise chez les Hébreux, celle que les Chinois appellent « *champ de cinabre supérieur où se joue le mariage de l'Homme avec l'universel* ».

Dieu accouche Job aux dernières lumières de la Sagesse et de l'Intelligence.

« *Qui a placé la Sagesse dans les reins ?*
Et qui a donné l'Intelligence au cœur ? » (Job, XXXVIII, 36), demande יהוה avant de clore son chant cosmique sur la description des dix énergies désormais intégrées, depuis le lion jusqu'à l'aigle.

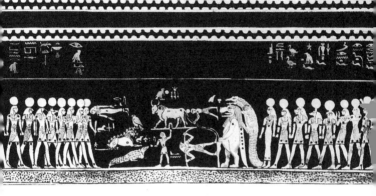

Scène du Jugement

Anubis introduit les âmes. Devant elles « on voit un animal bizarre, composé de parties d'hippopotame, de lion et de crocodile — ce dernier a fourni la gueule —. La mâchoire est grande ouverte pour recevoir les cœurs qui se sont trouvés ne pas faire le poids quand ils furent mis en balance avec la Justice. » (Scène du tombeau du pharaon Sethi 1er, 19e dynastie.)

Du lion à l'aigle, Job a assumé toutes ses peaux successives.

Job devenu aigle a parcouru l'Éden, il se présente à la « Porte des Dieux ». Mais entre la « Porte des Dieux » et l'Orient d'Éden est l'abîme que symbolise le passage entre les deux triangles sur l'Arbre des Séphiroth, le cou au niveau du corps humain. L'Orient est gardé, nous dit la Genèse, « *par les Chérubins et par l'Épée flamboyante et tournoyante* » (Genèse, III, 24).

« *Ceins tes reins comme un fort,*
Je t'interrogerai et tu m'instruiras »,

redit יהוה, martelant plus impérativement son ordre, car Job doit ramasser ses dernières énergies pour aller plus loin encore et passer l'abîme.

Deux Seigneurs des profondeurs en sont les gardiens. Leurs peaux sont les deux derniers champs de conscience de Job. Les pénétrer est œuvre impossible à qui ne les devient pas.

> « *Voici Behemoth...*
> *Il est principe des chemins de Dieu,*
> *Il a été fait guide de Son Épée* »

(Job, XL, 19).

Behemoth, gardien de la Porte d'Orient et guidant l'Homme sur le chemin de l'Épée, le guide sur le chemin de son NOM.

Behemoth בהמות est un pluriel. Ne sont-ils pas les Chérubins, ceux qui approchent le NOM dans la dernière mutation ? Ils sont proches du NOM car le « chérubin » (*Karov* כרב), est celui qui est « proche » (*Qarov* קרב), le *Kaph* כ sur un plan cosmique renvoyant au *Qof* ק.

Ils obligent à la dernière mutation car *Behemoth* בהמות peut se lire « dans ב la ה mort מות ». Pluriel féminin, les *Behemoth* sont les symboles de force et d'intelligence.

Les Chérubins soutiennent le trône de Dieu.

Avec la force de יהוה , Job passe la barrière angélique des Chérubins.

Avec la force de יהוה, il se présente devant le dernier Seigneur de ses eaux profondes : *Léviathan.*

Qui est *Léviathan* ?

יהוה célèbre sa beauté, l'impénétrabilité de sa peau qui fait cuirasse, celle de ses mâchoires qui font boucliers scellés l'un contre l'autre. La terreur entoure sa gueule d'où

> « *jaillissent des flammes, des étincelles ardentes ; de ses naseaux sort une fumée comme d'une marmite bouillante sur la fournaise.*
> *... il fait de la mer une bouilloire à parfums, il laisse après lui un sillage étincelant comme si l'abîme avait des cheveux blancs,*
> *... il est roi sur tous les fils de l'orgueil* »

(Job, XLI).

Un immense mystère entoure ce dernier monstre. Monstre de ce côté de l'abîme, n'est-il pas le Séraphin, « *celui qui brûle* », et qui, avec les Chérubins et les Trônes, forme la dernière triade des neuf hiérarchies angéliques ?

« Son cœur est coulé comme la pierre,
fondu comme l'enfantement sacré des profondeurs »
(Job, XLI, 16).

Le cœur du *Léviathan* est le noyau de l'être, celui qui est scellé dès les origines, lorsque יהוה *-Elohim « scelle la chair d'Adam dans les profondeurs »* (Genèse, II, 21).

Nous avons vu que « les profondeurs » *(10)* — *Tahtenah* תחתנה — contient aussi *Hatounah* חתנה qui est le « mariage ».

Le *Léviathan* est la dernière terre que Job doit pénétrer, l'objet de son dernier mariage à célébrer avec lui-même. Il est, au fond de ses enfers, le dragon que Job va embrasser pour en ouvrir le cœur, pour être coulé, fondu avec « la pierre », pierre d'angle, cœur de l'édifice, dans l'ultime travail de la forge, afin d'enfanter le divin.

Job devient son Nom.

« L'oreille pour entendre t'avait entendu, maintenant mon œil Te voit » (ou : « *ma source Te voit* »).
« Bienheureux les cœurs purs, dira le Christ, *car ils verront Dieu. »*

En *Tiphereth,* Job est totalement purifié ; il devient lumière. Il mange le fruit de l'Arbre de la dualité qu'il était, fruit de l'unité qu'il est devenu, son Nom conquis.
L'unité est inséparable de la multiplicité, toutes deux sont ici antinomiques, car appartenant à la Réalité qui dépasse toutes les réalités appréhendées jusqu'à cette dernière expérience et ressortissant à la dualité.
Cette multiplicité n'est plus celle qui était vécue au départ sous le symbole de la « poussière » *(11)*. En *Tiphereth* תפרת, la poussière עפר *Aphar,* devenue « cendres » אפר *Epher* dans le feu de la forge, a obéi à l'ordre de croissance פר dont la racine préside à la totalité du Grand'Œuvre.

« Croissez, multipliez-vous, remplissez la terre et dominez-la » (Genèse, I, 28).

---

10. Cf. chap. XII, p. 257.
11. Cf. chap. VIII, p. 123-124.

Job a assumé le *Ayin* ע, sa « source » ou son « œil » des origines ; par le feu, il est devenu *Aleph* א, tête « cornue » maintenant « couronnée » *(12)*.

L'éclatement dans l'universel est symbolisé chez Job par la multiplicité des biens qui lui sont redonnés, par la richesse de son nouveau cheptel et par les dix enfants dont il est couronné : dix est le *Yod*. Au cœur de ses dix enfants, trois filles révèlent leur nom : elles sont le Nom de Job sous le symbole de sa triade énergétique accomplie :

— *Yamimah* ימימה est la plénitude des espaces et des temps devenus maintenant **possession** de Job.

— *Qetsia* קציע est « l'été » — *Qaïts* קיץ — à sa racine ע, saison où l'on « coupe » — *Qatsoa* קצע — le fruit

Ce fruit était autrefois en potentialité dans l'arbre עוץ *Outs*, terre de Job ; il est maintenant le *Yod* au faîte de cet arbre עיץ. Et ce fruit embaume. *Qetsia* est une plante aromatique, la casse. Le parfum et la saveur du fruit sont la **jouissance** à laquelle atteint Job, tel Noé atteignant à l'ivresse.

— *Qeren Hapoukh* קרן הפוך, « couronnement des contraires », « dépassement des contradictions », est le pommeau de l' « *Épée tournoyante* » qui gardait l'Orient d'Éden ; le mot « tournoyant » est celui-là même, *Hapoukh,* qui qualifiait les deux tranchants de l'Épée הלה. *Qeren* קרן, la « corne », a pour valeur 100 + 200 + 700 = 1 000. Elle est la domination, la **puissance** totalement conquise. Elle est l'unité.

Les Hindous la nomment *Advaïta*.

Fruit de l'Arbre de la Connaissance maintenant accompli, Job peut désormais aller cueillir le fruit de l'Arbre de Vie.

2. Jonas

Nous ne pouvons quitter Job sans interroger, dans cette même tradition, le prophète Jonas dont l'expérience vécue dans le ventre du « grand poisson » relève du même voyage.

---

12. Cf. chap. V, p. 56, VII, p. 95-96 et XX, p. 407.

Et cependant, ne communiant pas à l'intelligence de יהוה, Jonas avait enfreint l'ordre divin concernant Ninive : il devait aller vers la grande ville pervertie pour y prêcher la repentance.

Fuyant ce destin, il prend le premier bateau en partance. Mais un ouragan soulève le bâtiment qui menace de faire naufrage. Paniqués, les marins tirent au sort pour savoir qui d'entre eux est cause de cette détresse. C'est Jonas.

Mais Jonas s'est réfugié au fond de la cale, et là, plus loin encore, dans le plus profond sommeil.

Apparemment loin de son accomplissement, Jonas est durement ramené à la réalité de son destin : par la main des marins, il est jeté « *au cœur de la mer* », au cœur de son « *inaccompli* ».

Avalé par le monstre marin dont la tradition orale fait une baleine, Jonas semble ne pas devoir recouvrer la lumière. Mais du fond des entrailles du grand poisson, il se souvient de יהוה, l'invoque, et יהוה lui répond.

> « *Tu m'as jeté dans l'abîme, dans le cœur de la mer*
> *Les eaux m'ont couvert jusqu'à m'ôter la vie*
> *L'abîme m'a enveloppé*
> *Les roseaux ont entouré ma tête*
> *Je suis descendu jusqu'aux racines des montagnes*
> *Les barres de la Terre m'enfermaient pour toujours,*
> *Mais tu m'as fait remonter vivant de la fosse...* »
>
> '(Jonas II, 4-10.)

יהוה parle au grand poisson et celui-là vomit Jonas sur le sec.

Revêtu de la force de ses profondeurs, Jonas peut alors affronter Ninive et entrer dans l'intelligence de la miséricorde divine concernant la ville.

Il fait l'expérience de la transcendance.

« *C'est à cette Transcendance que nous donnons couramment le nom de Dieu (13)...* » dit Shri Aurobindo. Mais, dans un premier stade, c'est en redevenant germe, poisson, en plongeant « *jusqu'aux racines des montagnes* », aux racines ontologiques, aux Archétypes de la création, que l'Homme atteint à ce niveau de conscience cosmique qui transcende notre niveau de conscience ordinaire.

---

13. *La Vie divine,* p. 63.

Il existe une très récente théorie embryologique selon laquelle le germe, dans le ventre maternel, a la mémoire cosmique. Il sait.

Le traumatisme respiratoire de la naissance refoulerait cette mémoire dans les profondeurs de l'inconscient. Il semble que celui qui se refait volontairement et consciemment germe (et les techniques respiratoires ne seraient pas étrangères à cette démarche), celui qui « épouse la mère » pénètre les ténèbres de l'inconscient, brise le tombeau de la mémoire et recouvre la Connaissance. Parvenu au cœur de lui-même, le connaissant est au cœur de tout ce qui a vie.

« *Mien le soleil, mienne la lune, miennes les étoiles, mienne la Mère de Dieu, miennes toutes les créatures ! Que demandes-tu et que recherches-tu encore, ô mon âme ! Tout est à toi et tout est pour toi...* », s'écrie le chantre par excellence de cette expérience, saint Jean de la Croix qui, auparavant, décrit son voyage dans la nuit la plus noire.

Émergeant de la même nuit portant en son corps les stigmates des plaies de son Maître, saint François d'Assise loue le Seigneur en qui il connaît désormais l'Univers entier : il est né au sein d'une nouvelle famille dont chaque élément lui est intimement « sien » : ce sont « *Messire le frère Soleil, sœur Lune et les Étoiles, frère Vent, frère Feu et sœur notre mère la Terre...! ».*

Ces poèmes ne peuvent relever de la critique psychanalytique, comme certains l'ont voulu ; ils ressortissent à des catégories qui lui échappent totalement ; ils sont le fruit d'une expérience mystique.

Le nom hébreu de Jonas — *Iona* יונה — contient le Tétragramme, le *Noun* נ qui vaut 50 remplaçant un des *Hé* ה qui vaut 5. Jonas est ce *noun*. Chez les Arabes, il est appelé *Dhûn-Nun* ; *Nun*, lettre de valeur 50 en arabe comme en hébreu, est aussi dans les deux langues le « poisson » ; il est alors le poisson-mâle. La baleine joue évidemment le même rôle que l'Arche dans l'histoire de Noé, celui de poisson-femelle détenteur de l'énergie-information *(14).*

------

14. Voir : *La Lettre : chemin de vie* (chap. XVI). Je fais ici allusion au mot *Nagod* נגד « informer » qui est aussi le « face à face », et dans les structures duquel le *Noun* נ, poisson-mâle, fait face au *Dag* דג, poisson-femelle. L'information ne peut se faire que dans le mariage de l'homme se faisant poisson pour épouser une nouvelle somme énergétique que symbolise le *Dag* dans les profondeurs de l'inaccompli.

Jonas jeté au cœur de la mer
« Tu m'as jeté dans l'abîme...
mais tu m'as fait remonter vivant de la fosse ! »
(Bible dite de Saint Bernard, Troyes ; photo Michel Vuillemin.)

Qu'il s'agisse de la baleine, du dauphin, du crocodile ou du makara, tous ces poissons qui vivent en *Malkhuth*, sur terre et dans l'eau, et dont le cœur a le feu du diamant, s'identifient à la divine mère noire des profondeurs ; celle-ci est *Kali,* épouse de Shiva chez les hindous, *Isis* chez les Égyptiens, *Cybèle* chez les Crétois, *Dana* chez les Celtes, *Perséphone* chez les Grecs... L'unique Dame de la Nuit qu'Apulée chante en ces termes :

« *Je suis la nature mère des choses, maîtresse de tous les éléments, origine de principe des siècles, divinité suprême, reine des mânes, première entre les habitants du ciel, prototype des dieux et des déesses. C'est moi dont la volonté gouverne les voûtes lumineuses du ciel, les souffles salubres des océans, le silence lugubre des enfers...* » (Métamorphoses, XI, 4).

3. La descente aux enfers dans les mythes grecs

Redevenir germe : cette opération tient une place si centrale dans notre évolution que toutes les traditions vont la décrire en rendant compte de son identification avec l'expérience ורע , l'expérience « non lumière ».

C'est ainsi que nous la trouvons dans le *Livre du voyage nocturne* d'Ibn Arabi, dans le *Livre des morts (Bardo Thödol)* du Tibet, dans celui de l'Égypte, dans les descentes aux Enfers des mythes grecs, dans les Enfers de Dante. Enfin, la cécité de nombreux héros de nos légendes traduit cette même descente dans les ténèbres, selon une déambulation labyrinthique elle aussi, mais qui s'inscrit dans le cadre du premier triangle inversé.

Dans ce premier triangle, il ne s'agit plus des ténèbres de l'ignorance ; le sujet a déjà fait l'expérience de *Tov* טוב , du bon, de la lumière ; il vit de grandes ténèbres, mais est déjà conscient de la lumière qu'elles portent. La lumière n'éclatera que lorsque ses rayons rencontreront la matière qui les recevra, celle qu'ils pourront pénétrer.

Là est le mariage.

La « Matière » est la « Mère noire des profondeurs », c'est-à-dire les archétypes inférieurs dans lesquels Jonas et Job ont été précipités, ceux qu'Œdipe en Jocaste a épousés.

LE GRAND'ŒUVRE

Nous comprenons bien maintenant pourquoi nul ne pourra remonter des enfers s'il n'a capté auparavant la lumière essentielle de son être, après avoir commencé à « *séparer le subtil de l'épais* ».

Personne non plus ne pourra assumer cette nouvelle déambulation labyrinthique, ni en trouver l'issue, s'il n'est accompagné d'un guide.

יהוה le fut pour Jonas et Job, Antigone pour Œdipe, Ariane s'offrait à Thésée... Hermès accompagnera Hercule, la Sybille de Cumes conduira Énée. La lyre aux sept cordes donnée par Apollon à Orphée est la voix même du dieu qui guidera « l'orphelin ». Prémices de son verbe, chant du dieu qu'il est en puissance, la lyre du héros émerveille les profondeurs enfériques et libère Eurydice, son être divin cueilli dans les profondeurs de *Tiphereth* ; Orphée se mesure à la séphirah *Din* (Justice). Passera-t-il la « Porte des dieux » ? Devant elle, il s'arrête, se retourne. Il veut voir Eurydice, la saisir de ses yeux, la posséder.

Mais « se retourner en arrière », c'est retrouver une conscience ordinaire, recouvrer des yeux de chair, arrêter la vie. La vision s'évanouit !

Au moment où l'Homme, saisi de l'amour divin, est pris dans l'expérience du divin, s'il veut la conceptualiser, l'enfermer dans la vision dont il n'est pas encore libéré, il la brise.
O douleur inexprimable, aussi puissante que le fut la puissance de l'amour vécu, elle enferme dans une nuit plus noire que celle des enfers celui qui était prêt à voir le jour !
Orphée périra de douleur.
Combien il est dangereux, au sein de cette expérience, de vouloir ramener au niveau des catégories d'une conscience ordinaire, enfermer dans nos cadres conceptuels, ce qui ressortit à une transcendance !

Et quel est le guide qui, au cours de ce voyage aux enfers vécu dans le cadre des techniques analytiques modernes, se révèle être un vrai maître capable de discerner, parmi les matériaux surgis des profondeurs, ceux qui ressortissent à tel ou tel plan de conscience ?

Une loi fondamentale, expérimentée au niveau de l'Être, veut que « lorsque le disciple est prêt, le maître arrive » : Raphaël se tiendra à la porte de Tobie, prêt à partir accompagner le jeune homme dans son voyage *(15)*. Le vrai maître se présentera à celui qui cherche son vrai chef, son Père.

C'est pour aller rechercher le Père dont lui aussi est orphelin, qu'Énée adresse à la Sybille cette seule prière : « *Donne-moi de descendre aux enfers et d'aller y revoir son cher visage... Enseigne-moi la route souterraine qui me permettra de retrouver celui que j'emportai sur mes épaules...* »

Quel est celui qu'Énée portait sur ses épaules, si ce n'est sa vraie tête, son vrai visage, son « cher visage » — son visage divin — dont il a été décapité pour le remplacer, comme tout homme dont la conscience s'est obstruée, par le masque ?

Qui est ce Père s'il n'est le pommeau de l'Épée, le *Yod*, le dieu ?

Un fait est remarquable dans ce mythe : en quête du divin, Énée ne demande pas à la Sybille de le transporter dans les hauteurs d'un ciel habituellement inaccessible, mais dans les profondeurs de l'abîme, de ses abîmes.

Dieu ne doit pas être cherché en haut, mais à l'intérieur de nous-mêmes, dans ce pôle « inférieur » dont l'intégration seule donne la « clef » du divin, le recouvrement, au-dessus des épaules (clavicules) du vrai chef.

C'est après avoir retrouvé son Père, son vrai visage, qu'Énée remonte sur la terre où il a désormais la force de fonder la Rome aux sept collines, mission dont les dieux l'ont investi.

Il est capital de noter que c'est muni d'un rameau d'or qu'il doit offrir à la reine des Enfers (la Mère) qu'Énée est guidé par la Sybille. Ce rai de lumière est le symbole de sa filiation divine recouvrée qui seule permet l'entrée du gouffre infernal. Il en est la clef dont j'ai déjà dit l'importance. Celui qui n'en est pas armé, qui n'a pas conscience de la dimension divine de l'expérience, ne trouvera en bas que le monstre de la mort et ne pourra pas assumer la remontée.

Thésée avait hérité de son père l'Épée d'Or, et pourtant...

Hercule vient de dérober au géant Atlas, porteur de la voûte céleste, les pommes d'or du Jardin des Hespérides, lorsque Eurystée, son maître, lui prescrit de descendre aux Enfers pour en ramener Cerbère, le monstre qui en garde les profondeurs.

---

15. Cf. chap. XIX, p. 386-387.

LE GRAND'ŒUVRE

Fort de l'élévation précédente, Hercule peut descendre. Nourri de ces pommes d'or, il possède la clef des enfers et saura s'en servir. Ce n'est pas la première fois qu'il aborde cette épreuve. Ne s'est-il pas déjà mesuré à Géryon, géant colossal dont les énormes flancs se ramifient en trois corps et dont la demeure sous-marine est gardée par un chien à trois têtes qui apparaît comme une préfiguration de Cerbère ?

C'est en traversant le huitième cercle des Enfers que Dante et son guide Virgile, au fond du puits de Malebolge, descendent sur les épaules de ce même Géryon. Dans les bras du géant Antée, ils traversent le neuvième cercle ; Hercule connaît aussi Antée. Sur sa poitrine, il l'a écrasé. L'expérience du héros grec se retrouve étonnamment vécue par le poète. Tous deux n'ont affronté l'Enfer qu'après avoir vaincu le lion.

Nous retrouvons là le premier animal décrit par Dieu à Job, le dernier étant l'aigle ; dans le Tétramorphe, le lion et l'aigle sont les deux dimensions centrales.

« *Dans cette opération l'aigle dévore le lyon* », écrit l'alchimiste Salmon dans la préface de la *Bibliothèque des Philosophes (16)*. L'aigle, dont nous étudierons plus loin le symbolisme, annonce déjà l'élévation, la sublimation.

Qu'implique-t-elle cette sublimation ? Quelle intégration doit-elle assurer, dont le lion fait les frais ? Quelle partie de l'Œuvre nos héros, abordant aux Enfers et rencontrant le lion, accomplissent-ils ? Confirmons ce que nous avons déjà découvert.

Le lion, en chaque homme, symbolise l'énergie psychique vécue au niveau du cœur avant que celui-ci ne soit devenu, à l'étage de l'ÊTRE, cœur-Amour divin. Dans cette perspective symbolique, le lion est lié à la passion, à la fougue, au courage allant jusqu'à l'héroïsme, à la colère aussi, autant de vertus psychiques qui doivent se transmuer en vertus ontologiques.

Lorsque l'apôtre Paul prescrit : « *Circoncisez vos cœurs* », il rejoint l'alchimiste : « *Que l'aigle dévore le lion.* »

Le lion est de lignée royale ; il ne doit pas mourir, mais s'identifier à une royauté supérieure. L'aigle royal, en le dévorant, assimile son énergie solaire et transmue ses qualités en Amour-Connaissance.

---

16. Cité par G. Monod-Herzen : *L'Alchimie méditerranéenne*, p. 138 (Adyar).

L'Homme qui en lui-même a vaincu le lion et s'est revêtu — te
Hercule — de sa peau, a dominé le caractère psychique de ses élans e
revêtu les prémices de la robe de lumière. Par là même, il a fait se
premiers pas dans le chemin royal. Mais la route est longue, dure
d'autres travaux sont à accomplir pour l'aplanir. Au bout du chemin,
chez Dante comme dans le mythe grec, Cerbère garde la porte.

Interrogeons son nom : *Cerbère* — Κεϱβεϱοs en grec — est ur
vocable énigmatique. Il semble provenir de la contraction de χεϱαs e
βαϱοs et signifie alors « Corne puissante ». Cette indication ne ferai
que confirmer mon intuition profonde : par sa structure trinitaire e
la puissance des cornes, dont nous avons vu et reverrons le symbolisme divin, Cerbère semble être le visage noir, la polarité négative du
dragon auquel l'Homme s'apprête à s'unir, et qui est frère du *Léviathan* hébreu.

Une autre étymologie, peu éloignée de la précédente, que certains attribuent au nom du monstre, ferait de celui-ci un « dévoreur
de chair » (Κϱεαs, chair — βοϱαs, vorace) ; son rôle rejoindrait alors
celui du Satan « dévoreur de poussière » tant que nous ne revenons
pas à l'Époux divin.

Une troisième étymologie possible est puisée dans le sanscrit.
Cerbère y serait le nom même de la nuit, Sarvari *(17)*. Ne voyons-
nous pas le chien accompagner Artémis, déesse lunaire, née un jour
avant son frère Apollon, dieu solaire ?

Quelle que soit l'origine vers laquelle nous nous tournons, Cerbère serait au devenir de l'Homme qui se mesure à lui avant d'entrer
dans la déification, ce que la nuit est au jour, ce que la lune est au
soleil, ce que le soir est au matin de la Genèse : une seule et même réalité dans sa double polarité.

Que la tête de Cerbère soit celle d'un chien, cela est très important. J'ai souvent été frappée par la présence de ces hommes cynocéphales que l'iconographie chrétienne place les premiers à la droite de
la tête du Christ en Gloire (sur le tympan du narthex de la basilique de
Vézelay, par exemple).

Pourquoi a-t-on également donné le nom du Chien à la constellation qui se trouve voisine du soleil au moment où celui-ci est au point
le plus élevé de sa course ?

---

17. Jacques Duchaussoy : *Le Bestiaire divin* (Éditions La Colombe).

Saint Christophe à tête de chien
« Christophoros » qui, visiblement, « porte le Christ » est invisiblement porté par
lui. Ainsi le rapporte la Tradition du vieillard Siméon (Luc, II, 28). Seul traverse la
totalité de ses enfers (symbole du chien) celui que porte le Christ.
(Saint Christophe le Cynocéphale, XVIIᵉ siècle, Musée Byzantin.)

Particularité que le langage courant confirme lorsqu'il qualifie de « caniculaires » certains jours chauds de cette époque de l'année. La correspondance symbolique qui existe entre l'anatomie du ciel physique et celle de la terre nous laisse à penser que le chien est proche du dieu avec lequel l'Homme retrouve sa totalité.

En hébreu, « chien » se dit כלב *Kéleb*, et porte la racine *Kol*, la totalité. Son homonyme *Kebel* כבל signifie « lien, chaîne ». Le chien, le Cerbère, le Satan, enchaîne l'Homme qui l'a choisi pour maître (mythe de la chute) à son « non-devenir lumière » (*veRa* ורע alors devenu le « mal »), à ce seul pôle de l'Arbre de la dualité que symbolisent les ténèbres des enfers.

L'Homme vit en Cerbère l'ennemi, l'adversaire de son pôle de lumière. Nous retrouvons là, tout nous le confirme, le personnage rencontré chez Job, Satan « adversaire » de יהוה.

Mais nul ne pourra « étreindre son Satan » *(18)* s'il n'a chassé de lui la cohorte de ses démons, ceux dont « *Légion* » est le nom *(19)*, qui parasitent la création et « dévorent les chairs ».

4. Les Enfers du « Bardo-Thödol »

Nous retrouvons ces démons décrits sous le nom de « Formes-Pensées » dans le *Bardo-Thödol* (ou *Livre des Morts* de la tradition tibétaine). Le « Bardo » est exactement cet état intermédiaire que connaît l'Homme entre une mort et une naissance, état que dénonce Dante lorsqu'il se dit « *hors de la vie et de la mort* ».

Cet « après la mort » que décrivent le *Bardo-Thödol* comme le *Livre des Morts* égyptien, ainsi que les différents récits de « descente aux Enfers » des grands mythes de l'Humanité, ne concerne pas forcément la mort physique, sauf au cas où celle-ci accompagne la mutation dont il s'agit. Cette dernière est celle qui ouvre le passage à un autre plan de conscience et que tout un chacun doit vivre avant de naître à la « Porte des dieux ».

« *O fils noble,* dit le Bardo, *ce qu'on appelle la mort est maintenant venu ! Tu quittes ce monde, mais tu n'es pas le seul, la mort*

---

18. Cf. chap. XIII, p. 301.
19. Marc, V, 9.

vient pour tous. Ne reste pas attaché à cette vie par faiblesse. Même si, par faiblesse, tu y restais attaché, tu n'as pas le pouvoir de demeurer ici. Tu n'obtiendras rien d'autre que d'errer dans le Samsara. Ne sois pas attaché, ne sois pas faible ; souviens-toi de la précieuse Trinité.

« O fils noble ! quelque frayeur ou terreur qui puisse t'assaillir dans le Chönyid Bardo (20), n'oublie pas ces mots, et gardant leur signification dans ton cœur, va de l'avant, en eux se trouve le secret vital de la Connaissance.

« Hélas ! quand l'Expérience de la Réalité luit sur moi, toute pensée de peur, de terreur, de crainte des apparences étant rejetée : Puissé-je reconnaître que toute apparition est une réflexion de ma propre conscience, puissé-je les reconnaître comme étant la nature des apparitions du Bardo.

« Au moment très important d'accomplir une grande fin, puissé-je ne pas craindre les troupes des Divinités paisibles et irritées qui sont mes propres formes-pensées.

...

« O fils noble ! si tu ne reconnais pas tes propres formes-pensées malgré les méditations ou dévotions faites par toi dans le monde humain — si tu n'as pas entendu ce présent enseignement — les lueurs te subjugueront, les sons te rempliront de crainte, les rayons te terrifieront.

« Si tu ne connais pas cette clef absolue de tous enseignements — n'étant pas capable de reconnaître sons, lumières et rayons — tu devras errer dans le Samsara. »

Le sujet fait alors l'expérience des sons, des lumières et des rayons, toutes formes-pensées, nos démons !

L'Homme qui vit cette expérience « ténèbres » perd son « Moi ».

S'il a acquis dans l'expérience « lumière » qui précède celle-ci les structures nécessaires à contenir l'irruption divine, les « formes-pensées » meurent avec le « Moi » et l'Homme entre dans la participation du grand Nom Divin contenu en son « noyau », son cœur.

S'il ne les a pas acquises, les structures du « Moi » éclatent de toute façon, ne sont remplacées par aucune autre, et l'Homme est la proie de ses démons, de ses « formes-pensées » qui mangent sa chair et boivent son sang. Il devient démon. C'est pourquoi Christ donne

---

20. Rencontre avec la « Réalité-Mère ».

Sa chair en nourriture et Son sang en breuvage, afin que l'Homme nourri de Dieu devienne dieu.

5. Les enfers du schizophrène

Je suis une petite fille heureuse vivant dans la maison familiale où j'étais née cinq ans auparavant. Soudain sonne le « *coup de gong* ».

A la hâte, un matin de printemps, nous partons. Je quitte le pays, la maison, les êtres chers. Je devine qu'un drame se passe, dont on ne me dit rien. Objet encombrant, considérée comme incapable de comprendre ni même de sentir la situation, je suis placée dans un couvent à Paris, seule.

L'univers auquel je peux encore me référer est ma grande sœur de deux ans plus âgée que moi, placée dans ce même couvent, mais de qui je suis séparée toute la journée.

Plusieurs mois se passent — une mort. Je me retrouve enfin avec ceux que j'aime, dans un appartement parisien triste et petit, dont bientôt les huissiers viennent retirer tous les meubles. Nous n'avons plus de quoi manger. Tout pleure autour de moi — une autre mort.

Je peux affirmer que l'enfant n'a aucun autre recours, pour survivre, que de se renvoyer à lui-même, à une profondeur insoupçonnée de lui-même où il découvre une réalité sacrée qui a permis à la petite fille de poser ses pieds sur une terre solide qu'elle a nommée disant : « On ne peut compter que sur le Père divin. » Et de ne plus rien attendre de personne.

Là commence la schize.

C'est au niveau du « *phrenos* » que le souffle est coupé, entre la « respiration génitale » et la « respiration verbale » *(21)*.

Et pour survivre quand la terre tremble, lorsque le *coup de gong* éclate, l'enfant saisi dans les mâchoires des profondeurs, à la Porte de son Nom, est radicalement soufflé dans les hauteurs. Il est mis en contact avec ses monstres, et sauvé par le Père divin.

---

21. Cf. chap. XII, p. 214.

LE GRAND'ŒUVRE

Une immense grâce a fait que la schize n'ait pas déchiré la petite fille d'hier.

Je me souviens que, dans le réfectoire du couvent, elle dévorait le sel de toutes les tables. Sans doute, telle la femme de Lot après la purification par le feu de Sodome et de Gomorrhe, la mise en place des limites d'une nouvelle terre intérieure exigeait-elle cette salification ! Mais la femme d'aujourd'hui comprend ce que sont les enfers du schizophrène.

Le docteur Frédéric Husemann, psychiatre, rapporte des observations remarquables à ce sujet, dont celles d'un homme qui raconte lui-même son expérience : « *Des êtres gigantesques me comprimaient comme une feuille de papier. Je me sentais en grand danger de perdre mon Moi et je me rendais compte que cela signifierait la folie. Au bout d'un instant, l'un de mes démons, après une violente attaque, me quittait, mais revenait sous une autre forme. Il me semblait souvent que je lui ressemblais mais ce n'était qu'un sentiment...*

« *On croyait autour de moi que ces scènes n'étaient que des idées imaginaires. Mais je ne pouvais voir aucun rapport entre des idées et ces* **perceptions** *; encore aujourd'hui, je n'en vois pas. Quand je me représente une idée, elle n'est pas dans l'espace, elle reste incolore dans mon cerveau ou derrière mes yeux, tandis qu'avec ces perceptions je voyais venir à moi, du dehors, un monde qui n'était pourtant pas le monde des sens. Ce qu'il contenait était pour moi la réalité ; les formes étaient pleines de vie...* »

Après toutes ces attaques admirablement décrites par le sujet lui-même, celui-ci relate la visite « *d'un être qui avait dans son aspect quelque chose d'agréable et me tenait des discours enjôleurs... Je me sentais invité à cet épanchement de la conscience universelle que j'avais connu jadis. Je me laissais gagner, et, au bout de dix à trente minutes, la scène changeait complètement. Je me sentais engouffré dans un entonnoir et à nouveau toute la série se déroulait : le vacarme des disputes se déchaînait... Enfin les monstres énormes m'assaillaient — les démons montaient de l'abîme comme des gardiens, des Cerbères. Je résolus de mener la lutte décisive... A cet instant vint l'illumination. Je perçai à jour la vraie nature des tentateurs et m'abstins de leurs nourritures. Ils étaient à la fois les gardes et les envoûteurs de mon cher Moi personnel. Mais celui-ci m'apparaissait maintenant aussi illusoire et inexistant qu'ils l'étaient eux-mêmes. Et lorsque la lumière d'un Moi plus grand et plus étendu commença à poindre, les démons s'évanouirent, moururent (22). ».*

Celui qui atteint au dragon des profondeurs atteint aussi au Père des hauteurs qui donne pouvoir de retournement.

Dans cette perspective, peut-on dire que la schizophrénie soit une maladie ? Elle est avant tout l'étape des enfers nécessaire au passage des Portes, étape dont une médecine agnostique ne connaît pas la nature qu'elle qualifie alors de pathologique.

Si on la traite comme maladie, isolant davantage encore celui qui vit cette épreuve derrière une quelconque camisole, on maintient celui-là à une étape du processus, laquelle schizée, elle, de son contexte, stérilise l'évolution et devient effondrement pathologique.

Or, « *au lieu d'être un effondrement, elle peut devenir une percée* » vers le NOM *(23).*

Le docteur Daviller, psychiatre, auteur de cette réflexion, poursuit en faisant remarquer que « *l'on pourrait même dire avec les antipsychiatres que la seule fonction qui reste à la folie, de nos jours, est une fonction sacrificielle à plusieurs titres :*

— un individu bouc émissaire et désigné par le groupe qui se décharge ainsi de ses propres contradictions. Il y a transfert du groupe sur un individu-symptôme ;

— le groupe fonde son unification sur le rejet de l'individu-symptôme ;

— la psychiatrie est là pour donner caution à ce tour de passe-passe qui consiste à individualiser des problèmes collectifs (23). ».

Nous avons étudié le principe du bouc émissaire dans le rituel juif. Il est, dans la perspective nouvelle que nous découvrons ici, le principe même d'une connaissance universelle des plus archaïques selon laquelle un homme — qui est aussi l'humanité tout entière *(24)* — peut prendre sur lui la charge des énergies perverties du groupe afin de les convertir, ou la charge de l'impureté — celle du non-accompli — que le groupe transfert sur lui afin de l'accomplir.

---

22. *Aenigmatisches aus Kunst und Wissenschaft* (Stuttgart, 1922, Kommende Tag).

23. Docteur Eric Daviller : *Le Schizophrène, le Yogi, le Chaman et le commissaire,* p. 128 (Thèse de doctorat en médecine ; Université de Nancy I, 1977).

24. Cf. chap. XI, p. 193-194.

Si le groupe ou un membre du groupe devient conscient, il peut alors travailler à la guérison du « malade »-bouc émissaire en reprenant en charge sa propre purification et en assumant sa propre descente aux enfers. Touchant à son noyau, à son tour, il a pouvoir de retournement des énergies pour lui-même et de guérison pour l'autre.

Plus que nous le pensons, la maladie d'un membre d'une famille et d'un groupe est la décharge inconsciente de cette famille ou de ce groupe qui transfert sur le malade son poids d'énergies perverties ou inaccomplies. La guérison du malade est, en profondeur, le problème de la famille ou du groupe dont un membre conscient et travaillant vers son noyau peut, au contact divin dont il fait là l'expérience, et avec Dieu, tout retourner.

De grands saints ont assumé la maladie du groupe.
Christ a assumé celle de l'humanité.

6. La souffrance

Lorsque le choc d'une grande souffrance atteint, non plus l'enfant, mais la personne dite adulte, celle-ci, tel Job au départ de son épreuve, va discuter, se rebeller, faire appel à sa conception de justice, en un mot : interposer son mental entre l'événement et le sens profond et créateur de celui-ci.

Ce pouvoir créateur de la souffrance ne sera opératif que si l'Homme redevient petit enfant.

« *Si vous ne devenez comme ces petits enfants, vous n'entrerez pas dans le Royaume* » (Marc, X, 15 ; Matthieu, XVIII, 3 ; Luc, XVIII, 17 ; Jean, III, 3).

Les quatre évangélistes rapportent cet ordre fondamental du Christ. Le véritable adulte est celui qui sait redevenir petit enfant, abolir son mental et se laisser porter par l'événement vers la terre nouvelle de son être en acceptant de ne rien comprendre. Là, sur cette terre nouvelle, l'intelligence lui sera donnée. Il n'accusera personne, mais se remettra totalement en question pour que la lumière pénètre plus loin en lui « *et que les œuvres de Dieu se manifestent en lui* » (Jean, IX, 3).

Abraham monte sur la montagne pour sacrifier son fils. Il obéit. Montant sur la montagne, il est précipité dans le plus grand drame de ses profondeurs. Là, il touche à son noyau divin ; Dieu arrête le bras qui allait sacrifier Isaac, et substitue un bélier au jeune enfant.

L'homme qui est descendu de la montagne n'était pas le même que celui qui y était monté. En lui, les œuvres de Dieu se sont manifestées : racine de l'Arbre d'Israël, il a donné son fruit messianique, le Christ, nouvel Isaac, bélier de l'holocauste cosmique.

Aïl איל est le « bélier » : Dieu אל qui porte en Ses entrailles le *Yod* ׳ , noyau divin de l'Humanité.

7. La descente aux Enfers du Christ

> « *Il était environ la sixième heure, il y eut des ténèbres en toute la terre jusqu'à la neuvième heure. Le soleil s'obscurcit et le voile du Temple se déchira par le milieu.*
>
> *Jésus s'écria d'une voix forte : Père, je remets mon esprit entre Tes mains. Et en disant ces paroles il expira.* » (Luc, XXIII, 44-45.)

Le voile du Temple sépare le saint (la nef, pour les chrétiens) du saint des saints (le sanctuaire). Christ retournant au Père déchire ce voile de séparation pour redonner à l'Humanité son vrai chef.

Peu auparavant, Jean le Baptiste, l'Homme-en-tunique-de-peau, avait été décapité. Jean l'Évangéliste devient prototype de l'Humanité en son devenir.

Dernière circoncision de l'humanité, dernier sacrifice sanglant, la mort du Christ conduit le Nouvel Adam à Sa dernière terre, ultime matrice, qui contient son noyau et que le tombeau symbolise.

Les grandes ténèbres extérieures sont le signe des ténèbres des enfers.

La neuvième heure est celle de l'accomplissement, celle de la naissance...

Le passage du 6 au 9 a commencé à Qanah où Christ, se faisant 7e jarre, a changé l'eau du monde en vin vivifiant. Aujourd'hui le vin est devenu aigre : à Christ qui a soif — soif de l'Esprit Saint — les soldats tendent une éponge imbibée de vinaigre *(25)*. L'ayant bu, Christ s'écrie : « *Tout est accompli* » ; le vin est devenu sang, le sang a été

---

25. Jean, XIX, 29.

versé, l'Esprit maintenant vient. Il est la 9ᵉ heure, « *et baissant la tête, Christ rendit l'Esprit* ».

Toutes les « barrières » de l'adversaire ont été détruites les unes après les autres, dans les mutations-morts successives et nécessaires que symbolise la 8ᵉ heure.

L'Arbre de la Connaissance de l'accompli et du non-encore-accompli donne son fruit. « *Le jour où tu mangeras de celui-là,* avait dit Dieu à Adam, *mort, tu meurs !* » (Genèse, II, 17.)

Adam, tuant la mort alors qu'il ne l'avait pas assumée, s'était stérilisé, il ne pouvait plus muter. Le Nouvel Adam, tuant la mort après l'avoir assumée, tue la stérilisation d'Adam ; Il vivifie l'humanité et la rend à sa fécondité première.

La grande respiration divino-humaine rejaillit. Le flux sanguin est relancé et le corps de l'Homme reçoit le souffle de vie.

« *Sur lui, je mettrai des nerfs, je ferai croître la chair que je revêtirai de peau. Puis je ferai rentrer en vous le souffle de vie afin que vous reviviez ! Vous saurez ainsi que c'est moi qui suis* יהוה *!* » prophétisait Ézéchiel (XXXVII, 5-6).

Rien ne nous est dit du Christ assumant les trois jours et trois nuits dans les ténèbres du tombeau, matrice de lumière. Seule la Tradition offre à notre méditation l'icône du Christ aux Enfers.

Je laisse ici la plume au professeur Graf K. von Dürckheim qui, au cours d'un congrès *(26)*, confiait à ceux qui l'écoutaient : « *Il y a longtemps, j'ai rencontré dans les environs de Paris un homme extraordinaire, le père Grégoire, un ermite qui peignait des icônes. Parmi celles-ci, l'une d'elles représentait le Christ se penchant plein d'amour vers Adam, en Enfer. Je demande au père Grégoire : — Mon père, dites-moi ce que cela représente pour vous ? Il répondit : — Si l'Homme se rencontre lui-même dans sa profondeur du plus bas, du plus méchant, et, se trouvant face à face au Dragon qu'il est au fond de lui-même, s'il est capable d'embrasser ce Dragon, de s'unir à lui, c'est alors qu'éclate le divin, et c'est la Résurrection !* »

---

26. Congrès international interreligieux organisé par Pir Vilayat Inayat Kan (mars 1969).

Il ne nous est rien dit non plus de Marie, mère du Christ, assumant ces mêmes trois jours et nuits dans son tombeau intérieur :

« *Dois-je t'accompagner ou t'attendre*
Dis-moi un mot, ô Verbe,
Ne passe pas en silence ! »

fait dire à Marie, le matin de la passion, un hymne liturgique.

Ce qui lie une mère à son enfant appartient à un mariage secret — l'humanité dans ses mythes en a une prescience — car le symbole est inséparable de son archétype.

Toute mère est en résonance intime avec les enfers de son enfant, vers les épousailles desquels il va... Recevoir un fruit humain dans son ventre, le mettre au monde, c'est accepter de l'accompagner, sans rien attendre, dans son chemin intérieur. C'est mourir avec lui, en silence, et sans savoir !

« *Dis-moi un mot, ô Verbe !* »

Mais le Verbe Se tait pour Marie, comme le Père Se tait pour le Christ.

Accepter de ne plus rien savoir, de ne plus rien vouloir...

Alors le totalement infranchissable est franchi. Avec son Fils, Marie passe l'abîme ; Elle nous dit que cet impossible est possible.

Marie est l'humanité souffrante et s'accomplissant dans ses morts et maternités jumelles.

Elle est le silence qui devient Verbe.

CHAPITRE XIV

Le passage de la Porte des dieux
L'Œuvre au Blanc

1. L'aigle. Les mains - Les épaules - Les clavicules

Qui donc est le gardien de la « Porte des dieux » ?

Il s'agit du dernier animal nommé par יהוה , parmi les dix premiers seigneurs de la Terre et de l'Air, dans l'expérience de Job. Je veux parler de l'Aigle.

Gardien de la « Porte des dieux », l'Aigle arrache à la mort celui qui vient « d'intégrer le Noir ».

Dieu n'a-t-Il pas dit à Job : « *Là où sont les cadavres, l'Aigle se trouve* » (Job, XXXIX, 30), et Christ reprendra ces paroles pour dire de Sa propre mort : « *En quelque lieu que soit le cadavre, là se rassembleront les aigles* » (Matthieu, XXIV, 28).

Mais Christ identifie ici les aigles — un pluriel, alors qu'il s'agit du cadavre au singulier, contrairement au texte biblique — à ceux de Ses disciples qui porteront Son message à travers le monde et arracheront à la mort l'Humanité déchue, esclave du Satan ou luttant contre lui dans un moralisme pieux, mais incapable d'embrasser son Dragon Noir.

L'aigle royal par excellence est l'apôtre Jean l'Évangéliste, « *apôtre au secret divin* » dont nous avons vu qu'il a assumé *Tiphereth* avec le Christ *(1)*.

---

1. Cf. chap. XII, p. 262.

Le « secret du *Yod* » avait été touché en *Yesod* יסוד. Il est accompli par l'apôtre qui passe la « Porte des dieux ».

La fête de Jean l'Évangéliste est célébrée au solstice d'hiver, dans la mort des profondeurs hivernales. C'est alors que dans le cycle liturgique éclate Noël : la terre germe le divin.

L'Aigle est le Gardien de la « Porte des dieux », Porte qui correspond, dans le schéma corporel, au plan de la gorge que gardent les deux clavicules prolongées des deux bras et des deux mains.

Son nom hébreu est *Nesher* נשר (50 + 300 + 200 = 550). Il est construit de telle sorte que les deux mains, les deux 5, image des deux ה *Hé* du Tétragramme, sont la traduction arithmologique des deux ailes de l'Aigle et, par leur complémentarité indiquent déjà l'unité reconquise (5 + 5 = 10).

La main, en hébreu *Yad* יד (10 + 4 qui fusionnent en 5), est tout simplement la lettre *Yod* י du Tétragramme ; elle est liée à la connaissance : *Yada* ידע — je « connais » — veut aussi dire « j'aime ». Il ne s'agit pas pour les Hébreux d'une qualité intellectuelle, il s'agit de la connaissance expérimentale, celle que l'homme prend de la femme, celle que tout homme prend de tout élément de la création, de tout élément du « Ma » en le pénétrant dans la profondeur de son mystère, c'est-à-dire dans ce qu'il recèle en tant qu'appartenant aussi au monde du « Mi ».
Cette connaissance est mariage. Elle est amour.

Je veux insister sur la qualité — je dirai **concrète** — de cette connaissance, en comprenant bien que ce « concret » exige une nouvelle qualité de réceptivité. Mais cette réceptivité passe par notre corps, concerne nos sens, rendus alors attentifs et ouverts au Réel.
La Réalité joue sur un infiniment large tableau de longueurs d'ondes ; une très étroite plage de celles-ci touche nos sens immédiats ; mais les sens de l'Homme qui « monte son Arbre » s'ouvrent sur les plages de plus en plus vastes de la Réalité.

Si abstraite soit-elle pour l'Homme banal, cette Réalité est concrète pour celui dont les sens lui permettent de toucher le cœur, le noyau des choses, des êtres, du monde ! Nos sensations ne sont pas liées à la seule matière, en tant qu'immédiatement palpable. La Gloire divine, elle aussi, est palpable. Mais l'une contient l'autre et c'est en

L'Homme-Aigle cueille la vigne, fruit de l'arbre de la connaissance qu'il a mûri avec justesse (art Assyrien, Kalash, IXe siècle av. J.-C. ; musée du Louvre ; *photo Musées Nationaux*).

cultivant la matière, en l'interrogeant, en l'**aimant** qu'elle se fait **connaître**, s'ouvre, et glorifie son créateur.

Répétons un mot : le pouvoir de la répétition en fait éclater l'écorce. Regardons une fleur, elle nous ouvre son cœur. Écoutons, touchons et sachons sentir. Tout ce qui peut faire l'objet de notre méditation est là, à portée de notre « main », à condition que notre main prolonge notre cœur, *Tiphereth,* lui-même informé par *Kether.*

Car derrière nos sensations immédiates se tapissent tous nos mouvements psychiques : l'irritation, le plaisir, la haine, l'amour, qui, non contrôlés, constituent un mur infranchissable. Mais le toucher de la « Gloire Divine » scellée au cœur des êtres et des choses, réclame cette qualité d'amour que seules la mort et la résurrection en *Tiphereth* permettent d'atteindre.

La meilleure démonstration qui puisse être faite de ces différents registres de réceptivité nous est donnée par ce passage des Évangiles (Jean, XX, 24-30) où Thomas, ne s'étant pas trouvé avec les autres Apôtres au contact du Ressuscité, est invité par Lui à mettre le doigt, puis la main dans Ses plaies. Ce toucher concret ouvre la porte au toucher spirituel, la porte de la Connaissance.

C'est aussi par la fraction du pain, symbole concret de la chair, que les disciples d'Emmaüs, soupant avec l'homme rencontré sur le chemin, reconnaissent en lui le Christ Ressuscité.

« *Alors leurs yeux s'ouvrirent...* » (Luc, XXIV, 30-31.)
« *L'aigle plonge aú loin son regard...* » (Job, XXXIX, 29.)

Le verbe hébreu *Yada* ידע, « connaître », est construit sur la racine *Yad* — la main — à laquelle s'ajoute la lettre *Ayin* ע qui veut dire l' « œil ». Nous pourrions dire que la main est douée de vision, et l'œil d'une certaine qualité de toucher.

Vision et toucher mènent à la Connaissance qui libère.

Dans cette perspective, l'iconographie chrétienne qui ne représente jamais la Personne du Père de la Révélation trinitaire, car Il est l'Inconnaissable, Le signifie cependant par une main : c'est en tant que l'Inconnaissable Se fait connaître.

« *Venant des abysses, mon bien-aimé a étendu la main et par l'effondrement sa force a été sur moi* » chante la Shulamite du *Cantique des Cantiques (2)* qui, dans sa rencontre avec Dieu, lie la force divine à la main ou le *Yod* qui brise les retranchements les plus secrets du jardin de l'âme. L' « effondrement » est le mot *Aï* עי , qui peut se lire « la main (ou le *Yod*) à la source ».

---

2. Cantique des Cantiques, V, 4.

Ce n'est qu'à la source de l'être que l'on peut faire l'expérience du *Yod,* du NOM, qui nous met dans les « mains » du Père. Il est facile de remarquer ici que si, dans le mot *Aï* עי, le *Yod* était totalement écrit, nous obtiendrions le mot ידע, « connaître, aimer » dont j'ai parlé plus haut.

Cette « brisure, effondrement » du *Cantique des Cantiques* est la brèche dans laquelle l'Époux divin pénètre Son Épouse !

L'iconographie chrétienne représente aussi des Christ en Gloire aux mains démesurément longues (le Christ de la basilique d'Autun, par exemple). Elle signifie par là l'Homme connaissant. La main de l'Homme est connaissante en tant qu'elle est icône de celle du Père et en reçoit les énergies.

La tradition chrétienne, sur la trame même du judaïsme (psaumes), parle des deux mains du Père agissant dans le monde :

— l'une, celle du Fils Verbe qui structure,
— l'autre, celle de l'Esprit Saint qui vivifie.

A cette image, les deux mains de l'Homme connaissant structurent et vivifient. Et selon que la connaissance de l'Homme participe d'un plan très banal ou d'une expérience de plus en plus profonde, les mains structurent, façonnent, modèlent, rythment, puis elles donnent la vie à ces différents plans. L'une n'est rien sans l'autre.

C'est la main droite de « *l'homme qui avait la main sèche* » (Luc, VI, 6) que le Christ guérit le jour du Shabbat, montrant que la rigueur de la loi, sans la vie, est stérile.

Par imposition des mains, toute-puissance est donnée à celui qui est sacré, oint, institué selon les rituels inhérents aux différentes initiations : celles de l'évêque, du prêtre, du chevalier, du roi. Par imposition des mains, la vie resurgit. Le médecin, lorsqu'il était encore prêtre, le savait.

Le nombre 10 lié au *Yod,* qui est *Yad* (la main), symbolise l'unité que l'Homme est censé vivre au niveau de la tête. Les deux mains jointes recomposent de leurs dix doigts cette unité et chaque main est l'outil œuvrant dans la connaissance qu'implique la conquête de cette unité et dans la puissance qu'elle lui confère. C'est ainsi qu'un sceptre est souvent surmonté d'une main en place de tête.

Il existe une très belle iconographie chrétienne représentant une colonne vertébrale aux forces s'entrecroisant dans un dessin semblable à celui du caducée, et s'épanouissant non sur une tête, mais sur une main auréolée de la mandorle des saints. Nous voyons ici une identification quasi totale entre la tête et la main, entre le *Yod* de l'Épée הוה, tête archétypielle, et chacun des deux ה, « souffle » qui forme chacune des deux mains : chaque main contient l'autre et toutes deux forment la tête.

Les deux hémisphères cérébraux sont inséparables des deux mains — comme inséparables d'elles, les deux poumons qu'elles prolongent ! Et l'hébreu nous a fait découvrir que les « poumons voient ». Il est indéniable donc que la main elle aussi voit !

Connaître ידע peut n'être que cérébral, alors ce n'est plus l'amour. Si la connaissance est aussi l'amour, les mains sont souffle créateur !

Par ses cinq doigts, la main est reliée à des organes précis du corps.

— Le **pouce** (doigt de Vénus) est lié à la tête. Les Romains, qui baissaient le pouce pour signifier une condamnation à mort, le savaient. Et l'histoire du Petit Poucet, en tant que conte symbolique, est une pure merveille : chaque détail est signifiant et raconte l'évolution de l'Homme depuis son aliénante relation parentale jusqu'à sa libération totale hors du conditionnement espace-temps ; les bottes de sept lieues jouent ce dernier rôle.

— L'**index** (doigt de Jupiter) est lié à la vésicule biliaire.

— Le **médius** (doigt de Saturne) est lié à la rate-pancréas.

— L'**annulaire** (doigt du Soleil) est lié au foie.

— L'**auriculaire** (doigt de Mercure) est lié au cœur, comme le confirme l'inconscient collectif qui surgit dans les comptines : « son petit doigt lui dit tout ».

Chaque doigt a son secret et sa puissance. Tous les gestes de la main et des doigts que les yogis et les danseuses sacrées accomplissent, mobilisent ainsi des énergies qui mettent plus particulièrement l'homme en relation avec tel ou tel aspect de sa potentialité divine. Le yoga des doigts en Inde est appelé *mudra* — chaque mudra est signifiant — chaque mouvement de la main, ou des deux mains réunies, est lourd de puissance.

Il devait exister un yoga occidental que nous révèle en particulier l'œuvre du Qabbaliste Abraham Abulafia. Et dans cette perspective, la posture des mains du prêtre célébrant les Saints Mystères chrétiens

La main qui surmonte le Caducée
La main — Yad — est déjà la tête — Yod — du divin Tétragramme. Elle est force et connaissance *(photo Belzeaux-Zodiaque).*

pourrait être un reste de ce yoga. Ne comprenant plus leur signification, les prêtres occidentaux ont fait table rase des symboles et du même coup des mystères.

Chez les Israélites, la main garde une grande importance. « *Les enfants,* dit un des Bulletins de l'Alliance universelle israélite, *portent une petite main en or ou en argent. Le premier cadeau que l'on fait à une fiancée est une main en or. A côté de la maison où l'on célèbre un mariage, on dessine sur le mur des mains (3).* » Nous retrouvons dans la main de Fatima, que les musulmans ont l'habitude de porter sur eux, ce même symbole de la puissance protectrice.

Dans notre civilisation occidentale, toutes les expressions populaires qui concernent la main, telles que : mettre la main sur, demander la main d'une jeune fille, passer la main, etc., ne sont que des applications à la vie courante de la puissance vie que contient la main et dont j'ai essayé de dégager la source au plan des archétypes.

Ce qu'il me semble essentiel de mettre en lumière, c'est que les deux mains, dans la profondeur, sont une. Elles expriment les deux faces de l'unité, l'unique puissance, l'unique connaissance qui se manifeste dans la dualité par le nombre 5. Celui-ci, symbole du germe, est promesse de la totalité que les deux mains jointes reconstituant le 10 réalisent.

Les deux mains réunies dans l'unité symbolisent par là même la « force », en hébreu *Koah* כח (20 + 8 qui fusionnent en 10). N'oublions pas que nous sommes sur le sentier de la Justice-Rigueur qui, traditionnellement, est aussi celui de la Force (*Gebourah,* la Force divine).

L'Aigle symbolise donc Force et Connaissance.

C'est lui qui tient dans ses serres puissantes les messagers envoyés des dieux aux hommes :

— une oie blanche (Odyssée, XV, 160),
— une colombe (id. 525),
— un faon (Iliade, VIII), etc.

Et c'est lui qui arrache de terre ce qui appartient aux dieux (mythes de Ganymède, de Prométhée).

Le mythe de Prométhée nous permettra de préciser le symbolisme de l'aigle dans son rapport exact avec le corps humain.

---

3. Paul Vulliaud : *La Kabbale juive,* tome II, p. 48 (Éditions Émile Nourry, 1923).

L'ŒUVRE AU BLANC

Si, dans le mythe grec, l'aigle accomplit l'élévation sublime, n'oublions pas le rôle que joue ce seigneur du ciel dans l'histoire de Job, pour ne parler que de ce livre de notre Tradition biblique : Job ne peut vivre son dernier voyage aux enfers auprès de *Béhémoth* et du *Léviathan* qu'après avoir intégré les énergies de l'Aigle.

Car il appert de plus en plus nettement de notre étude qu'il est aussi faux de poursuivre « l'Œuvre au Blanc » en refusant « l'Œuvre au Noir », que de poursuivre « l'Œuvre au Noir » avant de s'être nourri du Blanc qui en permet l'accomplissement.

Le mythe de Jason sera la démonstration de cette première erreur ; déjà, nous avions vu s'abattre Dédale et Icare qui, pour consommer l'Œuvre au Blanc, n'avaient fait que parodier l'aigle en se parant de fausses ailes. Collons à la chenille des ailes de papillon, nous ne pensons pas qu'elle ira loin ! Par cet aspect encore, le mythe du Labyrinthe se vérifie à cet étage.

C'est dans la Rigueur de l'Œuvre qu'il nous est donné de vivre la Grâce-Miséricorde. Rigueur et Grâce, *Din* et *Ḥesed,* sont les deux « mains » qui jaillissent de *Tiphereth.*

Comme nous voici éloignés du dualisme Grâce-Libre Arbitre qui a si longtemps enlisé l'Occident chrétien dans le plus faux des problèmes !

Si l'Homme monte puis descend, c'est alors que Dieu descend et fait monter. C'est dans sa dimension d'Homme-Dieu, dans l'illumination de la Rencontre, que l'Homme est libre. Toute autre liberté n'est qu'apparente, réduite à une possibilité de choix que seule la Connaissance rend opérative.

Seule la Connaissance libère.

« *Quittez l'ignorance et vous vivrez* » (Proverbe, IX, 6).

Le nom hébreu de l'« aigle », *Nesher* נשר , contient la lettre trinitaire par excellence, le *Shin* ש , que nous étudierons plus loin ; elle est sertie dans le mot *Ner* נר qui signifie la « lampe », la lumière. L'aigle se définit ainsi comme porteur de la Lumière trinitaire en son cœur. Ce mot *Ner* est formé des deux lettres *Noun* נ , 50, et *Reish* ר , 200, dont l'une est le Poisson, l'autre la Tête. La lettre *Shin* ש qui les réunit et qui symbolise l'expansion cosmique à partir du cœur des fondations, réunit les pieds à la Tête *(4).*

---

4. Cf. chap. VII, p. 95-97.

LE SYMBOLISME DU CORPS HUMAIN

La racine *Sar* שׁר que porte aussi le nom de l'Aigle, est celle du « Seigneur, Prince ». Le Souffle, la Connaissance, la Force, la Puissance, la Seigneurie, la Lumière, réunissent les qualités du Maître des Hauteurs, de Celui qui arrache l'Homme aux ténèbres pour l'introduire à la lumière dont il est potentiellement tissé.

Le sentier *Din-Ḥesed* (Rigueur-Miséricorde) qui est aussi celui de *Gebourah-Gadoulah* (Force-Grandeur) est construit sur les épaules de l'Homme.

En hébreu, le mot *Shekhem* שׁכם qui traduit l'« épaule », signifie aussi le « terme », le « but ». C'est aussi le nom de *Sichem,* ville du pays de Canaan, « Terre promise », qui contient essentiellement le *Shem* שׁם , le NOM, dont la « Connaissance » est l'unique but. שׁכם est aussi le verbe biblique signifiant « se lever de bon matin ». Les épaules sont une nouvelle aurore !

Les clavicules (étymologiquement : « petites clefs ») ferment le sentier sur la colonne du milieu ; elles sont les « clefs » de la « Porte des dieux ». Le mot hébreu qui traduit « clavicule », *Briaḥ* בריח , ne signifie pas proprement « clef», mais « verrou » et aussi « fuyard, fugitif ».

Qui est l'Homme sinon celui qui a fui l'Éden maintenant « verrouillé » par le « *Chérubin à l'épée tournoyante* » qui en garde l'entrée ?

Héraclès, dont le nom signifie « Clé de Héra », est dès sa naissance vainqueur des deux serpents introduits dans son berceau par la déesse Héra pour le faire mourir.

La naissance du héros est ici celle qu'il assume à la « Porte des Hommes », au niveau de laquelle tout homme prend conscience de sa semence (qui, pour Héraclès, est ici Héra), des énergies contradictoires qu'elle lui offre (les deux serpents) et de l'unité à laquelle il doit les porter (étranglement).

La mort à laquelle le héros est promis est bien celle qu'exige de lui sa semence le poussant vers *Tiphereth.* Les clefs de la déesse sont encore ces deux serpents qui, au niveau de la « Porte des dieux » (les clavicules), sont transcendés dans l'Aigle.

--►

L'Aigle, enlèvement de Ganymède
Gardien de la Porte, messager des dieux, l'Aigle arrache à l'abyssale obscurité du tombeau l'Homme devenu Lumière (peinture de Gustave Moreau, Musée G. Moreau, Paris, *Snark International*).

LE SYMBOLISME DU CORPS HUMAIN

Le caducée des médecins n'est autre que le dessin de ce symbolisme ; le médecin, à l'origine était prêtre, icône du Christ, Prêtre-Médecin de l'Humanité. Il avait le pouvoir des clefs. Aujourd'hui, n'étant plus prêtre, il est le magicien qui a le pouvoir et qui joue les mandarins plus qu'en aucune autre profession. Il chosifie le corps et n'exerce sa profession qu'en transférant sur le microbe-ennemi devenu bouc émissaire le poids de la maladie. L'Homme malade est alors lui aussi chosifié.

Je connais de nombreux médecins très compétents à ce niveau de connaissance et très dévoués, mais ils n'en sont pas moins créateurs de nouvelles maladies, d'une part parce qu'ils n'ont traité que le symptôme et non pas la cause profonde du mal, d'autre part parce que, ne cherchant pas la cause dans la gestion énergétique du sujet, ils fortifient l'Homme dans son irresponsabilité, source de nouveaux maux.

Aucune mesure prise dans les limites de cette inconscience ne pourra résoudre le faux problème de la Sécurité sociale, elle-même symptôme de notre maladie mentale collective. Il faut traiter la source de cette maladie ; elle est notre inconscience infantile et meurtrière.

Le vrai médecin, comme je l'ai dit plus haut (5) aide l'Homme à la rééquilibration harmonieuse des énergies qu'il est dans leur programmation d'accomplissement. C'est pourquoi il est aussi prêtre ; prêtre selon l'ordre de Melkitsédeq (6), de celui qui « *fait le sacré* », et qui donc connaît le chemin de ce « faire » et ses lois.

Celui qui, dans la tradition chrétienne, a reçu le pouvoir des clefs est l'apôtre Pierre. Son nom hébreu *Petros* פטרוס signifie « celui qui ouvre ».

Quiconque entre dans l'énergie de ce nom peut ouvrir ou fermer la « Porte des dieux ». De ce fait, quelle responsabilité incombe à celui qui se définit comme le successeur de cet apôtre, en ayant perdu conscience de l'unité des Douze, petite cellule humaine constituée à l'image de la Tri-unité divine dont chaque personne contient la totalité de la divinité et dont aucune n'est plus grande que l'autre ?

---

5. Cf. chap. XII, p. 252.
6. Cf. chap. IX, p. 131.

La totalité des apôtres reçoit ce pouvoir à travers Pierre, comme chacun d'eux spécifiquement reçoit un pouvoir qui appartient à tous : Jean, au pied de la Croix, devient « fils » de Marie.

Serait-il le seul ?

Chaque apôtre est symbole du don reçu mais ne peut être identifié à lui.

Celui qui exerce un pouvoir sans connaissance tombe dans le piège de l'autoritarisme, donc dans celui des rapports de force. Il appartient aù labyrinthe du premier étage et y tient enfermé ceux qu'il maintient sous son autorité.

Il devient celui qui ferme et non plus celui qui ouvre.

Les clefs sont les serpents accomplis devenus Aigle.

Sur le sentier de la Connaissance, l'aigle garde la Porte d'Orient du jardin d'Éden.

2. Dante : le paradis

« Tombe, tombe à genoux, s'écrie Virgile, voici l'Ange de Dieu... L'oiseau céleste parut encore plus brillant quand il se fut approché de nous et l'œil ne pouvait supporter sa splendeur » (Purgatoire, ch. II).

L'oiseau céleste amène sur le rivage un groupe d'âmes qui psalmodient : « *In exitu Israël de Egypto...* » Ces âmes sortent de la mer, guidées dans leur barque par l'Ange qui rame dans l'air. Leur chant célèbre la sortie des Hébreux d'Égypte. Elles viennent, c'est indiscutable, de passer dans leur mort physique une porte correspondant à celle que nous nommons la « Porte des Hommes ». Nous y retrouvons les joncs de la mer dite « rouge », joncs dont Virgile fait au poète une ceinture comme pour marquer sur le corps même du voyageur le niveau du passage.

Nous nous souvenons que le « jonc », en hébreu *Soph* סוף, veut aussi dire le « seuil », la « limite ». Il est si vrai que Dante passe une porte, en cette remontée des enfers, que Virgile accompagne encore son disciple jusqu'au sommet d'une montagne et là, le quitte.

C'est alors que Dante voit « *une femme qui avait les épaules couvertes d'un manteau vert...* » (le symbolisme est ici celui de l'arbre vert). Béatrice, l'âme spirituelle de Dante, est là qui console son ami du départ de Virgile : « *O Dante ! parce que Virgile a disparu, ne verse pas, non, ne verse pas de larmes. Tu dois pleurer pour une autre blessure... Ainsi me parla la femme céleste.* »

Dans un accent pathétique de pénitence, Dante verse les larmes de purification. Il doit panser « la blessure » ! ... « *Alors elle me traîna dans le fleuve où je fus plongé jusqu'à la bouche, et elle se retira sur l'eau avec la rapidité d'un léger esquif.* »

Viennent alors les trente-trois chants du Paradis à travers lesquels nous voyons Dante et Béatrice pénétrer peu à peu dans les neuf premières sphères célestes. A la porte de la huitième sphère, Béatrice s'efface à son tour, pour laisser saint Bernard guider notre voyageur. Celui-ci, dont « *les yeux pleins d'une nouvelle puissance pénétraient de plus en plus dans le rayon de lumière où tout est Vérité* », ressent une impossibilité à exprimer par le langage les splendeurs contemplées. Lorsqu'il écrit, plus tard, ces chants du Paradis, le poète se souvient : « *Je crois que j'ai bien conservé dans mon esprit la forme universelle de ce nœud qui lie tant de substances diverses...* »

Dans ce « nœud » divin, Unité divine qu'il lui est donné de vivre, Dante cherche à connaître comment s'opère l'union des deux Natures. « *Mais pour comprendre un tel mystère, mes forces n'étaient pas suffisantes.* »

Et la vision de Dante semble se confondre avec celle de cet autre poète, Milosz, qui connut l'illumination et qui confesse :
... « *Je compris tout*
l'Annonciation et le Verbe fait chair
Oui, dans un éclair de pensée
Je compris, je sentis, je vis
— COMMENT LES CHOSES S'ÉTAIENT PASSÉES —
Maintenant les trois années de renoncement après les quarante ans d'attente tirent à leur fin. Je comprends. Je sens enfin que je sais... que j'ai toujours su, et qu'il est ici même une certaine manière de tout connaître. »

(Confession de Lemuel.)

Avec Dante, avec Milosz, nous rejoignons Jean de la Croix et François d'Assise dans l'expérience de la Connaissance cosmique retrouvée dont nous nous sommes entretenus plus haut *(7)*.

3. Le mythe de Prométhée

Si l'Aigle a arraché Job à la mort et l'a conduit à la Royauté, si « l'Ange de Dieu, l'Oiseau Céleste » a guidé Dante jusqu'au Paradis où, de ciel en ciel le poète semble avoir été porté par ses ailes, c'est encore l'Aigle qui introduit Prométhée dans les régions élyséennes. Mais auparavant, le héros grec se mesure au Dragon Blanc qui, dans ce contexte, préside aux deux phases noire et blanche de l'Œuvre.

Prométhée appartient à la race des Titans, ces géants frères de Chronos et révoltés avec lui contre Ouranos, le Père, qu'ils ont détrôné. Avec Chronos, ils se sont vus confondus par Zeus et précipités dans le fleuve des Enfers, le Tartare.

Prométhée ne peut engendrer que des serviteurs du Temps, des êtres noués à la roue des recommencements, coupés de leurs racines divines. Créateur de ces « hommes en chute » privés du feu divin, Prométhée les façonne du limon de la Terre qu'il mouille de ses larmes.

Liée à la terre et à l'eau, privée de feu, de toute source de lumière, cette humanité en exil (à l'étage de l'Avoir) se nourrit de fruits qu'aucun soleil, symboliquement, ne mûrit, qu'aucun feu ne peut cuire.

Ces hommes ont faim et froid. Prométhée, leur père, est pris de pitié pour eux. Sans doute aussi est-il jaloux des dieux dont la descendance n'est que lumière. Il décide d'aller quérir, dans la forge d'Héphaïstos, une étincelle de feu divin pour la porter aux hommes sur la Terre.

Les études précédentes nous permettent de saisir l'ampleur du mythe. Le nom de Prométhée — le « prévoyant » — comporte une ambivalence : celui qui « prévoit », comme le fait un père pour ses enfants, va en effet, pour leur éviter toute carence, quérir ce dont ceux-ci ont besoin. En ce sens, Prométhée partant chercher le feu du

---

7. Cf. chap. XIII, 2, p. 286.

Ciel est un bon père, encore que nous ne puissions pas dire qu'il se soit montré prévoyant en engendrant, dans les limites de sa propre semence, des êtres voués au Tartare, à la mort.

Mais qui de nous songe à une telle chose en procréant des enfants dont nous pensons que la chaleur de notre affection et l'éveil du feu de leur intellect suffiront à les faire vivre ?

Celui qui « voit avant » doit aussi savoir que le feu divin ne peut descendre dans ce lieu d'exil que si l'humanité fait l'effort d'en sortir et d'aller à la conquête du feu dans la forge d'Héphaïstos *(Tiphereth)* selon la voie juste.

Bien sûr, le chemin est long, difficile, et semble plus impossible encore quand il est envisagé moins pour soi-même que pour ses enfants. Il y aurait là bien des conclusions à porter au simple plan psychologique !

Prométhée ne peut envisager cette voie. Il veut combler tout de suite ses enfants d'un ciel qui ne connaisse pas d'enfer, d'une vie qui ne passe pas par la croix. Prométhée est impatient. Il est bien tentant d'aller le dérober, ce feu, et d'en réchauffer les siens.

Nous retrouvons là le décalque presque exact du mythe biblique concernant la Chute. C'est par impatience que l'homme et la femme ont croqué la « pomme », fruit de la connaissance de la dualité qu'ils n'étaient pas prêts à assimiler. La femme intervient dans le mythe grec en la personne de Pandore dont le nom signifie « celle qui a tous les dons ».

En effet, née des mains d'Héphaïstos par ordre de Zeus, Pandore porte le feu divin en puissance dans la fameuse boîte qui lui est remise et qu'elle n'a pas le droit d'ouvrir. Don divin, ces énergies-feu seront éléments de vie si l'Homme sait s'en servir, de mort s'il n'en connaît pas les pouvoirs et n'en a pas conquis, en même temps que la Connaissance, la maîtrise.

La boîte de Pandore, par la réceptivité de « tous les dons » qu'elle contient, nous fait penser aux pieds (étudiés plus haut). L'ouverture de la boîte n'est-elle pas la réplique de la blessure faite au pied, ouverture, blessure par laquelle s'écoulent en vain les énergies humaines ? Déplorable hémorragie qui déchaîne les passions, les agitations fébriles, les activismes de tous ordres... J'en ai déjà parlé.

L'ŒUVRE AU BLANC

Prométhée ne sait pas reconnaître en Pandore le fruit de la miséricorde divine qui lui envoie, par le truchement de la femme, le germe du feu qu'il désire et dont il a privé l'Humanité. Ne cherchant de solution à son problème qu'en ses seules forces physiques et psychiques de faux mâle, il ne discerne pas le don divin.

Prométhée est l'image même de l'être humain qui n'a pas passé la « Porte des Hommes », dont la pensée, même prévoyante, rampe au niveau des préoccupations de l'Avoir, et dont la conscience endormie ne peut discerner le don de vie qu'il porte en lui.

Prométhée devait épouser Pandore, son *isha*, garder avec elle la boîte scellée et prendre, avec elle aussi, le dur chemin de la forge, en passant par la porte étroite. Les « dons » de Pandore auraient été libérés avec justesse.

Ils n'en ont eu ni la patience, ni l'obéissance qui est demandée aux enfants et qui supplée leur ignorance. Hélas ! En même temps que Prométhée partait dérober le feu de la forge, Pandore était épousée d'Épiméthée et tous deux ouvraient la boîte interdite.

Épiméthée est à Prométhée ce qu'Ésaü est à Jacob : il est « l'Homme rouge », l'homme banalisé, qui épouse en Pandore le feu des passions terrestres.

En profondeur, le feu dérobé et les dons s'écoulant de la boîte descellée sont la même réalité, celle de leur investissement au niveau de l'Avoir seul dans la folie de leur puissance dont l'homme, non purifié n'a aucune maîtrise.

Prométhée prend conscience de cette folie. Il décide de reprendre le chemin de la forge pour y conquérir, avec justesse cette fois, le feu de vie. Il se sépare d'Épiméthée.

C'est le retournement, la *Teshouvah* ou « pénitence ». Il passe la « Porte des Hommes » et se présente devant Héphaïstos.

Notre psychisme occidental a beaucoup de mal à se libérer des notions de jugement, et de punition, liées à la pénitence. Le psychique est esclave du juridique. La vision spirituelle découvre la finalité libératrice du potentiel énergétique mobilisé.

Prométhée, attaché à un rocher au sommet du Caucase par le divin forgeron, ne fait que passer les épreuves auxquelles tout être, à cette étape du voyage, doit se mesurer. Il s'agit ici de la loi de l'évolution qui comporte une nécessaire phase d'involution préalable dont il serait faux de dire qu'elle est punitive.

Le mythe situe en hauteur ce que les autres nous font vivre en profondeur. Mais il s'agit de ce même processus au cours duquel l'alternance de descente dans les ténèbres et de montée dans la lumière est symbolisée ici par la succession des nuits et des jours dont le héros supporte les tortures :

« *Desséché par les rais brûlants du soleil, tu verras se flétrir la fleur de ton corps. Trop tard, à ton gré, la nuit viendra cacher le jour sous son manteau d'étoiles...* », lui dit Héphaïstos, qui ne cache pas davantage à Prométhée combien la nuit le glacera.

Il semble important de ne pas passer sous silence le symbolisme du rocher auquel Prométhée est enchaîné — la pierre n'est autre que l'Homme en tant qu'il est vivant, en tant qu'il est conscient.

Prométhée est prisonnier de lui-même, jusqu'à ce que, mourant et naissant sans cesse au cours des nuits et des jours, il connaisse la totale libération.

La pierre de Prométhée suit donc le processus alchimique ; le héros passe les épreuves : chaque matin, un aigle vient le visiter et se repaître de son foie qui, chaque nuit, renaît.

En tant que Dragon Blanc, gardien du seuil de la « Porte des Dieux », l'aigle apparaît, de ce côté de la Porte, comme un monstre dévoreur. Nous en connaissons la signification.

Le foie se définit, nous l'avons vu *(8)*, comme l'organe d'intégration des énergies accomplies.

En dévorant le foie de Prométhée, l'aigle oblige l'homme à descendre dans les nuits de l'inaccompli *Ra* רע pour y célébrer ses noces avec la terre-mère que symbolisent **rate** et **pancréas** ; chaque matin le héros vient offrir à l'aigle le « miel » du *Tov* טוב élaboré. Cela, pendant mille années.

Au bout de mille ans — nombre de l'unité reconquise — Prométhée est libéré. Il est introduit par Zeus dans le séjour des dieux.

Cependant, le mythe ne se termine pas là. Le couronnement de Prométhée ne va pas sans la mort du centaure Chiron, dont la fin confirme la guérison de l'Humanité.

---

8. Cf. chap. XII, p. 250.

L'ŒUVRE AU BLANC

Qui est en effet *Chiron* χειρων, « l'inférieur » en grec ? Moitié homme, moitié cheval, homme-animal, il est réputé pour sa sagesse et son intelligence, mais aussi pour son inguérissable plaie au pied. Cherchant à la soigner, il devient médecin, enseigne l'art de la médecine ainsi que de nombreuses autres sciences.

Il fait l'éducation d'Achille à qui il enseigne la vertu d'un baume grâce auquel le héros panse les blessures de ses guerriers sans pouvoir guérir celle que lui-même reçoit au pied et dont il meurt.

Le centaure enseigne selon une intelligence et une sagesse inhérentes au triangle inférieur labyrinthique. Il souffre cruellement de la plaie ontologique que ni sagesse ni intelligence existentielles ne lui permettent de guérir. Las de tant de maux, Chiron demande à Zeus la mort en échange de la libération de Prométhée.

Il semble que Chiron homme-animal soit totalement identifié dans le mythe grec à la blessure du pied de l'humanité. Sa mort signifie la guérison de la blessure.

Je suis émue de constater une fois de plus ici l'unité fondamentale qui lie tous les mythes, toutes les traditions, et dont la lumière aujourd'hui se lève à nouveau comme celle d'une aurore dans notre ciel par ailleurs si lourd.

« J'anéantirai la sagesse des sages et l'intelligence des intelligents (9). »

La mort du centaure n'est-elle pas cet anéantissement ? L'Amour, Feu divin, passé par la crucifixion en *Tiphereth* transforme et recrée.

Lui seul guérit.

Lui seul peut nous libérer des centaures, qui mènent encore le monde actuel.

Achevons l'étude du mythe de Prométhée tel que nous l'expose la cosmogonie hellénique : après la mort de Chiron et la libération de Prométhée, le monde y connaît un Déluge tout à fait semblable à celui que décrit la Bible.

L'Humanité liée à Épiméthée-Chiron est purifiée par l'Eau *(10)*. Le couple Deucalion-Pyrrha, qui survit au Déluge, repeuple la Terre en jetant des pierres par-dessus ses épaules. Semences divines à ce

9. Déjà cité, chap. X, p. 173.
10. Circoncision cosmique : voir chap. X, 1, p. 158.

niveau, ces pierres sont l'Humanité à venir en qui le Divin peut désormais croître, puisque son prototype a reconquis, dans une juste ascension, ce Feu dont il avait privé « ses enfants » et qu'il avait malhonnêtement dérobé par la suite.

Dans ce sens, le Prométhée grec me semble annoncer le Messie chrétien. Si cette idée est juste, l'étymologie de son nom n'est-elle pas liée à la notion de promesse plutôt qu'à celle de prévoyance ?

4. Le faux Œuvre au Blanc ou la conquête de la Toison d'Or

Il faut aussi, hélas ! parler du faux « Œuvre au Blanc » que le mythe de la Toison d'Or me paraît illustrer.

Phrixus et Hellé, fils du roi Athamas, menacés par leur marâtre Ino, s'enfuient du palais, montés sur un bélier dont la toison est d'or ; le bélier a le pouvoir de se déplacer dans l'air aussi bien que sur terre ; de plus, il a le don de la parole.

Au cours du voyage, Hellé est pris de peur et tombe dans la mer. Phrixus parvient seul en Colchide. Là, il sacrifie à Zeus le bélier et fait don de sa toison au roi du pays. Ce dernier accroche à un arbre l'éblouissante robe qu'il fait garder par un dragon.

Telle est l'origine de la Toison d'Or. Son symbolisme nous apparaît en pleine lumière :

Nés de l'unité (*Athamas* signifie « l'indivisible », le « non-multiple ») ; Phrixus et Hellé sont la dualité qu'un enfantillage (*Ino* veut dire « enfant ») arrache à leur unité originelle. Mais Ino — féminin d'Athamas — peut être aussi son inaccompli que Phrixus et Hellé ont pour charge d'accomplir.

Don de Mercure, le bélier lumineux qu'ils chevauchent est leur nature première qui les rend participants de la terre et de l'air, eux-mêmes étant liés, l'un Phrixus au feu, l'autre, Hellé à l'eau. L'animal a le don de la parole ; Phrixus et Hellé, fils de dieu sont ontologiquement verbe.

Leur unité étant brisée et donc leur séparation inévitable, les deux frères se quittent : « *Hellé connaît la peur »,* c'est-à-dire qu'il confère à ce qui devrait être son serviteur, le Cosmos, la puissance que seul le père avait sur lui. Coupé de sa source, l'Homme inverse les

La Toison d'Or
Des mythes très anciens nourrissaient les alchimistes, notamment celui de la
Toison d'Or, où ils crurent trouver le secret du Grand Oeuvre (ici, avec l'ensemble
des principaux symboles alchimiques). (Gravure extraite de *Histoire en
1 000 images de la Magie*, de Maurice Bessy, Pont-Royal.)

courants et polarise celui qui lui inspirait « crainte et tremblement » devant le Divin, sur le monde créé qui lui inspire dès lors la peur.

La chute d'Hellé dans la mer signifie l'abandon de sa nature divine au profit d'une nouvelle nature qu'il se crée face au monde manifesté dont il va faire l'expérience. En langage biblique, nous dirions qu'Hellé est revêtu de sa « tunique de peau ». En langage biologique : il se fait germe dans les eaux matricielles.

Les chants de l'Hellade vont pleurer le Paradis perdu du palais paternel et quêter la Lumière-feu du bélier écarté.

C'est un arbre vert qui, désormais, porte la toison d'or, la tunique de lumière. Ajoutons que cet arbre hérite du bélier le don de la parole.

Phrixus le frère ne se fait-il pas l'adversaire ?...

Retrouver la Parole, « Verbifier la chair », recouvrer l'habit de lumière, telle est, clairement exprimée à travers ce nouveau mythe, la recherche fondamentale de l'Humanité.

Suivons maintenant le mouvement de retour assumé par Hellé devenu Diomède dans la suite du mythe. Homme en tunique de peau, il naît dans une famille royale mais détrônée, symbole de son ontologie perdue qu'il décide de reconquérir.

A Iolchos, Pélias a détrôné son frère Eson et règne sur la Thessalie. Diomède, fils d'Eson, décide de réconquérir le trône. Pélias, ayant appris ce projet d'un oracle, cherche à faire périr son neveu. Eson fait annoncer la mort de l'enfant, cependant qu'en réalité, pour le soustraire à toute malveillance, il le confie au centaure Chiron. De Chiron, l'illustre médecin, Diomède reçoit l'initiation à tous les arts que nous savons. Il reçoit aussi de lui le nom de Jason.

Hellé, qui en Diomède est encore « pensée divine », ayant conscience d'avoir à recouvrer une royauté perdue, n'est plus en Jason que le fils du médecin, c'est-à-dire fils de l'intelligence et de la sagesse humaines pour lesquelles est réputé le centaure. Il semble que ce changement de nom ne corresponde plus ici à une évolution comme celle dont nous avons vécu l'expérience précédemment, mais à une involution dans le monde banalisé des sciences humaines coupées de la Connaissance divine.

Le nom de Jason est lié à la notion de guérison. Mais ne s'agit-il pas d'une guérison selon le mode du médecin banal ? Le mythe va nous dire si Jason est le médecin divin que l'Humanité attend.

L'ŒUVRE AU BLANC

Pélias organise une fête en l'honneur de Poséidon. Il y invite Jason sans connaître la véritable identité du jeune homme. Pélias ne sait que ce que lui a révélé l'oracle : son règne illégitime aura une fin. Il sera détrôné par un adolescent qui se présentera à lui « un pied déchaussé ». En se rendant au palais du roi, Jason traverse un gué, enlève ses chaussures, en lâche une qui se perd dans le ruisseau... C'est donc boiteux et déchaussé d'un pied qu'il se présente à Pélias. Et notre héros se définit bien ainsi conforme à son maître, hélas ! Il y a dès lors tout lieu de craindre que la conquête de la Toison d'Or, à laquelle Pélias contraint son jeune rival, se fasse selon des moyens inadéquats à la grandeur du but. A moins que Jason ne passe la « Porte des Hommes » et ne s'élève selon la rigueur de l'Art Royal à tous les degrés qui le séparent de la Tunique de Lumière, la Toison d'Or ne sera pas conquise ou bien le sera frauduleusement.

Que fait Jason ? Tout de suite, il marque son impuissance à assumer seul la conquête. Il réunit autour de lui de vaillants héros — et non des moindres, puisque nous voyons se rassembler autour du chef de l'expédition Castor et Pollux, Hercule, Thésée, Orphée, etc., en tout cinquante-deux hommes qui vont porter le nom d'Argonautes, du nom de la nef Argo sur laquelle ils embarquent.

Le nombre 52 est évidemment symbolique. Le 2, la dualité, lié au nombre 50 qui, lui, indique la totalité des possibilités en germe, nous fait penser que ce noble équipage porte en lui et la dualité du monde manifesté, son point de départ, et la totale potentialité de la reconquête du Divin, le 1, son but.

Sur la nef Argo, l'Olympe entier se penche avec tendresse. N'oublions pas que l'Olympe, dans le vocabulaire grec, correspond au monde du « Mi » des Hébreux *(11)* et que le *Mi*, le monde d'en haut מי (40 + 10), a pour valeur numérique 50, comme le mot *Kol* כל (20 + 30) qui veut dire « tout ». La lettre *Noun* נ liée aussi au nombre 50 est le « poisson », le « germe » *(12)*. Au départ, nos cinquante-deux Argonautes, en bas, ont la faveur du Ciel entier, en haut.

Dans sa « totalité » reconstituée, Jason tente de recouvrer l'intégrité de ses pieds. Une fois l'Hellade entière reconstituée par les Argonautes autour de lui, il est redevenu Hellé. Saura-t-il conserver ce don divin ?

---

11. Cf. chap. I.
12. Voir : « les pieds » qui contiennent « tout », chap. VII, p. 90.

Enfin, **Argo** voguant vers la Toison d'**Or**, c'est la couleur **argent** vers son devenir **or**, ou encore le stade lunaire avant la conquête solaire. La lune que symbolise Argo et la mer qui la reçoit sont les symboles du triangle inférieur de l'Arbre, relevant de l'Avoir au plan psychique. Passeront-ils la « Porte des Hommes », ces jeunes conquérants ?

Il est prévisible qu'ils vont rencontrer de redoutables épreuves : si Jason s'arrache aux délices de la séduisante reine des îles de Lemnos, c'est grâce aux remontrances d'Hercule. Si la nef est libérée de l'obstruction constituée par un barrage que des géants à six bras ont édifié dans le port qui l'abritait, c'est encore grâce à la force d'Hercule. Mais bientôt Hercule quitte ses compagnons et sa défection sera suivie par d'autres. La belle unité du départ est brisée, la blessure est réouverte, l'hémorragie commence. L'équipe réduite des Argonautes s'approche alors d'un étroit défilé gardé par deux rochers mouvants qui s'entrechoquent constamment, écrasant dans leurs terribles mâchoires tout esquif qui a le malheur de s'y aventurer.

Là, c'est bien certain, Argo affronte une importante porte que garde un monstre dévoreur. Grâce à un devin, elle passe, non sans graves dommages d'ailleurs, car à l'arrière son gouvernail est broyé par les terribles mâchoires soudain refermées. Et si la tête pensante symbolisée ici par le gouvernail est dévorée, peut-on dire que l'épreuve est vaincue ?

Sans gouvernail, autrement dit sans connaissance, Argo longe les côtes d'Asie, comme un aveugle longe les murs en les tâtant, pour arriver enfin en Colchide. Mais la petite troupe, elle, ne s'est pas pour autant hissée à l'étage du conscient. Si son corps aveugle est en Colchide, ses qualités d'âme ne « suivent » pas. Dans ces conditions, l'arrivée de Jason dans le palais du roi Aétès ressemble fort à celle de Thésée dans le palais de Minos.

Là, c'était la pure Ariane qui par amour invitait le héros à la recherche de la Connaissance.

Ici, dans le feu de la passion, la magicienne Médée se fait la complice de Jason.

La magie se substitue à la Connaissance.

Médée usera de toute sa science pour vaincre les insurmontables obstacles qu'Aétès furieux met entre le jeune homme et la Toison à laquelle il prétend. Médée n'est pas « pensée divine ». A l'étage où Jason a involué, il ne peut plus rencontrer que la « pensée pure » (mais non purifiée !), pensée cérébralisée par l'intellect ou pervertie par la magie.

« Je ne te permettrai d'emporter la Toison, dit Aétès à Jason, que si tu sors vainqueur de l'épreuve suivante : j'ai deux taureaux dont les pieds sont d'airain et dont la bouche vomit des tourbillons de flammes. Il faut que tu les domptes, que tu les attelles, et qu'avec une charrue en acier d'un seul bloc, tu laboures d'abord quatre arpents de terrain sauvage et inculte.

Ce travail terminé, au lieu du blé, tu sèmeras les dents que je vais te donner. Il en naîtra des géants. Sitôt sortis de terre, attaque-les tous, tue-les tous, et si tu viens à bout de cette tâche en une seule journée, tu pourras emporter la Toison du bélier. »

Jason, courageux, accepte. Mais nous savons que le courage ressortit au plan psychique et n'apporte aucune solution au problème présent. La vraie solution, c'est l'Art du Grand'Œuvre qui seul peut la fournir. A cette véritable science divine, Médée substitue la magie. La magicienne n'est pas sans lien avec Chiron, le médecin banal. C'est par le baume de l'intellect que Chiron pansait les plaies, c'est par le baume de la magie que Médée rend le héros invulnérable. Le corps oint de cet onguent magique, Jason est revêtu d'une force colossale et vient à bout de l'inhumaine épreuve.

Nous aurons à revenir sur le sens symbolique de cette dernière dans l'étude des dents et de la langue au niveau de la tête.

Les épreuves de Jason ne sont pas terminées pour autant. Souvenons-nous qu'un dragon garde l'Arbre auquel est suspendue la Toison. Impossible de s'emparer de cette dernière sans affronter le monstre. Les phases de l'Œuvre au Noir sont esquivées. Incapable de les assumer, Jason se laisse conduire par Médée qui, par la concentration de ses « forces de pensées », endort le monstre. Il est alors facile à Jason de tuer ce dernier et de dérober la Toison.

En somme, il s'agit ici purement et simplement d'un vol. Par la magie dite noire, car elle est négative et se substitue à l'Œuvre au Noir positif, l'Homme dérobe des pouvoirs qui, bientôt, se retournent contre lui. Cette robe de lumière ne peut que brûler celui qui n'est pas devenu lumière.

Là est l'essentiel du mythe qui se continue dans de dramatiques aventures. Jason s'enfuit de Colchide abandonnant Médée. Celle-ci envoie comme cadeau de noces à celle qui doit épouser Jason, une tunique empoisonnée qui brûle la malheureuse au moment où elle la revêt. Consumée par le feu, elle meurt, cependant que son époux continue d'user de ses pouvoirs magiques pour usurper, sans le reconquérir, le trône de son père. A son tour, il est détrôné, mène une vie lamentable et finit par se tuer.

Tel est le processus du faux Œuvre au Blanc.

Nous ne méditerons jamais assez sur cette grandiose tentation de pouvoir, une des trois tentacules de l'hydre-Satan, œuvre noire par refus de l'Œuvre au Noir.

Et beaucoup d'œuvres noires ont l'apparence du blanc. La Toison d'Or, en tout état de cause, est la Toison d'Or. Mais lorsque l'Œuvre au Noir est escamoté, la tunique brûle tôt ou tard celui qui l'a dérobée.

Là est l'insidieux danger que présentent toutes les techniques prétendant mener à l'Œuvre au Blanc, lorsqu'elles ne sont pas enseignées par les Maîtres capables d'éveiller en leurs disciples la conscience de la totalité de l'Œuvre.

L'Occident est d'autant plus tenté par ce « faux Blanc » qu'il a été enfermé pendant des siècles dans une contrainte morale très peu exaltante. Il a compensé en tombant dans le piège desséchant d'un activisme intellectuel à outrance menant à l'impasse actuelle.

Par réaction, il risque fort de tomber dans le piège contraire (que je qualifierais « d'humide ») d'une mystique à tout prix. Cela est largement amorcé avec les expériences en tout genre, pratiquées sans discernement aujourd'hui, depuis les techniques aux plus sages apparences jusqu'aux voyages artificiels les plus fous.

Voie sèche et voie humide sont toutes deux vécues en compensation d'une Tradition rejetée parce que infantilisante et totalement insuffisante pour la nouvelle exigence d'une humanité qui aborde le monstre dévoreur de la « Porte des Hommes ».

L'Homme doit retrouver la Tradition et, en elle, une autre dimension de son message. C'est en vivant ce message que la Tradition lui livrera le reste de ses trésors et que l'Homme commencera de vivre sa véritable incarnation.

5. La résurrection du Christ. Le corps glorieux

« *J'ai dit : " Vous êtes des dieux "* » s'écrie l'Esprit Divin à travers le psalmiste.

Christ le rappelle aux Juifs qui prennent des pierres pour Le lapider (Jean, X, 34) alors qu'Il se réclame d'une filiation divine. Et plus loin, Il ajoute : « *Amen, Amen, je vous le dis, celui qui croit en Moi fera aussi les œuvres que je fais et il en fera de plus grandes parce que je m'en vais au Père...* » (Jean, XIV, 12-13).

Est-il œuvre plus grande que de devenir « dieu » ? Achever le Grand'Œuvre en faisant de ce corps de chair qui « *a été semé corruptible* » qu'il ressuscite incorruptible : semé méprisable, qu'il ressuscite glorieux ; semé infirme, qu'il ressuscite plein de forces ; semé corps animal, qu'il ressuscite corps spirituel... (Paul, I, Corinthiens, XV, 42).

La résurrection du Christ, prémices de l'universelle transmutation nous introduit dans la réalité de ce devenir.

C'est cela la « Bonne Nouvelle », *Basorah* בשׂרה , au centre de laquelle la « chair », *Basar* בשׂר , scellée au cœur de l'inaccompli d'Adam, est aujourd'hui totalement accomplie.

Qu'il me soit pardonné ici de parler de mystères sur lesquels ceux, qui comme moi ne les ont pas vécus, devraient se taire. Si je le fais, c'est parce que la vie de l'Église dans son courant traditionnel nous fait participer nuit et jour à eux, dans un quotidien qui déjà connaît les prémices de la résurrection universelle. C'est aussi parce que ces mystères s'inscrivent dans la chair de l'Homme, dont ce livre n'a que le but de lui redonner sa place, sa vocation, sa grandeur.

Mais qu'il me soit aussi pardonné de placer à la fin de ce chapitre consacré au passage de la « Porte des Dieux », un événement qui le transcende radicalement.

L'Orient d'Éden se situe bien au-delà de la « Porte des Dieux » *(13)*.

La rencontre de Job avec le *Béhémoth* et le *Léviathan* n'avait pas non plus sa place dans l'œuvre du triangle thoracique qui donne accès à la lumière de l'Aigle seulement.

---

13. Cf. chap. XIII, 1, p. 281-282.

LE SYMBOLISME DU CORPS HUMAIN

Après l'entrée du Christ à Jérusalem — qui correspond au passage de la « Porte des Dieux » — Sa mort et Sa descente aux enfers n'y avaient pas non plus leur place.

Ces deux dernières expériences ressortissent au triangle supérieur. A ce même triangle appartient le mystère de la Résurrection du Christ.

Si j'ai opté pour cette forme de présentation, c'est dans l'optique d'une cohérence des récits. Mais j'ai conscience de courir le risque d'une autre incohérence : celle des différents niveaux d'expérience de leur contenu.

J'espère que le lecteur recevra pour me suivre une lumière intérieure qui éclairera les obscurités dues à mes limites. Cette lumière ne peut venir que d'une participation à la dimension messianique sans laquelle, comme Job, on ne peut aller au bout de l'expérience des enfers et donc de celle de la lumière à laquelle ils ouvrent.

Tous les grands courants mystiques traditionnels de l'humanité peuvent nous amener jusqu'à l'écoute du NOM. Seul le Christ-Messie entendu peut nous faire entrer dans le NOM et devenir Sa Lumière.

Au niveau du Triangle supérieur, toutes les traditions s'accomplissent dans l'unité de Sa Personne inséparable de la Trinité divine.

Christ est dans la nuit du tombeau. Son corps a été recouvert d'un linceul. Au petit matin, Marie-Madeleine, l'une des femmes myrophores, va vers le Sépulcre. Il est ouvert ; le corps a été volé, se dit-elle. Avertis, les Apôtres accourent. Ils entrent dans le Sépulcre. Le linceul est à terre. Le voile qui recouvrait la tête est soigneusement plié à part. A l'entrée du Sépulcre, Marie-Madeleine pleure. Deux anges, vêtus de blanc, lui demandent la cause de ses larmes : « *Pourquoi chercher parmi les morts celui qui est vivant. Il n'est point ici, mais il est ressuscité !* » (Luc, XXIV, 5).

Soudain, un homme s'avance. Marie-Madeleine croit qu'il s'agit du jardinier : « *Si c'est toi qui l'as emporté, dis-moi où tu l'as mis* », supplie-t-elle. Jésus lui dit : « *Marie* » ; elle reconnaît Sa voix et s'écrie : « *Rabbouni* » (Maître) (Jean, XX, 15-16).

Pas plus que Marie-Madeleine, les pèlerins sur le chemin d'Emmaüs ne reconnaissent le Christ ressuscité. Sa voix même, alors qu'Il les enseigne, ne leur révèle pas Son identité. C'est seulement « *dans la fraction du pain qu'ils reconnaissent le Seigneur* » (Luc, XXIV, 30).

L'ŒUVRE AU BLANC

L'apôtre Thomas, absent au jour de la Résurrection, ne peut croire la foudroyante nouvelle : « *Si je ne vois dans ses mains la marque des clous, si je ne mets mon doigt dans ses plaies, ma main dans son côté, je ne croirai pas* » (Jean, XX, 25).

« *Bienheureux Thomas ! C'est lui qui nous apporte la preuve qu'il ne s'agit pas en Christ ressuscité d'un corps autre que Son corps matériel, physique, périssable, devenu spirituel, impérissable, glorieux (14).* »

Ce Corps passe à travers les murs. Il entre dans le cénacle fermé où sont réunis les Apôtres. Il disparaît du regard des pèlerins d'Emmaüs sans ouvrir la porte de leur demeure.

Ce Corps ne se nourrit pas d'éléments matériels. Ressortissant au triangle supérieur, il se nourrit du Divin. Si Christ mange alors du pain ou des poissons avec Ses Apôtres, c'est par libre participation à leur condition corporelle à laquelle Sa propre corporéité accède, comme Il fait accéder à la Sienne propre ceux auxquels Il distribue le pain eucharistique.

C'est à ce niveau que se fait l'échange, marquant l'unité fondamentale de l'Homme, dans la succession de ses qualités intégrées à partir de la chair, jusqu'à l'élaboration la plus subtile de celle-ci se déifiant.

« *Il n'existe pas deux mondes, l'un petit, l'autre grand. Il n'existe qu'un seul monde et sur le chemin de l'accomplissement royal, l'Homme ressuscité figure la totalité de ce monde (15).* »

Il n'existe pas non plus deux corps, car le tombeau est vide. Le corps ressuscité est celui-là même qui gisait mort dans le tombeau.

Que s'est-il passé ?

A surgi l'événement qui dépasse non seulement ce que les mots peuvent décrire mais aussi ce que nos intelligences peuvent saisir. Seule la science moderne dans sa démarche apophatique peut approcher l'inexprimable réalité :

Posant le principe de « *l'absolu que recouvrent les apparences* » (16), Einstein a donné à la recherche de connaissance du monde exté-

---

14. Mgr Jean de Saint-Denys, enseignement oral.
15. Schwaller de Lubicz (cité de mémoire).
16. Cf. chap. III, p. 38 et chap. XI, p. 194

rieur le pouvoir dont l'Homme ne sait s'emparer pour sa recherche intérieure. Il a ôté le voile des apparences.

Le fruit de l'Arbre de la Connaissance est cueilli, le noyau de l'atome ouvert et l'énergie libérée, à l'extérieur.

Dans le tombeau, Christ devenu ce fruit en a ouvert le noyau. Il est devenu Son NOM. L'énergie libérée saisit la totalité de la matière corporelle et la transfigure. L'Énergie créée est totalement retournée à son pôle lumière, prête à enrichir l'Incréé.

Il ne s'agit pas tant d'une explosion qui aurait alors détruit plus que la terre, que d'une implosion qui ne touche pas aux voiles des apparences. A peine a-t-elle bouleversé l'espace qui environne le Ressuscité : elle a repoussé la pierre tombale et semble avoir marqué l'empreinte du corps sur le linceul avant d'avoir jeté le linge à terre *(17)*.

C'est par l'intérieur, dans le secret de la création, dans le silence du Nom de chacun de nous, que se continue le travail implosif. Il est celui de l'Esprit Saint bousculant le monde pour l'accomplir.

Le laps de temps qui sépare la Résurrection de l'Ascension aurait pu ne pas être. Christ aurait pu remonter au Père sans en rendre compte à nos yeux de chair.

Personnellement, je ressens ces cinquante jours comme la grâce du témoignage le plus fulgurant de notre aventure humaine.

— D'une part, témoignage du corps glorieux que chacun de nous est appelé à devenir dans son corps.

— D'autre part, témoignage du travail implosif de l'Esprit Saint qu'annonce le Verbe de Dieu par la bouche du Ressuscité : « *Voici que je vais envoyer vers vous celui qui a été promis par mon Père* » (Luc, XXIV, 49).

« *L'Esprit de Vérité qui procède du Père* » (Jean, XV, 26) et qui fait aujourd'hui croître l'Homme à sa dimension de Vérité.

En Christ, le jour de la Résurrection, la Terre monte au Ciel comme au jour de Noël, le Ciel était descendu dans les profondeurs de la Terre. Depuis, dans le silence, la Terre avait germé son Dieu.

« *Aujourd'hui, peuples, rayonnons de joie, c'est la Pâque du Seigneur. De la mort à la vie, de la Terre aux Cieux, Christ Dieu nous*

---

17. Luc, XXIV, 12 et Jean, XX, 5-7.

a menés. Chantons l'hymne de la victoire. Venez, buvons le breuvage nouveau, non pas la source qu'un miracle fit jaillir du rocher, mais le Christ, la Source incorruptible Qui S'élance du tombeau et nous donne Sa puissance.

Tout est inondé de lumière, le ciel, la terre et l'enfer. Que toute créature célèbre la Résurrection du Christ, en Lui elle est fortifiée ! »

Ainsi chante la Liturgie orthodoxe des matines de Pâques.

La Pâque juive avait fait passer au peuple d'Israël, souvenons-nous *(18)*, la « Porte des Hommes ». La Pâque chrétienne lui fait passer celle « des Dieux ».

En Christ, l'Homme se redresse dans la plénitude de ses dons édéniques retrouvés. Plus encore, avec le psalmiste, il chante : « *Tu as merveilleusement créé la dignité de l'Homme, mais plus merveilleusement encore Tu l'as restaurée, régénérée, ressuscitée (19).* »

Là est le « triomphalisme chrétien », faux s'il s'exprime au plan psychique, juste s'il exulte au plan spirituel.

Dans Sa descente aux enfers, Christ a épousé Sa Mère des profondeurs, Adam a épousé Adamah. L'Aimée ne « *donne plus ses ronces et ses épines* » (Genèse, III, 18), mais exhale le parfum de ses semences. La malédiction de la « chute » est effacée. Les lois qui régissaient les rapports de l'Homme et de la Terre sont renversées. La mort est vaincue, la douleur anéantie. *Malkhuth*, la Reine, a reçu la visite du Roi. Elle s'est élevée avec Lui dans les hauteurs et reçoit la couronne : *Kether*.

L'Ascension du Christ prolonge et parfait Sa Résurrection.

L'apôtre Paul, qui a connu sur le chemin de Damas (II Corinthiens, XII, 2-5) les prémices de cette expérience, lie étroitement les deux moments qui la constituent : « *Mais que signifie : Il est monté, sinon qu'Il est aussi descendu dans les régions inférieures de la Terre ? Celui qui est descendu, c'est le même qui est monté au-dessus de tous les cieux, afin de remplir toutes choses* » (Paul, Ephésiens, IV, 9-10).

---

18. Cf. chap. X, 2, p. 158-164.
19. Offertoire de liturgie romaine.

Laboratoire alchimique
(Basile Valentin : *Les Douze clefs de la philosophie*, XIIIᵉ siècle).

CHAPITRE XV

Accès au triangle supérieur
Kether-Ḥokhmah-Binah
Le cou - Les sept vertèbres cervicales
et les neuf hiérarchies angéliques
La thyroïde - Le bulbe rachidien

Le nom du cou, *Tsavar* צואר, est fait de la lettre *Tsadé* צ, l'hameçon divin, qui saisit l'Homme pour l'amener à la lumière *Aor* אור.

Cette même idéographie est exprimée par le nom de la nuque, *Oreph* עורף, qui est littéralement : libération ף de la tunique de peau *Aor* עור.

L'homme « *à la nuque raide* » est celui qui ne se laisse pas saisir par le *Tsadé* divin, qui refuse donc de se laisser couler à sa source, *Ayin* ע, pour être guéri, *Raph* רף, et dont les ailes de l'oiseau *Oph* עוף ne peuvent se déployer.

« *Ah ! je voudrais être étranglé !* », disait Job harponné et se débattant avant de redevenir petit enfant. L'étranglement se lit dans la racine *Tsar* צר du mot *Tsavar* צואר car c'est à son niveau que, archétypiellement, le *Aleph* א, *Elohim,* se retire pour laisser place à יהוה resserré dans le *Yod* ', le germe mais aussi le pommeau de l'Épée, Alpha et Oméga de la Création.

Dans ce Shabbat principiel, le Père dépose le Germe du Fils divin ' comme principe de la Création. C'est pourquoi le *Yod* et non le *Aleph* constitue le pommeau de l'Épée הוה , tête-principe de l'Homme.

LE SYMBOLISME DU CORPS HUMAIN

Quelle que soit la tête que nous mettions sur nos épaules au fur et à mesure de notre évolution, elle garde en permanence l'image du ciel qu'elle symbolise en tant que participation au *Aleph* א dont l'idéogramme primitif 𐤀 est une tête d'animal cornu. J'aurai à en reparler.

Lorsque l'Homme place sur ses épaules sa dernière tête en mettant au monde le Germe *Yod* qu'il a mûri, il vit cet étranglement pour retourner au Père א, *Elohim.*

Souvenons-nous *(1)* que les trois premières Séphiroth, *Kether-Ḥokhmah-Binah,* formant le triangle supérieur de l'Arbre, bien que sorties de l'*Aïn* ין, la Grande Ténèbre divine, se réfèrent encore à la transcendance divine. Elles sont appelées la « Grande Face » et ne se révèlent dans l'Immanence divine qu'en se voilant et se déployant dans les sept autres Séphiroth appelées « Séphiroth de la Construction » ou « Petite Face ».

Pour nous aider, nous pourrions imaginer qu'entre la Grande et la Petite Face divines se situe une sorte de prisme à travers lequel la Tri-Unité Divine Se déploie selon un rythme septuple dans l'infinitude de Ses possibilités créatrices. Les sept couleurs, les sept sons, les sept jours qui structurent notre monde visible, en seraient les émanations. Ce prisme qui servirait de relais entre la Pensée Divine et Sa septuple exécution nous apparaît contenir alors l'Un et le septuple et se définir comme un et septuple lui-même.

La lyre à sept cordes que nous avons vu remettre par Apollon à Orphée symbolisait bien le don du Dieu-Verbe inconnaissable Se faisant connaître selon sept modes vibratoires, qui sont encore les sept cieux traditionnels et que nos sept vertèbres cervicales symbolisent.

Sur les sept vertèbres cervicales s'appuie la glande thyroïde.

Du grec *turoïdos,* « qui a la forme d'une porte », la thyroïde semble être la porte de l'UN au septuple et celle du retour du septuple à l'UN. Curieusement, cette glande secrète l'iode (j'entends : le *Yod...*).

Elle est appelée « pomme d'Adam » ; elle est le pommeau de 'Épée, le *Yod,* le Verbe. Anatomiquement, elle est la base de la langue, symbole du Logos, le Verbe. Physiologiquement, elle a une action directe sur la fonction de croissance.

---

1. Cf. chap. IV, p. 43.

C'est à l'Adam en tant que יהוה en germe dans le secret du *Yod* qu'*Elohim* a ordonné de croître : « *Croissez, multipliez, remplissez la terre.* » Symboliquement, elle occupe la place de la séphirah *Daath*.

Non exprimée dans le corpus des dix Séphiroth, *Daath* דעת — la Connaissance — sorte de onzième séphirah, est située par la Tradition sur le trajet qui relie la « Porte des Dieux » à *Kether*.
Elle est le germe et le fruit de l'Arbre de la Connaissance.
Celui qui devient ce fruit et qui le cueille devient Verbe et ouvre le « *chemin de l'Arbre de Vie* » gardé, après le drame de la chute, par l'Épée et les Chérubins.
Le corps inscrit donc ici « en hauteur », ce qui se joue dans les profondeurs des Enfers.

Sept cieux s'ouvrent devant l'Homme comme autant de marches qu'il est invité à gravir avant la sublime union. Ces sept cieux sont décrits dans la tradition hébraïque *(2)* sous le nom de *Ḥekhaloth,* les Palais. L' « Homme d'en haut », *Elohim,* s'enveloppe de ces *Ḥekhaloth* comme d'un manteau. Chacune de ces enveloppes, chacun de ces palais, forme les échelons d'une échelle dont la forme dépasse toute imagination humaine mais dont, symboliquement, notre « bulbe » rend compte.
Bolbos, en grec, signifie « oignon » : tel un oignon qui enroule autour de son centre ses robes successives, tels sont les sept cieux s'enroulant autour de la Lumière divine dont ils transmettent, hiérarchiquement, l'intensité en la voilant jusqu'à la « Porte des Dieux ».

Dans son chemin de retour, passant la « Porte des Dieux », l'Homme traverse ces palais à l'intérieur desquels il est revêtu de robes successives, symboles des divins manteaux de lumière, robes qui le font accéder progressivement à la splendeur des splendeurs : il a mis au monde l'enfant divin et passe de la dimension de mère à celle d'épouse.
La vierge et mère devient épouse et reine.
La dernière robe est la robe de noces.
Robe royale, elle pare l'épouse qui est alors introduite dans la chambre du Roi, *Kether*.
Ces palais correspondent aux neuf hiérarchies angéliques.

---

2. G. Scholem : *Les Grands Courants de la mystique juive,* chap. II (Payot).

LE SYMBOLISME DU CORPS HUMAIN

C'est Denys l'Aréopagite qui nous a laissé le traité le plus complet concernant l'Angélologie. Quel que soit l'homme caché sous le nom de l'Aréopagite, que nous sommes convenus d'appeler le « Pseudo-Denys », l'auteur des *Hiérarchies Célestes* semble être entré dans le mystère et l'avoir vécu avant que d'avoir tenté de l'exprimer. C'est là sa véritable authenticité. Il nous révèle que ces armées célestes — Énergies divines créées — transmettent la Lumière divine par degrés successifs ; chaque degré est structuré, ordonné, illuminé, unifié par une des hiérarchies.

Ces neuf hiérarchies angéliques constituent trois triades.

Une première « triade » entoure le Trône céleste ; elle est composée des **Séraphins**, des **Chérubins** et des **Trônes**. Elle participe de la transcendance divine. Elle correspond au triangle supérieur de l'Arbre.

La deuxième triade comprend : les **Vertus**, les **Dominations** et les **Puissances**. Elle reçoit la lumière de la première triade et correspond au premier triangle inversé. Elle ordonne les mondes et les revêt de beauté.

La troisième triade comprend : les **Principautés**, les **Archanges** et les **Anges**. Elle est l'agent de l'économie divine à l'égard de l'Homme qu'elle guide, commande, et dont elle forge le destin. Elle œuvre selon la loi des nombres. Elle correspond au deuxième triangle inversé.

Et Denys pourrait dire des hiérarchies célestes ce qu'il dit de la hiérarchie ecclésiastique qui en est le reflet : « *Sache que notre hiérarchie communique une science, une inspiration et une perfection dont la nature, le principe et les résultats sont vraiment divins.* »

Par les mondes angéliques, la Lumière divine sort de son secret, se distribue dans une grandiose harmonie de sons, de couleurs, d'odeurs et de tout ce que la Création peut goûter pour en vivre, puis rentre dans son secret, enrichie de cette Création bien que parfaitement riche déjà...

L'Homme qui sait entrer dans l'exactitude de ces vibrations divines et se laisser porter dans ce mouvement de retour au sein du Secret, celui-là doit connaître le « retournement » dans l'expérience du revêtement des neuf états de corporéité angélique.

L'Ange avec l'épée dansant dans le ciel
Avec l'épée brûlante et tournoyante, il garde le chemin du jardin d'Éden (Icône de l'atelier Saint-Luc, Paris).

Notre corps inscrit dans sa plus concrète réalité le principe de ce retournement *(3)*. C'est en effet au niveau du bulbe rachidien que se joue le croisement des fibres qui, nées pour une part du cerveau droit, se dirigent alors vers la partie gauche du corps, et nées pour une autre part du cerveau gauche, se dirigent alors vers la partie droite du corps.

Plus subtilement, sur le plan énergétique, trois grands méridiens se croisent à ce même étage *(4)*.

Ce passage de la droite à la gauche, et *vice versa*, correspond aussi à celui du ciel postérieur au ciel antérieur dont j'ai parlé plus haut *(5)*. Mais le ciel antérieur ainsi recouvré qui, avant la chute, était lourd de l'inaccompli, se trouve maintenant totalement accompli. Il était l'occident d'Éden, il est aujourd'hui l'Orient. Les Chérubins et les Séraphins rencontrés dans les profondeurs des Enfers sont connus dans la lumière : ils ouvrent les portes du chemin de l'Arbre de Vie, *Kether,* chemin de l'*Aïn Soph... Aïn...* Rien.

Le cycle liturgique chrétien célèbre chacune des neuf hiérarchies pendant les neuf jours qui séparent l'Ascension de la Pentecôte, temps qui, symboliquement, marque les neuf degrés que traverse le Fils de l'Homme dans Son retour au Père, יהוה dans son retour à *Elohim.*

« *Ne me touche pas car Je ne suis pas encore monté vers le Père* » (Jean, XX, 17), dit le Ressuscité apparaissant à Marie.

Avant Sa mort, le Christ avait déjà parlé en ce sens, mais Ses disciples ne comprenaient pas :

« *Je suis sorti du Père et je suis venu dans le monde. A présent je quitte le monde et je retourne auprès du Père...*

Il vous est nécessaire que je m'en aille. Si je ne m'en vais pas, le Paraclet ne viendra pas à vous, mais si je m'en vais, je vous l'enverrai. »

(Jean, XVI, 28 et 7.)

La Pentecôte, effusion de l'Esprit Saint sur les Apôtres, est prémices de Son effusion dans le monde.

---

3. Cf. chap. V, p. 69.
4. Voir J.-M. Kespi, op. cit. (p. 130).
5. Cf. chap. VI, p. 75.

Résurrection du Christ
« Ne me touche pas car je ne suis pas encore monté vers le Père. »
(Chapiteau de la basilique d'Autun, Saône-et-Loire ; photo Hurault/Viollet.)

LE SYMBOLISME DU CORPS HUMAIN

L'Esprit Saint introduit à l'expérience de l'Universel, expérience sur laquelle nous allons nous pencher maintenant en étudiant le triangle supérieur ou « champ de cinabre » crânien qui en contient le secret.

CHAPITRE XVI

L'oreille et la langue
L'Écoute et le Verbe
L'Œuvre au Rouge

Si, dans la tradition hébraïque, l'Homme qui franchit la « Porte des Dieux » traverse sept palais et revêt la lumière de neuf hiérarchies angéliques, avec Dante il accède successivement à dix sphères célestes.

Dans ce dernier contexte paradisiaque, chacune des sphères est le corps d'une planète et nous retrouvons, dans la numération que Dante nous en donne, la construction traditionnelle de notre système solaire, à l'image de l'Arbre des dix séphiroth. Rappelons-le, sphères et séphiroth sont le même mot.

Du sein de la première sphère, *Malkhuth* la Terre, l'Homme accède à la deuxième, la Lune *(Yesod)*, puis à la troisième, Mercure *(Hod)*, à la quatrième, Vénus *(Netsaḥ)*, à la cinquième, le Soleil *(Tiphereth)*, à la sixième, Mars *(Din)*, à la septième, Jupiter *(Ḥesed)*, à la huitième, Saturne *(Binah)*, enfin à la neuvième sphère, celle des étoiles. Au sein de la neuvième sphère, il voit l'Essence Divine manifestée dans les chœurs angéliques. Pénétrant dans la dixième sphère, il est introduit dans « l'Empyrée » identifié ici à l'*Aïn Soph.* C'est la naissance ultime de l'Homme-dieu, l'ouverture du dernier Chakra, chakra coronal (la Couronne en *Kether*).

Il est remarquable de constater dans cette expérience céleste que Saturne, au départ de l'Homme lié à *Malkhuth,* comme nous l'avons vu, a maintenant atteint le triangle supérieur : les pieds ont rejoint la

Chacune des sphères est le corps d'une planète
(Gravure extraite de *Azoth,* de Basile Valentin, Paris, 1659.)

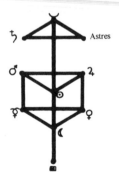

tête *(1)*. La couronne en *Kether* réunit les deux petites couronnes saturniennes des genoux. Le plomb est devenu or.

Mais, avant de vivre cette « couronne une », l'Homme met sur ses épaules les têtes successives que nous avons étudiées, en particulier dans l'histoire de Job, et qui toutes symbolisent les différentes étapes d'une fonction unique, celle de l'élaboration de l'être à sa dimension universelle et divine.

Le champ de cinabre crânien qu'est le triangle supérieur est, depuis l'enfance de l'Homme, symbole du ciel par rapport aux deux autres triangles dont l'un, en bas, est symbole de la Terre, et l'autre, au niveau du thorax, celui de l'Homme se rencontrant lui-même à ses plans successifs de communication.

Dans le dessin du Temple qu'est l'Homme, la nef, à laquelle on accède après la purification par l'eau, est le carré long dans lequel se vit l'incarnation et le baptême de feu de l'étage thoracique.

Le chœur, où se jouent les mystères, correspond à la tête. Les mystères ont aussi leurs étapes. Lever le voile sur la dernière étape, c'est ramasser dans un embrassement indicible en l'Homme, le ciel et la terre.

Dès la naissance de l'enfant, la forme ovoïde de la tête, le dessin thématisé du visage et les fonctions crâniennes sont un seul projet doué d'un dynamisme puissant vers cet embrassement.

Le visage rassemble, resserre sur un plan supérieur, redit sur un mode majeur tout ce que le corps a déjà révélé de lui jusque-là : les oreilles sont homologues de la séphirah *Malkhuth* ; elles correspondent tout particulièrement aux pieds.

L'angle que dessine le maxillaire inférieur à la jonction de ses deux axes, l'un vertical, l'autre horizontal, correspond au genou ; son axe vertical, à la jambe ; son axe horizontal, à la cuisse. Ce dernier axe s'épanouit sur la bouche qui, elle, correspond à la séphirah *Yesod* יסוד (rappelons-le : le « secret du *Yod* »). Le nez est le sentier du milieu de cet étage ; il correspond à la colonne vertébrale. Les joues répètent les poumons à ce plan. Les yeux sont homologues du cœur et des mains. Les arcades sourcilières correspondent aux épaules.

Mais à la racine du nez, entre les deux yeux, « *l'œil qui a la vision trine* » est l'homologue de *Tiphereth* en tant que cœur-centre. Le crâne tout entier est comme la tête de la tête... dont le front est un

---

1. Cf. chap. VII, p. 96-97.

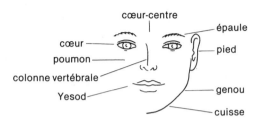

nouveau bassin ; les cheveux sont les reins de cet étage et nos racines célestes.

Dans son dessin, le visage rend aussi compte du mariage des deux polarités, féminine et masculine. Si nous le scrutons, la partie inférieure du visage est féminine et rappelle les organes génitaux de la femme : les trompes d'Eustache relient chaque oreille à la bouche comme, au niveau génital, les trompes de Fallope relient chaque ovaire à l'utérus.

La partie supérieure du visage rappelle les organes génitaux de l'homme : le nez correspond au pénis et les deux yeux aux deux testicules.

Ovaires et testicules se sont développés auprès des reins dont ils sont les frères jumeaux et qui continuent de leur distribuer la puissance procréatrice.

Nous nous souvenons en effet qu'au niveau pelvien, le bloc urogénital, chez l'homme comme chez la femme, est indifférencié dans les premières semaines de la vie fœtale.

Il en est de même du bloc audiovocal, son homologue. Ce n'est qu'à la cinquième semaine de vie *in utero* que les deux fonctions auditives et phonatoires se différencient, comme au même moment l'arbre urinaire se distingue des structures et des fonctions génitales.

L'OREILLE ET LA LANGUE

1. L'oreille

Exprimant un même aspect symbolique que les pieds et les reins, les oreilles ont la forme d'un germe. Comme eux, elles récapitulent le corps tout entier. C'est à cette lumière qu'est née l'**auriculothérapie** *(2)*.

Cette technique médicale, qui obéit à la méthode traditionnelle d'acupuncture, fait converger au niveau de l'oreille seule les localisations des poncturations destinées à vivifier telle ou telle partie du corps. Car, selon le tracé des correspondances harmoniques qui relient l'oreille à l'ensemble du corps, telle partie de l'oreille poncturée fait vibrer telle partie précise du corps à laquelle elle est liée.

Selon l'auteur, cette méthode thérapeutique est employée, empiriquement peut-être, mais réellement, depuis les temps les plus anciens : « *En Égypte, sous les Pharaons, les femmes se piquaient l'oreille pour limiter leurs grossesses ; les Scythes, quant à eux utilisaient la cautérisation du pavillon dans le cas d'impuissance, et Valsalva employait le même procédé pour calmer les rages dentaires. Au siècle dernier, de très nombreux médecins français, et non des moindres, brûlaient encore la racine de l'hélix pour guérir la névralgie sciatique.* »

L'acupuncture japonaise établit cette même correspondance entre les pieds et le corps. Se basant sur le même principe que celui qui préside à l'auriculothérapie, cette technique a pour support le pied en tant que germe.

De même que les pieds « écoutent » la terre pour en filtrer les informations — à plusieurs niveaux — afin qu'ils se posent sur ce qui est vérifié solide, et de même que les reins filtrent l'eau et le sang-feu pour distribuer l'énergie en bas et en haut, de même l'oreille filtre l'air, symbole du souffle divin.

Les oreilles, qui récapitulent pieds et reins au niveau du champ de cinabre crânien, n'ont pour vocation fondamentale que d'assurer la verticalisation de l'Homme afin de porter celui-ci de sa multiplicité inaccomplie liée à sa fonction phonatoire, à son unité accomplie liée à sa fonction Verbe.

---

2. Docteur Paul Nogier : *Traité d'auriculothérapie* (Éditions Maisonneuve).

LE SYMBOLISME DU CORPS HUMAIN

Si le Verbe créateur, *Archos* de la Création, a voilé Sa gloire et S'est enfoui au sein de la Création, dans les profondeurs de la matière qu'Il a modelée en Son expir *(3),* l'Homme, micro-cosmos, cache en lui le Verbe, microthéos. La croissance de l'Homme, nous l'avons vu dans les chapitres précédents, n'est que la formidable force germinatrice du *Théos,* le *Yod,* revenant à l'unité divine, l'*Aleph,* dans son inspir. Je veux parler d'une croissance totale dont, par conséquent, le développement physique est inséparable.

La première manifestation de ce *Théos,* le Verbe, à la naissance de l'enfant, est le cri dont il ponctue son entrée dans le milieu aérien. Le cri de l'Homme, à quelque moment de sa vie qu'il soit proféré, sera toujours un retour sécurisant à son état le plus archaïque, le plus proche de l'*Archos,* le plus ontologique.

Toute sa vie sera une lente élaboration de ce cri qui deviendra langage, puis chant, enfin silence au sein duquel est rejoint l'*Archos,* le Verbe. Né du Grand Silence Divin, l'Homme ne pourra retourner à ce silence que lorsqu'il sera capable de le percevoir, car l'Homme ne parle que dans la mesure où il entend. Il ne croît que dans les limites du registre où il entend. Sa parole est expression de son évolution et l'une vérifie l'autre. Toutes deux sont fonction de son écoute.

L'oreille va donc passer de la perception intra-liquidienne, dans le sein maternel, à celle du redoutable Silence divin. Les vibrations reçues au cours de cette lente évolution vont moduler, structurer l'Homme, dans le but de l'adapter progressivement à ses nouvelles naissances.

Au niveau de la dernière tête, ce troisième étage qui nous intéresse maintenant dans le schéma corporel, l'Homme, structuré par le silence qu'il est capable de percevoir, devient Verbe. Il extrait de sa gangue cosmique le *Théos.*

Mais nous le voyons incapable de recevoir, d'entendre ce silence s'il n'a pas perçu auparavant toutes les vibrations nécessaires à cette construction ultime. Cette dernière est fonction de toutes celles qui l'ont précédée.

Nous avons vu *(4)* l'importance de l'acquis *in utero* : ce qui n'a pas été reçu dans l'audition intra-liquidienne ne pourra être que difficilement récupéré plus tard.

---

3. Cf. chap. I, p. 21-22.
4. Cf. chap. VII, p. 101.

L'OREILLE ET LA LANGUE

Les oreilles écoutent les pieds
Ouvertes à la conscience (les pieds), les oreilles n'ont pour vocation fondamentale que d'assurer la verticalisation de l'Homme afin que celui-ci devienne Verbe *(cathédrale de Chartres).*

Des expériences significatives ont été faites chez des oiseaux, nous rapporte le docteur Tomatis : « *Des œufs d'oiseaux chanteurs couvés par des oiseaux non chanteurs donnent naissance à des oiseaux non chanteurs (5)...* » Le docteur Tomatis a mis au point une thérapeutique qui consiste à tenter de reconstituer ce milieu ambiant du ventre maternel pour amener l'enfant mutique mais non sourd à « se souvenir » de sa vie fœtale. On lui fait écouter l'enregistrement de la voix maternelle à travers une couche liquidienne. Récupérera-t-il par là ce que sa mère n'a pas su lui donner en temps utile ?

Des guérisons spectaculaires sont décrites par cet éminent thérapeute. Elles viennent confirmer ma certitude : l'enfant qui n'aura pas reçu dans la vie fœtale les vibrations affectives nécessaires à la structure de sa vie psychique risquera de demeurer toute sa vie un amputé psychique. Et cela restera vrai à tous les étages de son évolution.

Actuellement, de nombreuses méthodes de psychothérapie sont axées sur l'importance de l'expression qui rejoint celle de la communication. Que de difficultés l'homme moderne ne rencontre-t-il pas à ce sujet ! Mais en vérité, je pense que les problèmes relatifs à l'émissivité sont pour la plupart conditionnés par un blocage situé au niveau de la réceptivité. Soit que la « terre » n'ait pas été cultivée, soit qu'elle n'ait pas été ensemencée, soit qu'elle ait reçu des graines empoisonnées, elle ne peut exprimer la richesse qu'elle détient en potentialité.

Tant que l'oreille vibrait en harmonie avec les sons de la nature ou avec une musique elle-même construite en harmonie avec les structures intérieures de l'Homme, celui-ci ne se détruisait pas. La bruyante frénésie des villes, la pseudo-musique à base de tintamarre qui ne correspond qu'à la désintégration du son, les cantiques vécus dans un registre plus puérilement sentimental qu'authentiquement spirituel, tout cet ensemble concourt à faire proliférer les plantes mortelles de notre être.

La malédiction relative au sol « *qui désormais produira des ronces et des épines* » (Genèse, III, 18) concerne bien cette terre dont Adam est pétri (Genèse, II, 7) et que la « désobéissance » de ce dernier a privé de la semence divine.

Voilà pourquoi l'écoute de l'Homme doit devenir très vite intérieure.

5. A. Tomatis : *L'Oreille et le langage,* p. 70 (Le Seuil).

Voilà pourquoi aussi la prière centrale pour le peuple d'Israël commence par ces mots : « *Shema Israël* » (« Écoute Israël ») ; il la répète comme un mantra. Or ce premier mot שמע *Shema* est composé de la racine שם *Shem* qui est le « Nom », le Nom divin par excellence. La dernière lettre *Ayin* ע a pour valeur 70 ; elle exprime, selon la tradition qabbaliste, la totalité des 70 noms divins multiples et Un !

La lettre *Ayin* ע, signifiant la « source » ou « l'œil », exprime surtout ceci : le Nom ne peut être entendu qu'à la « source » de l'être ; ou encore, l'écoute est « l'œil » du NOM.

Dans l'écoute de chacun de nous peut être découvert notre Nom secret, participation à יהוה. Comment y atteindre ?

Revenons sur la notion de verticalisation dont je parlais plus haut *(6)*. Nous nous souvenons du rôle capital que joue le féminin d'Adam dans son travail de verticalisation, au point qu'Adam désigne *Isha* par cette qualité dont il sait qu'elle seule peut la lui conférer : « *celle que tu m'as donnée pour que je me tienne droit* » (Genèse, III, 12). Il est intéressant de voir l'oreille, organe récepteur et féminin par excellence, être liée à ce thème.

Il est temps de nous pencher ici sur les remarquables travaux que le docteur Tomatis a consacrés à ce sujet : « *C'est pour tendre l'oreille que le corps se verticalise,* dit-il, *et c'est pour devenir une oreille totale, sorte d'antenne à l'écoute du langage, que l'Homme se voit doté d'un système nerveux qui répond à la réalisation de cette fonction (7).* »

Dans le ventre de la mère, l'enfant n'est qu'une grande oreille, il reçoit l'information totale du monde des archétypes dans lequel il baigne, ainsi que les sons qui lui parviennent du monde maternel. Il entend, enregistre, mais ne le sait pas encore.

Dans la perspective que propose le docteur Tomatis, le développement de l'enfant *in utero* puis sa croissance tout au long de sa vie obéissent à l'induction exigeante et secrète de sa fonction parolière qui amène l'Homme adulte — et c'est cela être adulte — à devenir dans la matrice cosmique cette grande oreille capable d'entendre la totalité de l'information pour la devenir, devenir Parole-Verbe. Les expériences scientifiques du docteur Tomatis viennent prouver ce que la Tradition nous affirme : dès sa conception, l'Homme est thématisé

---

6. Cf. chap. XI, p. 178.
7. A. Tomatis : *La Nuit utérine,* p. 134 (Stock).

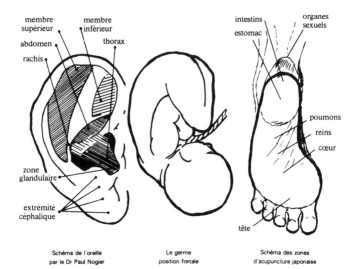

Schéma de l'oreille
par le Dr Paul Nogier

Le germe
position fœtale

Schéma des zones
d'acupuncture japonaise

(Schéma extrait de l'ouvrage du Docteur Paul Nogier : *Traité d'auriculothérapie*, Éditions Maisonneuve.)

par sa fonction Verbe, participation à la Parole qui est son Nom, comme Adam l'est dès le principe de sa création, par יהוה.

« *Tout se passe,* continue l'auteur de « *la Nuit utérine », comme si une précession offrait à l'oreille le rôle qui consiste à déclencher l'amplification ultérieure du système nerveux (8) »,* et plus loin, « *l'oreille se voit donc attribuer le système nerveux dans le but de pouvoir introduire la fonction parolière (9) ».*

En affirmant cela, le docteur Tomatis renverse les concepts classiques de l'ontogenèse qui donnaient et donnent encore la précession au système nerveux, lequel se verrait attribuer par la suite les fonctions sensorielles.

---

8. Op. cit. (p. 81).
9. Op. cit. (p. 87).

L'OREILLE ET LA LANGUE

Dans la perspective inversée que met en place son auteur, c'est autour du labyrinthe, organe central, énergétique et primordial de l'oreille interne, que tout s'organise.

Le secret au cœur du labyrinthe de l'oreille, en tant que force inductrice de croissance et en tant que finalité exaltante, rejoint le thème fondamental de nombreux mythes ainsi que celui de la recherche mystique universelle pour laquelle labyrinthes et mandalas sont objets symboliques de méditation. Ce secret — le NOM — s'enracine donc dans la toute première cellule embryonnaire qui serait alors programmée à cette seule fin, la parole !

L'Homme n'est que Verbe ! Il naît pour devenir son Nom, lequel, engrammé à la fine pointe du labyrinthe embryonnaire, organise tout autour de lui, dès la « nuit utérine ». Créé par le Verbe de Dieu, l'Homme est vibration secrète qui le modèle et le sculpte, le module et le chante jusqu'à ce qu'il devienne Verbe !

La tradition hindoue rapporte que le son primordial AUM est enfermé dans la conque, *Shanka*, et que cette conque a le même schéma que l'oreille humaine *(10)*.

Or, la cochlée au sein de l'oreille interne est le Κοχσος grec qui signifie « conque » ou « coquillage ». Une conscience très primaire de cela nous fait écouter le chant de la mer au fond d'un coquillage...

Cette même tradition hindoue appelle la Création *shruti* qui, littéralement, signifie « ce qui est entendu ». « *Elle est primordialement enfermée dans la conque shanka qui contient le AUM (11).* »

La conque, au niveau de l'oreille, est donc la cochlée qui, avec le labyrinthe, fait partie de l'oreille interne. Elle est la part la plus archaïque de notre structure.

En Inde, comme au Tibet, le monosyllabe AUM est rituellement modulé comme étant le son primordial et impérissable, le Nom du Verbe manifesté.

Il est vibré à plusieurs niveaux de résonances dans la boîte crânienne, de telle sorte que la dernière vibration est nettement nasale, mobilisant ainsi le rhinencéphale, soit la partie la plus archaïque du cerveau ; nous verrons *(12)* qu'il nourrit ainsi l'éveil du Verbe divin en l'Homme.

---

10. Voir, de René Guénon : *L'Homme et son devenir* (chap. XVI).
11. Voir, de René Guénon : *Symboles fondamentaux de la Science sacrée.*
12. Cf. chap. XX, p. 398.

Cette dernière vibration rejoint celle qu'induit la lettre N ; elle fait alors se relier intimement le son AUM à celui que fait vibrer le AMEN hébreu. אמן *Amen* est un mot intraduisible car il ne peut être enfermé dans un concept. Comme tous les mots hébreux, c'est son corps même qui est vivant jusqu'à la plus fine pointe de son esprit qui met alors celui qui le module en adéquation totale avec la réalité du mystère divin.

AUM comme AMEN sont centrés sur la maternité, אם *Em* en hébreu, qui nous oblige à mourir à une terre pour ressusciter à une nouvelle terre jusqu'à ce que nous atteignons à la dimension de Verbe, à laquelle est liée la lettre N (le *Noun final* du mot אמן est celui du Léviathan, dernier poisson des profondeurs qui symbolise notre dernière mutation. Il est aussi celui du mot *Ben* בן le « Fils », notre ultime réalité).

Dans ce sens, la lettre N du mot AMEN met un accent plus précis encore que le AUM sur les incarnations successives auxquelles nous donnent accès nos maternités intérieures, jusqu'à celle qui détermine l'ouverture de notre noyau tenu caché dans le complexe cochléelabyrinthe. Ce dernier, embryologiquement unifié avec le rhinencéphale, informe durant toute la vie de l'Homme cette partie du cerveau dont nous verrons *(12)* qu'elle est l'Alpha et l'Oméga de l'aventure humaine.

En tant que l'oreille est analogue à un corps tout entier, ce troisième étage appelé « oreille interne » correspond à la tête et a pour fonction l'équilibre et la verticalisation. Sagesse et intelligence y président.

Équilibre et verticalisation dans l'espace extérieur sont symboles d'équilibre et verticalisation dans les terres intérieures que cette partie de l'oreille assure essentiellement.

L'oreille moyenne est constituée de la caisse du tympan à l'intérieur de laquelle trois osselets — l'étrier, l'enclume et le marteau — nous renvoient aux outils du forgeron.

Le travail d'accomplissement qui se fait dans la forge, au deuxième étage du corps, correspond à ce travail de transmission des sons et de régulation des pressions qu'assure l'oreille moyenne.

---

12. Cf. chap. XX, p. 398.

L'oreille du Bouddha
L'oreille du Bouddha a entendu le son primordial. Bouddha est devenu la création tout entière (Chine, époque T'ang, VIIe-Xe siècles ; *photo Giraudon*).

L'oreille externe comprend le conduit auditif et le pavillon. Contrairement à celui des animaux, le pavillon de l'oreille humaine n'est pas mobile, mais il est ciselé d'une manière infiniment plus complexe.

L'animal, qui se déplace exclusivement dans le monde extérieur et qui n'a d'autre moyen de défense que la rapidité du geste, a besoin de ce pouvoir giratoire qui lui permet de balayer l'espace en un instant pour en recevoir les informations.

La fine complexité du pavillon chez l'Homme est sculptée par l'intelligence de ce dernier qui économise son mouvement extérieur et donc l'information qui lui est inhérente, afin de porter à l'intérieur de lui-même sa puissance d'écoute. L'Homme adulte qui commence d'intégrer l'animal ne devrait se déplacer dans l'espace extérieur qu'en fonction de l'écoute intérieure, essentiellement. Toute agitation alors s'efface. L'oreille humaine se présente donc comme organe d'écoute intérieure tout entier dirigé sur le cœur du labyrinthe qui, entendu, donne la clef du chemin du NOM, puis celle du NOM Lui-même. Il ouvre sur l'universalité de la Création.

Le cœur n'est entendu que par celui qui, tel l'apôtre Jean « *au secret divin* », y place son oreille. Car le cœur du labyrinthe, c'est aussi le Christ, le Verbe.

Il est présent en chacun de nous.

Le cœur du labyrinthe n'est entendu que par celui qui s'est totalement redressé parce qu'il s'est totalement épousé dans le sanctuaire du forgeron.

De même que le fœtus, grande oreille dans le ventre maternel, ne naît que lorsque son sang est totalement porteur de son souffle, son NOM en germe, de même, fœtus accompli dans la matrice cosmique, l'Homme devient alors la grande oreille qui entend son NOM ; il est prêt à naître.

Parce qu'il connaît son Nom, il devient Verbe.

Le cœur-organe, icône du Verbe *(13)*, est constitué dans sa partie supérieure de deux « oreillettes » dont la fonction subtile rejoint celle des oreilles.

Le cœur ne bat que pour entendre.

Entendant, il verra.

---

13. Cf. chap. XII, p. 263-264.

L'OREILLE ET LA LANGUE

« *Heureux les cœurs purs car ils verront Dieu* » (Matthieu, V, 8).

Parce qu'il n'a pas eu d'oreille pour entendre l'ange prononcer le nom qu'il devait donner à son fils, Zacharie est privé de parole pendant neuf mois (Luc, I, 20).

La tradition chrétienne parle de « l'Eucharistie de la Parole » : Parole-nourriture dont les mantras hindous sont la réplique. Cette nourriture est reçue dans l'oreille que son étymologie relie à la notion « d'ouverture ». La bouche qui reçoit, elle, la nourriture physique, est aussi « ouverture » dans son étymologie latine *os, oris*.

« *Ephéta, ouvre-toi* », ordonne le Christ au sourd que Ses disciples Lui amènent pour le guérir (Marc, VII, 32-37), « *aussitôt ses oreilles s'ouvrirent et sa langue se délia* ».
Et Marc, insistant sur le lien étroit qui unit l'oreille à la parole, rapporte l'admiration des disciples de Jésus qui disent de Lui : « *Il fait entendre les sourds et parler les muets.* »

En hébreu, l'oreille *Ozen* אזן évoque l'idée d'obéissance (mot dont la racine signifie aussi « ouverture »). L'énorme confusion qui s'est opérée dans notre langue coupée de ses racines profondes a introduit une identité de sens entre les mots « se soumettre » et « obéir ». En réalité, la soumission est servitude, l'obéissance, libération.
Ce même mot *Ozen* אזן est composé de la racine *Zan* זן qui signifie « espèce, sorte ». Sous ce symbolisme, l'oreille assure la continuité, la croissance d'une espèce nourrie par le א *Aleph*, la puissance divine créatrice.

Dans cette perspective, l'oreille reçoit — par le cordon ombilical nourricier qui vient s'implanter subtilement au niveau de son tragus — la manne céleste qui est le NOM : « *Je lui donnerai la manne cachée, et je lui donnerai un caillou blanc, et sur ce caillou est inscrit un NOM nouveau que personne ne connaît si ce n'est celui qui le reçoit* » (Jean, Apocalypse, II, 17-18).

Le septénaire sur lequel est construit le *Livre de l'Apocalypse,* contrepoint au septénaire du *Livre de la Genèse,* me semble lié à l'ouverture des sept palais. Chacune des sept lettres destinées aux sept Églises se termine par cette injonction : « *Que celui qui a des oreilles entende ce que l'Esprit dit aux Églises.* »

LE SYMBOLISME DU CORPS HUMAIN

Après avoir écrit la dernière lettre, Jean a la vision du Trône divin...

L'iconographie chrétienne ne représente ni le Christ ni les saints avec de grandes oreilles. Elle met seulement en lumière le chakra ovoïde de la gorge au niveau duquel se libèrent les énergies de l'Homme-Verbe.

Seuls, à ma connaissance, les petits personnages situés à l'extrême droite du linteau du tympan de Vézelay sont des hommes munis d'énormes oreilles : ils ont « entendu », pris conscience que leur pied est blessé ; et c'est marchant à cloche-pied qu'ils s'avancent vers leur verticalisation pour leur accomplissement divin.

C'est en Inde surtout, que nous rencontrons ces symboles, dans la tradition védantique, tout d'abord sous la forme de l'éléphant aux longues oreilles, puis chez le Bouddha.

Ganesha, fils de Shiva, a une tête d'éléphant et un corps d'homme. Il monte un rat. « *Sa force spirituelle est symbolisée par l'amplitude de la tête avec ses larges oreilles et sa trompe, ensemble qui a l'apparence de AUM écrit en sanscrit. AUM, nous le savons, est le symbole de l'infini, de la Réalité-suprême, sous forme de Son-symbole. Pénétré de la lumière divine, Ganesha est sans poids, aussi léger que l'air. Il n'écrase pas le rat, animal sagace, habile et rusé qui sait pénétrer dans les endroits difficiles et très étroits et symbolise l'intelligence apte à pénétrer les problèmes les plus ardus (14).* »

Il n'est pas utile d'insister ici sur l'iconographie du Bouddha, image de l'Homme réalisé. Non seulement il a de longues oreilles, mais au sommet de sa tête la fleur de lotus s'est ouverte ; j'y reviendrai.

Si la tradition chrétienne ne représente que peu d'hommes aux longues oreilles, par contre elle vénère l'âne.

L'âne est lié, dans les plus vieilles légendes, à l'immortalité de l'Homme que, sous une forme ou une autre — une pierre précieuse, une fleur, une femme — il porte sur son dos. Lorsque son dos reçoit les rois et les papes, c'est en tant que ceux-ci ont une fonction qui ressortit à la dimension de l'Adam éternel.

---

14. Swami Nityabodhananda : *Mythes et religions de l'Inde,* p. 84 (Éditions Maisonneuve).

L'OREILLE ET LA LANGUE

Munis de grandes oreilles, ces hommes ont « entendu » ; ils ont pris conscience de leur blessure au pied, alors ils prennent le chemin de la guérison *(photo frère J.-B. Auberger)*. Basilique de Vézelay.

L'âne, tel celui de Balaam *(15)* voit les anges et entend leur langage. Il préside avec le bœuf à la naissance du Christ. Il porte l' « Immortel » qui Se fait mortel, en Égypte tout d'abord pour Le cacher, puis à Jérusalem plus tard pour L'exalter.

Lorsque le Christ monte sur « *un ânon, le petit d'une ânesse* » et fait avec lui Son entrée dans la ville sainte le jour des Rameaux, Il monte l'animal « *qui a des oreilles pour entendre* » ; Il revêt, sous ce symbole, un des aspects de notre dernière tunique de peau, celle qui doit maintenant mourir — Christ entre à Jérusalem ce jour-là pour y mourir — afin d'atteindre à la tunique de lumière et de parvenir à **la vision**. Nous avons déjà étudié, chez Job qui préfigure le Christ, ce passage de l'écoute à la vision.

Il y a en hébreu un jeu de mot entre l' « ânon » et la « ville », selon que leur unique racine עיר est prononcée *Aïr* ou *Ir*. L'ânon ou la ville sont le *Yod* au cœur du non-accompli רע : seule l'écoute du NOM permet la pénétration de notre dernière ténèbre, notre ville sainte intérieure qui devient alors ville de lumière.

Ce passage ne peut se vivre que dans la Jérusalem intérieure ; celle-ci est symbolisée au niveau du corps par la dernière matrice : le premier triangle archétypiel ou champ de cinabre crânien.

C'est au Golgotha — le « crâne » en hébreu — que Christ meurt sur la croix ; dans ce même lieu où il y avait un jardin, Il est enseveli ; dans ce même lieu, Il ressuscite.

L'ânon, notre dernière tunique de peau en tant qu'écoute avant de parvenir à la vision, était célébré chaque année autrefois dans une « fête à l'âne ». A cette occasion, l'âne était cérémonieusement introduit dans l'église et promené revêtu d'habits somptueux, symboles de la tunique de lumière qu'il cache sous sa tunique de peau (le conte bien connu des enfants, « Peau d'Âne », raconte aussi cette histoire !).

L'âne est légendairement silencieux ; son silence est inséparable de son écoute.

En Grèce, Midas, roi de Phrygie ne sut pas reconnaître la supériorité des sons que le divin Apollon tira de sa cithare, sur ceux de son rival ; il reçut les oreilles d'âne, de celui qui sait, lui, discerner les sons divins.

---

15. Nombres XXII, 25.

L'OREILLE ET LA LANGUE

Le bonnet d'âne était primitivement donné à l'écolier qui ne savait pas écouter, non pour lui faire honte, mais pour qu'il apprenne à entendre.

La tradition chrétienne gardait encore vivant, jusqu'à ces dernières années, le symbolisme du lapin et du lièvre. Animaux aux longues oreilles, ils ornaient les cartes pascales. Oreilles et œufs de Pâques se rejoignent dans le même symbolisme de Résurrection.

Dans le même sens, les oreilles du taureau sont offertes au matador qui a livré une brillante corrida. Il reçoit ainsi la récompense par excellence en hommage au Grand'Œuvre divin accompli.

La tauromachie plonge ses origines dans un rituel sacré lié aux sacrifices sanglants : le matador vêtu de « l'habit de lumière » pénètre de son épée le cœur du taureau noir.

Chez les Celtes, selon ce que rapportait récemment l'écrivain Frédéric Lionel, les oreilles des animaux sacrifiés par les Druides étaient offertes à Ogmios, dieu de l'éloquence. Oreilles et parole sont encore ici intimement liées.

Une très ancienne icône de la Nativité représente la Vierge étendue sur sa couche au fond d'une grotte. Elle vient de mettre au monde le Verbe. Tout est sombre dans la grotte, ténèbres de la Terre, à l'exception de cette tache lumineuse qui contient la Vierge, sa couche et, au centre, l'Enfant Dieu.

Cette tache lumineuse a le dessin d'une oreille. Un cordon ombilical, lumineux lui aussi, relie le Verbe couché au fond de l'oreille au sommet de la caverne, le Ciel.

Écoutons maintenant l'histoire d'Élie, homme devenu Verbe-Épée. Élie, prophète en Israël, dont nous avons vu *(16)* que le nom hébreu est *Eliahu* אליהו , monte « *à la montagne de Dieu, l'Horeb* » (I Rois, XIX, 8). Il se retire dans une caverne et écoute. Devant la porte de la caverne passe un vent fort violent. « *Dieu n'était pas dans le vent.* » Après le vent, un tremblement de terre. « *Dieu n'était pas dans le tremblement de terre.* » Puis, un feu. « *Dieu n'était pas dans le feu.* » Et après le feu, « *une voix silencieuse et subtile* ».

« *Quand Élie l'entendit, il s'enveloppa le visage de son manteau, il sortit et se tint à l'entrée de la caverne.* »

---

16. Cf. chap. XIII, p. 278.

Le mot hébreu « silence », qui qualifie antinomiquement la Voix divine, est *Dmamah* דממה qui contient les mots *Ma* מה, l'eau et *Dam* דם, le sang. Entrons alors dans cette réalité que la Voix divine ne Se fait entendre ni dans le vent (élément air) ni dans le tremblement de terre (élément terre) ni dans l'élément feu, mais dans le silence qui participe de l'eau et du sang, donc de l'Esprit *(17)*.

Si le silence règne dans les profondeurs sous-marines, si le cri de l'enfant marque son arrivée sur la terre, si le chant des oiseaux fait vibrer les hauteurs et si l'Homme, dans ses aspirations les plus élevées, chante, ce dernier ne retrouve toutefois le silence qu'en redevenant germe.

L'oreille, en tant que réceptacle du Verbe divin, baigne dans les eaux d'une nouvelle Genèse. Sortant de la caverne-matrice Élie naît à une nouvelle dimension. Créé en Adam à l'image divine, il en atteint la ressemblance.

Le mot « silence », *Dmamah* דממה, porte surtout en lui le mot *Damah* דמה qui signifie « ressembler à ». Élie a parcouru le chemin qui mène de l'image à la ressemblance *(18)*. Il est Verbe, il est יהוה, il est l'Épée. Redisons que le nom d'Élie אליהו n'est autre que le Tétragramme יהוה dont un des deux *Hé* (ה) est devenu אל (*El*) qui signifie Dieu !

Élie est monté sur le mont *Horeb* חרב, mot qui signifie l' « épée ». Élie est monté sur la montagne de l'Épée car il est devenu lui-même l'Épée ; c'est en sa gorge et en sa bouche qu'elle se tient.

Dès le premier chapitre de l'Apocalypse, saint Jean nous confie comment « *il tombe mort* » devant la vision de ce « *quelqu'un qui ressemblait à un fils d'Homme... Sa voix était comme le bruit des grandes eaux. Il avait dans la main droite sept étoiles. De sa bouche sortait une épée aiguë, à deux tranchants, et son visage était comme le soleil quand il brille dans sa force* » (Apocalypse, I, 12-20).

Le Nom Divin, Épée à deux tranchants, est l'Arbre de la Connaissance. Les deux tranchants, *Phiphioth* פיפיות en hébreu, sont deux « bouches » ou deux souffles, les deux *Hé* (ה) du Tétragramme, les deux manifestations antinomiques du *Yod* : lumière et non-lumière. Si l'Homme qui se mesure à elle est devenu Lumière

---

17. « *Et il y en a trois en bas qui sont un : l'eau, le sang et l'Esprit* » (Jean, Épître V, 8).

18. Cf. chap. I, p. 21 et chap. V, p. 52.

(Œuvre au Blanc) et non-lumière (Œuvre au Noir) et n'a été tué par aucun de ces deux tranchants, alors il a pénétré l'antinomie, dépassé toutes les contradictions. Il s'est identifié à l'Épée, il est devenu son NOM, en parfaite ressemblance avec Dieu.

C'est avec cette seule clef que nous pouvons pénétrer les arcanes de ce chapitre (I Rois, XVIII) où nous voyons le prophète d'Israël exterminer « *par l'épée* » les faux prophètes de Baal ou, plus exactement, les « égorger ». C'est au niveau de la gorge, la « Porte des Dieux » que le faux prophète, confronté au NOM divin, est anéanti. Il n'est pas devenu Épée, il est égorgé par l'Épée.

En fait, il s'agit moins du sanglant carnage que décrit le récit formel que, en sous-jacence, de l'anéantissement que subit tout homme dont la tunique de peau n'est pas devenue tunique de lumière et qui, confronté à la Lumière-Verbe, est alors foudroyé par Elle. Élie devenu Verbe foudroie les faux « Verbe » (faux prophètes) ; devenu Épée, il « égorge » ceux qui se prétendent Épée.

Nous lisons dans l'Évangile (Luc, XXII, 50-51 ; Jean, XVIII, 10-11) qu'au moment de l'arrestation du Christ au mont des Oliviers, « *Simon-Pierre qui avait une épée, la tira, frappa le serviteur du souverain sacrificateur et lui coupa l'oreille droite. Ce serviteur s'appelait Malchus* ».

L'Épée de Pierre préfigure le Verbe que l'apôtre deviendra. Sur le plan psychologique, elle correspond au verbiage. Pierre n'est pas encore dans l'intelligence spirituelle de la situation. Il est ici ce que nous sommes tous, à « trancher » par des jugements hâtifs dans le vif d'événements dont nous ne voyons pas le sens profond, à parler à temps et à contretemps, à tuer par le Verbe. L'attitude spirituelle implique que nous soyons morts à tout jugement pour entrer dans le discernement des œuvres de Dieu. Celles-ci sont souvent « scandaleuses » par rapport à nos habitudes de penser.

Le mot hébreu *Ḥerev* חרב (épée), qui désigne aussi le mont Horeb, contient une puissance redoutable. Son homonyme rend compte d'une énergie qui détruit, dévaste, dessèche, extermine. Si nous permutons les lettres, nous découvrons que le mot *Raḥab* רחב introduit une possibilité de libération, d'élargissement, et que la racine *Rab* רב est celle de croissance-multiplication. A ce niveau, nous retrouvons la racine du « *croissez et multipliez-vous* » de la

Genèse (I, 28) dont nous avons vu *(19)* qu'il s'agit d'une croissance et de fruits **spirituels.**

Le mot *Rab* רב, signifiant la multitude, désigne avant tout la grandeur, la seigneurie, la principauté. Marie-Madeleine reconnaissant le Christ ressuscité s'écrie « *Rabbi* », Maître, Seigneur !

Le mot *Ḥabor* חבר, obtenu par une nouvelle permutation des trois lettres, signifie « joindre, lier » ou encore « ami ». Celui qui se mesure, sans être anéanti, à la puissance de ces trois lettres, de ces trois « vivants » quel que soit l'ordre dans lequel ils se présentent, est « lié », relié au Divin *(20)*. Et Christ dira de ceux-là : « *Je ne vous appellerai plus serviteurs, mais amis* » (Jean, XV, 15).

Si l'on saisit les deux lettres extrêmes du mot חרב, soit ח *(Ḥeith)* et ב *(Beith)*, elles forment un nouveau mot *Ḥob* חב qui signifie « secret, caché ». Elles cernent la lettre *Reish* ר qui signifie la « tête ». L'Épée nous apparaît alors porter en secret « la tête ».

La tête est le *Yod* du Tétragramme-Épée. Celui qui s'identifie à l'Épée recouvre sa vraie tête, sa filiation divine. Il est « relié ». Le décapité (Jean le Baptiste) se regreffe à son véritable chef. L'humanité retrouve son vrai visage.

Souvenons-nous que *Yesod* יסוד est aussi le secret divin *(21)*. Israël circoncis en *Yesod* a mis au monde le Verbe. Tout homme devenant Verbe accomplit *Yesod,* le secret divin contenu dans le pommeau de l'Épée. C'est à ce niveau qu'il porte ses vrais fruits. Ils jaillissent comme éclatent les fruits de la grenade.

C'est l'Œuvre au Rouge.

2. La bouche

Dans la bouche, la langue, image de l'Épée, symbolise l'Œuvre au Rouge. Dans la tradition chrétienne, ce sont des langues de feu descendant du Ciel le jour de la Pentecôte, qui embrasent les apôtres et les amènent à cette expérience.

Qu'il s'agisse de ces langues de feu, ou du char de feu qui va arracher Élie de terre, ou de l'ivresse spirituelle de Noé, l'Œuvre au

---

19. Cf. chap. X, p. 146.
20. Cf. chap. III, p. 33-34.
21. Cf. chap. IX, p. 130.

Rouge est vécu dans le feu, non plus destructeur, mais libérateur, dont la couleur rouge est le symbole.

La Pentecôte (50 jours) chrétienne ou « Pâque rouge » se greffe sur la fête juive de *Shavouoth* (7 semaines = 49 jours) ou « Fête des moissons ». Les blés et les orges ont alors mûri et donnent leurs fruits. Ils sont symboles du fruit de l'Homme, le Verbe.

Les apôtres réunis à Jérusalem avec toutes les nations qui y montaient ce jour-là pour la fête, après avoir reçu les langues de feu sont ivres de l'Esprit Saint. Ils parlent alors une langue entendue de tous, une langue qui recouvrait toutes les langues, la « *langue une* » qui précédait Babel, mais dont l'unité s'est enrichie de la multiplicité des langues des nations (nations que symbolisent les onze apôtres et Marie).

C'était aussi en la fête de *Shavouoth*, quelque 1 200 ans auparavant, que Ruth avait rencontré Boaz, son Goël. Le Goël est celui dont nous avons vu qu'il a le droit de rachat *(22)* ; il est le libérateur. Ruth, la Moabite, symbolise les nations étrangères au peuple hébreu ou, en chacun de nous, la partie non accomplie qui nous est étrangère et donc étrangère au Nom.

Pénétrant la tente de son Goël, en ce jour de Shavouoth, Ruth épouse Israël. Elle est celle qui entre dans son accomplissement et se libère, engendrant son Nom. Ruth et Boaz engendrent Oved qui engendre Jessé, père de David et ancêtre du Christ. Le Christ sera le Goël de l'humanité.

La racine *Gaol* גאל en hébreu signifie « libérer ».

Le langage héraldique dit de la couleur rouge qu'elle est « de gueule ». La langue verte dit de la bouche qu'elle est la gueule !

Tapissée de rouge, la bouche s'ouvrant sur le dernier palais, tient son nom du *buca* latin, dont l'étymologie est la même que les mots « boucle » et « bouclier ».

Le bouclier protège de l'Épée הזה . Il était originellement représenté par le cercle que forme un serpent se mordant la queue. Ce dernier symbolise une totalité accomplie, un cycle « bouclé ». La « boucle » étant constituée, l'Homme dont les pieds ont rejoint la tête, va se présenter devant l'Épée, son NOM que symbolise la langue. Le bouclier qui l'en protège est symbolisé par la denture.

---

22. Cf. chap. XII, p. 237.

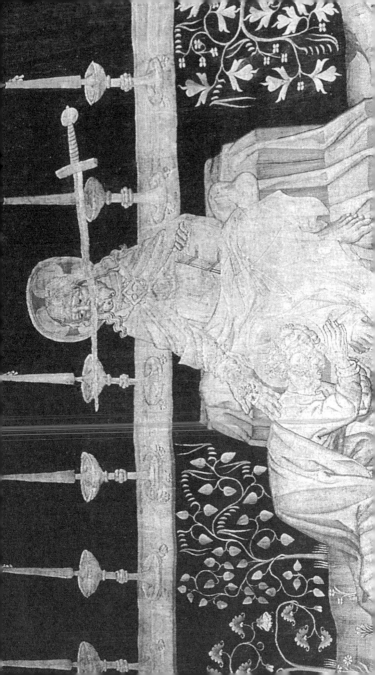

Le dragon des profondeurs qui garde le NOM est célèbre pour sa terrible mâchoire. Et tous les gardiens du seuil héritent de lui leur fonction de monstres dévoreurs. Celui qui desserre les mâchoires du Léviathan dans les profondeurs, et qui ouvre la gueule du monstre, devient Verbe.

En tant que « gueule », la bouche est « libération », conquête de la dernière peau et de l'ultime liberté qu'est l'accomplissement du Verbe. Identifiée au féminin, la bouche est *Isha* qui scellait en ses profondeurs — et révèle maintenant — le secret du NOM ; et avec lui, *Basar* בשר, la « chair » totalement rendue à son Époux divin, et *Basorah* בשרה, cette « bonne nouvelle » que clame la langue devenue Logos.

En cette fête de Pentecôte, יהוה est retourné à *Elohim*. Aucune pulsion cardiaque, aucun rythme pulmonaire ne soulève plus la Création. Tout est amour et Feu.

L' « alliance de Feu » — *Brith Esh* ברית אש — est consommée. Tout retourne au Principe בראשית *Bereshit*.

3. La salive

La salive, dans la bouche, semble avoir de grandes vertus. Elle joue un rôle important dans la formation du bol alimentaire et dans son absorption ; mais son pouvoir purificateur et cicatrisant est bien connu de celui qui sait instinctivement sucer une plaie sans qu'interfère un mental aseptisé par la culture.

Nous avons vu le geste du Moël, le « circonciseur », lorsqu'il suce la plaie laissée par la taille du prépuce. Je n'ai pas parlé à ce moment-là *(23)* du rôle que joue la salive dans cette opération rituelle.

---

23. Cf. chap. IX, p. 137-138.

Nicolas Bataille, fin XIVe siècle : **Tapisserie de l'Apocalypse** (Bibliothèque d'Angers, *photo Lauros-Giraudon).*
« ... *Sa voix était comme le bruit des grandes eaux.*
Il avait dans la main droite sept étoiles.
De sa bouche sortait une épée aiguë, à deux tranchants,
et son visage était comme le soleil quand il brille dans sa force. »
(Apocalypse, I, 12.20)

Certes, elle purifie et cicatrise la plaie. Mais je suis frappée de ce qu'elle intervienne au moment où le Moël fait jaillir avec le gland de l'enfant, la lumière.

Or, c'est pour redonner à l'aveugle la lumière que le Christ « *crache sur ses yeux puis y pose Ses mains* » (Marc, VIII, 23).

N'oublions pas que l'aveugle, *Iver* עור en hébreu, est le même mot que la « tunique de peau », alors prononcé *Aor* (24).

C'est une circoncision que le Christ pratique sur les yeux de l'humanité aveugle, humanité qui est « *sel de la terre* », appelée à devenir « *lumière* ».

La salive n'aurait-elle pas un lien avec le sel par rapport à la lumière ?

Dans une qabbale phonétique qui s'approche de la « langue mère », son nom « *saliva* » contient le « sal », le sel, de même que « salva », le salut, le sauveur...

En hébreu, « cracher » — *Yaroq* ירק — est le même mot que *Yereq*, la « verdure ». Et la couleur verte n'est-elle pas celle de la vie, voire de l'éternité (25) ? Elle est donc la lumière.

Cracher au visage — ce qui est la honte (26) — est puni de lèpre, maladie de **peau**. Le crachat se retourne en « non-lumière » contre celui qui a expulsé sa haine. Mais pour celui qui est amour, la salive, avec la parole, est lumière.

La salive est indispensable à la parole. Elle est intimement liée au désir de nourriture, au désir de « manger Dieu », d'épouser Dieu.

---

24. Cf. chap. III, p. 40.
25. Cf. chap. VII, p. 88.
26. Nombres, XII, 14.

CHAPITRE XVII

Les dents

La denture, dans la bouche, semble couronner l'Épée, à moins qu'elle ne soit le dernier rempart que rencontre l'Homme à l'entrée du dernier palais ? Ce « clos de perles fines » que chante le poète est-il une couronne ? Est-il un rempart ?

En rang, serrées les unes contre les autres derrière les lèvres, les dents ressemblent à un ultime gardien du seuil, monstre d'un côté de la porte, réalité divine de l'autre.

Nous venons de le dire : les dents devant la langue sont le bouclier devant l'Épée.

Les mythes confirment-ils cette image ?

Deux récits de la mythologie hellénique font jouer aux dents le rôle de semences. D'elles va germer une armée de guerriers qu'en une journée le héros de chacun des récits devra vaincre :

— l'un de ces héros est Cadmos, fondateur de la ville de Thèbes ;

— l'autre est Jason dont nous connaissons l'aventure.

Dans les deux cas, les dents proviennent du Dragon qu'auparavant Cadmos a tué. Qui est le Dragon ?

Ce monstre est, par excellence, gardien du Trésor. Du reptile, il tient son corps doté de mille anneaux d'airain, de l'oiseau ses ailes fantastiques, mais sa tête a l'éclat doré du métal, sa gueule est armée d'une triple rangée de dents, sa langue darde trois aiguillons acérés et vibrants, ses yeux roulent du feu. Animal fabuleux, il garde à la fois la terre, le ciel et les enfers.

C'est en le clouant à un chêne, Arbre Vert et symbole de fécondité — au niveau de son gosier, « Porte des dieux » — que Cadmos se rend vainqueur du monstre. « *Arrache les dents du Dragon* », conseille alors Pallas Athéna, déesse guerrière sortie toute casquée d'or du crâne de Zeus, « *et sème les dents dans la terre pour qu'elles soient la graine d'un nouveau peuple illustre* ».

De ces graines surgissent des milliers d'hommes armés au milieu desquels, sur l'ordre de la déesse, Cadmos jette une pierre. Se croyant attaqués les uns par les autres, ces guerriers s'entretuent. Cinq vaillants héros sortent indemnes du carnage. Ils deviennent, avec Cadmos, pierre-fondation de Thèbes.

La construction de Thèbes ordonnée par l'oracle de Delphes apparaît comme celle de la ville sainte (la Jérusalem Céleste des Hébreux). N'oublions pas que le dauphin (lié à l'oracle de Delphes) fait exécuter les ordres de Neptune, et que Neptune, dieu des profondeurs sous-marines, a pour sceptre le « Trident ». Nous retrouvons sous cet emblème le symbole de Cerbère, chien à trois têtes qui garde les enfers et dont le corps est celui du Dragon.

Vaincre Cerbère ou vaincre le Dragon ressortit bien à la vérité, au même niveau du mythe : il s'agit dans les deux cas de vaincre les enfers avant de pénétrer dans les palais et de construire la « Ville Sainte ».

Le monstre tué, c'est Pallas Athéna qui sert de guide. Sortie du crâne de Zeus (au niveau du chakra coronal), la vierge guerrière est seule à connaître cet étage céleste : la « Ville en haut » dont la « ville en bas » est l'image. Thèbes comme Jérusalem n'ont d'existence dans la géographie terrestre qu'en tant qu'images de la géographie céleste.

C'est à ce moment que les dents du monstre jouent ce rôle capital de « germes » des habitants de la cité future. Ces habitants se dressent comme Pallas Athéné, armés et casqués pour un divin combat. Quel est-il ce combat ?

C'est autour de la pierre que lance le héros, sur l'ordre de la déesse, que se joue le drame : se croyant attaqués, les guerriers s'entretuent. A la vérité, ils se mesurent à la pierre. C'est là que la pierre et les dents révèlent ce qu'ils sont.

Nous avons eu bien souvent l'occasion de rappeler le symbolisme de la pierre : souvenons-nous, dans le mythe grec, des pierres que lan-

LES DENTS

Tout monstre dévoreur, gardien de seuil, vérifie celui qui passe les portes, allant vers sa dimension de Verbe. De même au niveau du corps, les dents gardent la langue (broderie soie et cuir, Tibet, XIXᵉ siècle, The Newark Museum).

cèrent Deucalion et Pyrrha par-dessus leurs épaules pour repeupler la terre alors détruite par le Déluge. Il s'agissait, là encore, des germes d'une race future, nés d'un couple « sorti des eaux », c'est-à-dire entré dans son processus d'évolution spirituelle. Jetées par-dessus les épaules, les pierres étaient bien promesses de fruits spirituels.

A la vérité, chaque dent du Dragon vaincu joue le rôle d'une petite pierre. Mais nous sommes ici à un étage supérieur du mythe : le Dragon vaincu, la descente aux enfers assumée et les dents jetées dans la terre pour y germer et porter des fruits, voilà qui confirme le processus de mort et résurrection de chaque être devenant Verbe.

Nés armés et casqués à l'image de la déesse — qui semble par son Verbe créateur tenir le rôle de père-mère — les guerriers, qui se croient attaqués par la pierre jetée au milieu d'eux, sont à cette pierre ce que les élus de la tradition judéo-chrétienne sont à l'Épée. Ils doivent se mesurer à elle. Cinq d'entre eux survivent. Cinq d'entre eux « se révèlent pierre » et rejoignent Cadmos pour fonder la Ville Sainte.

En ce sens, l'Épée ou la Pierre identifiées au Verbe trouvent la plénitude de leur puissance symbolique dans les Écritures où l'Ancien et le Nouveau Testaments se répondent et se confirment à leur sujet : « *La pierre qu'ont rejetée ceux qui bâtissaient est devenue Pierre d'Angle* » (Psaume, CXVIII, 22), et l'apôtre Luc d'enchaîner avec les propres paroles du Christ : « *Quiconque tombera sur cette pierre s'y brisera et celui sur qui elle tombera sera écrasé* » (Luc, XX, 17).

L'apôtre Paul de son côté, se réfère lui aussi à la prophétie (Isaïe, XXVIII, 16) en disant : « *Voici, je mets en Sion une pierre d'achoppement et un rocher de scandale, et celui qui croit en lui ne sera point confondu* » (Romains, IX, 33).

La pierre d'angle est la pierre de fondation du Temple. Elle est son principe et contient son achèvement. Le premier et le dernier, elle est l'Alpha et l'Oméga et tous deux ne font qu'un. C'est pourquoi la Ville Sainte ne pourra être bâtie que par ceux qui, se faisant pierre-fondation, se seront mesurés à la pierre d'angle.

C'est en ce sens que Simon, l'un des douze, venant de confesser Christ, fils de Dieu, se mesure à la Pierre d'Angle dont Christ dit : « *Sur elle, je bâtirai mon Église* » (Matthieu, XVI, 17). Simon devient alors Pierre, l'une des douze pierres de fondation de l'Église.

Est-il besoin, dans cette perspective, de mentionner le second mythe grec que concernent les dents du Dragon, celui de Jason usurpant la Toison d'Or ? Son récit, quant à ce passage symbolique, est une réplique de celui que nous venons de vivre, mais au lieu que la déesse préside à son ordonnance, c'est Médée, la magicienne, qui manipule les forces en présence selon des pouvoirs infernaux. Pas un des guerriers nés des dents du dragon ne survit au carnage. Satan s'élève contre Satan, son royaume se détruit de lui-même.

Le Royaume divin, au contraire, la Ville Sainte, se construit à partir des pierres dont chacune, après s'être mesurée à la pierre d'angle, alpha et oméga de la construction, est devenue pierre de fondation.

L'apôtre Jean ne termine-t-il pas le Livre de l'Apocalypse sur la vision de la Jérusalem Céleste après que « *Celui qui est assis sur le Trône ait dit : voici, je fais toutes choses nouvelles... C'est fait, je suis l'Alpha et l'Oméga, le Commencement et la Fin* » (Apocalypse, XXI, 5-6).

L'apôtre décrit ensuite la Ville : « *La muraille de la Jérusalem Céleste repose sur douze fondements, et sur eux, les douze noms des douze apôtres de l'Agneau.* »

Couronne autrefois rituellement tracée dans le cérémonial de fondation d'une ville, sa muraille d'enceinte la reliait au Ciel plus qu'elle ne la défendait de ses ennemis de la terre. Ses créneaux dentelés ont la même origine que *Qeren* קרן la « corne » — qui donnera aussi la « couronne » — (en anglais, *corner-stone* est aussi la Pierre d'Angle !).

La couronne dentaire, muraille de la Ville Sainte, entoure et protège la langue, l'épée, le Verbe.

Le symbolisme hébraïque confirme ce qui vient d'être dit.

La « dent » est la lettre *Shin* שׁ qui a la forme d'un trident et dont la valeur numérique est 300. Si nous la décomposons, elle s'écrit שׁן et a pour valeur 300 + 700 = 1 000 (comme la corne *Qeren* קרן dont la valeur est 100 + 200 + 700 = 1 000).

Non seulement nous retrouvons là l'unité profonde du Mystère divin trinitaire qui préside à la création des mondes, mais surtout nous vivons, en ce symbolisme du 1 000, l'unité retrouvée, reconquise, embrassant la totalité des mondes accomplis.

La lettre *Shin* chez les Hébreux est intimement liée aux trois Patriarches — Abraham, Isaac et Jacob — pierres de fondation d'Israël qui supportent les douze tribus et de qui naîtra le Verbe.

La dent, *Shin*, signifie aussi « pointe de rocher ». En Égypte, la pyramide tronquée trouve sa finition. En Israël, *Kether*, la Couronne s'est posée sur le couronné. *Kether* כתר a pour valeur numérique 20 + 400 + 200 = 620.

Le couronné est celui qui « a fait le haut comme le bas », qui a réuni « le Mi et le Ma » *(1)*. Or, dans la Genèse, « l'étendue » qui sépare le « Mi » du « Ma » (Genèse, I, 6) est *Raqya* רקיע dont la valeur numérique est 200 + 100 + 10 + 70 = 380 et dont la complémentarité est bien *Kether* — 620 (620 + 380 = 1 000).

Nous retrouvons ce nombre 380 dans le nom de *Yésha* ישע, le Sauveur (10 + 300 + 70 = 380).

Cette « *étendue-Raqya* » est nommée *Shamaïm* dans ce deuxième jour de la Genèse. C'est bien autour de la lettre Shin que le Mi et le Ma sont réunis.

Dans cette perspective symbolique, la dent en pointe du rocher est à la fois la couronne et le couronné. Elle est le parachèvement de l'Œuvre.

La pointe du « rocher » (de *Reish*, la tête) est le sommet de la tête au niveau duquel nous étudierons plus fondamentalement le symbolisme de la couronne *(2)* et la signification de l'ouverture du chakra coronal (d'où est née Pallas Athéné).

Il est intéressant, pour nous qui avons étudié le symbolisme de la tête du chien *(3)*, de constater que les canines ont, par rapport aux incisives médianes, dans la couronne dentaire, la même place que la constellation du Chien par rapport au soleil dans le ciel du solstice d'été, ou que ces personnages cynocéphales par rapport au Christ en Gloire dans la Couronne des élus qui court autour du tympan de la basilique de Vézelay.

Par leurs trois racines, les dents de sagesse ne sont certainement étrangères ni à la Sagesse, *Ḥokhmah* (qui rejoint *Kether*), ni au trident.

Le trident, sceptre de Neptune, dieu des eaux souterraines chez les Grecs, et de Ganesha, dieu de l'inconscient chez les Hindous, est symbole de l'unique pouvoir de la Tri-Unité divine.

« Couronne de perles fines », les dents sont donc aussi bien les « boucliers » serrés devant l'Épée. Les boucliers ne s'ouvrent qu'après avoir vérifié celui qui pénètre dans sa dimension de Verbe.

Pierres de fondation, les dents ne peuvent être que de même qualité que la Pierre d'Angle, le Verbe.

---

1. Cf. chap. I, p. 21.
2. Cf. chap. XX, p. 405-407.
3. Cf. chap. XIII, p. 292-294.

Tympan de la basilique de Vézelay
Christ en gloire, Logos, est la « Langue » du Verbe cosmique au milieu de la couronne dentaire.

Tout se confirme.

Et lorsque la symbolique onirique nous apporte des images de dentures qui tombent ou de dents abîmées, il faut toujours nous interroger sur nos structures profondes et sur la qualité de notre verbe.

Nos boucliers ne devraient jamais laisser passer une parole injuste.

« *Les parents ont mangé les raisins verts et les enfants ont eu les dents agacées (4).* »

Les dents, en tant que structures, ont aussi leurs racines parentales. Nous devons à nos enfants de les leur donner saines, ce qui exige notre sainteté, c'est-à-dire notre accomplissement.

---

4. Cf. chap. XI, p. 208 : « Méditation sur ce proverbe de la tradition juive ».

CHAPITRE XVIII

Le nez et les joues

La sève, qui a vécu son « Œuvre au Noir » dans les profondeurs de la terre, pendant l'hiver, a puisé en elle ses essences, les a intégrées à son être propre qui les porte maintenant au sommet de l'arbre. Là, sous le feu du soleil, couvés par sa chaleur, illuminés par ses rayons, les fleurs puis les fruits vont éclore.

C'est par ses fleurs et par ses fruits que l'arbre se définit.

A ce troisième étage, les pieds rejoignent la tête *(1)*, et le prophète s'écrie : « *Qu'ils sont beaux, sur les montagnes, les pieds de celui qui apporte de bonnes nouvelles, qui publie la paix...* » (Isaïe, LII, 7).

Les fruits sont la paix.

« La paix » est le dépassement des luttes et des contradictions, le couronnement de la dualité en l'unité reconquise « sur la montagne » au sommet du triangle supérieur.

Shalom שלם en hébreu, la « Paix », est le même mot que l'accomplissement. Il est aussi le *Shem* שם, le « NOM » atteint à la fine pointe de l' « aiguillon » ל.

Les fruits sont donc la Parole-Verbe dont nous venons de nous entretenir, et semences de nouveaux fruits. Ils sont la multiplication inséparable de l'unité conquise au faîte de la croissance.

Les fruits se définissent par leur saveur : « *bons à manger* » sont les fruits en Éden et « *beau à voir* » est l'Arbre tout entier *(2)*.

---

1. Cf. chap. VII, p. 96-97.
2. Genèse, II, 9.

LE SYMBOLISME DU CORPS HUMAIN

Née de *Yesod,* le Fondement, centrée sur *Tiphereth,* la Beauté, la colonne vertébrale — dans son harmonique supérieure, le nez — exprime l'épanouissement de la totalité des énergies sublimées à cet étage : épanouissement de l'éros que loue le *Cantique des Cantiques* en ce que j'ai déjà évoqué :

« *Belle comme la Lune (Yesod)*
Pure comme le Soleil (Tiphereth) »

est la Shulamite glorifiée par son Bien-Aimé (VI, 10).

« *Ton nez*, chante-t-il, *est comme la tour du Liban qui regarde du côté de Damas* » (Cantique des Cantiques, VII, 5). La tour, comme la colonne, l'échelle, ou mieux encore l'arbre, traduit bien le symbolisme de la colonne vertébrale.

En hébreu, la « tour » — *Miguedal* מגדל — contient la racine *Megued* מגד qui veut dire « le meilleur », ce qui est exquis et précieux.

Mais plus précieuse encore est cette tour si l'on sait que le Liban est un pays montagneux célèbre par la beauté de sa forêt. La tour du Liban exprime la fécondité, soit la plus haute réalisation de l'Arbre Vert.

Le mot *Laban* לבן en hébreu signifie « blanc ». Après l'Œuvre au Noir, avant l'Œuvre au Rouge, l'Œuvre au Blanc, ultime sublimation, est cette montée qui ne connaîtra plus de descente, en haut de la tour du Liban.

La phrase : « *Celle qui regarde du côté de Damas* » (mot à mot : « celle qui voit son visage émerger vers Damas ») suggère qu'il y a profusion, envahissement, richesse folle, surabondance dans la fécondité. Au milieu de la forêt, la tour est le point d'émergence. Elle regarde vers Damas.

Damas — *Damesheq* דמשק en hébreu — est un mot étincelant de mille facettes, comme un diamant. Nous en retiendrons deux aspects essentiels : il contient le mot *Dam* דם, le sang, qui porte la vie. Et si nous remplaçons les deux dernières lettres שק (300 + 100 = 400) par la lettre *Tav* ת (400), nous avons les trois lettres du mot « ressemblance » *(Damoth).* L'Homme créé à l'image du Divin émerge maintenant et regarde vers sa Ressemblance, l'atteint presque...

Enfin, ce même דמשק *Damesheq* contient le mot שקד *Shoqed* que nous étudierons plus loin et qui désigne l' « amandier ». Entre tous les arbres, c'est l'amandier qui va symboliser la « Ressemblance » de l'Homme avec Dieu, la déification de l'Homme. Et l'heure à laquelle « *l'amandier fleurit* » (Ecclésiaste, XII, 7) est bien celle à laquelle l'Homme entre dans son éternité.

La permutation des lettres de *Shoqed* שקד — l'amandier — donne le mot קדש *Qadosh* qui signifie la « sainteté ». Or, la sainteté n'est autre que la Ressemblance. Le nom de Damas contient toute cette puissance évocation. N'oublions pas que ce fut « sur le chemin de Damas » que l'apôtre Paul « *fut ravi jusqu'au troisième Ciel et qu'il entendit des paroles ineffables qu'il n'est pas permis à un homme d'exprimer* » (II Corinthiens, XII, 1-6).

Nous avons parlé des fruits, de leur surabondance, de leur saveur, mais que dire de la fleur, de sa beauté, de son parfum ? Beauté ! Nous sommes encore dans les richesses inépuisables de *Tiphereth*. Mais, au niveau du Triangle supérieur, n'est-ce pas autour d'un nez bien fait que s'harmonisent les traits d'un visage ? N'est-ce pas cette « Tour du Liban » que la chirurgie esthétique tente de reconstruire en premier lieu lorsque l'Homme a mal géré l'ouvrage du créateur ?
Quelle grave responsabilité, du reste, encourt celui qui se permet de toucher à un nez ! Il s'agit là d'un acte plus grave que le geste formel ne le laisse supposer, car le chirurgien touche, à travers cet organe, des éléments beaucoup plus profonds de l'être qui, une fois désintégrés par le scalpel, ne se reconstruisent pas pour autant !
Les éléments de correspondance qui relient le nez et la colonne vertébrale concernent en fin de compte toute la montée de la sexualité à travers ses différents modes d'expression ; ils sont aussi importants que ceux reliant l'oreille et les reins, la voix et le sexe.

Un visage peut supporter un nez mal fait. La femme la plus laide n'acquiert-elle pas une beauté quand elle aime et qu'elle est aimée ? Une autre beauté quand elle attend un enfant ? Plus merveilleuse encore est l'expression de celui qui s'affine à chaque étage de son évolution, qui « sépare le subtil de l'épais », qui revient continuellement buriner cet épais, le spiritualiser. O combien émouvante est la beauté d'un visage qui a connu les enfers et qui déjà brille des prémices de la Rencontre !

Beauté de la fleur que la fécondité épanouit ! Le mot *Tiphereth* תפרת contient *Phar* פר, la « fécondité », comme nous l'avons vu *(3)*, mais aussi פרת *Perot,* les « fruits » que la fleur promet.

De même que la fleur de lys symbolise par sa forme et sa blancheur le jaillissement du cœur *Tiphereth* dans les deux bras, l'un de la rigueur, l'autre de la miséricorde, de même, au niveau du visage, la fleur de l'être s'épanouit à la racine du nez et distille son parfum.

« *Ses joues sont comme un parfum d'aromates, chante Shulamite, comme une couche de plantes odorantes... »*

Ici, nous arrivons à des étages si rarement vécus, hélas ! que parler des « parfums de l'être » paraît vraiment une clause de style.

Et pourtant, rien n'est plus réel que ce parfum de la fleur de l'être, si inconsciemment recherché. Incapable de l'exhaler de lui-même, l'Homme l'emprunte aux fleurs dont il distille les essences pour s'en parfumer.

Nous retrouvons encore sous cet aspect phénoménal la loi selon laquelle l'humanité transpose à l'extérieur d'elle-même ce qu'elle est incapable de vivre intérieurement, se procurant artificiellement ce qu'elle n'est pas prête à devenir.

Le parfum n'est pas un des moindres charmes à l'actif de la sexualité d'ordre courant.

Chez l'être né à son « devenir », au contraire, l'odeur est l'exhalaison même du corps quintessencié dans l'accomplissement du Grand'Œuvre Alchimique. Le corps est alors devenu chambre nuptiale du ciel et de la terre et le cœur rythme les pulsations de la Vie universelle.

Je voudrais pouvoir rapporter ici, pour une meilleure appréhension de cette réalité si rarement observable, l'étude magistrale que le docteur Hubert Larcher en a faite *(4)*. Cela dépasserait le but que je me suis proposé, mais j'engage vivement ceux que cette question intéresse à l'approfondir dans toute sa rigueur scientifique, à la lumière de cet ouvrage. Je me contente d'y relever un passage où l'auteur s'inspire du langage poétique qui illustre d'étrange façon l'orientation de ma démarche depuis le début de cette étude. Or le langage poétique

3. Cf. chap. VIII, p. 123.
4. *Le sang peut-il vaincre la mort ?* p. 209 (Gallimard).

ne traduit-il pas le jaillissement même de l'inconscient ? Il s'agit de Narayana, héros du roman de Makhali-Phal *(5)*. Il dit :

> « *'' Dans la chasteté je lancerai ma sève, et elle croîtra comme un arbre, et elle étendra ses rameaux à l'infini, et elle montera des testicules jusqu'au nombril, du nombril jusqu'au cœur, du cœur jusqu'à l'esprit, et là sera la cime de mon arbre, de l'arbre de ma virilité qui s'est élancé dans la chasteté et autour duquel le fardeau du monde trouvera un appui solide. ''*
>
> *Et, comme il l'avait dit, cette virilité avait poussé en lui comme un arbre, jusqu'à la tête... et on n'avait qu'à voir la lumière de ses yeux pour se laisser pénétrer par la puissance surhumaine de sa virilité. Cette virilité, à ce point épanouie, dégageait autour de Narayana l'odeur du héros qui était peut-être l'odeur d'Adam au Paradis Terrestre. Cette odeur que reconnut instantanément et qu'aima une tigresse, les Chrétiens diraient que c'est l'odeur de l'Homme avant le péché.* »

Cette « odeur d'Adam avant le péché », saint Isaac le Syrien, de son côté, en parle justement dans ses « Sentences » (LXXXIV) : « *Quand l'Homme d'humilité s'approche des bêtes sauvages, à peine l'ont-elles considéré que leur nature féroce se dompte : elles s'avancent vers lui comme vers leur maître, baissant la tête, léchant ses mains et ses pieds, car elles sentent, émanant de lui, le même parfum que celui d'Adam avant la chute.* »

Réintégré dans les palais, l'Homme y retrouve sa condition paradisiaque. Le parfum qu'exhale la sexualité de l'être humain parvenu à ce plan d'évolution témoigne d'un état de réelle et suprême virilité auprès duquel la virilité banale revêt un aspect chétif et dérisoire. Les animaux le reconnaissent et, partant, se reconnaissent les serviteurs de celui dont il émane.

Le loup de Gubbio a ceci de commun avec la tigresse de Narayana qu'il s'est attaché à la personne de saint François et l'a servie. Les bêtes sauvages dont on attendait qu'elles dévorent les martyrs, venaient se coucher à leurs pieds.

> « *Et combien de '' rikshis '', aux Indes, traversent impunément des jungles peuplées de fauves et de serpents venimeux (6) ?* »

5. *Narayana* (Albin Michel).
6. *Le sang peut-il vaincre la mort ?,* op. cit. (p. 212).

LE SYMBOLISME DU CORPS HUMAIN

Il existe, puisés dans les récits provenant aussi bien de l'hagiographie chrétienne que d'autres traditions, d'innombrables cas de personnes dont le corps a exhalé de merveilleux parfums avant ou après leur mort. En Occident, le rationalisme moderne a relégué ce dossier dans le tiroir des légendes avec un sourire suffisant, attitude qui ne relève pas de la rigueur scientifique. Ayons au moins le courage, avec le docteur Larcher, d'ouvrir ce dossier et d'en étudier le contenu. Nous commencerons alors à comprendre que la légende, elle aussi, relève du Logos qui structure les fondements de la Création, ses lois ontologiques.

Le parfum des fleurs n'est que le reflet symbolique du parfum de l'homme parvenu à la plus haute expression de sa virilité, de l'homme déifié participant des vibrations lumineuses, sonores et odorantes de Dieu.

CHAPITRE XIX

Les yeux

J'ai déjà eu l'occasion de parler des yeux *(1)*, organes que les Hébreux ne définissent qu'en fonction de la seule réelle vision à laquelle ils sont destinés : la Vision divine.

L' « œil » — *Ayin* עין en hébreu — est l'idéogramme même de la lettre *Ayin* ע dont la valeur numérique 70 implique la mort nécessaire à la résurrection. Ce 70 est lié à l'Œuvre au Noir dont nous avons vu qu'il est le mariage avec la mère, l'un des deux pôles des épousailles divines, ce que tout mariage symbolise. A l'issue de cette épreuve, les yeux de ceux qui étaient « *dans les ténèbres et l'ombre de la mort* » sont ouverts à la Vision divine.

« *J'avais entendu parler de Toi, mais maintenant mon œil Te voit* », dit Job (XLII, 5).

En sortant de l'Arche, Noé, ouvert à cette même Vision, resplendit d'un tel feu que lorsque ses trois fils viennent vers lui, c'est à reculons que les deux premiers s'avancent, cependant que le troisième regarde à l'intérieur et raconte à l'extérieur. Il est appelé Ḥam, le chaud. Il sera esclave de ses frères.

Le mot *Ayin*, « l'œil », veut aussi dire la « source ». Ce qui confirme bien l'identification de la vision à celle des profondeurs.

D'autre part, la lettre *Ayin* ע de valeur 70 est très proche de sa sœur, le *Zaïn* ז de valeur 7. L'idéogramme du *Zaïn* représente une flèche traversant une peau d'animal ⌐⊐. Cette flèche symbolise la puissance mâle qui est conférée à l'Homme pour lui permettre d'assumer ses épousailles intérieures et d'atteindre aux niveaux de conscience successifs dont nous séparent nos « peaux » successives.

---

1. Voir : *La Lettre : chemin de vie,* chap. XVIII.

Dans cette perspective, l'œil peut être identifié à la flèche qui traverse notre « tunique de peau » et lui assure la vision d'un monde qui transcende celui où nous emprisonne notre état de chute. Le transpercement de notre peau d'animal symbolise celui de notre conditionnement au monde phénoménal. L'œil se définit alors comme l'organe de vision du monde transcendantal, du monde divin.

Transporté au troisième Ciel, l'apôtre Paul devient aveugle au monde ordinaire (Actes, IX, 9 et II Corinthiens, XII, 2). Mais cette expérience chez un homme qui dira du Christ : « *Que signifie : '' Il est monté ? '' sinon qu'il est aussi descendu dans les régions inférieures de la Terre ?* » (Ephésiens, IV, 9), implique bien celle d'une « descente aux Enfers ». Et la cécité de Paul consécutive à l' « Œuvre au Blanc » laisse tout supposer quant à l' « Œuvre au Noir » qu'il a dû assumer pendant les trois jours suivants et dont il ne dit rien.

Après la Transfiguration, Christ descend au tombeau *(2)*. Il y demeure trois jours, de même pendant trois jours, Jonas a connu les ténèbres du ventre de la baleine.

Paul ne recouvre la vue que par l'imposition des mains d'Ananias, disciple du Seigneur.

La cécité, dont l'exemple est ici d'autant plus frappant qu'il est vécu, se trouve dans de nombreux mythes. Partout elle symbolise les ténèbres du labyrinthe expérimentées non plus dans l'infantilisme de l'ignorance mais dans le retour conscient à l'archaïsme de l'enfant connaissant.

C'est une fois devenu aveugle qu'Isaac bénit son fils Jacob. Ce dernier vient d'usurper le droit d'aînesse et d'endosser la tunique de peau de « l'Homme rouge » pour accomplir la destinée d' « Homme vert » de sa race *(3)*. Cette vocation, Isaac y a répondu au niveau de sa personne. L'âge auquel il meurt, « *180 ans, rassasié de jours* », signifie qu'il a accompli son destin.

C'est parce que le deuxième patriarche traverse son propre labyrinthe enférique symbolisé par la cécité, qu'il promeut au niveau de sa race la montée du Divin.

2. Cf. chap. XIII, p. 301.
3. Cf. chap. VII, p. 113-114.

LES YEUX

L'œil, ou la conscience qui s'éveille. Il est ici accompagné du « scarabée d'or »,
nommé traditionnellement « Soleil levant » *(Le Musée Égyptien, Le Caire)*.

Partant d'Abraham et d'Isaac, l'Arbre va continuer de croître à travers Israël.

Nous avons étudié la cécité d'Œdipe en nous penchant sur ce mythe prestigieux *(4)*. Lu à l'octave du Réel auquel cet ouvrage voudrait ouvrir le cœur du lecteur, ce récit ne comporte aucun moralisme. La cécité d'Œdipe est liée à ses épousailles avec la Mère, avec la Veuve aussi *(5)*, c'est-à-dire à son « Œuvre au Noir », sans aucune idée de peine sanctionnant un forfait.

La fille d'Œdipe, Antigone, qui sert de guide à son père, inscrit son nom parmi ceux de tous les guides que nous avons vu accompagner les voyageurs de ces Grandes Ténèbres. Seul Christ, fils de Dieu, descend seul aux Enfers. Mais la dimension cosmique de cette épreuve dépasse toutes les normes.

Le mythe, dont nous n'avons pas encore parlé mais qui va jeter une lueur plus saisissante sur l'étroite relation œil-plexus solaire et plus particulièrement œil-cœur, est le récit biblique de Tobie.

1. Histoire de Tobie

Le vieux Tobie est un homme vertueux. Sa patience est comparée à celle de Job. Comme Job, il est soumis à l'épreuve : frappé de cécité, il ne cesse de prier et de louer Dieu. En même temps que lui prie Sarah, une vierge qui a été successivement mariée à sept hommes qu'un démon a tués l'un après l'autre aussitôt qu'entrés dans la chambre de l'épousée.

« *Les prières de Tobie et de Sarah pour que le Seigneur les délivre de ce reproche ou la retire de dessus la terre furent exaucées en même temps devant la Gloire du Dieu souverain. Et Raphaël le saint ange du Seigneur fut envoyé pour guérir ces deux personnes* » (Tobie, III, 24-25).

Raphaël, en hébreu, est le « médecin divin » ; רף *Raph* est le « médecin » ; nous retrouvons en cette racine les deux lettres inversées qui président à toute la montée de la fécondité : *Phar* פר. *Raph*

רף a pour valeur numérique 200 + 800 = 1 000, c'est-à-dire l'unité reconquise avec la guérison.

Mais cette guérison qui est l' « Œuvre au Rouge » implique les autres phases de l'Œuvre.

La cécité de Tobie signifie bien encore ici l' « Œuvre au Noir ». Tobie sait d'ailleurs qu'il va mourir. Croyant qu'il s'agit de la mort de son corps, il dicte ses dernières volontés et charge en particulier son fils d'aller quérir dans un pays voisin le remboursement d'une dette qu'un nommé Gabelus avait auparavant contractée envers lui.

Ce voyage assumé par Tobie fils — autre lui-même — pour le vieux Tobie, traduit encore la déambulation dans les ténèbres du labyrinthe vécu à ce niveau de l'Être.

Comme tous les voyageurs de cette qualité, Tobie reçoit son guide en la personne de Raphaël dont il ne connaît pas la véritable identité. En sortant de chez lui, dit le texte, « *il trouva un jeune homme brillant qui se tenait debout, la robe relevée, comme prêt à se mettre en route* » (V, 5).

Nous avons ici l'illustration la plus frappante de la loi fondamentale (loi ontologique) qui préside au processus d'évolution de tout être : « *Quand le disciple est prêt, le maître arrive.* » Au disciple de savoir le reconnaître.

Tobie reconnaît, sinon la véritable identité, du moins la qualité du guide.

La route commence.

Notons bien que le chien de Tobie suit, et souvent précède, les voyageurs. Il fait nuit. Le récit ne nous est conté qu'en ce qui concerne les nuits du voyage. Il s'agit bien du voyage dans les ténèbres que le vieux Tobie fait à l'intérieur de lui-même, et que le mythe projette sur l'histoire du « Fils » extérieur.

Tobie s'arrête près d'un fleuve, y lave ses pieds. Soudain, un énorme poisson sort de l'eau pour le dévorer.

Nous retrouvons là tous les symboles étudiés avec l' « Œuvre au Noir » : le chien, la nuit, l'eau, la purification des pieds (vue au chapitre des pieds) et enfin ce *Dag HaGadol*, ce gros poisson, frère de la baleine qui avale Jonas, frère du *Léviathan* de Job, du *makara* des Hindous.

Tobie a peur. Sur l'ordre de Raphaël, il tire néanmoins le poisson de l'eau, vide ses entrailles et en conserve le **cœur**, le **fiel** et le **foie**. Ces trois éléments maîtres du plexus solaire « *te seront nécessaires pour en faire des remèdes très utiles* », dit le guide. Raphaël ordonnant à Tobie d'extirper le cœur du gros poisson, c'est encore יהוה extrayant de sa gangue coriace le cœur du Léviathan dans son discours à Job *(6)*. Là encore, les deux personnages Job et Tobie semblent saisis dans la même expérience des profondeurs.

Du cœur brûlé sur des charbons se dégage une fumée qui « *par la vertu de Dieu chasse toutes sortes de démons... Le fiel est bon pour oindre les yeux et les guérir* ». Le foie semble être confondu avec le cœur. C'est lui qui sera utilisé pour chasser les démons de Sarah. Et si nous nous souvenons de ce qu'est le foie *(7)*, puissance d'immortalité, et de son étroite relation en hébreu avec le Nom divin, nous pénétrons à son niveau le mystère de la rencontre de יהוה et de l'Adversaire, mystère de l'accès à la dimension divine en l'Homme. Et cela se passe en *Tiphereth*.

Munis de ces remèdes, toujours accompagnés du chien, les deux voyageurs se remettent en chemin. La seconde nuit arrive ; Tobie se demande où ils vont loger. L'Ange lui révèle qu'en ce lieu habite Sarah, qu'ils vont passer la nuit chez elle et que cette jeune vierge doit devenir son épouse. La petite troupe se présente à la porte de la demeure, est reçue avec joie par les parents de Sarah qui reconnaissent en Tobie le fils d'un cousin très cher, et Tobie demande la jeune fille en mariage.

Remarquons bien que dans ce mythe, comme dans presque tous ceux que nous avons abordés au niveau de l' « Œuvre au Noir », le mariage est le symbole central de l'unité reconquise dans la mort de la dualité : comme Noé sort de l'Arche avec sa femme, comme Out-Napishtim soumis à la même épreuve atteint à la dimension divine avec sa femme *(8)*, Tobie sort de la chambre nuptiale après s'être mesuré au Satan.

Rappelons qu'aux Noces de Cana, Christ évoque ses noces prochaines, sa mort, sa descente aux Enfers *(9)*. En entrant dans la

---

6. Cf. chap. XIII, p. 283.
7. Cf. chap. XII, p. 250 et XIV, p. 320.
8. Cf. chap. X, p. 157.
9. Cf. chap. XIII, 7, p. 300.

chambre, Tobie affronte le tombeau. Il obéit à son guide, tire de son sac le foie du poisson et le brûle sur des charbons ardents.

« *Alors l'Ange Raphaël prit le démon et l'enchaîna dans le désert de haute Égypte* » (Tobie, VIII, 3).

La mère de Sarah, qui avait déjà creusé sept fosses pour ensevelir les époux de sa fille, avait passé la nuit à creuser celle de Tobie. Elle ne pouvait croire à la parole de l'Ange qui lui avait assuré que, craignant Dieu, Tobie était l'homme destiné à sa fille. Une servante, envoyée dans la chambre des époux pour y chercher le corps « *avant qu'il ne fasse jour, les trouva tous deux dans une parfaite santé ; ils dormaient dans le même lit* ».

Notons bien, et ceci nous semble de toute première importance, que le père de Sarah est Raguel dont le nom est celui du « pied » *(10)*. Nous nous souvenons que le pied, qui a forme de germe et symbolise l'embryon puis le fœtus dans le ventre maternel, symbolise aussi le germe que redevient l'homme conscient lorsque, « se refaisant petit enfant », il fait l'expérience de la descente « *dans les profondeurs de l'abîme... les racines de la terre et les sources de la mer* » (Job, XXXVII). Dieu qui conduit Job dans les Enfers appelle encore ces lieux « Porte de l'ombre de la mort ».

En Sarah, fille de Raguel, Tobie se refait « germe ». Il épouse sa Terre qu'il délivre de l'Adversaire. Il épouse *Malkhuth* ; la route de *Kether* est libre. Il s'en retourne et se hâte vers son père aveugle. C'est la dernière partie de la déambulation : la remontée des Enfers. Le chien arrive « en haut » le premier ! Tobie et son compagnon accourent derrière lui.

« *Alors Tobie, prenant du fiel du poisson, en mit sur les yeux de son père. Et après qu'il eut attendu une demi-heure, une petite peau blanche, semblable à celle d'un œuf, commença de sortir de ses yeux. Tobie, son fils, la saisissant, la tira des yeux de son père et aussitôt il recouvra la vue* » (XI, 13-15).

Ce n'est pas par hasard que l'œuf est ici évoqué. Le recouvrement de la vue, au sens du mythe — accès à la vision divine — est la sortie d'un œuf, une véritable naissance au Divin.

Alors leurs yeux reconnaissent l'Ange Raphaël. « *Saisis de frayeur, ils tombèrent le visage contre terre.* » Toute naissance à un

---

10. Cf. chap. VII, p. 95.

monde inconnu n'est-elle pas ponctuée d'un cri ? Mais il s'agit ici de la crainte et du tremblement de l'Homme devant le sacré.

« La paix soit avec vous, dit le médecin céleste, ne craignez point », et il disparut de devant leurs yeux.

Tobie, qui était resté aveugle pendant quatre ans — symbole du quadrilatère — chante les merveilles du monde céleste qu'il peut enfin contempler. Son âme est dans la jubilation. Avec Job, il exulte au sein de la multitude des richesses dont il est alors comblé et qui sont les fruits de son arbre parvenu à la plénitude de sa virilité.

Le fiel, nous nous en souvenons *(11)*, est le feu de la « matrice de feu », la vésicule biliaire, dans laquelle l'Homme conduit des énergies, libérées par la rate-pancréas, pour les accomplir. Ces accomplissements successifs ouvrent, à chaque plan, les portes d'une intelligence nouvelle, celles d'une vision nouvelle. Le fiel est la liqueur sacrée de la vision.

Je n'ai pas parlé (mais il n'est pas trop tard pour le faire) du recouvrement de la dette dont Raphaël se charge en continuant le voyage, pendant les trois jours et les trois nuits que les époux passent dans la chambre nuptiale.
Trois jours : c'est le temps que Jonas a passé dans le ventre de la baleine ; c'est aussi le temps que le Christ a passé dans le tombeau. Et de même que le Christ y a libéré l'humanité de sa dette, de même que Jonas, porteur de la dette de Ninive en a libéré la ville, de même, en affrontant son huitième démon, Tobie paye la dette qu'il avait contractée envers le Père-Époux : il lui restitue son épouse.

Le mythe se sert maintenant de Raphaël pour raconter la fin du voyage, c'est-à-dire, en profondeur, ce qui se passe dans le secret de la chambre nuptiale : Raphaël enchaîne le dernier démon dont les sept autres avaient été vaincus par les sept maris de Sarah, en vérité par sept dimensions successives de Tobie mourant et ressuscitant à lui-même dans ses mariages intérieurs. Gabelus est libéré de sa dette.
Gabol גבל est la « limite ». Gabelus est Tobie dans sa dernière prison avant sa libération définitive, avant sa conquête de l'unité dans les épousailles parfaites, avant son accès à la vision de la totale Lumière.

---

11. Cf. chap. XII, p. 255.

Raphaël, le « médecin divin », est יהוה -Christ ramenant au festin de noces celui qui a payé sa dette.

Le récit de Tobie met l'accent d'une façon plus directe que ne le font les mythes de Noé ou de Job, sur le mariage de l'Homme et de son *Isha*, de son féminin, de qui le drame de la chute l'avait détourné, semble-t-il, sans possibilité de retour.

Et, cependant, le texte de la chute nous permet de discerner une lecture non conventionnelle convergente avec ce récit d'accomplissement.

Dans ce qu'il est coutume d'appeler « la triple malédiction » *(12)* jetée sur les trois protagonistes du récit mythique, Dieu dit à Adam : « *Dans la sueur de tes narines tu mangeras du pain jusqu'à ton retour vers la Adamah car d'elle tu as été pris, car poussière toi et vers la poussière **retourne**.* »

L'attention du lecteur concerné est attirée deux fois par cet impératif « retournement ».

J'avais déjà approché ce texte au chapitre des genoux pour montrer que l'Homme-poussière était appelé, au-delà de sa situation de chute, à se retourner pour reprendre conscience de la puissance de fécondité que contient sa qualité de poussière et pour retrouver l'intégrité de sa vocation originelle.

Je reprends ce texte maintenant pour affirmer la force de restauration de l'Adam dans ses normes premières, force enracinée au cœur même de son erreur, dans la possibilité qu'il a d'un retournement amoureux vers sa terre intérieure, la Adamah, qui fait partie intégrante de son *Isha*, son épouse.

Tobie épousant Sarah meurt sept fois à lui-même pour ressusciter dans la dimension de « Fils » et « voir » *(13)*.

Le nom de Tobie, *Tovihou* טוביהו en hébreu, est יהו - טוב. « *Yod-Hé-Vav* » appelle un autre *Hé* pour former le Tétragramme.

Cet autre *Hé*, dans le nom de Tobie, est remplacé par la racine *Tov* טוב , pôle lumière-accompli de l'arbre de la dualité. L'expérience de Tobie est programmée dans son nom : pour atteindre à la totale lumière, l'homme juste, qui déjà est *Tov*, doit assumer le dernier *Hé*, le dernier רע *Ra*, ultimes ténèbres, ultimes épousailles.

---

12. Genèse, III, 19.
13. Cf. chap. XX, p. 403

Tobie obéit aux instances de son nom. Là est sa liberté, c'est-à-dire sa libération. Tobie passe la « Porte des dieux ».

La vision divine qu'il acquiert est symbolisée dans de nombreuses Traditions par l'œil frontal appelé couramment « troisième œil ».

2. L'œil frontal : l'émeraude

Qu'est-ce donc que ce troisième œil ?

Pour ne pas quitter la tradition judéo-chrétienne, rappelons que nous l'avons rencontré chez Balaam (Nombres, XXIV, 3-4) qui prophétise en disant :

« Paroles de Balaam, fils de Béor
Paroles de l'homme qui a l'œil ouvert,
de celui qui entend les paroles de Dieu,
de celui qui voit la vision du Tout-Puissant,
de celui qui se prosterne et dont les yeux s'ouvrent. »

L'ouverture de cet œil mystique étant liée à la déification de l'Homme, il est symbole du Tétragramme. Nous le voyons souvent dans les synagogues, comme dans quelques églises chrétiennes, au centre d'un triangle équilatéral, remplaçant le Nom divin. Quelquefois, il est entouré de trois épées.

Au registre psychologique, l'œil est lié à la culpabilité. Celui qui se sent coupable se sent aussi regardé par cet « œil divin » qui n'est autre que son propre jugement sous le symbole du troisième œil.

En Grèce, nous avons vu les cyclopes à l'œil frontal œuvrer aux côtés de Zeus pour détrôner Chronos et rendre à Ouranos, dieu du ciel, son Royaume. Sous une autre forme, ce mythe a le même contenu que tous les mythes qui traitent du Retour.

Mais c'est en Inde que nous trouvons la littérature la plus riche autour du troisième œil. Et tout d'abord, au sein même de la Trimurti, n'est-il pas le principal attribut de Shiva, dieu qui détruit la succession des phénomènes, le temps (Chronos), pour construire l'harmonie dans la permanence, le Transcendant (Ouranos) ?

« Son troisième œil, Trilochama est une flamme puissante qui brûle le dieu Kâma (dieu de l'amour charnel) et le dieu de la mort. En tant que destructeur de Kâma, son troisième œil est symbole de la

L'aigle
Il est ici « l'œil qui a la vision trine ». Gardien de la « Porte des dieux », l'aigle
introduit l'Homme dans sa dimension royale (bas-relief du tombeau de la reine
Hatchepsout, nécropole de Thèbes, Égypte ; *photo Roger Viollet*).

conversion de l'amour physique en connaissance spirituelle. *En tant
que destructeur de la mort, il est le symbole de son aspect vainqueur
de la mort. Mrityunjava... Le troisième œil de Shiva est symbole de la
connaissance et de l'illumination.* »

Durga, shakti de Shiva, c'est-à-dire son énergie féminine, est
adorée sous un de ses visages, celui de Lakshmi, comme la déesse de
la Beauté et de l'Harmonie.

393

*« A ses pieds, la chouette, symbole et synonyme de Connais-
sance et de bon augure, montre que Lakshmi, dans sa perfection, est
toujours accompagnée de connaissance (14). »*

La chouette qui voit dans la nuit est essentiellement, en effet,
symbole de connaissance, de vision dépassant l'antinomie Ténèbres-
Lumière. Vision au-delà de la dualité, tel est bien le don de cet œil
frontal dont le nom « Trilochama » indique, plus que la notion de
« troisième œil », celle de « vision trine ». Sa position médiane sur le
visage le fait participer de la colonne du Milieu de l'arbre, voie de
retour à l'unité.

L'œil frontal n'est sûrement pas étranger à la pierre frontale,
l'émeraude, dont la légende dit qu'elle ornait le front de Lucifer, puis
celui d'Adam dans le Paradis lorsque Lucifer la perdit. A son tour,
Adam connut la « chute », et l'émeraude se détacha de lui. Les Anges
la reçurent, poursuit la légende, la creusèrent et en formèrent la coupe
dont le Christ se servit à la Cène. Joseph d'Arimathie la conserva. En
elle, il recueillit le sang qui s'écoulait de la plaie du Christ en Croix
lorsque le centurion lui perça le flanc d'un coup de lance. La légende
se continue dans le mythe du Graal dont la coupe serait cette même
émeraude transportée en Bretagne par Joseph d'Arimathie lui-même.

L'émeraude-œil frontal est aux deux yeux ce qu'est le cœur-
centre au cœur-organe, symbole du Père.

L'émeraude emplie du sang précieux est l'image des mains du
Père recevant la vie du Fils et la restituant dans le souffle de l'Esprit
Saint.

Il est certain que l'émeraude, de couleur verte, indique chez celui
qui, avec l'ouverture du troisième œil, la retrouve à son front, son
intégration à l'Arbre de Vie.

L'émeraude — ou l'œil qui a la vision trine — est aussi liée à la
licorne, dont je vais bientôt parler.

*
* *

---

14. Swami Nityabodananda : op. cit.

3. Les larmes

Une larme, *Dimah* דמעה, est le « sang דם » de « l'œil ע », ou « le sang à sa source ». Elle est aussi « provenance מ » de « connaissance דעה ».

Il ne s'agit pas ici de larmes émotionnelles ou sentimentales mais de celles qui jaillissent d'une vision spirituelle.

Car à celui qui voit et pleure son erreur en descendant vers sa source, celle-ci s'ouvre et délivre l'énergie-information inhérente à telle étape. « *Cieux nouveaux, terres nouvelles !* »

L'Homme alors « se redresse — עמד — *Omed* » : la verticalisation de l'Homme (faite des mêmes lettres que les « larmes » !) ne se fait pas sans larmes *(15)* !

Le « don des larmes » est une grâce divine que connaissent bien les mystiques. Il introduit la joie.

_____

15. Cf. chap. XI, p. 178.

CHAPITRE XX

Le crâne

1. Le cerveau

Si nous regardons un cerveau, il dessine un nouveau germe dont le pédoncule est constitué par le tronc cérébral.

En même temps qu'il est l'épanouissement de la moelle épinière, son aboutissement, après qu'elle ait parcouru la montée de la colonne vertébrale, le cerveau est un germe, un commencement !

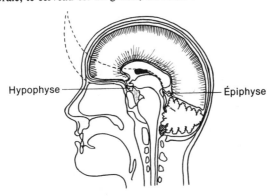

Hypophyse —   — Épiphyse

Il est aussi le *Yod* du Tétragramme-Épée הוה dans lequel le *Vav* a joué intégralement son rôle de coordinateur.

Toutes les têtes mises successivement sur les épaules de l'Homme ont été participation de plus en plus grande à leur archétype, le *Yod*. Toutes ont obéi aux structures du triangle supérieur de l'Arbre des Séphiroth. Observons ce triangle :

Au niveau du « corps divin », il est appelé « grande face divine ». Il engendre les sept autres séphiroth appelées « petite face divine », et les récapitule toutes.

A son image, la tête, le *Yod* de הוה , est elle aussi le Tétragramme tout entier. Le *Vav*, colonne vertébrale du corps de l'Homme, est ici l'ultime vertèbre qui s'épanouit à son sommet pour former le crâne. Cette vertèbre est en réalité une et trois : **occipitale, sphénoïdale et ethmoïdale**, dessinant une courbure qui renvoie la face vers l'avant et détermine ainsi l'obligatoire verticalisation de l'Homme.

Le *Vav* qui est aussi la moelle épinière sertie dans le tube neural tout au long du corps, devient le cerveau lui-même au niveau de la tête. Ce dernier naît embryologiquement d'une triple renflure du tube neural dont l'enflure supérieure forme :

— d'une part, les deux hémisphères cérébraux, les deux *Hé* du Tétragramme,

— d'autre part, la tête du Tégragramme, le *Yod*.

Au départ, le *Yod* reste caché, recourbé dans une circonvolution du cerveau le plus archaïque ; il se fait germe selon une forme dite de la « corne d'Ammon ».

Notre inconscient a su appeler la formation hippocampique enroulée dans le cerveau le plus ancien « corne d'Ammon » ; quelle que soit l'origine de cette appellation, il est certain que le son fondamental « AUM », dont nous avons vu *(1)* qu'il était pour nous « AMEN », est inscrit dans cette formation archaïque. Et l'on peut penser qu'un rituel élaboré autour de ce son puisse présider à l'élaboration même de cette forme appelée ainsi à se dérouler pour accéder à sa fonction amoureuse de « main divine », le *Yod* saisissant le *Vav* et devenant avec lui poignée de l'Épée !

Mais n'anticipons pas, et revenons aux structures mêmes du crâne. J'ai assimilé celui-ci à une dernière vertèbre qui s'épanouit au sommet de la colonne vertébrale dans un aménagement osseux dur et souple.

---

1. Cf. chap. XVI, p. 353.

LE CRÂNE

— Dur, parce qu'il est os, et en tant que tel le plus structuré et le plus cohérent du corps humain.

— Souple, parce qu'il est un puzzle non soudé dont les arêtes s'enserrent et se desserrent au rythme d'une « respiration crânienne » autonome, épousant ainsi la vie du cerveau.

En tant qu'os, le crâne relève du mystère qui relie tous les os du corps et qui fait de cette substance, *Etsem* עצם *(2)*, la substance même de l'être, son intimité divine. Dans ce sens, le crâne n'est pas plus séparable du cerveau que l'os ne l'est de sa moelle, ou les vertèbres de la moelle épinière.

Pour les Chinois, moelle osseuse liée au sang et moelle épinière liée à l'influx nerveux sont indissociables et forment avec les os et les deux premiers champs de cinabre étudiés — matrice d'eau, l'utérus, et matrice de feu, la vésicule biliaire — les entrailles dites « curieuses ou merveilleuses » qui assurent la pérennité.

Si la pérennité est la continuation de la race dans la matrice d'eau, nous avons vu *(3)* qu'à partir d'elle aussi la pérennité est essentiellement création, c'est-à-dire conquête de l'éternité dans la réintégration à l'unité.

Dans le langage qui leur est propre, les Chinois désignent la tête comme le « champ de cinabre crânien », dernier lieu de gestation du divin où l'Homme devenant UN, épouse l'universel. « *Cet être accouche par la tête* », disent-ils. « *Il est le Dao.* »

Pour les Grecs, il est Pallas Athéna.

Pour les Hébreux, il est יהוה.

Notre propre langage anatomique rend compte de cette maternité. Ne donne-t-il pas le nom de « mère » aux trois feuillets protecteurs des méninges, qui constituent les plaques crâniennes :

— la dure-mère en dehors,

— la pie-mère, pieuse-mère ou douce-mère en dedans,

— et, entre les deux, la fine arachnoïde, αραχνη *Arachné*, l'araignée qui tisse sa toile et travaille dans le « milieu », comme Ariane dans le palais de Cnossos, et comme aussi le forgeron dans son sanctuaire de feu.

---

2. Cf. chap. XII, p. 224.
3. Cf. chap. X, p. 144.

Dans cette dernière matrice donc, le *Yod* grandit. Dans le *Vav*, l'axe cérébro-spinal — dont on sait qu'il croise à chaque niveau vertébral les informations sensorielles recueillies à l'intérieur ou à l'extérieur de l'organisme et qu'il les restitue aux organes qu'il commande, sous forme d'ordres également croisés — le mariage des deux ה s'est réalisé tout au long de la montée.

Dans le cerveau, les deux ה deviennent les deux hémisphères cérébraux dont les circonvolutions apparaissent comme un dernier labyrinthe au centre duquel on ne peut entrer qu'avec le guide divin (nous en avons fait l'expérience avec Job), et toute peur de la mort ayant disparu.

Ultime matrice, elle est le *Golgotha* ou « lieu du crâne », *Goulgoleth* גלגלת en hébreu. Elle est la « libération גל » de « l'exil, la *galout* גלת ». Elle est encore la Croix dont rend compte la dernière lettre *Tav* ת saisie dans la « roue, גלגל *galgal* » de la mort-résurrection. Le *Tav* ת en tant qu'arbre de la croix devient alors arbre de vie.

L'Arbre de vie a donné son nom à une partie du cerveau située en arrière du bulbe et appelée cervelet, dont je parlerai tout à l'heure.

Je voudrais revenir un instant chez nos amis chinois qui disent encore du cerveau que « *placé au ciel de l'Homme, il est la mer des moelles* ».

« Mer qui se retire », pourrait-on ajouter en jouant sur le mot hébreu *Moaḥ* מח, la « moelle », dont nous avons vu *(4)* que sa racine est le « retrait, l'effacement ».

Mer dont le *Aleph* א joue le flux et *HaShem*, le *Yod* ' le reflux.

Mer dont la respiration s'enracine dans le Shabbat du *Aleph* א qui attire le *Yod*.

Ancré dans le ciel, l'Homme reçoit du *Aleph* la coulée énergétique descendante qui constitue dans sa réalité immédiate à la fois son enveloppe cutanée, son habit de peau qui deviendra habit de lumière, et ce tissu noble entre tous, blanc nacré, fragile et essentiel qui constitue les fibres nerveuses, la moelle et le cerveau.

Dans sa réalité médiate, la lumineuse substance du *Aleph* se faisant *Yod* énergétise le cerveau qui thésaurise l'essence même de l'être, la récapitule et la distribue pour autant que l'Homme porte son désir sur l'Époux divin, c'est-à-dire pour autant qu'il s'inscrive dans son Nom, son *Yod* et qu'il aspire au *Aleph*, Époux-Père, dont il provient.

---

4. Cf. chap. XII, p. 229.

Le jeu qui relie le *Aleph* au *Yod* se lit dans le mot *Eï* אי qui est le pronom interrogatif « où ? ». Ce jeu de rencontre et de séparation tisse les différents espaces intérieurs, champs de conscience dans lequel le *Vav* est comme aspiré, saisi dans la « main divine » à laquelle il donne force.

2. Le cervelet

C'est au moment où le tronc cérébro-spinal du *Vav* entre dans le crâne qu'il émet les six racines du cervelet, organe dont nous venons d'entendre qu'il est aussi appelé « arbre de vie ».

L'étonnant dessin que l'on voit apparaître, si l'on fait une coupe sagittale du cervelet, ressemble à une feuille de chêne. Arbre sacré par excellence, le chêne monte sa sève selon l'ordre d'une structure qui semble pouvoir être assimilée à celle de la montée énergétique de l'Homme.

Le cervelet
Appelé « arbre de vie », le cervelet ordonne ses structures comme celles de la feuille de chêne, arbre sacré *(photo Yves Bruneau/Fotogram)*.

LE SYMBOLISME DU CORPS HUMAIN

Chacune des folioles du cervelet représente une partie du corps. Cet organe lui aussi récapitule le corps tout entier, dans la vocation spécifique de la montée de sève et de son organisation coronale au sommet de l'Arbre : le crâne-couronne.

C'est pourquoi le cervelet coordonne toute la posture et notamment la verticalisation de l'Homme. Il reçoit son information essentiellement du labyrinthe de l'oreille qui, avec lui, unit l'écoute et la posture, le *shema* de l' « écoute » שמע et le *Maassah* de l' « action » מעשה : écoute et action étant faits des mêmes lettres-énergies !

On voit ici le caractère divin de l'action de celui qui est à l'écoute du *Yod* ! Le caractère divin de la danse jaillissant de la musique lorsque son chant est icône du Nom !

A la base du cervelet est le « nœud vital », centre respiratoire qui anime l'être tout entier ! Il laisse en avant de lui l'hypophyse qui gouverne toutes les glandes endocrines et notamment les glandes sexuelles.

L'hypophyse, par son influx sur la sexualité génitale, relie le champ de cinabre crânien au champ pelvien, alors que l'épiphyse ou glande pinéale, située en arrière du nœud vital, semble relier au champ de cinabre thoracique.

La fonction de l'épiphyse reste encore inconnue ; je dirais volontiers qu'elle n'est inconnue que parce que endormie : l'humanité dans son état d'inconscience actuel ne vivant pas sa matrice de feu, la glande pinéale n'est pas encore sollicitée pour envoyer son influx sur ce champ thoracique.

Je serais tentée de croire que l'épiphyse est appelée à être à la fonction Verbe ce que l'hypophyse est à la fonction procréatrice. La glande pinéale est ainsi appelée à cause de sa forme en pigne de pin. Cette forme est aussi symbole du Verbe.

Très riche en mélanine noire comme le fond de l'œil, c'est en elle en effet que sont analysées les perceptions de la lumière venant non seulement des yeux mais des paupières, des joues et surtout du front. Un rythme solaire y est élaboré qui nous met en relation interne avec le nycthémère. Les Égyptiens appelaient cette glande « *le soleil dans la tête* » !

Au-dessus du nœud vital et se terminant par la glande pinéale, se dégagent les deux *thalamus* ou « couches nuptiales » appelées encore

« couches optiques ». D'emblée la vision s'inscrit dans la finalité même du mariage. C'est au niveau des couches optiques que se célèbre la dernière union, celle des deux hémisphères cérébraux dont chacun épanouit sa substance blanche en un volume appelé « couronne rayonnante ».

Le « Père divin », Sagesse, hémisphère droit, a totalement épousé la « Mère divine », Intelligence, hémisphère gauche. Il a amoureusement enlevé tous ses voiles. Ébloui à sa vision, il la presse de donner son fruit.

Ce fruit, elle le porte dans les entrailles mêmes de son nom *Binah* בינה : il est *Yah* יה, le Fils *Ben* בן, יהוה.

Alleluiah a-t-on envie de chanter avec tous nos organes voués à *Yah* !

Car ils sont tous là résumés, dessinés, assumés dans la « couronne rayonnante » ! Toutes les fonctions motrices, sensitives, cognitives, intellectuelles et affectives y sont repérées dans leurs manifestations propres comme dans leurs interactions les plus fines et les plus harmonieuses.

3. Le front - La corne

Le front, spécifique à l'Homme, seule partie du crâne qui ne soit pas recouverte de cheveux, reste mystérieux. Ses lobes semblent de peu d'utilité. Cela incline peut-être à penser que le front reste le haut lieu de fonctions que nous ne connaissons pas encore.

Metsah, מצח en hébreu, il est une dernière « moelle - מח » dans laquelle le « harpon divin - צ » vient « effacer, subtiliser » le plus subtil.

Le front est encore le dernier lieu d'où naît (מ) le « très pur » - *Tsah* צח.

Le « très pur » n'est autre que le *Yod* totalement élaboré.

Je disais plus haut que dès l'origine, sous la forme de la « corne d'Ammon » — que j'appellerais volontiers « corne de l'Amen » — le *Yod* était enroulé en germe dans les profondeurs du cerveau primitif dit « rhinencéphale », en communion secrète avec l'écoute et la vision, l'olfaction certes aussi, et sans doute en fin de compte avec

Il existe aussi des christs cornus... Ici, reproduction graphique du Christ de la basilique de Vaison-la-Romaine.

tous les sens qui ne se trouvent alors que les agents du « *sensorium dei* » essentiel de l'Homme.

C'est lui, ce « *sensorium dei* » qui me semble être le grand architecte du corps, façonnant tout autour de lui, pour Lui, le *Yod*. Nous pouvons l'imaginer, ce « très pur », le *Yod* à naître, perçant ses enveloppes matricielles et jaillissant en « corne d'or » du crâne de l'Homme accompli, atteignant à *Kether,* la couronne.

Présente dans l'inconscient des peuples, la « corne d'or » est personnifiée dans les mythes grecs par Pallas Athéna naissant toute casquée d'or du crâne de Zeus. Athéna, l'immortelle, naît des amours de Zeus et de Métis, la Sagesse, que Zeus a avalée pour l'épouser.

Nourriture et épousailles, comme nous l'avons vu *(5),* ne sont qu'un, signifiant ici l'intégration de la plus haute énergie de l'Arbre, la Sagesse qui, chez les Hébreux, est la dernière Énergie *Hokhmah,* avant *Kether,* la Couronne.

Derrière son front, מצח, matrice de la « toute pure », Zeus porte pendant de longs mois la déesse Athéna ainsi conçue. Lorsque la toute pure arrive à terme, la divine tête de Zeus est prise dans les douleurs de l'enfantement. Zeus prie Héphaïstos, le forgeron céleste, de la frapper de sa hache. Héphaïstos frappe, le front de Zeus s'ouvre : Athéna sort, casquée d'or, recouverte d'une armure étincelante. Elle pousse un cri de victoire et se met à danser.

Le fils de Chronos (mortel, fils du Temps) devenu dieu, engendre l'immortelle. Il sort du Temps. Revêtu de sa tunique de lumière, couronné d'or, il pousse son cri de victoire sur la mort, sur le temps, et se nourrit désormais des fruits de l'Arbre de Vie.

5. Cf. chap. XII, p. 247.

La hache d'Héphaïstos est la lettre hébraïque *Qof* ק *(6)*, qui désigne le « hachoir ». Or, dans l'évolution figurative de la lettre, on trouve le dessin de la double hache, symbole cher aux Crétois. La double hache surplombe, en effet, la tête du taureau de Cnossos. Située entre les deux cornes de l'animal, elle est un signe de victoire.

Le *Qof* ק hébreu a pour valeur 100. Il est l'unité au plan cosmique. Cette lettre est aussi symbole de Sagesse.

Le coup de hache réintègre l'Homme à l'Unité divine.

Ce même Zeus n'avait-il pas été nourri du lait de la chèvre Amalthée dont une corne était devenue la « corne d'abondance » ?

Prémices de la corne céleste, la corne d'abondance à son tour a donné naissance à la corbeille de la mariée qu'autrefois on emplissait de cadeaux, signes de la multiplicité dans l'unité recouvrée par le mariage. La mariée était alors couronnée avec son époux *(7)*.

Corne et couronne, au moment du mariage réunissent le même symbolisme profond : tout mariage humain est icône du mariage de chacun de nous avec lui-même d'abord pour mettre au monde l'enfant divin, le *Yod*, que symbolise la corne, puis icône du mariage du créé et de l'Incréé, de l'Homme et de Dieu, que symbolise la couronne.

La corne est, dans ce sens, la plus haute manifestation de la fécondité et de la puissance. Elle est la lumière promise par Isaïe à l'humanité dans son accomplissement au-delà de toute dualité :

> « *Ton soleil ne se couchera plus*
> *Et ta lune ne s'obscurcira plus*
> *Car* יהוה *à toujours sera ta lumière.* »

(Isaïe, LX, 20.)

Soleil et lune, Père et Mère divins, Sagesse et Intelligence, sont accomplis en יהוה, corne d'Israël que chantait déjà le psalmiste alors qu'elle n'était encore qu'enroulée dans les profondeurs de l'Amen !

> « *Louez le Nom de* יהוה
> ...
> *Il a exalté la corne de son peuple*
> *A Lui l'hymne de tous ses fidèles,*
> *d'Israël, le peuple de son parentage.* »

(Psaume, CXLVIII, 14.)

---

6. Voir : *La Lettre : chemin de vie* (chap. XXI).
7. Elle l'est encore dans le rite du mariage chrétien orthodoxe.

LE SYMBOLISME DU CORPS HUMAIN

La Licorne
« L'Unicorne » devenue « Licorne » est symbole de la plus haute manifestation de la fécondité et de la puissance. Liée à la « vision trine », elle est la lumière.
(Tapisserie de la Dame à la Licorne, Musée de Cluny, photo Roger Viollet.)

Mais dans la lignée du roi David, chef, tête de ce peuple, la corne d'Israël se redresse. Et lorsque Jean-Baptiste, le Précurseur, arrive au monde, son père, le grand prêtre Zacharie clame son chant d'allégresse :

« Béni soit יהוה *le Dieu d'Israël*
car Il a visité et racheté son peuple.
Et Il a érigé la corne du salut
dans la maison de David son serviteur. »

(Luc, I, 68-69.)

La corne messianique achève alors son déroulement dans la personne du Christ. L'achèvement au sein d'une famille n'est que germe à la dimension du peuple, germe qui meurt en terre pour ressusciter à la dimension de germe du monde...

Cette corne gît dans l'inconscient populaire sous le nom d'« unicorne » devenue « Licorne ». Elle est une autre expression du troisième œil au niveau du front.

Licorne au sommet de la tête, elle est « lucarne » dans le toit d'une maison, lucarne appelée encore « œil-de-bœuf », ce qui confirme le lien de la corne, de l'œil et de la lumière.

4. Les cheveux et la couronne

Les cheveux, avec les ongles au niveau du corps humain, sont faits des mêmes éléments biochimiques que les cornes animales. Ils sont les rayons célestes, racines par lesquelles descendent en l'Homme les énergies divines et la puissance qui lui donne vie, rayons qui deviennent les rameaux de son arborescence en son sommet.

Les cheveux sont symbole de force divine.

L'histoire de Samson illustre magnifiquement la profondeur de cette réalité (Juges, XIV).

Consacré à Dieu dès sa naissance, Samson *« ne vit jamais le rasoir passer sur sa tête »*. Sa force faisait la terreur de l'« adversaire », symbolisé ici par les Philistins. Pour dominer cet adversaire, Samson l'épouse. Nous retrouvons là la loi qui présidera à l'Œuvre au Noir. Celle-ci est plus nettement signifiée encore lorsque Samson devient aveugle. Enfin, il meurt en ébranlant les deux colonnes sur lesquelles reposait la maison des Philistins : ce sont ici les deux pôles

Cet indien d'Amérique connaît lui aussi la licorne
(Museum of Art, Philadelphie).

de la dualité qui s'écroulent. Animé d'une force divine contenue dans ses cheveux, prémices de la couronne, Samson assume dans la mort un aspect de la première partie des noces d'Israël et de son Dieu.

Nous nous souvenons qu'au passage de la « Porte des Hommes », les reins symbolisaient la force. Nous nous souvenons aussi que pour les Chinois, « *les reins fleurissent dans les cheveux* » (8) !

Arborescence, floraison : oui, les cheveux sont tout cela. Épanouissement de la sève, ils sont la fleur de la sexualité. En parlant des cheveux des femmes, l'apôtre Paul évoque le trouble qu'ils peuvent faire naître chez les anges... « *Les cheveux de la femme sont la gloire de l'homme* », dit-il, tandis que « *les cheveux de l'homme sont la gloire de Dieu* ». Aussi recommande-t-il à l'homme de se découvrir la tête dans la prière, à la femme de rester voilée (I Corinthiens, XI).

La calvitie — en hébreu *Qereha* קרה — a pour homonymes la glace et la gelée. Or, si la chevelure, au sommet de la tête symbolise la force et le couronnement de la sexualité, il est intéressant de noter qu'à l'opposé, dans le fond de la descente aux enfers, certains voyageurs, tel Dante, rencontrent la mer de glace, symbole du dénuement total.

Je pense qu'il s'agit d'une expérience analogue à celle que connaît Samson lorsque, pendant la nuit de son « Œuvre au Noir », s'unissant à Dalila — femme dont le nom est lui aussi lié à la Nuit — il est rasé par elle. Les « sept tresses » de ses cheveux sont coupées. Il est chauve, privé de sa force.

Or le Bardo-Thödol conseille à celui qui doit remonter du séjour des morts et naître à nouveau, de « *s'écarter de la matrice samsarique* » et de se diriger vers « *le Royaume du suprême Bonheur* », soit « *le Royaume de la dense concentration, ou le Royaume de ceux-aux-longs-cheveux* ».

Que sont la « mèche d'Allah » des Arabes, la tresse traditionnelle des Chinois, si ce n'est le rayon de lumière qui les relie au Ciel, et le prolongement subtil de la colonne vertébrale ?

Tous les rites concernant les cheveux ont un sens sacré. Ces rites incroyablement nombreux à travers le temps et l'espace, vont du sim-

---

8. Cf. chap. XII, p. 214. La médecine occidentale, moins poétique, fait cependant la relation entre l'activité des glandes surrénales et le système pileux.

Le taureau de Cnossos
Racines célestes par lesquelles descendent les énergies,
cornes et cheveux sont symboles de puissance.
*(Musée d'Héraclion, Cnossos,
XVIe siècle av. J.-C.).*

ple geste symbolique à tout un arsenal de procédés magiques dont les
buts sont alors nettement liés à la sexualité d'ordre profane.

Le cheveu, le poil — en hébreu *Sear* שַׂעַר — est le « Prince », le
Principe שַׂר implanté à la « source » ע de l'être. « *Les cheveux
s'enracinent dans les reins* », mais ils s'épanouissent dans la Couronne.

Le mot *Sear* שַׂעַר, qui désigne le cheveu, le poil, désigne aussi
dans une homonymie *Saar,* la « crainte », le « tremblement » (le fris-
son devant le Sacré).

Lorsqu'il se trouve devant l'état de peur — et la peur n'est autre
que le reflet caricatural de la crainte devant le Sacré — l'être humain
voit son poil se hérisser, ses cheveux se dresser : toutes antennes ten-
dues, il est à l'affût d'une information qui pourra le sauver d'un évé-

nement dont il n'a pas la maîtrise. C'est un fait bien connu des biologistes que les poils des animaux sont autant d'antennes qui, lorsqu'elles sont dressées, les informent et les rendent sensibles à des modes vibratoires infiniment trop subtils pour ce qui reste de capacité réceptive à l'Homme moderne, tout particulièrement en Occident.

Cet être humain tel que nous le voyons, semble bien, du reste, avoir perdu ses poils et ses cheveux au cours des âges, au fur et à mesure qu'il s'est opacifié au Divin et, de ce fait, aux mondes qui l'entourent et dont il ne sait plus qu'il les porte en lui.

L'on a, par contre, observé des cas de personnes qui avaient le don de clairvoyance et dont le système pileux était considérablement développé sur certaines parties du corps *(9)*.

Il est certain que la croissance des ongles et des cheveux se poursuit bien après la mort biologique et semble obéir à une stimulation biogénétique différente de celle qui préside à la vie des autres tissus.

Compte tenu de l'affabulation populaire, nombreuses sont les légendes — or il s'y trouve toujours une part de contenu véritable — qui nous content des phénomènes de cet ordre, en particulier dans la vie des saints. « *Ne dit-on pas,* rapporte le docteur Larcher *(10), que la barbe de saint Hubert ne cesse de pousser et que chaque année, le jour de sa fête, le sacristain lui rase le menton ?* »

L'Orient tant chrétien que musulman, pourrait donner bien des témoignages concernant ses anachorètes découverts au fond de leur grotte alors qu'ils étaient morts depuis longtemps, parfois depuis des années : cheveux et ongles avaient continué de pousser.

Ce phénomène banal serait-il accentué chez les êtres qui ont atteint une haute évolution et dont, chez certains on a retrouvé le corps en parfait état de conservation après la mort ? Dans cette dernière hypothèse, l'abondance de la chevelure serait-elle liée à la sainteté (ou à des états sataniques qui en sont l'homologue au pôle négatif) ? Cette question mériterait une étude toute particulière.

Le mot « chevelure », *Pera* פרע chez les Nazaréens, est fait des mêmes lettres-énergies que *Aphar* עפר , la « poussière », dont nous

---

9. Docteur Alain Assailly : *Contribution à l'étude de la médiumnité,* article paru dans *la Science et le paranormal* (I.M.I., 1, place Wagram, Paris - 1955).

10. *Le sang peut-il vaincre la mort ?,* op. cit. (p. 151).

avons vu *(11)* qu'elle est l'état de l'Homme dans sa multiplicité, au départ de sa croissance. Nous en avons étudié le sens dans le symbolisme des genoux dont les deux petites couronnes, à la naissance de l'Homme, promettent déjà son unique couronne.

Au niveau de la tête, la chevelure est cette couronne ; la multiplicité-poussière est devenue unité.

Le même mot פרע prononcé *Paro* signifie « mettre à nu, ôter le frein, lâcher la bride »... L'Homme couronné est en effet totalement libéré parce qu'il est devenu totalement ressemblant et qu'il a rejoint ses archétypes.

L'anarchiste est celui qui se croit libéré parce qu'il a rejeté tout archétype. Sa chevelure est folle, aucun ordre n'y préside ; aujourd'hui, sa couleur même est parfois démente. Lorsqu'il se prend pour les archétypes, sa chevelure prend la forme d'une crête ; elle est une corne inconsciente.

A l'envers de cette expression d'une infantile démence, une chevelure justement agencée s'ordonne selon un dessin qui fait diadème.

Si Marie-Madeleine essuie de ses cheveux les pieds du Christ, qu'elle a mouillés de ses larmes, si elle les oint de parfums *(12)*, si c'est elle encore qui, le soir de la Pâque, répand sur les cheveux du Christ « *un parfum de nard vrai d'un grand prix* » (Marc, XIV, 3), elle est vraiment l'humanité revenant vers son véritable époux. Elle est celle qui jette sa chevelure à ses pieds et qui brise le vase d'albâtre qu'elle est lorsque, totalement accomplie, elle meurt pour exhaler son parfum.

De toute éternité l'Époux divin attend l'humanité son épouse pour la couronner.

« *Plaidez contre votre mère,* s'écriait-Il en parlant d'elle par la bouche du prophète Osée, *plaidez !*

---

11. Cf. chap. VIII, 1, p. 123.
12. Luc, VII, 38.

*Car elle n'est plus ma femme
et moi je ne suis plus son mari*

...

*Je n'aurai pas compassion de ses enfants
car ce sont des enfants de prostitution !* »   (Osée, II, 4.)

Mais Son amour est plus fort que tout, et voici que par la bouche du même prophète, l'Époux dit :
« *Voici que moi je l'attirerai
et la conduirai au désert
et je parlerai à son cœur.*

...

*Je te fiancerai à moi pour toujours
je te fiancerai à moi dans la justice et le jugement
dans la grâce et la tendresse...* »   (Osée, II, 16-21.)

Par la bouche d'Isaïe, Il poursuit : « *Tu seras une couronne éclatante dans les mains de ton Seigneur, un turban royal dans la main de ton Dieu* » (Isaïe, LXII, 3).

« *Sois fidèle jusqu'à la mort,* dit-Il encore par son prophète de l'Apocalypse, Jean le Bien-aimé :
« *Sois fidèle jusqu'à la mort
et je te donnerai la couronne de vie.* »

(Apocalypse, II, 10.)

Dans sa vision la plus sublime, Jean rapporte qu'« *il parut dans le ciel un grand signe :
une femme revêtue du soleil,
la lune sous ses pieds
et une couronne de douze étoiles sur sa tête* ».

(Apocalypse, XII, 1.)

La Tradition chrétienne, pour clore l'année liturgique, célèbre l'accomplissement de l'humanité-épouse dans le couronnement de la Vierge.

Élevée au ciel par la main des anges, dit la Tradition, la Vierge-Mère devient l'Épouse. Elle est couronnée des mains de l'Époux.

Elle est l'humanité accomplie.

Elle est prémices de chacun de nous.

CHAPITRE XXI

La mandorle

Le Grand'Œuvre est accompli.

L'épouse couronnée entre dans la chambre de l'Époux dont l'Esprit la féconde. Elle s'enivre de ses délices.

Nous ne savons plus rien, si ce n'est que l'Homme a dépassé *Kether*. Il est entré dans les Ténèbres transcendantes de l'*Aïn*. Car telle est sa grandeur : être connu de Celui Qui se définit comme Être (Exode, III, 14) mais Qui emporte l'Épouse hors de toute définition au cœur même, jamais atteint, du Non-Être.

De *Yesod,* le « Secret divin », à *Tiphereth,* les « Grandes Ténèbres divines », puis au-delà de *Kether* dans la chambre royale dont seul le « Rien » rend compte, l'Homme a connu des mariages de plus en plus audacieux, de plus en plus mystérieux. Nul ne peut en parler si ce n'est celui qui les a vécus. Et nous avons vu combien nos oreilles sont peu prêtes à en recevoir la confidence. La recevons-nous ? Nous nous moquons, nous nous insurgeons.

Avec Ḥam n'avons-nous pas trahi le secret de Noé ? Avec les Juifs ne nous sommes-nous pas scandalisés de l'ivresse des Apôtres au jour de la Pentecôte alors que l'Esprit Saint, sous la forme de Langues de Feu, les pénétrait ?

Ne sourit-on pas du « mystique », comme de « l'illuminé », qualificatifs totalement dévalorisés dans notre conscience occidentale ? Car il est plus facile de se moquer ou de se scandaliser de ceux dont notre médiocrité nous rend incapables de pénétrer l'expérience et dont notre besoin de sécurisation nous fait fuir leurs si peu confortables propositions.

LE SYMBOLISME DU CORPS HUMAIN

Le rire ou la colère sont les seuls moyens dont dispose l'homme impur pour se libérer de la résonance que rencontre en lui le mystère de l'Union. Et nous entendons par « impur » celui qui reste fermé à sa véritable vocation. Mais l'une et l'autre de ces deux attitudes tuent la vie.

La vie, dans son germe comme dans son devenir, est union des deux « *pour faire le miracle de la chose une* », disait Hermès *(1)* avant même que l'apôtre Paul, en s'écriant : « *Ce mystère est grand !* » (Éphésiens, V, 32), ait voulu traduire la même réalité en parlant du Christ et de l'Église.

Le miracle est accompli, mais le « mystère reste scellé aux esprits impurs ».

Le char d'Israël transporte l'Épouse jusqu'au Trône divin.
« *Un char de feu et des chevaux de feu* » arrachent Élie de terre.
« *Élie monte au ciel dans un tourbillon* » (II Rois, II, 11).

« *Au-dessus du Ciel qui était sur leur tête, il y avait quelque chose de semblable à une pierre de saphir, en forme de Trône. Et sur cette forme de Trône apparaissait comme une figure d'homme placée dessus, en haut.*
« *Je vis encore comme de l'airain poli, comme du feu au-dedans duquel était cet homme, et qui rayonnait tout autour. Depuis la forme de ses reins jusqu'en haut et depuis la forme de ses reins jusqu'en bas, je vis comme du feu et comme une lumière éclatante dont il était environné. Tel l'aspect de l'arc qui est dans la nue un jour de pluie, ainsi était l'aspect de cette lumière éclatante qui l'entourait. C'était une image de la Gloire divine.* » (Ézéchiel, I, 26-28.)

*
* *

La gloire de l'Homme est symbolisée par la mandorle que l'on voit enveloppant le corps du Christ en majesté, comme celui des saints ou des bouddhas dans les différentes traditions iconographiques religieuses.

La mandorle est « l'amande ourlée », c'est-à-dire celle qui ouvre sur la Lumière.

---

1. *La Table d'Émeraude.*

LA MANDORLE

Les deux amandes (amygdales) qui, déjà, avaient salué l'Homme à l'entrée du dernier palais, se retrouvent ici dans « le miracle de la chose une » enveloppant le corps de l'Homme déifié.

L'amandier fait partie de ces nombreuses essences d'arbres et d'arbustes qui sont vénérés tout d'abord en tant que ressortissant à la notion « d'arbre vert », symbole de l'arrivée de « l'Homme rouge » à son accomplissement divin ; mais elles le sont aussi pour leurs vertus particulières.

La France et les pays celtes sacralisent le chêne pour sa robustesse et sa virilité. Ils vénèrent aussi le houx et le pin pour leur immortalité : leur feuillage ne se flétrit pas. Or, ces trois arbres, avec l'oranger, encadrent la « Dame à la Licorne » dans chacune des six tapisseries exécutées à la gloire de cet animal fabuleux dont j'ai abordé plus haut *(2)* le symbolisme.

Les fruits de l'oranger sont les fameuses « pommes d'or » qui apparaissent dans bien des contes ou mythes. Contrepoint à la « pomme » dont la tradition orale fait le fruit de l'Arbre de la Connaissance, la « pomme d'or » est celui de l'Arbre de Vie.

Dans cette perspective, l'oranger est l'arbre des noces de l'humanité et de son Dieu ; la couronne de fleurs d'oranger, le diadème de l'épousée. Et ce dernier symbole était vécu, il y a peu de temps encore, dans nos campagnes françaises où ne se célébrait aucune noce sans que l'épousée n'eût, à défaut de couronne de fleurs d'oranger sur sa tête, au moins son bouquet dans sa corbeille, elle-même symbole de la corne d'abondance.

L'amandier a la même signification que l'oranger, en ce sens que, arbre monoïque, sa fleur est mâle et femelle. Il est alors en « l'Homme vert » symbole de l'androgynie conquise. Ayant dépassé la dualité des sexes, conquis l'unité, l'Homme est introduit dans la chambre nuptiale.

La fleur de l'amandier, sœur de l'églantine et de la rose, rejoint aussi leur symbolisme que chantent les rosaces de nos cathédrales : mariage du macrocosme et du microcosme, du Ciel et de la Terre ; elles flamboient de la Lumière et du Feu de l'Amour Divin Qui brûle et ne consume pas.

Aller au centre de la rose, c'est retourner à l'Un.

---

2. Chap. XX, p. 406-407.

« *Quand l'amandier fleurit... l'Homme retourne à sa demeure éternelle* » (Écclésiaste, XIII, 7).

L'Éternité, l'Orient, est le mot hébreu *Qedem* קדם (100-4-600) dont nous avons vu qu'il est celui d'*Adam* אדם (1-4-600) à un autre octave *(3)*. Le nom de l'amandier — *Sheqed* שקד (300-100-4) — ou plutôt celui de son anagramme, le saint — *Qadosh* קדש (100-4-300) — en est aussi très proche : le *Shin* ש (300) a remplacé le *Mem final* ם (600).

Introduisons un autre *Shin* au cœur de l'amande et nous retrouvons l'Orient, l'Adam immortel (100-300-4) + (300). Là se trouve, à ce qu'il me semble, le sens profond de l'icône représentant le Christ en gloire enveloppé dans la mandorle, l'amande : le Christ est alors le *Shin* vivant. En tant que symbole trinitaire, mais aussi en tant que « dent », symbole de la « pierre d'angle » *(4)*, le *Shin,* dans le Christ en gloire, rejoint son archétype.

L'Arche d'alliance contenait déjà ce symbole : le chandelier à six branches, dont la forme était celle de deux *Shin* réunis, comportait sur chacune de ses branches « trois calices en forme d'amande » *(5)*.

Notons dans le même texte que « *de l'autel fait de bois d'acacia sortaient des cornes* » (Exode, XXXVII, 25). L'acacia, arbre sacré par excellence, est lui aussi monoïque, symbole en cela de l'androgynie conquise, donnant un fruit divin.

Si l'amande est le fruit divin qui symbolise non seulement l'immortalité, mais surtout l'éternité de l'Homme, elle est essentiellement un fruit de lumière. Or la langue hébraïque nous propose un autre mot pour désigner l'amande : *Luz* לוז *(6)* dont l'homonyme *Loz* signifie « mis à part ». Ce signifié est la racine même de l'idée du sacré.

Le sacré est ce qui est mis à part, écarté du vulgaire (car **n'est devenu vulgaire, profane, que ce qui s'est séparé du sacré**).

Ce fait est d'autant plus intéressant que René Guénon, rendant compte d'une tradition qabbalistique, nous dit : « *Le mot Luz est le nom donné à une particule corporelle indestructible représentée*

3. Cf. chap. III.
4. Cf. chap. XVII, p. 372-373.
5. Exode, XXXVII, 19.
6. Cf. chap. IX, p. 141.

LA MANDORLE

La mandorle

« Amande ourlée », la mandorle est le fruit de la lumière surgi de l'éclatement de sa coque-ténèbres. Les anges se réjouissent et dansent autour du Fils de l'Homme devenu totale Lumière (cathédrale de Cahors-en-Quercy ; *photo Théojac, Limoges).*

---

symboliquement comme un os très dur et à laquelle l'âme demeurerait liée après la mort jusqu'à la résurrection. Par le déploiement du Kundalini, cette zone s'éveille, se déploie pour atteindre les divers chakras, puis le Troisième Œil (7)... »

En tant que colonne vertébrale du monde, Israël prend son départ à Luz, ville en laquelle au cours de la nuit (Ténèbres du triangle inférieur) Jacob a la vision de l'Échelle. Or parmi toutes les significations symboliques que revêt cette échelle qui monte de la terre au Ciel — et descend du Ciel à la terre — se trouve essentiellement l'éveil de Kundalini.

---

7. René Guénon : *Le Roi du Monde,* chap. VII.

LE SYMBOLISME DU CORPS HUMAIN

Lorsque Jacob se réveille, il donne au lieu sur lequel il a passé la nuit le nom de *Bethel* qui signifie « Maison de Dieu » (remarquons bien que le même mot, Bethyl, est tout simplement celui de l'émeraude !).

Quant à Luz, le nom primitif de la ville, il semble que Jacob aille maintenant le porter à un autre échelon de l'Échelle...

La racine *Luz* est liée à celle d'où sont tirés, dans les langues celto-occitanes, les mots *lux* (la lumière en latin), *Lug* (nom d'un dieu celte), *Luc, Ludwig,* etc., prénoms qui tous rendent compte de la lumière. Il est à noter que dans le symbolisme chrétien, l'animal qui correspond au génie de l'Évangéliste Luc est le taureau.

Luz, l'amande portée en germe dans sa coque, symboliquement à la base de la colonne vertébrale, a gravi tous les échelons des ténèbres ; elle a cassé sa coque.

Tel le Christ sortant du tombeau, l'Homme est devenu Lumière.

Dernière manifestation du corps, à la limite de l'immatériel, la mandorle, œuf de lumière, présuppose les engendrements successifs de l'Homme naissant de lui-même à lui-même dans le mystère de plus en plus inconnaissable de l'amour.

Il va vers l'*Aïn-Soph-Aor,* l'*Aïn-Soph,* l'*Aïn,* le Rien...

Conclusion

Voici le corps tel que je l'ai vu, tel que je l'ai ressenti. J'ai conscience des lacunes importantes que comporte l'étude que je viens de faire, lacunes dues pour une bonne part, certes, à l'étendue des domaines que j'ignore, ou dont je n'ai pas l'expérience, mais aussi aux nombreuses « circoncisions » auxquelles il m'a fallu m'astreindre en écrivant ce livre.

Il a, lui aussi, poussé comme un arbre et, pour que la sève pût jaillir assez drue, sans se laisser « boire » par les nombreuses branches secondaires qui la sollicitaient, j'ai obéi à la loi selon laquelle « l'arbre doit être taillé pour être mis à fruit ». Le danger était grand de faire de chaque branche un arbre en soi et d'offrir au lecteur l'inextricable taillis d'une forêt vierge.

Maintenant que la tige centrale de l'arbre a fleuri et donné ses fruits, je souhaite que chaque rameau émondé soit repris en main, par moi-même, ou par d'autres, afin que ses tiges bien guidées, puissent faire éclore leur admirable richesse. Car si chacun des organes du corps a sa signification profonde — et je n'en ai dégagé que très peu — les relations qui existent entre eux ont aussi leur importance ; et j'ai à peine abordé ce sujet ! On le voit, le travail est immense. Et s'il est immense sur le plan de la recherche, il est infiniment plus grand et plus urgent sur le plan de l'expérience.

Arrivé là, il apparaît d'une importance capitale de lever l'hypothèque qui a pesé — et pèse encore — si lourdement sur la société humaine et l'individu d'Occident du fait de l'idée qui a imprégné une certaine catéchèse, idée selon laquelle le corps serait un instrument de perdition.

Or, le corps est le plus merveilleux instrument de notre réalisation.

Il représente tout d'abord un langage. Ce langage que nous venons d'essayer de déchiffrer, nous informe d'un programme à réaliser. Par le truchement de la maladie, il nous prévient que nous avons pris une fausse route.

Il est ensuite entre les mains de l'ouvrier que nous sommes, tout à la fois la matière première à partir de laquelle nous œuvrons, l'outil et le récipient en lequel nous opérons.

Mais attention ! Si l'on s'arrête à cette seule trine perspective, on court le grand danger de réduire le corps à un rôle d'objet. Tout en étant cet instrument, ce langage, cette matière première, il est essentiellement l'Homme, lui-même rencontre du corps, de l'âme et de l'esprit. Chacun de nous est son corps, en même temps qu'il est son âme et son esprit, et cela inséparablement. Et la moindre partie du corps porte la totalité de l'Homme, corps, âme et esprit, à l'image de chacune des séphiroth qui, bien que distinguée des autres, contient la totalité de l'Unité divine.

Retrancher une partie du corps, c'est mutiler l'unité de l'Homme, son harmonie. Arracher une dent, procéder à l'ablation des amygdales... quoi de plus bénin en apparence ?

Oui, apparemment...

Il est certain, et je l'ai déjà signalé, que lorsque je parle d'un organe, je ne parle pas uniquement de cet organe en soi mais essentiellement de sa fonction qui se rejoue au niveau de chaque cellule du corps, en tant que celle-ci est un corps potentiel total.

Lorsqu'on procède à l'ablation d'un organe, sa fonction ne disparaît pas totalement, mais on ne peut nier qu'elle est considérablement blessée jusque dans sa dimension la plus subtile.

La chirurgie jusqu'à aujourd'hui n'a pas encore réalisé que retrancher une vésicule biliaire touchait au cœur même de la fonction d'accomplissement de l'être.

Elle ne soupçonne pas encore qu'inciser la peau en sectionnant un méridien décrit par la tradition chinoise, c'est détruire en profondeur des trajets énergétiques.

Elle ne sait pas que certaines douleurs sont initiatiques, c'est-à-dire liées à des libérations d'énergies à cette étape du chemin, et qu'il convient alors de ne pas intervenir.

CONCLUSION

La médecine occidentale, en général, n'a pas encore compris le langage du corps.

Le médecin devra prendre conscience que seul est médecin celui qui veille sur la gestation du *Yod* et qui accouche l'Homme à l'Homme puis au dieu qu'il est.

Trente ans après

Il y a trente ans, j'écrivais ce livre. Il était déjà le fruit d'une première expérience de vie. J'avais soigné de nombreux malades, m'interrogeant sur le sens de leurs souffrances, comme je m'interrogeais depuis ma petite enfance sur le sens de la vie, tout simplement, et sans que personne ne m'apporte de réponse satisfaisante.

Dans cette petite enfance, mon père revenait de la guerre de 14-18 profondément blessé et cependant ne semblait vivre que des souvenirs de cette tuerie ; au cours des réunions d'« Anciens Combattants », la réactivation de ce bouleversement tragique donnait à tous l'impression, ou plutôt l'illusion, de vivre. Ma mère se remettait mal de l'interdiction qu'elle avait eu de faire ses études de médecine — cinq filles en 1910 à passer leur baccalauréat en France mais il n'était pas question pour elles d'aller plus loin dans des acquisitions professionnelles menaçantes pour l'équilibre de la société ! — Je raconte plus loin dans ce livre [1] les conséquences importantes qu'eut pour moi cet environnement social et qui me conduisirent très jeune à me confronter à l'absurde. Si mes parents vivaient du passé, si ceux de ma génération fuyaient vers l'avenir, qu'en était-il du présent et de sa charge éventuelle de sens ? J'étais rivée à ce questionnement qui aujourd'hui prend une très ample dimension.

C'est de cela que j'aimerais m'entretenir avec mes nouveaux lecteurs à l'occasion de la nouvelle édition de cet ouvrage. Car je m'aperçois avec émotion que si autrefois personne de mes aînés ne savait m'apporter d'autre réponse que de m'inviter à préparer une bonne mort

---

1. Cf. infra p. 296.

dans le carcan d'un moralisme réducteur, le ciel me comblait en m'ouvrant à la dimension symbolique de l'univers et de nos textes sacrés.

Le symbole est la qualité de toute chose en tant que celle-ci est reliée au Verbe qui la fonde ; et le mythe, construit de ces « choses » vivantes et respirantes, est le récit qui parle de l'Homme intérieur — lui-même relié à Dieu dont il est l'Image — à partir de ces matériaux pleins d'âme, propres à l'Homme extérieur. Découvrant cette dimension dynamique et libérante de l'existence, j'échappais au consensus carcéral qui m'étouffait pour vivre « l'instant » dans l'ampleur de sa verticalité. Je ne l'ai plus jamais quitté ; il s'est alors révélé à moi comme étant « JE SUIS », le Saint NOM hébreu YHWH, dont le Christ nous affirme qu'il est Celui-là :

« Avant qu'Abraham fut, Je SUIS »[1]

Merveille que de découvrir, au-delà de notre temps historique, cet autre temps qui me permettait de rayer de nos traductions banalisantes le « Au commencement » classique du début de la Genèse comme du Saint Évangile de Jean. *Bereshit*, le « Principe » qui ouvre les deux livres est présent en nous en chaque instant de la vie ; il est l'Image divine, fondatrice de Adam, Adam étant de son côté l'humanité totale et vous et moi, chaque être humain, lourd de la secrète Semence.

Le Christ lui-même se dégageait alors de son historicité seule et de l'enfermement religieux classique ; il faisait partie de ma chair !

Les textes bibliques commençaient à chanter une histoire qui avait un sens. Polarisant mon attention sur les lieux du corps, dont ils sont riches, je découvrais l'ineffable expérience qui fut donnée à Moïse au sommet du Sinaï où, là, il vit la « forme » de YHWH et reçut de YHWH, « bouche à bouche », la Torah[2].

Comme en une icône de ce baiser, je recevais à mon tour la « forme divine » transmise par Moïse en tant que modèle de la forme du corps humain ; cela signifiait que le corps humain lui aussi était symbole, intimement relié à son archétype divin.

Le Symbolisme du corps humain prenait naissance.

Je commençais alors à comprendre ce que signifiait le talon de Ishah, écrasé par le serpent, dans le mythe de la chute, Ishah étant elle-même l'intériorité d'Adam, cet autre « côté » de lui, de chacun de nous et non la femme biologique d'un hypothétique premier homme. Jaqob

---

1. Jean 8,58.
2. Nbres 12,8.

blessé à la hanche m'annonçait un prodigieux combat intérieur — que je pouvais mener ! — pour donner ouverture au passage essentiel d'une porte de vie ; le juge Samson dont toute la robustesse résidait dans les cheveux, une autre dimension de la force... Les mythes grecs s'unirent dans un même langage à ce chant de l'âme et je compris aussi pourquoi tant de pieds blessés, enflés, déchaussés... pourquoi le foie de Prométhée dévoré par l'Aigle, la cécité d'Oedipe, et le crâne de Zeus pourfendu par le divin forgeron pour donner naissance à Pallas Athena resplendissante d'or...

Je comprenais aussi que la forme même du corps de l'Homme était signifiante, que le nom des organes et des membres révélait une fonction secrète, que ce corps tout entier *était* un langage et que, dans la jouissance ou la douleur, il *avait* un langage. Lorsqu'il s'agit de souffrance, la médecine officielle sait effacer le mal mais sans avoir tenu compte du message et ce dernier s'exprimera une nouvelle fois ou d'une autre façon, le problème n'étant alors que déplacé mais non vraiment résolu. Je découvrais le rôle essentiel du malade lui-même devenant responsable devant son symptôme. Car le corps de l'Homme est appelé à rejoindre son modèle, ce qui veut dire qu'il est programmé dans une finalité précise : faire de nous des Hommes, puis des dieux. Apporter un blocage au déroulement de ce programme, c'est générer la maladie. Pour l'instant, notre humanité dans le collectif ne comprend pas encore ces choses ; elle n'en est encore qu'au stade animal correspondant à l'état confusionnel de « sixième jour » de la Genèse ; identifiée à l'au-dehors des choses, elle n'a aucune idée de l'au-dedans cependant régi par des lois qu'elle ignore et donc qu'elle transgresse ; d'où tant de souffrances !

Cette actualisation du prodigieux programme de vie qui fait notre vocation se joue à partir du noyau divin fondateur, le « Fils de l'Homme » que chacun de nous, en lui, doit faire croître par la force conjointe de l'Esprit-Saint et de son propre esprit. Pour cela une somme d'énergies potentielles inouïe nous est donnée, que nous avons à réaliser au cours de notre vie ; ces énergies deviendront informations et construiront l'Arbre de la Connaissance dont nous avons à devenir le fruit... Je SUIS. Pour cela nous avons à naître à de nouvelles dimensions de nous-mêmes, d'une première « matrice d'eau » tout d'abord — au niveau du plexus uro-génital —, puis d'une « matrice de feu » — au niveau de la poitrine — et enfin de la « matrice du crâne » dont la moelle épinière qui s'épanouit à ce sommet et qui est enveloppée de la dure-mère et de la pi(euse)-mère, nous indique bien par ces noms son ultime fonction matricielle ; comme dans un secret mariage de l'eau et du feu, la moelle est prémices des « eaux-d'en-haut », l'inconnaissable monde divin auquel l'Homme est cependant invité à participer dans l'insondable mystère des noces !

Cette dynamique ascendante inscrite en chaque cellule du corps détermine la fonction essentielle de chaque organe et de chaque membre, dont la fonction physiologique est la manifestation. Lorsque cette dernière est atteinte, elle appelle le sujet à s'interroger sur la fonction profonde qu'elle exprime. Dans cette perspective, la médecine ne peut plus avoir recours à la seule stratégie de combat contre l'ennemi (microbe, virus, etc...) qui déploie d'ailleurs un incroyable génie à se camoufler sous de nouveaux aspects plus puissants encore ; nous tournons en rond dans un labyrinthe qui semble sans issue et dont nous payons la triste note. Cette loi que nous révèlent nos textes sacrés, peut s'appliquer non seulement au corps de chaque être humain, mais au corps social, voire au corps de l'Adam total.

Pour illustrer cet appel à une autre dimension d'être, j'aimerais rappeler l'admirable réponse que donna le Dalaï-Lama à un groupe de rabbins et de laïcs juifs venus lui rendre visite à Dharamsala en 1990. Comme ceux-ci s'étonnaient que le Dalaï-Lama n'ait pas soulevé une armée pour défendre le Tibet contre l'envahisseur, ce grand chef spirituel leur dit :

« Les chinois ne sont que l'adversaire extérieur »[1]

L'ensemble de cette réflexion m'amène à confier au lecteur que, depuis trente ans, je suis allée de découvertes en découvertes en ce qui concerne tout particulièrement la beauté du corps humain. Je ne renie rien de ce que j'ai écrit mais, l'ayant approfondi, je ressens avec force le besoin de lui apporter un supplément d'âme.

J'écris donc ce nouveau chapitre ; il porte sur trois points essentiels qui, durant ces années, ont fait l'objet de diverses conférences ; cela expliquera certaines répétitions qui requièrent l'indulgence du lecteur.

Ces trois points concernent : a) la distinction que nous avons à faire entre le corps et la chair. b) le symbolisme du globule blanc du sang. c) le symbolisme de la moelle épinière.

---

1. « Le Juif dans le Lotus » de Rodger Kamenetz — Ed. Calmann-Levy p. 205 et 250.

Le corps et la chair

Il est bien difficile de distinguer ces deux concepts l'un de l'autre. Ils semblent être les deux pôles d'une même réalité, mais sans confusion possible. Si l'anthropologie chrétienne voit en l'Homme la triade esprit, âme et corps, la langue hébraïque n'a cependant pas de mot pour exprimer ce dernier élément, le corps.

La mystique juive contemple le « corps divin » dans sa « forme » révélée à Moïse au mont Sinaï. Elle est la forme du Verbe fondateur de notre être, celle de YHWH, l'**Épée** הוה.

L'Épée divine sculpte l'Homme qui a pour vocation ontologique de *faire* en sorte qu'il se laisse *faire* par elle dans la dynamique de l'« image » à la « ressemblance ». Dans cette collaboration divino-humaine en vue de la croissance du Fils de l'Homme, l'Homme n'a aucune possibilité d'installation, « aucune pierre pour reposer sa tête »[1] ; il est alors sculpté dans son être total et jusqu'à son corps physique.

Ce « faire » se joue « dans le principe » — c'est-à-dire pour l'Adam de la Genèse resté fidèle à ce principe ou pour l'Homme qui, après la chute, se retourne vers le principe de son être et renoue avec lui — lorsqu'il quitte la situation confusionnelle du sixième jour de la Création, pour entrer dans celle du septième jour.

En ce sixième jour, l'Homme créé image de Dieu ne sait pas qu'il détient cet honneur ; encore totalement confondu avec les animaux révélés en ce même sixième jour voire avec ceux du cinquième jour, qui composent sa *Adamah*, son âme psychique animale (âme-groupe), il est inconscient de la richesse de son intériorité. Or ces « animaux » entourent le Fils-Germe, au cœur de sa Adamah, comme dans la crèche le bœuf et l'âne...

Le corps de cet Adam inconscient de son être profond est un corps animal, et cependant déjà déterminé par la forme de YHWH, et potentiellement corps spirituel ; en tant que corps animal d'Homme, il est sans nom hébreu comme si cet état relevait d'une étape de gestation nécessaire dans la dynamique de son devenir, mais d'ordre fœtal et sans nom.

Car l'Homme est fait pour entrer dans le souffle fécond du sep-

---

1. Matth. 8,20.

tième jour. En ce jour-là, saint entre tous, Elohim se retire pour que croisse en l'Homme son NOM secret, sa Personne, unique au milieu de tous, l'image divine du Verbe, YHWH — en hébreu, le présent du verbe être, **JE SUIS** —, le Christ qu'il doit devenir. Elohim se retire comme un père s'efface aujourd'hui, en obéissance à cette loi archétypielle, pour que son fils grandisse dans sa Personne, sans venir l'obscurcir ni l'appesantir d'une puissance paternelle alors aliénante.

Jusqu'à ce septième jour l'Adam confondu avec ses « animaux », les énergies de sa Adamah intérieure, ne pouvait cultiver celle-là ; mais dans la béance du Shabbat, l'image divine en lui reçoit le souffle de l'Esprit de Dieu et l'Homme devient une « âme vivante », non plus l'âme-groupe animale du sixième jour, mais l'âme personnelle, capable, dans la force du Saint NOM, de se différencier de sa Adamah à l'intérieur de lui et de tout groupe humain auquel il appartient, à l'extérieur de lui. Il peut alors travailler sa Adamah car son premier « moi » — l'égo — entre à ce moment-là, béni entre tous, en résonance en lui avec un autre « je » ; et ce dernier répond à l'image divine de YHWH, JE SUIS ; il devient conscient d'être un « Je suis en devenir » ; tel Jean-Baptiste parlant de Jésus, le premier « moi » peut alors dire de ce « je » nouveau :

« Il faut qu'il croisse et que moi je diminue ».

Le « moi » est lié au corps animal, le « je » annonce le corps spirituel ; ce dernier est en chaque être humain le « Fils de l'Homme » appelé à atteindre à la totalité de sa stature. Pour cela, le grand chantier de la Adamah est mis en œuvre ; et l'Homme (qu'il soit homme ou femme) fait œuvre « mâle » en elle, « se souvenant » d'elle et du Fils qu'elle porte [1]. Dans la puissance inouïe de son désir de Dieu, qui lui est donné avec l'image, il commence de pénétrer les énergies de sa Adamah, dans le « jardin de jouissance » (l'Eden) qui va devenir jardin de connaissance car les énergies deviennent informations. (Un jeu de lettres lie d'ailleurs ces deux mots hébreux « jouissance » et « connaissance »).

Lorsque la sève de l'Arbre de la Connaissance commence de croître, celle de l'Arbre de vie, celle de l'amour infini de Dieu pour Adam, vient le féconder et « JE SUIS » commence de devenir...

Le Fils de l'Homme grandit en lui à travers des « terres » successi-

---

1. En Hébreu le mot *ZaKor* recouvre les deux significations : d'une part le substantif « mâle » et d'autre part le verbe « se souvenir ».

ves — champs de conscience nouveaux — jusqu'à atteindre à la « Terre promise », la terre du NOM.

Dans ce processus l'Homme se verticalise ; il s'était redressé dans son corps physique pour pouvoir parler (sans cette posture il ne pourrait, comme les animaux, qu'émettre des cris) mais il doit maintenant se verticaliser dans son être intérieur et ses corps subtils pour pouvoir devenir Verbe. Le corps d'Adam en tant qu'il exprime en la glorifiant l'image divine scellée au plus profond de lui, dans son principe — l'orient de son être — et dans sa finalité, son NOM, devient chair vivante.

Dieu n'a-t-il pas scellé, dans la profondeur de l'autre côté d'Adam, la chair ?

La racine *Tahat* employée dans le texte hébreu pour désigner cette « profondeur » a été rendue par « à la place de » dans la lecture toute extérieure de l'œuvre divine opérée sur Adam. Selon cette lecture :

« Dieu prit une côte à la place de laquelle il enferma la chair. De cette côte qu'il avait enlevée le Seigneur Dieu fit une femme... » [1]

On connaît la suite du récit entendu selon cette intelligence du texte et ses conséquences désastreuses. Le texte hébreu ne souffre cependant pas d'autre traduction immédiate que celle selon laquelle « Le Seigneur Dieu prend un des côtés d'Adam et scelle la chair dans sa profondeur ; il construit ce côté qu'Il a pris d'Adam en épouse et la fait venir vers Adam. »

Ce côté qu'Adam ne connaissait pas de lui-même n'est autre que sa Adamah, ce côté de l'Arbre de la Connaissance qui correspond au pôle ténèbres de son être, dit « inaccompli » en hébreu. Ce côté inaccompli n'est pas celui du mal, mais un immense potentiel d'énergies appelées à devenir lumière-connaissance pour construire le Fils. Pour accomplir le Fils-Verbe en lui, Adam doit épouser toutes les énergies animales de sa Adamah, cette dernière étant maintenant appelée *Ishah* en tant qu'épouse.

Dieu vient de procéder en Adam à une différenciation entre lui, Adam, et ce avec quoi il était confondu jusque là. Lorsqu'Adam endormi (sommeil qui est une « descente vers la ressemblance », autrement dit un éveil, voire une extase) contemple son Ishah il s'écrie :

« Voici celle qui est os de mes os et chair de ma chair » [2]

ce qui en hébreu signifie :

---

1. Gen. 2, 21-22.
2. Gen. 2,23.

LE SYMBOLISME DU CORPS HUMAIN

« Voici celle qui est substance de ma substance — celle qui se tient cachée en moi — et mon principe »

car, qu'est donc la chair ainsi glorifiée avec l'os, la part la plus intime d'Adam, si ce n'est en cette part secrète le principe de son être ?

Le mot hébreu *Basar* que l'on traduit par « chair », est comme un condensé du mot *Bereshit* ; il peut être lu « dans le prince », mais qui est le « prince » en Adam s'il n'est ce que l'Hébreu appelle sa « semence », le Germe du Fils-Verbe, le principe de son être ? Nous retrouvons en *Basar* la racine *Bar*, le « Fils », dont les deux lettres enlacent la lettre *Shin*. L'idéogramme primitif du Shin est un arc tendu à l'extrême, retenant une flèche qui, dans la détente, atteindra la cible ou la manquera — N'oublions pas que le mot « péché », *Amartia* en grec et *Ḥata* en hébreu, signifie « manquer la cible » —. La cible n'est-elle pas le Saint NOM dans la terre promise, la dimension de Fils totalement accompli nous révélant le Père ? Manquer la cible, c'est porter vers les ténèbres extérieures dont le Satan est devenu prince la puissance de ce que symbolise la lettre Shin, la puissance de l'Esprit de l'Homme, celle de l'Éros en lui.

« Là où est le Fils, là est l'Esprit ». Image de Dieu, Adam est Fils et Esprit, Dieu seul est Père. Dans cette contemplation, *Basar*, la chair se révèle être l'image divine en laquelle l'Adam est créé, unique en chaque être humain et révélatrice de sa Personne faite du Fils et de l'Esprit de l'Homme.

Ancré dans sa Personne, qui seule respire avec la divine Trinité « en haut », l'Homme a pour vocation de faire croître le Fils dans la puissance redoutable de l'Éros. Il transforme alors son âme psychique animale — sa Adamah-Ishah — en âme spirituelle, et celle-ci illumine son corps.

Le corps de l'Homme est expression de la chair lorsque l'Homme est entré dans la dimension d'Homme, c'est-à-dire lorsqu'il passe la « Porte des Hommes » et qu'il devient Homme du septième jour.

Dans cette dimension, l'hébreu n'a pas davantage de mot pour dire le corps, dans la mesure où celui-là rayonne alors la chair selon les différents degrés de conscience (connaissance) auxquels, dans la dynamique de son accomplissement, elle le fait participer. Ces différentes étapes de connaissance atteintes dans le travail intérieur correspondent aux niveaux homologues du Réel qui tissent la profondeur de toute chose, dont chacun est son propre espace-temps et dont notre situation d'exilés ne nous donne à percevoir que le tout dernier aspect.

Cependant les physiciens de la physique quantique découvrent aujourd'hui par une voie scientifique extérieure ces différents niveaux du Réel, depuis ce qu'ils appellent « l'univers replié », le principe même du créé, jusqu'au dernier degré de « l'univers déplié » dont nous avons l'illusion de croire qu'il est la seule réalité.

Ces physiciens, eux, atteignent parfois à une contemplation telle qu'on ne peut plus dire que leur voie d'accès à ce niveau de conscience soit uniquement extérieure — auquel cas elle ne ferait que reconduire le drame de la chute (ce qui arrive souvent aussi !) —. Ils en viennent alors à contempler cet « univers replié », ce « principe » appelé déjà par Einstein « l'ailleurs » et par eux « univers des tachyons » dont les particules de masse nulle dépassent la vitesse de la lumière, en disant que cet univers, source de toute l'information, est celui de la conscience, et que s'ils y atteignaient ils seraient dans un présent continu — JE SUIS — ! « Le temps y est alors intégralement transformé en espace »[1]. Ne décrivent-ils pas en ces termes scientifiques le corps de résurrection, le corps glorieux du Christ ressuscité, Je SUIS ?

Il devient évident que « l'Homme créé de rien » — *Me 'Ayin* en hébreu — est créé depuis cet univers dont on peut penser qu'il est l'aboutissement de la *Kenosis*, la « contraction » divine, disent les Grecs, du *Tsim-Tsoum*, « l'aspiration » divine, disent les Hébreux, depuis le non-Être jusqu'à l'Être, JE SUIS, dont l'Homme hérite la forme et dont sa chair est le Germe.

Bouleversante aventure que celle de l'Homme !

Plus bouleversante encore celle du Fils de Dieu, le Christ, Je SUIS poursuivant sa Kenosis jusque dans le corps animal de celui qu'Il crée !

En effet l'Homme dans le péché régresse dans la situation du sixième jour et reste confondu avec le monde animal de sa Adamah, esclave de ses pulsions et proie du Satan. Son Esprit dévoyé investit l'éros dans le seul monde extérieur et le Fils de l'Homme en lui — dans ce cas « Fils de la veuve » car Ishah n'est plus épousée — meurt ! Son âme psychique est dévorée par le Satan qui en mange la « poussière » (multiplicité de ce qui pouvait devenir fécondité !) et son corps physique que ne soutiennent plus ses corps plus subtils, éteints, va s'éteindre à son tour. L'Homme se livre à un processus de mort et l'on comprend que ce corps animal soit appelé *Goph*, « cadavre ». Le Christ le confirme en disant à l'un des siens :

---

1. Brigitte et Régis Dutheil : « L'Homme superlumineux » Ed. Sand 1990.

LE SYMBOLISME DU CORPS HUMAIN

« Laisse les morts enterrer les morts, toi suis-moi.
Va porter la nouvelle du Royaume de Dieu »[1].

Et la « nouvelle » est *Basorah*. L'annonce de la Résurrection du Christ après que le Fils de Dieu soit allé rejoindre l'Homme dans les confins les plus extrêmes de sa mort pour l'en sauver, cette annonce prodigieuse est celle du Royaume intérieur restauré et de la chair *Basar* rendue à son Époux divin !

La flèche de l'Éros a retrouvé sa juste direction, dit le mot *Basorah*, elle court irrésistiblement vers sa cible ! Le Fils de la veuve ressuscite ! Et la terre jubile d'allégresse.

En conclusion j'aimerais dire que le corps de l'Homme vilipendé par les uns, idolâtré par les autres, ne méritait « ni cet excès d'honneur ni cette indignité »... ; il est en résonance constante avec la chair, le Principe de l'être, dont il est le serviteur lorsque l'Homme poussé par l'Esprit cherche Dieu ou, si ce n'est Dieu qu'il ignore, sa véritable identité dont il ne sait encore qu'elle est d'ordre divin. *L'Homme n'est « incarné » que dans cette situation de « septième jour » où, retourné par la grâce de Dieu vers ses normes ontologiques et passant la « Porte des Hommes », il commence de « cultiver sa Adamah » et d'en retourner les énergies en lumière-connaissance.* Le travail corporel qui accompagne ce travail de la terre intérieure, lorsqu'il est conduit avec justesse, peut-être un merveilleux adjuvant ; mal conduit, il peut être folie, mais comme peut mener aussi à la folie un travail spirituel non contrôlé.

Dans cette logique, les problèmes de « ré-incarnation » sont sans fondement car ce n'est pas parce que l'on a un corps que l'on est incarné ! Ce n'est pas non plus quand on se justifie dans les limites d'une bonne morale que l'on est incarné. On réprime alors les énergies derrière les grilles des interdits mais elles n'en sont pas accomplies pour autant ; elles constituent une violence qui fuse à l'extérieur ou mine l'intérieur mais qui en tout état de cause détruit. Et aujourd'hui les maladies — qu'elles atteignent l'individu ou la société — ne sont encore traitées qu'à partir de leurs manifestations, non dans leurs causes profondes. L'Homme inconscient est la proie du Satan-Ennemi à qui il confère la puissance, même s'il ne le sait pas, car :

« qui n'est pas avec moi est contre moi »

---

1. Luc 9,60.

dit le Christ dont les paroles appellent « une oreille qui entende... » une oreille qui, peut-être, est capable d'entendre :

« celui qui ne reçoit pas l'Épée, tue par l'épée ».

Le corps de l'Homme est au service de l'une ou de l'autre ; il n'y
a pas d'intermédiaire. Mais lorsque l'Homme reçoit l'ÉPEE du Verbe
de Dieu, il est empoigné dans la totalité de son être — Esprit, âme et
corps — dans un souffle de vie illuminant, le souffle du Ressuscité.

2 — Le sang — le symbolisme du globule blanc

Dans « le Symbolisme du corps humain », j'ai parlé du globule
rouge, de sa fonction pneumatique, de la merveilleuse aventure de sa
cellule qui, dans un « Shabbat », perd mystérieusement son noyau pour
laisser place au bout de son septième jour de vie, à la présence de
l'identité divine de l'Homme-Adam [1].

« L'Esprit de Dieu est dans le sang », dit Dieu à Noé [2]
puis aux Hébreux sortis d'Égypte :

« Le souffle de la chair est dans le sang » [3]

et plus loin encore :

« Le sang, c'est le souffle » [4]

Cette réalité est si forte que le nom d'Adam אדם qui est celui de
tout être humain est

א Aleph, « Elohim » — דם Dam (dans) le « sang ». *Dieu dans le
sang*.

En voie de conséquence : faire couler le sang de l'autre est la
chose la plus grave qui soit car c'est d'une part répandre une force
divine dans la terre extérieure qui devient pôle d'idolâtrie et briser un
peu plus encore la relation du tueur avec sa Adamah intérieure ; d'autre
part, cet « autre », bien que distingué de son meurtrier ne fait qu'un en
profondeur avec lui et c'est « perdre le souffle » *tous deux* que de tuer :

« Maudit toi venant de la Adamah qui a ouvert la bouche
pour prendre les sang de ton frère venant de ta main (ou de
ton « Yod », c'est-à-dire « de la puissance Verbe ») [5]

1. Cf. Symbolisme du Corps, p. 224 à 238.
2. Gen. 9,4.
3. Lev. 17,11.
4. Deut. 12,23.
5. Gen. 4,11.

Mais si le globule rouge d'une façon particulièrement privilégiée est porteur de ce souffle, on est en droit de se demander quel est, dans cette même perspective, le rôle du globule blanc.

Il me semble discerner entre ces deux composantes de la molécule de sang la même dialectique qu'entre les situations de sixième et septième jour de la Genèse, et plus exactement, entre le rôle du premier « moi-égo » nécessaire à l'enfant et à l'adolescent et celui du second moi « Je suis en devenir » de l'Homme adulte. Je m'explique :

Le premier « moi » de l'enfant-adolescent se construit dans un lent processus de différenciation entre le monde parental — et tout particulièrement maternel — et lui, en relation étroite avec les acquisitions progressives de la marche et du langage. En ces dernières nous retrouvons la toute première manifestation de la fonction Verbe, archétypielle et essentiellement propre à l'Homme. Je rappelle que si l'enfant ne se verticalisait pas dans son corps physique, il ne pourrait atteindre à la fonction parolière. Dans la seconde partie de sa vie passant la Porte des Hommes au cours d'un processus de différenciation avec sa mère intérieure, la Adamah, et en entrant en résonance avec l'Image divine fondatrice dont elle tient scellé le secret (sa véritable identité) il commence ses épousailles intérieures et, avec elle, sa verticalisation subtile ; celle-ci l'introduit alors dans sa fonction Verbe créateur.

J'ai montré combien le globule rouge joue un rôle éminent dans cette seconde étape de la vie à laquelle jusqu'ici très peu d'êtres parviennent. « Elohim se retire, dans un Shabbat, pour que YHWH croisse ». Ce n'est qu'au septième jour de la Genèse que ce grand mystère de l'émergence de la Personne dans son identité unique et paradoxalement universelle se joue.

Tant que l'enfant et l'adolescent ou l'Homme du sixième jour n'ont pas passé la « Porte des Hommes » le globule rouge assure la fonction physiologique qui est la sienne, l'Esprit de Dieu présent dans le sang apportant la part nécessaire à la respiration pulmonaire et à la vie « animale » de cet être, mais sans que la Présence de « YHWH en devenir » n'atteigne encore à la conscience du sujet. Il semble que pendant toute cette période le globule blanc ait un rôle primordial dans la structuration du premier « moi » chez l'enfant et l'adolescent et peut-être plus destructurant qu'on ne pense chez l'Homme qui fortifie à l'excès ce moi individualiste et narcissique, et qui fait blocage devant la « Porte des Hommes ». Mais dans sa phase structurante — c'est ce que l'on découvre aujourd'hui en biologie — le globule blanc initie psychologiquement l'enfant au processus de différenciation dont je parlais plus haut, concernant cette étape ; il lui apprend à distinguer le « moi » du « non-moi » en même temps que lui-même, d'une façon très formelle dans sa fonction sanguine, reconnaît « l'étranger » (l'antigène) ; il reçoit celui-ci comme adversaire et non comme ennemi ; l'adversaire n'a en effet d'autre but que de susciter au sein du globule blanc son homologue sans lequel aucun processus de reconnaissance n'aurait pu se faire ; car, à aucun niveau ne peut être reconnu à l'extérieur du vivant ce qui n'est pas porté en son intérieur. C'est pourquoi, et sur un plan de réflexion plus général, l'opposant ne se colore pas tant de l'objet qu'il combat qu'il ne se découvre porter en lui-même cet objet. Dans ce sens « combattre contre » est une auto-destruction. Le globule blanc est l'enseigneur par excellence de ce que toute « guerre » devrait être spirituelle ! Pour revenir à lui, nous venons de voir que par la reconnaissance de l'« autre » se construit le premier type de réponse immunitaire ; celui-ci est inné, conaturel à l'être du globule blanc ; il joue par phagocytose en s'assimilant cet « autre » ; il absorbe l'« étranger ».

Le second type de réponse est acquis et se présente sous la forme de diverses réactions spécifiques qui se déploient selon le caractère du danger à affronter : ce sont les anticorps, les médiations humorales... etc.

L'« étranger » peut être reconnu soit directement, soit par l'intermédiaire d'une cellule présentatrice qui le reçoit et l'associe alors au complexe majeur de l'immunité préalablement constituée ; celui-ci fait intervenir les lymphocytes, les uns combattants, les autres étant leurs supports et leurs stimulateurs, une véritable armée magistralement organisée pour lutter avec l'adversaire qui, là encore, révèle essentiellement le combattant à lui-même et suscite son pouvoir d'assimilation. N'oublions pas que la guerre, *Milehama* en hébreu, est ontologiquement celle qui permet au « sel », *Melaḥ*, d'accomplir sa double fonction : séparer les adversaires pour les unir ; *Maleḥema* est « l'instrument à souder ».

Devant ces données, je ressens l'importance du globule blanc comme étant celui qui, en microbiologie, induit la structuration du premier « moi » ou tout au moins répond à la loi unique selon laquelle ce premier « moi » se forge au contact du « non-moi » et en opposition à lui, en microbiologie comme sur le plan psychologique, dans une agressivité nécessaire à l'acquisition de l'identité en même temps que du pouvoir immunitaire.

On comprend alors le drame des vaccinations obligatoires à la naissance, obligeant l'enfant à reconnaître le non-moi à un moment où il en est naturellement incapable n'ayant pas acquis les structures immunitaires qui vont de pair avec l'acquisition de la marche et du langage. De même, l'abus des antibiotiques pratiqués dans la petite enfance pour éviter les maladies qui se présentent comme des étapes initiatiques d'acquisition du « moi » en même temps que de l'immunité, représente un grave péril ; d'une part le pouvoir immunitaire risque de s'effondrer et d'autre part ce « moi » si fragilisé sera-t-il alors capable de reconnaître en lui la seconde identité qui l'attend et de s'effacer peu à peu devant elle ? Cele est douteux.

Mais les instances religieuses venant bloquer l'agressivité nécessaire de l'enfant envers l'autre, ne fait peut-être pas moins de dégâts. Il est certain que ce problème ouvre sur celui de la violence et c'est toute la justesse de l'éducation que de savoir mettre en place au mieux le premier « moi » de l'enfant tout en étant au service de sa seconde identité lorsque celle-ci commence de révéler son exigence de croissance. Si l'agressivité est en effet nécessaire pour l'enfant et l'adolescent, dans la mesure où elle est gérée par le globule blanc dans un jeu d'intelligence avec l'antigène, le sujet (enfant-adolescent) devrait être rendu peu à peu perméable à cette qualité de combat. C'est en ce sens que le globule blanc se présente comme celui qui non seulement structure le premier moi, mais encore induit l'émergence de la seconde identité du sujet en l'initiant à la qualité du vrai combat ; car si l'enfant et l'adolescent — et cela est nécessaire pour eux —, si l'Homme du sixième jour, physiquement adulte — et cela devient attristant — ne peuvent vivre qu'en rapport de force, l'Homme du septième jour a pour modèle le patriarche Jaqob.

Lorsque celui-ci reçut l'ordre d'aller vers son frère Esaü alors fermement décidé à le tuer, toute une nuit (de l'âme) il *lutta avec* un homme terrifiant — l'ange de la vie et de la mort — qui le fit retourner en force de lumière les énergies qui se dérobaient en lui, mangées par la peur, la haine et tant d'autres éléments inaccomplis de ses troupeaux de l'âme. Au matin, vainqueur du combat, il vit venir vers lui son frère qui l'embrassa. Blessé à la hanche, il franchit ce jour-là la Porte des Hommes [1].

L'Homme en situation de sixième jour, campé dans son premier « moi » *lutte contre l'ennemi* et déploie un arsenal d'armes de plus en

---

1. Gen. 32,25-33 et 33,4.

plus sophistiquées dont il ne se doute pas qu'elles se retourneront un jour contre lui ; l'Homme du septième jour *lutte avec l'adversaire* qui n'est, à l'extérieur, que l'objectivation de l'adversaire intérieur.

C'est avec celui-là et les nombreux autres constituant avec lui un immense potentiel de richesses qu'il a réellement à faire.

Si ces énergies potentielles ne sont pas retournées dans un travail d'intégration, en forces de lumière, ce sont celles-là qui se retournent contre l'Homme et qui déterminent maladies, accidents ou déferlement de violence. Le rôle du globule blanc est celui d'enseigneur par excellence de ce travail.

Je crois pour ma part qu'après un long et douloureux parcours labyrinthique inhérent à la situation de sixième jour, l'humanité dans le collectif est aujourd'hui inexorablement conduite devant la « Porte des Hommes ». D'où l'immense crise identitaire qu'elle est en train de vivre : les peuples revendiquent leur autonomie, les hommes et les femmes ne savent plus qui ils sont, les gouvernements n'ayant plus aucun repère archétypiel essayent d'ériger l'homosexualité en norme sociale, les êtres s'identifient à leurs fonctions compensatrices de leur « Personne » encore inexistante, les armes tueuses tuent sans discernement ; en un mot, les rapports humains se font si tragiques que nous n'avons pas à être étonnés de l'apparition de maladies immunitaires dont le Sida est l'une des plus graves. Mais c'est peut-être aussi grâce au Sida que les recherches en laboratoire ont fait progresser d'une façon inimaginable la connaissance que l'on a maintenant du globule blanc ; elles commencent de parler le langage de l'identité et ne sont peut-être pas loin de nous inviter à l'écoute de notre véritable identité « Je suis en devenir » qui nous appelle derrière la Porte des Hommes.

Ce qui est certain, c'est que l'Homme du septième jour qui est entré en résonance avec son NOM secret et qui a reçu au niveau du Ming-Men, dirait la tradition chinoise, son « mandat du ciel », celui-là n'est plus en principe concerné par l'étranger biologique ; s'il se présente, ce dernier trouve devant lui, dans le globule blanc, un pouvoir immunitaire fort, garant de l'identité première et inducteur du vrai « je » ; il trouve aussi dans le globule rouge, une Présence qui participe de plus en plus du divin et qui le fait se joindre à son opposant. L'Homme du septième jour est essentiellement concerné par « l'étranger » que constitue le potentiel énergétique mis à sa disposition en vue de son accomplissement (âme psychique animale appelée à devenir âme spirituelle) et dont l'« étranger » au niveau du sang est l'objectivation. Actualisées, ces énergies illuminent le sang et deviennent informations ; elles construisent l'Arbre de la Connaissance et en font mûrir le fruit, Présence de YHWH. Cet Homme conquiert en lui des « terres nouvelles » (champs de conscience nouveaux) de plus en plus spacieuses et régies par la loi du temps qui se présente comme inversement proportionnel à l'espace. Lorsque « tout est accompli », l'espace est infini, le temps aboli ; l'Homme est JE SUIS en permanence ; il atteint à la Ressemblance et devient le fruit YHWH.

Dans cette dynamique de conquête, on peut comprendre les bouleversements qui s'opèrent dans les lois relatives à chaque niveau du Réel. On peut comprendre les guérisons qui échappent à la logique médicale du sixième jour, accepter les « miracles » et entrer dans l'intelligence des paroles du Christ :

> « Amen, Amen, je vous le dis, celui qui croit en moi fera aussi les œuvres que moi je fais, et il en fera même de plus grandes parce que je vais auprès du Père [1].

On comprend aussi que notre civilisation agnostique, en éliminant Dieu, a aussi élimité le Satan, adversaire ontologique sans lequel il n'y a pas de vie car la vie est intégration d'un potentiel d'énergies.

En biologie l'aseptie qui devient obsessionnelle chez nos contemporains dominés par la peur, est la mort.

Le Christ ressuscité, qui au Golgotha a assumé l'archétype de toute intégration, est la vie.

3 — Le symbolisme de la moelle épinière

J'ai décrit au chapitre du Symbolisme du Corps intitulé « la forge »[2] le travail qui se fait au niveau de la matrice de feu. Je décrirais cela avec plus de précision aujourd'hui, comme j'ai déjà été appelée à le faire en écrivant « Alliance de Feu »[3]. Mais en ouvrant à nouveau ce chapitre du Symbolisme du Corps, je me sens obligée d'aller plus loin encore et de faire intervenir dans ce Grand'Œuvre ce que je crois être la fonction symbolique de la moelle épinière.

---

1. Jean 14,12.
2. Cf. p. 247.
3. Cf. tout particulièrement les chapitres 21 à 25 d'Alliance de Feu — tome 1.

La grande respiration qui donne vie à cette « forge » est l'œuvre de l'Esprit-Saint de Dieu auquel, à cette étape de travail, l'esprit de l'Homme s'est uni ; la « chair » de l'Homme, *Basar*, est en effet devenue vivante, et la lettre *Shin*, au cœur d'elle, a commencé de rectifier la trajectoire de sa « flèche » amoureuse ; celle-ci ne se disperse plus à l'horizontal dans le seul monde extérieur, mais, de son feu, elle fait « bouillir » les « Eaux-d'en-bas » et fait jaillir d'elles une « vapeur » qui est désir de l'Homme exprimé vers son Dieu. Je rappelle que l'Hébreu appelle « eaux-d'en-bas » le potentiel d'énergies donné à l'Homme pour faire croître en lui l'Image divine — le Fils de l'Homme — ; ce potentiel constitue le pôle « inaccompli » de l'arbre de la Connaissance ; il est une somme d'énergies qui peuplent la matrice d'eau, la Adamah — ce sont les poissons créés au cinquième jour de la Genèse qui ont un rôle tout à fait privilégié dans les deux testaments. — Au septième jour de la Genèse, pénétré de l'Esprit-Saint et cherchant à « travailler sa Adamah », Adam fait surgir de ses profondeurs cette « vapeur » qui est une force motrice considérable ; elle joue comme pour actionner une pompe qui amène à la matrice de feu les énergies inaccomplies retenues jusque-là symboliquement dans la rate et le pancréas ; lorsqu'elles naissent de cette matrice, les énergies alors accomplies deviennent les matériaux de construction d'une « terre nouvelle » ; les eaux sont devenues du « sec », un sec qui maintenant appelle et reçoit sa fécondité des Eaux-d'en-haut. Si jusque-là les eaux-d'en-bas étaient l'« inconnu » de l'Homme — nous dirons aujourd'hui l'« inconscient » —, les Eaux-d'en-haut, l'« Inconnaissable » divin, celles-ci se rendent alors participables à l'Homme devenu conscient ; elles sont la réponse érotique de Dieu à son épouse, à cet Adam qui se fait maintenant réceptacle du désir de Dieu pour lui. Adam, l'Homme, se révèle être l'espace de rencontre de ces deux désirs ; car si son nom אדם peut être lu א-דם, « Elohim dans le sang », il est aussi אד-ם. *'Ed* est la « vapeur » — désir de l'Homme pour Dieu — et la lettre *Mem-Maïm* « les eaux » est, en position finale, symbole des « Eaux-d'en-haut », désir de Dieu pour l'Homme. Ces deux désirs sont respectivement la sève de l'Arbre de la Connaissance et celle de l'Arbre de Vie, Arbres qui tous deux sont *au milieu* du jardin d'Eden. C'est de ce milieu de l'être entré en résonance avec son noyau divin fondateur que jaillit la vapeur, mais aussi la réponse de Dieu à cet amour de l'Homme. Cette réponse se déverse en torrent dans le fleuve (de feu) que décrit le livre de la Genèse [1]. *Brit 'esh*, (autre lecture du mot *Be-*

---

1. Gen. 2,10.

reshit), est « Alliance de Feu » ! Ce torrent se distribue en « quatre têtes » dont chacune se fait source de vie à tel niveau de terre construite par l'Homme, et à sa mesure, car Dieu se donne en tant que l'Homme peut le supporter. *Shaddaï* שדי, le « Tout-Puissant » ne frappe de sa « flèche » — ש — que « suffisamment », *Daï* די (*Daï* est la lettre Yod ou la « main » *Yad* aux deux lettres inversées). Dieu tient en main la flèche de son amour... pour en percer le cœur de l'Homme.

Tendresse divine !

Mais ce qui m'amène à rappeler ces choses, c'est que ce fleuve divin me semble être symbolisé au niveau du corps, par la moelle épinière.

La moelle épinière, bien que distinguée de la moelle osseuse, est cependant liée à elle dans une commune fonction énergétique par la tradition chinoise. Dans cette tradition, toutes deux font partie des « entrailles merveilleuses » qui touchent plus que d'autres au sacré tant leur matière relève de l'inconnaissable divin. J'en ai parlé à propos de la moelle osseuse qui voit naître le globule rouge du sang et qui lui « subtilise » son noyau !

Je rappelle que le mot hébreu *Moaḥ* מח la « moelle » est racine du verbe *Mahoḥ*, « subtiliser, effacer ». **Shabbat de Dieu dans la moelle osseuse** : Élohim א se retire de אדם pour que le sang דם se charge de YHWH, le *Yod* י, l'identité de l'Homme et que celui-ci aille jusqu'à la Ressemblance, voire le « repos », *Dami* דמי, car à cette étape, il sera devenu son NOM. **N'est-ce pas alors le Shabbat de l'Homme qui se joue dans la moelle épinière** ? N'est-ce pas en elle, dans ce « fleuve de feu » que l'Homme est « enlevé », subtilisé dans une part de lui-même où il se voit mourir en une sorte de pré-assomption dans une terre, pour ressusciter dans une terre nouvelle ?

J'interroge maintenant le mystère de la moelle épinière qui, en un fleuve de vie, court tout au long de la colonne vertébrale et nous fait participer d'une joie universelle. Je suis frappée de ce que la moelle épinière descende depuis la tête où elle irradie dans la « couronne rayonnante », jusqu'au coccyx ; mais ceci pendant les trois premiers mois de la vie fœtale seulement ; à cette étape, le canal medullaire s'élargissant, elle remonte jusqu'à la deuxième vertèbre lombaire où elle se limite définitivement. Ce fleuve de vie vient donc déposer comme une mémoire à la base de la colonne vertébrale, un « secret » qui donnerait son nom au « sacrum », aux premières vertèbres « sacrées » et à la Séphirah *Yesod*, le « Fondement » ; *Yesod* pouvant être lu י-סוד, le « secret du Yod », est véritablement fondement de l'être ;

le secret du NOM est là, mais aussitôt oublié. Lorsque l'adolescent, dans la croissance subtile de sa vie, entre dans la matrice d'eau dont la Séphirah *Yesod* est la porte, il doit achever de construire son premier « moi » alors différencié du moi parental (ou censé l'être). Les vertèbres sacrées et les dernières vertèbres lombaires qu'il forge dans cette matrice au parcours labyrinthique, ne sont pas visitées du feu divin, si ce n'est par une mémoire aussi discrète que secrète, scellée au-dedans de lui ; cette mémoire est inscrite à l'extérieur dans nos livres sacrés qui eux-mêmes présentent quatre niveaux de lecture peu à peu accessibles à l'Homme selon l'étape de sa montée de conscience. Cette mémoire ne s'impose pas ; l'Homme est libre, libre de se rendre sensible à elle et de se préparer alors à la rencontre avec son NOM secret, sa future identité, ou de se structurer définitivement — et je dirai dramatiquement, car, dans une surdité qui deviendra ab-surdité ! — dans son premier « moi ». Devenant alors prisonnier de l'exil, il fera de sa matrice un tombeau. En ce dernier cas, l'adolescent ne passera jamais la Porte des Hommes et ne deviendra pas son NOM, le YHWH, « JE SUIS » qu'il est appelé à devenir. Il est pourtant un autre appel divin qui se joue tout aussi discrètement à ce niveau, qui ne s'impose pas davantage mais que l'adolescent peut entendre, c'est celui qu'émet la dernière « tête » du fleuve UN, nommé à cette étape le *Phrat*. Le *Phrat* est comme un « fruit divin » tendu vers celui qui saura en goûter la saveur. Cela veut dire que, exhalant sa lumière au niveau de la deuxième lombaire, ce Fleuve de feu est présent jusque dans l'exil de l'Homme, et l'Homme ne le sait pas ! Il ne sait pas que sans sa présence, il ne jouirait même pas de la vie physiologique.

Il me semble que c'est à cette source du *Phrat* que l'Homme va boire chaque nuit recevant de cette mamelle divine non seulement l'information nécessaire à son souffle immédiat, mais aussi celle qui l'invite à aller vers la totalité de lui-même, vers son NOM ; et ceci tout particulièrement au moment du sommeil paradoxal où trois ou quatre fois dans la nuit l'Homme vit une qualité de sommeil dont la carence entraînerait la mort, et qui, respectée, assure la fonction du rêve.

Le rêve vient parfois d'une source qui se trouve bien en amont du *Phrat* ; son langage défie la logique diurne de l'Homme extérieur bien qu'il en emploie les mots et les images mais ceux-là sont alors chargés d'une dimension symbolique qui invite à la verticalisation du sens.

« Par des songes, des visions nocturnes... alors Dieu ouvre l'oreille de l'Homme. »[1]

---

1. Job 33,15.

Lorsque l'Homme entend et « se souvient » זכר *Zakor* en hébreu, qu'il soit homme ou femme, il devient spirituellement « mâle » car cette même énergie du verbe « se souvenir » recouvre le substantif « mâle » ; il commence alors à faire œuvre mâle en lui, pénétrant les énergies de sa Adamah-mère qui dans ce travail est appelée *Ishah*, « épouse » ; il passe la « Porte des Hommes », pénètre ses « cieux intérieurs » et s'abreuve à la nouvelle source du Fleuve UN, le *Hideqel* ; cette part du fleuve de feu est une lumière subtile — *Daq* — qui nourrit les prophètes[1] elle court symboliquement avec la moelle épinière le long des dernières vertèbres dorsales. C'est à ce niveau que l'Homme fait réellement ancrage dans son NOM, qu'il commence de forger sa nouvelle identité « Je suis en devenir » et qu'il reçoit de YHWH, le Seigneur « JE SUIS » le don de son charisme propre ; là est le sens des Sephirot « Gloire » et « Puissance » ; cherchant le Royaume, « il reçoit tout ce dont il a besoin par surcroît »[2]. La tradition chinoise exprime cette même réalité en disant qu'à cette étape de sa vie, l'Homme reçoit par le Ming-Men l'une des infinies possibilité de manifestations de l'UN ; cette actualisation de l'UN par le Ming-Men est appelée : « passage du ciel antérieur au ciel postérieur ». Commençant de puiser dans les trésors insoupçonnés de ce « ciel », l'Homme est conduit à sa véritable *place* intérieure et, en voie de conséquence, extérieure aussi. Il entre dans le flux créateur de son être, s'émerveillant d'être porté par lui et participant de ce même fleuve de vie qui explose en sons, couleurs, saveurs et parfums de tout ce qui est naturellement relié, dans l'universel, à l'UN. Dans le « Symbolisme du Corps », en étudiant la fonction subtile de l'ombilic nommé T*abor* en hébreu, j'ai parlé de l'expérience numineuse, parfois lumineuse que fait l'Homme en atteignant à cet étage de son être, la Séphirah *Tipheret* « la beauté ». L'expérience de la transfiguration du Christ au mont Tabor en est l'archétype. Mais le Christ relie immédiatement ce pôle lumière au pôle ténèbres qui va suivre et qui ne pourrait avoir lieu sans l'expérience taborique.

« Ne dites ces choses à personne, recommande-t-il à ses trois apôtres témoins de la lumière, avant que le Fils de l'Homme ne soit descendu aux enfers et ressuscité »[3]. La « descente aux enfers » ne sera cependant pas la même, qu'il s'agisse du Christ ou qu'il s'agisse des

---

1. Cf. les chapitres 10 à 14 d'A. de F. 1.
2. Luc 12,31.
3. Matth. 17,9.

trois hommes élus à cette expérience ; le Christ, Lui, descend à la source première du fleuve UN, ayant assumé durant sa vie publique les ténèbres du monde, alors que les trois apôtres vont assumer les enfers de la matrice de feu que le monde objective. Leur descente aux enfers se joue dans ce que nous appelons la « Géhenne ». La Géhenne n'est autre que le *Guihon*, deuxième source du Fleuve UN, venant de Dieu, la troisième dans la montée de l'Homme vers Dieu.

Le *Guihon* est un « ventre » — *Gahon* —, matrice de feu qui purifie l'Homme de telle sorte que, naissant d'elle, il aura forgé le Yod, YHWH, son NOM. Dans les eaux de feu du *Guihon* que symbolise la moelle épinière courant dans les premières dorsales, l'Homme purifié accède à la *Royauté*. Dans le fleuve de la géographie extérieure, qui porte le même nom, le roi David fait descendre son fils Salomon pour qu'il y reçoive l'onction royale[1].

C'est l'étage du cœur où le soufflet de la forge du « divin cuiseur » fait descendre l'Homme dans ses ténèbres pour recevoir la lumière, et le fait monter dans la lumière pour acquérir la force d'un nouveau mariage avec les ténèbres. Les ailes des poumons sont celles de la colombe et du corbeau œuvrant dans l'arche de Noé, qui est matrice de feu, et qui voit le patriarche naître dans l'ivresse du fruit de la connaissance totalement acquise, dans celle de son NOM totalement devenu. Ce Grand'œuvre n'est rendu possible que par la descente du Christ en des enfers autres que ceux du *Guihon*.

Après sa transfiguration sur le mont Tabor, Jésus assume l'ultime matrice, celle du crâne, le Golgotha, en hébreu — libération de la *galout* « l'exil » — où jaillit la toute première source du Fleuve UN, le *Pishon* ; le *Pishon* est la manifestation — *Panim*, le « visage » — de la lettre *Shin* ; il est la Théophanie de l'Esprit-Saint à la source de l'Arbre de Vie.

Le *Pishon* jaillit comme un torrent brûlant où nul ne peut descendre sans avoir assumé la totalité de la matrice de feu et être devenu JE SUIS.

Venant d'affirmer une fois de plus — et, dans cette circonstance, aux soldats venus l'arrêter — qu'il est JE SUIS, Jésus meurt à ce monde que symbolise l'axe horizontal de la croix. « Tout est accompli », dit-il en expirant[2]. Il descend alors dans les ultimes ténèbres

---

1. I Rois 1,45.
2. Jean 19,30.

pour ressusciter dans la lumière incréée qu'il voilera, dans un double mouvement que symbolise l'axe vertical de la croix.

Dans les ténèbres du *Pishon*, le Christ reprend en mains l'arc et la flèche de la lettre *Shin* inscrite dans la « chair » *Basar* de l'Homme et violée par le Satan ; Il sauve l'Esprit qui est en l'Homme et libère le Fils intérieur, *Bar* sous le symbole de la libération de *Barabbas* « le Fils du Père ». Pour cela, il rencontre le *Satan*. Terrifiant face à face ! Lui, YHWH, « semence de Ishah » accomplit historiquement l'acte éternel par lequel il écrase « la semence du serpent », le *Satan*, dans sa fonction usurpée d'époux de Ishah, de l'humanité tout entière, et Prince de ce monde. Victorieux de **l'ennemi** dans un combat d'intégration ultime, le Christ confirme le Satan dans sa fonction ontologique **d'adversaire** nécessaire. Il redonne alors à la « chair » *Basar* sa vocation première. La Résurrection du Christ est aussi la résurrection des morts, celle de la chair, *Basar* ; elle est la « bonne nouvelle », *Basorah*.

Peut-être est-ce ce grand mystère auquel participe Noé qui, après sa sortie de l'arche — matrice de feu — entre dans la « tente », *Ohel* en hébreu, substantif construit des mêmes lettres-énergies que la racine du Nom divin d'Elohim ; on est en droit de se demander si cette *Ohel* n'est pas une image de la matrice du crâne où, l'Homme ayant libéré les énergies nucléaires de son NOM, devient « *le Elohim* » qu'il était appelé à devenir.

« J'ai dit, vous êtes des Elohim »[1]

promet le Christ à ses apôtres en confirmant le psaume que déjà chantait le roi David.

De même, ne sommes-nous pas invités à entrer avec Job dans la matrice du crâne, lorsque YHWH, son guide dans la dernière étape de son parcours intérieur, lui demande de ceindre ses reins davantage encore pour descendre vers les deux grands monstres marins des profondeurs enfériques, le *Béhémot* et le *Liviatan* ?

Chérubins et Séraphins que ces derniers Seigneurs, « ils gardent avec l'Épée le chemin de l'Arbre de Vie »[2].

Venant de l'UN, appelé à conquérir l'UN, l'Homme est tout entier tendu vers sa source, la source même du *Pishon*. Il naît alors par le sommet du crâne, la Sephirah *Kether*, la « couronne ». La moelle épi-

---

1. Jean 10,34 et Ps. 81,6.
2. Job 40.
  Gen 3,24.

nière qui, à partir d'elle, illumine tout le système nerveux, donne à la peau, de même texture que le système nerveux, sa propre illumination.

Dans cette finalité, et avant de clore ce chapitre, j'aimerais inviter l'Homme à repenser son éthique de vie en général et tout particulièrement celle qui préside aux différentes étapes de son âge. Le temps historique lui est donné pour accomplir le Grand'œuvre de son être, par mutations successives dont nous avons compris que si elles ne se font pas, les énergies potentielles appelées à cette transformation se retournent en violences destructrices contre la personne ou la société.

Je voudrais alors insister sur l'étape essentielle qu'est la ménopause chez la femme, la femme connaissant dans son corps un changement radical qui, sur le plan énergétique, concerne à cet âge de la cinquantaine aussi bien l'homme que la femme. Plus que jamais, à ce moment de leur vie, l'homme et la femme sont appelés à passer la « Porte des Hommes » s'ils ne l'ont pas fait auparavant, car leurs corps respectifs signent inexorablement le passage de la phase lunaire à la phase solaire de leur évolution, celui du temps de la procréation lié au premier « moi », à celui du devenir Verbe créateur, lié au vrai « je » de leur être.

Au cours de mon ouvrage j'avais nommé deux glandes situées dans la matrice du crâne et correspondant l'une, l'hypophyse, au rythme lunaire de la phase procréatrice, l'autre, l'épiphyse — ou glande pinéale —, au rythme solaire du Verbe créateur. La physiologie de la première glande est bien connue des sciences médicales pour sa fonction présidant à la croissance du corps physique, à l'équilibre de la vie sexuelle et de la procréation. En revanche la physiologie de l'épiphyse est encore peu connue ; d'une part parce que peu d'êtres humains donnent cours à sa fonction qui requiert une réelle évolution spirituelle, et d'autre part parce que ces sciences, agnostiques par principe (confondant « religieux » et « spirituel »), méconnaissent la vocation de spiritualisation, voire de déification de l'Homme. L'épiphyse semble pourtant présider au déroulement de cette dernière engrammation du corps. Appelée par les anciens « le soleil dans la tête », et plus vulgairement « le troisième œil », elle se révèle être le centre de vision des grandes profondeurs de l'Homme, lorsque celui-ci assume la matrice de feu. De nombreux mythes, dans toutes les traditions, rendent compte de l'accès de cette vision chez leurs héros, par la cécité momentanément nécessaire de ces derniers. L'épiphyse joue plus subtilement que ne peut le vérifier la micro-biologie, dans une fonction énergétique certaine, donnant ouverture aux différents niveaux du réel jusqu'à la

« terre promise » où se réalise « JE SUIS ». (univers des « Tachyons » dans le monde extérieur).

Pour atteindre à cette dimension, l'arrêt des menstruations chez la femme me semble répéter ce que celle-ci a vécu au temps de la procréation. Enceinte de l'enfant biologique, l'énergie « sang » de ses règles s'était alors transformée en énergie « lait » pour nourrir son bébé. Au moment de la ménopause une transformation homologue se fait chez la femme — et certainement chez l'homme aussi, car il rejoint la femme dans cet enfantement intérieur —. Tous deux ont à faire croître le « Fils de l'Homme », intérieur à tout être humain, et à le « nourrir ».

Bloquer cette transformation naturelle, maintenir à tous prix la personne dans la phase lunaire de son existence n'est-ce pas entretenir dramatiquement l'inconscience de l'humanité ? Exaltant toutes les peurs inhérentes à la menace des maladies de vieillissement, la médecine agnostique en génère sans doute de plus graves encore non seulement en interdisant le déroulement naturel des choses, mais en instillant dans le corps humain, avec les hormones d'origine animale, des informations animales involutives.

J'invite les femmes qui font « le chemin intérieur » à refuser cet impérialisme médical et à avoir foi en la sagesse du corps, temple de Dieu.

J'aurais aimé ouvrir une réflexion sur la bioéthique. Mais ne voulant pas alourdir ce chapitre, je renvoie le lecteur aux différents aspects de ce sujet, abordés dans les ouvrages que j'ai écrits après celui-ci [1].

Je dirai seulement avec force que le clonage : faire un homme à l'image de l'homme, brise la puissance de mutation propre à l'Homme. Le clôné resterait alors « continuellement vivant dans les temps (d'exil) » dit le Livre de la Genèse en parlant de celui qui oserait « prendre aussi de l'Arbre de Vie » [2].

C'est avec non moins de force que je confie au lecteur mon expérience de toute une vie.

Les Traditions, dans la profondeur de leur message, parlent la langue UNE d'avant Babel. Elles ont déposé leur secret au cœur de notre être comme dans leurs livres sacrés. Notre corps en est le dépositaire, il est aussi doué d'une infinie puissance d'amour pour le réaliser.

---

1. Cf. La Parole au Cœur du Corps p. 119 à 179.
Le Féminin de l'Être p. 255 et p. 287 à 289.
Œdipe intérieur p. 167 à la fin.
2. Gen. 1,22.

Index alphabétique

A

Abel, mot hébreu « vanité », 23 ; clivage entre plan psychique et plan ontologique, 195 ; — homme en tunique de peau, 75 ; sang d'—, 218 ; — tué par Qaïn, 218, 232 ; *Yod* stérilisé, 234.

abîme, 82, 95, 101, 102, 132, 207, 276, 281, 285, 290, 297, 302, 389.

abondance, *voir* corne.

Aboulafia, Abraham, 308.

Abraham, 158, 207, 236, 386 ; dîme, 131 ; « Fondement », 135 ; sacrifice du fils, 300 ; *Shin,* 373.

absolu, 50, 51, 183 ; exigence d'—, 152 ; présent, porteur d'—, 82 ; principe/théorie de l'—, 38, 194, 331 ; valeur d'—, 134, 152.

absurde/-ité, 19, 20, 31, 145 à 147, 152, 186, 189, 191.

acacia, 26, 418.

accompli/inaccompli, 37, 119 n, 125, 218, 220, 252, 269, 301 ; Adam, 140 ; aspects du verbe hébreu, 84 n ; — dans l'Arche, 154 ; Christ —, 244 ; homme —, 238 ; humanité —, 414 ; lié au foie, 250 ; miracle de la chose une, 416.

accomplissement, 65, 200, 219 ; dons, 223 ; être, 216 ; fin des eaux, 195 ; foie, 250 à 258 ; du Grand'Œuvre, 380 ; de l'humanité/épouse, 405, 414 ; information, 201 ; ivresse, 156 ; *Job,* 274 ; *Jonas,* 285 ; jouissance du Nom, 186 à 188 ; main de *Jacob*, 113 ; messianique, 272 ; nom d'*Israël*, 244 ; Œuvre au Noir et au Blanc, 311 ; Paix, 377 ; perfection, 36 ; « plaisir » de Dieu, 127 ; puissance, 192 ; purification, 141 ; *qets*, 150 ; reins, 212 ; sainteté, 375 ; sel, 319 ; — successifs, 390 ; tête et genoux, 120 ; — total, 257 ; — Verbe, 367.

accouchement, 31, 159, 201, 223, 237 ; vraie connaissance, 165.

achèvement, 34 à 36 ; —/inachèvement, 37.

Achille, 92, 110.

acquisition, 61, 166, 189, 190, 218 ; circoncision, base de l'—, 139 ; — de la liberté, 131.

action, liée à l'écoute, 402.

activisme, 112, 149 ; activité, 126.

acupuncture, 9, 10, 14, 100, 252, 347.

LE SYMBOLISME DU CORPS HUMAIN

*
* *

INDEX ALPHABÉTIQUE

B

*
* *

C

INDEX ALPHABÉTIQUE

INDEX ALPHABÉTIQUE

*
* *

D

INDEX ALPHABÉTIQUE

*

* *

F

INDEX ALPHABÉTIQUE

LE SYMBOLISME DU CORPS HUMAIN

I

INDEX ALPHABÉTIQUE

*
* *

J

*
* *

K

*
* *

INDEX ALPHABÉTIQUE

L

laboratoire, 54, 217, 248, 249.

labyrinthe, 49, 50, 62, 148, 164 à 175, 179, 181, 183, 277, 311, 315, 384, 387, 402 ; — des expériences, 146 ; — de l'oreille, 353, 402.

lâcher-prise, 62, 192, 196, 203 ; refus de —, 226.

laïc (*laos* en grec), 69.

Laïos, 102.

lame (de l'Épée), 32, 71, 211.

langage, 9, 22, 348, 422 ; — caricatural, 51 ; — du corps, 184 ; — divin, 147 ; — voilé de l'inconscient, 29 ; — des mythes, 94 ; — populaire, 87, 101 ; /rêve, 195 ; — alchimique, 259.

langue, 29, 197, 207, 357 ; — hébraïque, 28, 65 ; — de feu, 364, 415 ; — première, 29 ; — sacrée, 28.

lapin, 361.

Larcher, Dr Hubert, 87, 380, 382, 411.

larmes, 117, 330, 412 ; don des —, 395.

larrons, deux —, 81.

légende, 22, 125.

Lemekh, 149, 237, 246 ; prophétie de —, 156.

lèpre, 368.

lettre-énergie, 29, 130, 150.

levain, 153, 205, 209.

Leviathan, 282, 292, 311, 329, 354, 367, 387, 388.

Liban, 378.

libération, 59, 85, 189, 208, 226, 243, 259, 320, 363, 365, 367, 390, 392, 400 ; désir de —, 163.

liberté, 159, 161, 162, 189, 311, 392.

libido, 126, 128.

Licorne, 394, 406, 407 ; Dame à la —, 417.

lièvre, 361.

limite, 31, 36, 81, 222, 234, 246, 315, 390 ; — matrice, 160 ; mer de la —, 161.

linceul, 330, 332.

lion, 110, 281, 291 ; Sphinge —, 103 ; Polynice, 108.

Lionel, Frédéric, 361.

liqueur, 390.

Logos, 36, 135, 367, 382.

loi, 11, 13, 31, 34, 35, 58, 61, 207 ; mot hébreu, 65 ; — de la chute, 139 ; — de croissance, 145 ; — de l'incarnation, 242 ; — du monde, 40, 127 ; — morales, 58, 62 ; — mosaïques, 136 ; — ontologiques, 25, 52, 56, 58, 59, 63, 189, 244 ; — des oppositions *Tov veRa*, 162 ; — et prophétisme, 138, 199, 244 ; — psychologiques, 189 ; — religieuses, 206 ; — de répétition, 132 ; — des saisons — des séries, 26 ; — de synchronicité, 25 ; — de la taille, 136.

Lot, neveu d'Abraham, 160, 221.

*
* *

M

INDEX ALPHABÉTIQUE

INDEX ALPHABÉTIQUE

*
* *

N

*
* *

O

INDEX ALPHABÉTIQUE

*
* *

INDEX ALPHABÉTIQUE

INDEX ALPHABÉTIQUE

*

* *

S

INDEX ALPHABÉTIQUE

*
* *

T

INDEX ALPHABÉTIQUE

485

*
* *

U

INDEX ALPHABÉTIQUE

V

valeur, 62, 212 ; — d'absolu, 134, 152 ; — extérieures, 161 ; — intérieures, 161, 162 ; — du monde, 162 ; — ontologiques, 61.

vanité, 23, 73, 169, 184, 193.

vapeur, 60, 140, 216.

vase (d'albâtre), 412.

veau, 236 ; — d'or, 58, 141, 152, 170.

Védas, 13.

vent, 361.

ventre, 34, 64, 74, 81, 91, 94, 119, 125, 145, 162, 201, 203, 218, 286, 384, 390.

Vénus, 308, 343.

Verbe, 29, 31, 32, 135 à 137, 189, 212, 213, 216, 225, 226, 232, 236, 265, 302, 307, 337, 348, 351, 353, 356, 362, 367, 374, 377, 402 ; — créateur, 101, 130, 246 ; devenir —, 143.

verdure, 368.

vérité, 51, 54, 80, 81, 159, 190, 332.

vérification, 10, 37, 187.

verrou, 311.

vert, *voir* arbre, Homme, Khadir, visage.

vertèbre, 68, 147, 162, 163, 166, 230, 239, 262 ; mot hébreu, 224 ; — cervicales, 68, 70 ; — dorsales, 68, 112, 162, 224, 262 ; — lombaires, 68, 147, 162 ; — occipitales..., 398 ; — sacrées, 68, 132, 147, 162.

verticalisation, 84, 108, 166, 178, 180, 202, 213, 224, 230, 247, 351, 354, 358, 395, 398, 402.

vertus, — physiques et psychiques, 159 ; — psychiques et spirituelles, 168.

vésicule biliaire, 255, 308, 399.

veuve, 96, 117 ; reine —, 94.

Vézelay, 292, 358, 374.

vibration, 22, 32, 78, 160, 411 ; mode vibratoire, 32.

victoire, 31, 405 ; Polynice, 108 ; cri de —, 404.

vie, 13, 14, 40, 71, 78, 80, 90, 239 ; — génitale, 212 ; — psychique, 226, 257 ; arcane de la —, 146 ; donner la —, 9 ; liée au trente, 64.

vieil homme, 81, 114, 164 ; — Adam, 113, 114 ; vieillard aveugle, 104.

vierge, — d'Israël, 46, 90, 94, 150 ; — mère, 90, 150, 337, 361, 414 ; — noire, 94 ; Reine —, 102.

Vilayat Pir, 301.

ville, 360 ; — intérieure, 102 ; — Sainte, 107, 370, 372, 373.

vin, 27, 217, 218, 247, 300 ; mot hébreu, 76 ; Noé, 156 ; vinaigre, 300.

vingt-six, 231, 250.

Virgile, 291, 315.

virilité, 381, 382, 390, 417.

visage, 119 ; Sphinge, 103.

Vishnou, 97.

*
* *

*
* *

Table des matières

Reproduction photomécanique et impression par Pollina, août 2010

Éditions Albin Michel

22, rue Huygens, 75014 Paris

www.albin-michel.fr

ISBN 978-2-226-05181-3

ISSN 1147-3762

N° d'édition : 08088/18 - n° d'impression : 55051

Dépôt légal : janvier 1991

Imprimé en France